KB135266

도덕교육학 그 이론과 실제

융복합 학문으로서

도덕교육학 그 이론과 실제

박형빈 지음

✤ 머리말 ✤

Reason and Habit: The Paradox of Moral Education

- R.S. Peters

　미래학으로서 도덕교육의 진화를 위한 작은 도약,
　'도덕철학과 도덕심리학에 기초한 도덕교육학의 가능성'을 향한 탐구: 생명에 대한 사랑과 선한 품성을 지닌 인간으로의 육성을 위한 기나긴 여정

　도덕과는 1973년 3차 교육과정부터 정식 독립 교과로 시작된 교과로서 이제 50여 년의 역사를 갖고 있다. 그동안 교육과정의 역사적인 변천 가운데서 도덕과는 도덕교육의 본연의 특성을 잃지 않고 학생들의 도덕성 발달, 건강한 자유 민주시민 양성이라는 양대 목표를 충실히 수행하기 위해 고군분투 해왔다. 다시 말해, 도덕과는 인성교육의 핵심 교과로서 도덕적인 인간과 정의로운 시민이라는 중첩된 인간상을 지향점으로 우리나라 교육과정에서 필수적인 교과로서의 역할을 덤덤해 왔다.

　학교 급별로 본다면, 도덕과는 초등학교 1, 2학년을 위한 바른 생활, 초등학교 3학년부터 6학년까지의 도덕, 중학교의 도덕, 고등

학교의 윤리와 사상, 생활과 윤리, 고전과 윤리를 들 수 있다. 연령 층으로는 아동기와 청소년기인 8세부터 19세까지 우리나라 학생들의 도덕교육, 윤리교육에 전념하여 학생들의 도덕성 발달과 인격 형성에 기여하고 있다.

초등학교부터 고등학교까지의 기간을 상정할 때, 학생들의 연령상 특성은 도덕성 발달에 매우 중요한 시기이다. 인격 형성 기간 내내 학생들이 도덕 교과를 형식적 교육과정을 통해 경험한다는 점은 우리나라 형식교육의 큰 장점이라 할 수 있다. 이는 도덕과가 아이들의 도덕성 함양, 도덕적 인격 형성, 윤리적 삶의 양식 획득 등을 공식적 차원에서 도모하고 있음을 드러낸다. 이 점에서 도덕과는 그 어느 교과보다도 한 인간을 도덕적으로 길러내는 엄중한 책무를 수행하고 있다. 이는 전 세계적으로 비교해 볼 때도 그러한데 우리나라는 도덕교육이 교과교육으로서 국가교육과정에서 형식적, 의도적, 체계적, 전문적, 역사적으로 전통성을 유지하며 진행되고 있는 대표적인 국가이다.

과거보다 많이 희석되었다고 볼 수도 있겠으나 우리에게 존재하는 연대감, 타인에 대한 배려, 예의, 효, 공동체 의식, 정의감 등은 바로 이러한 형식적 도덕/윤리교육의 역할과 무관하지 않다. 특히 우리나라 사람들이 가진 사회정의에 대한 깊은 관심은 몇 년 전 서점가에서 불었던 정의의 광풍이 여실히 드러냈다. 공정에 대한 열의는 우리 국민의 도덕적, 윤리적 차원에서의 질적 수준을 보여주는 하나의 사례라 할 수 있다. 국민의 사회정의에 대한 관심은 윤리, 도덕 차원과 별개가 아니며 이러한 우리의 모습을 만든 것 가운데 지난 기간 동안 학교에서 올곧게 이루어진 형식적 도덕과 교육이 한몫을 했음을 부인할 수는 없을 것이다.

도덕 윤리 과목이 하나의 도구적 교과이거나 교과 내용의 콘텐츠 교육에 머무는 것이 아닌 한 인간의 도덕성 발달에 관심을 두고 있음을 상기 할 때, 도덕교육은 필연적으로 인간 자체에 주의를 기울이는 가장 핵심적인 교과이다. 이러한 이유로 도덕교육에서 중점적으로 다루는 것 가운데 하나는 인간의 도덕성이다. 오늘날 도덕성은 도덕철학, 윤리학의 전유물이 아닌 뇌신경과학, 신경윤리학, 사회신경과학, 신경생물학, 신경 철학 등의 학문 분야를 통해 융·복합적인 통섭의 시각에서 다루어지고 있다. 특히 도덕심리학의 발전은 인간의 도덕적 판단, 도덕성에 대한 새로운 해명을 시도하고 있다. 이 때문에 인간의 심적 작용 즉 도덕적 판단, 의식 그리고 본성 및 행동에 대한 학제 간 연구의 탐구가 없는 도덕교육 담론은 불충분하다.

그러나 도덕교육학이라는 융·복합적 학문 정립에서 도덕철학, 윤리학은 중요한 학문적 기반이 된다. 그것은 도덕교육은 기본적이며 핵심적으로 무엇을 지향할 것인가. 무엇이 옳고 그른가와 같은 '가치'의 문제에 천착하기 때문이다. 뿐만 아니라 현재의 뇌신경과학의 발달은 인간의 의식 및 무의식 작용, 행동의 원인과 결과를 완벽하게 설명해 낼 수 있을 정도로 진보한 것이 아니다. 예를 들면, 뇌 현상에 대한 1인칭 시점과 3인칭 시점의 차이, 감각질(感覺質, qualia)의 존재, 현상과 설명 사이의 간극 존재 등은 아직 뇌신경과학과 심리철학의 논의에서 완전한 합일점을 발견하지 못한 과제로 남아있다. 신경 영상을 통해 우리가 인식할 수 있는 것은 그러한 뇌의 신경생리학적 직용과 뇌 회로에 있는 뉴런과 뉴런 집단들의 발화가 존재한다는 '사실'일 뿐이다. 그런데도 신경과학은 지난 세기 동안 상당한 경험 연구의 성과물들을 내놓았으며 인간의 도덕성의 근원에 대한 보다 과학적이고 분석적인 해명을 제시하고 있다는 점은 부인하기 어렵다.

　따라서 도덕심리학, 뇌신경과학의 도덕교육과의 연계에 있어 환원주의적 시각이나 뇌신경과학 연구 성과에 대한 맹신은 주의할 필요가 있다. 그러나 우리가 근본적으로 변화시키고 교육하고자 하는 것이 인간이고 궁극적으로 한 인간의 도덕성 발달이라는 점에서 인간 자체에 대한 이해는 필수이다. 뇌가 없는 인간에게서 반성적 사고를 기대할 수 없다면, 한 인간의 뇌 발달과 정신건강, 도덕성 발달은 별개라고 보기 어렵다. 결국 도덕교육학의 철학적 탐구와 함께 과학적 접근으로서 뇌신경과학, 신경윤리학, 신경심리학, 신경철학 등에 대한 연구도 아울러 요구된다.

　도덕교육학에 있어 뇌신경과학의 연구 성과에 대한 '신중하고 냉철한' 탐색이 요구되며 이는 도덕교육학이라는 학문 영역의 철학적 담론을 더욱 진전시킬 것이다. 인간의 마음은 곧 뇌의 작용으로 환원될 수 있다는 성급한 결론과 일반화에 매몰되거나 뇌신경과학에 대한 무조건적인 거부의 태도를 견지하지 않는다면, 뇌신경과학에서의 도덕성 탐구는 도덕성에 대한 깊은 이해에 충실한 출발점이 될 수 있을 것이다.

　이것이 도덕교육학의 학문적 기반 정립을 위해 도덕철학, 윤리학뿐만 아니라 도덕심리학, 신경심리학에 대한 연구가 배제되어서는 안 되는 이유이다. 도덕철학은 교육의 목적, 방향 등을 정립하는 데 그리고 도덕심리학은 교육의 실제 구현을 위한 구체적 내용과 방법을 설계하는 데 필요하다.

학문 분야로서 도덕교육학은 도덕철학, 윤리학을 기본 토대로 삼고 교육학, 사회학, 심리학, 도덕심리학, 신경윤리학, 신경 철학, 정신건강 의학, 상담학, 사회신경과학 등 연계 학문의 융·복합적 학제적 접근의 바탕에 이론적 기초를 둔다. 교육의 대상이 되는 학생들의 총체적 이해를 위해 도덕심리학, 신경심리학은 도덕교육의 방법론을 탐구하는 데 중요한 기반이다.

이 책은 도덕교육학의 정립을 위한 도전적인 여정의 시작이며 오랜 세월 동안 품고 있던 필자의 고민이 담겨있다. 여기에 실린 글들은 도덕철학 및 도덕심리학에 기초한 도덕교육학이라는 대전제와 연관된 주제들이다. 이는 2008년부터 2021년까지 학술지에 발표했던 글들 중 일부를 선별하여 한 권의 책으로 수정·보완하여 재구성한 것이다. 학술지에 게재했던 논문들에 담긴 주요 논제들을 도덕교육학이라는 학문의 정초를 세우기 위해 유목화, 체계화하고자 했다. 전체적으로 핵심 논점은 동일한 것이지만 여러 면에서 논의를 보다 충실히 하고 강화하고자 노력했다. 이는 융·복합학문으로서 도덕교육학의 이론과 실제를 탐구하는 데 기본이 될 수 있는 핵심 논의들이다.

논지의 전개는 이론과 실제로 나누어지며, 이론 편의 제Ⅰ부~제Ⅲ부, 실제 편의 제Ⅳ부~제Ⅴ부로 구성된다.

이 책은 총 5부로 구성되어 있다.
제1부의 주제는 '노벽철학과 도덕교육'이며 도덕교육의 목표, 내용, 교수·학습 등을 이론적으로 정립하는 것으로,
1장. 언어분석과 윌슨의 도덕성 요소
2장. 윌슨의 개념분석과 도덕적 사고하기

3장. 도덕과 교육과정에서 민주시민 교육을 위한 지속가능발전
   교육(ESD)
4장. Martha Nussbaum의 세계시민주의와 도덕과 통일 시민성
   교육으로 구성된다.

제2부의 주제는 '뇌신경과학 및 도덕심리학과 도덕교육'이며 도
덕교육의 과학화와 증거기반 토대를 구축하기 위해 도덕심리학의
주요 논의들을 살펴보는 것으로,
5장. 그린(J. Greene)의 이중과정 모형과 하이트(J. Haidt)의 사회
   적 직관에서의 직관과 정서: 도덕철학과 도덕심리학의 관점
   에서로 구성된다.

제3부의 주제는 '정신건강의학과 도덕교육'이며 도덕교육의 하나
의 목적으로서 학생들의 정신건강을 다루는 것으로
6장. 사회신경과학과 정신건강 차원에서 본 팬데믹 시대 도덕교
   육의 의미와 과제로 구성된다.

제4부의 주제는 '도덕철학과 도덕심리학에 기초한 도덕교육'이며
도덕철학과 도덕심리학을 토대로 도덕교육의 실제 방법론을 모색한
것으로,
7장. J. Wilson과 D. Narvaez에 기초한 대화형 통일교육의 필요
   성과 방향: 도덕철학 및 도덕심리학을 중심으로
8장. D. Narvaez의 윤리적 감수성(Ethical Sensitivity)에 기초한
   통일 감수성 교육
9장. 워드 클라우드 활용 도덕과 교육과정 목표 분석: 도덕적 이
   성과 정서의 통합 교육과정으로 구성된다.

제5부의 주제는 '윤리상담과 도덕교육'이며 개별화, 맞춤형의 도덕교육을 위한 윤리상담의 도덕교육 실제를 교사교육의 입장에서 다룬 것으로,

10장. 탈북학생 윤리상담을 위한 교사 연수 프로그램(TTP) 개발과 적용으로 구성된다.

학술지에 실린 각 논문들을 '도덕교육학의 이론과 실제'를 중심으로 전체적으로 새롭게 재구조화하였으며, 글의 출처는 다음과 같다.

1. 박형빈(2008). 언어분석과 윌슨의 도덕성 요소에 관한 연구. 윤리교육연구, 15, 71-94.

2. 박형빈(2008). 윌슨의 개념분석과 도덕적 사고하기에 관한 연구. 윤리교육연구, 17, 97-132.

3. 박형빈(2020). 초등 도덕과 교육과정에서 민주시민 교육을 위한 지속가능발전 교육(ESD)의 과제, 초등도덕교육, 69, 195-228.

4. 박형빈(2021). Martha Nussbaum의 세계시민주의와 평화·통일교육: 통일철학과 통일심리학 기반 통일 시민성 교육 가능성 탐색, 학습자중심교과교육연구, 제21권 21호, 47-64.

5. 박형빈(2021). 도덕철학과 도덕심리학에서 직관과 정서- 그린(J. Greene)의 이중과정 모형과 하이트(J. Haidt)의 사회적 직관을 중심으로 -, 도덕윤리과교육, 72, 29-65.

6. 박형빈(2021). 사회신경과학과 정신건강 의학 관점에서 본 팬데믹 시대 도덕교육의 의미와 과제, 도덕윤리과교육, 70, 211-237.

7. 박형빈(2020). 도덕철학 및 도덕심리학 기반 대화형 통일교육의 필요성과 방향 - 윌슨(J. Wilson)과 나바에츠(D. Narvaez)

를 중심으로, 도덕윤리과교육, 69, 1-35.

8. 박형빈(2021). 나바에츠(D. Narvaez)의 윤리 감수성(Ethical Sensitivity)에 기초한 통일 감수성 교육 방안, 통일교육연구, 18, 33-71.

9. 박형빈(2021). 도덕과 교육과정 목표 분석을 통한 도덕적 이성과 도덕적 정서의 통합 교육과정 목표 개선 방안, 2021년도 제32회 한국도덕윤리과교육학회 연차학술대회자료집, 한국도덕윤리과교육학회, 593-633.

10. 박형빈(2020). 탈북학생 윤리상담을 위한 교사 연수 프로그램 (TTP) 개발과 적용, 윤리교육연구, 58, 159-189.

필자는 도덕교육학의 이론적 기초를 마련하고 실제 교육현장에서 유용하고 적절하게 활용될 수 있는 방법론적 핵심 요소들을 살펴보고자 했다. 도덕교육이 과거의 답습이 아닌 미래를 지향하는 미래학으로서 진화하기 위해 요구되는 주제들을 검토하여 향후 우리나라 교육의 기반이 되는 신학문으로서 나아갈 바를 제시하고자 했다.

필자의 이러한 논의가 도덕교육학의 학문적 체계를 구축하는 출발점이 되길 기대한다. 궁극적으로 도덕교육의 본질을 총체적으로 이해하고 실제적인 교육방법론을 모색하며 도덕교육학의 정체성을 확보하는 기반이 되길 바란다.

도덕교육에 관심이 있는 연구자, 교육자, 학생들은 이 책을 통해 도덕성, 도덕교육 방법론에 대한 과학적, 철학적 논쟁을 진전시킬 수 있을 것이다. 그런데도, 미진한 부분이 많이 있음을 인정하지 않을 수 없다. 이 글을 읽는 독자들의 관심과 비판을 통해 지속적으로 수정하며 보완하고자 한다. 여러 가지로 부족한 책이지만 독자들이 이 책에서 도덕교육의 중요성을 재인식하고 도덕과 교육과정을 개발하거나 수업을 실행하는 데 조금이나마 도움을 얻을 수 있다면 큰 즐거움이 아닐 수 없다.

끝으로, 이 책의 편집과 출판에 노고를 아끼지 않은 한국학술정보(주) 분들께 감사의 뜻을 표한다.

저자 박형빈(서울교육대학교 윤리교육과 교수)
profphb@snue.ac.kr

C ONTENTS

실제: 도덕교육학의 과학적 실제 방법론

제Ⅳ부 도덕철학과 도덕심리학에 기초한 도덕교육: 도덕적 추론과 도덕적 정서의 총체적 추구

제7장 J. Wilson과 D. Narvaez에 기초한 대화형 통일교육의 필요성과 방향: 도덕철학 및 도덕심리학을 중심으로

제8장 D. Narvaez의 윤리적 감수성(Ethical Sensitivity)에 기초한 통일 감수성 교육

제9장 워드 클라우드 활용 도덕과 교육과정 목표 분석: 도덕적 이성과 정서의 통합 교육과정

제Ⅴ부 윤리상담과 도덕교육:
개별 맞춤형 도덕교육의 가능성 탐색

제10장 탈북학생 윤리상담을 위한
교사 연수 프로그램(TTP) 개발과 적용

제 I 부

도덕철학과 도덕교육

도덕교육에의 철학적 접근

제1장

언어분석과 윌슨의 도덕성 요소

Ⅰ. 서론

인간은 언어라는 도구를 이용해 사고하고, 말하며, 자신의 감정을 표현한다. 사람들 간에 갈등 문제가 발생할 때도 많은 경우 대화라는 언어 작용을 통해 문제를 해결한다. 인간은 언어라는 매개체를 통해 의사를 소통하고, 다른 사람과 사물에 대해 인식하며, 사태를 파악한다. 인간은 언어로서 자신을 표현하며, 삶을 영위해 가기에 언어는 한 사람의 됨됨이를 드러내는 척도로서 이용되기도 한다. 물론 전부는 아니지만 어느 정도 언어가 한 사람의 인격을 드러낼 수 있는 것은 인간이 언어라는 이성의 작용을 통해 사고하며, 이러한 사고를 바탕으로 행동하기 때문일 것이다. 따라서 언어는 인간 삶에 있어 중요한 요소이며 특성으로 작용한다.

도덕 영역에서도 언어는 동일한 역할을 한다. 도덕적 언어는 도덕교육에서 도덕적 사고 및 행동과 논리적으로 밀접한 관계를 맺는다. 도덕교육에서 관심을 두는 것은 학생들로 하여금 수학적 기호나 시적 언어와 같은 어떤 전문화된 언어의 사용에 능숙하도록 하는 것이 아닌 그들과 그들 세계를 다루는 어떤 언어를 사용할 수 있도록 도와주는 것이다. 도덕적 영역 안에서 학생들은 자신이 사용한 언어가 지닌 의미를 깊이 인식해야 할 필요가 있다.

더욱이 학교에서 교실을 중심으로 이루어지는 도덕 수업은 도덕적 현상을 있는 그대로 다룰 수 없는 제약을 지닌다. 이 때문에 교실에서 이루어지는 모든 활동은 언어라는 매개를 통해 학생들에게 전달된다. 인간의 말과 생각이 언어로 이루어진다는 점에서, 도덕적 삶의 현장에서 한 인간의 언어 능력과 언어 활동은 그의 정신 능력과 활동을 형성하는 기반이 된다. 우리는 언어라는 도구를 통해 도덕적 문제를 인식하고, 도덕적 판단을 내리며 이를 실천한다. 그러하기에 한 사람이 사용하는 도덕 언어가 그 사용자와 확고하게 연결되어 있지 않을 경우 많은 부도덕한 현상들이 초래된다. 따라서 도덕 생활의 영역에서 언어는 더욱 중요한 의미를 지닌다.

도덕교육에서 언어의 문제를 깊이 논의한 학자는 헤어(R. M. Hare)와 윌슨(J. Wilson)이다. 오스틴(J. L. Austin)의 의미론에서 많은 영향을 받은 헤어는 도덕 언어의 의미와 논리적 특성을 밝히고, 도덕적 논증의 합리적 전개 가능성을 주장했다. 윌슨은 헤어가 제안한 '보편적 처방주의'를 도덕교육의 현장에 실제 적용할 수 있는 방법론을 제공했다.

따라서 오스틴과 헤어의 언어분석과 윌슨의 도덕성 요소가 어떻게 관련을 맺는지 논의함으로써 도덕성 요소 안에 내재한 언어의 의미와 기능 나아가 이것이 오늘날 도덕교육 현장에 어떤 의의를 지니는지 살펴볼 수 있다.

II. 오스틴과 헤어의 언어분석

1. 오스틴의 수행론

오스틴은 발화 자체에 행위를 수행하는 의미가 들어 있다고 강조했다. 즉 우리의 언명 가운데에는 어떤 사실을 단지 기술하거나 묘사하는 것이 아닌 어떠한 행위를 하게 하는 경우가 있다. 예를 들면, '윤리적 명제'는 의도되는 동시에 전적으로 또는 부분적으로 정서를 명확히 하거나, 행위를 규정하거나 혹은 행위에 특별한 방법으로 영향을 준다. 이를 근거로 그는 문장을 발화하는 것은 어떤 행동을 하는 것이거나 어떤 행동의 일부분이라고 역설했다(Austin, 1975: 3-10). 언어는 어떤 내용을 확실하게 하는 발화만이 있는 것이 아니라, 그러한 발화로 인해 능동적으로 어떠한 사실을 만들어내는 경우가 있다는 것을 다음과 같은 예를 통해 분명히 알 수 있다(Austin, 1975: 5).

> (가) (결혼식장에서) 나는 이 여인을 아내로 맞이한다.
> (나) 나는 퀸 엘리자베스호라고 이 배를 명명한다.
> (다) 나는 나의 시계를 나의 형에게 주고 이를 유증(遺贈)한다.
> (라) 나는 내일 비가 올 것이라는 것에 대해 6펜스를 건다.

(가)의 경우와 같이 결혼식장에서 행해진 한 남자의 발언은 그가 지칭한 여인을 자신의 아내로 맞이하게 한다. 그리고 혼인 선언이라는 하나의 발언을 거침으로써 이 두 남녀는 부부가 된다. (나)의 경우, 지칭된 배는 거북선이나 혹은 이순신이라는 이름이 아닌 퀸 엘리자베스라는 명칭을 얻게 된다. (다)와 같은 경우 유증자는 이러한 발화로 인해 실제로 자신의 시계를 형제에게 주게 된다. (라)의

경우는 만약, 내일 비가 오지 않게 되면 제안자는 상대방에게 6펜스를 제공해야 할 의무를 갖게 되며 실제로 그렇게 행동해야 한다. 오스틴의 주장과 같이 이러한 문장들은 단지 '지구는 둥글다.', '오늘은 날씨가 좋다.' 등과 같은 진위문과는 달리 세상을 실제로 변화시킨다. 오스틴은 이러한 발화를 '수행적 문장(performative sentence)' 곧 '수행적 발언(performative utterance)' 또는 '수행문(performative)'이라 하며 이 발화와 함께 행위가 실행된다고 주장했다(Austin, 1975: 6).

결과적으로, 오스틴에 있어 수행문은 발언자 자신에게 어떤 의무를 부과하며 그에게 정신적인 구속을 하는 것으로 설명될 수 있다. 따라서 수행문은 어떤 것을 단지 말하는 데 그치지 않고 무엇을 행하는 것이어야 한다. 그리고 수행문은 진실이나 거짓이 아닌 적절하거나 부적절한 것이라는 특징을 갖는다(Austin, 1975: 133).

그러한 이유로, 오스틴은 '나는 그것을 약속한다(I promise that)'라는 발화가 비록 실행되지 않았다고 하더라도 발언자는 정말로 약속을 한 것이라 보았다(장석진, 1987: 19). 적어도 오스틴에 있어 수행 발화가 실패할 수도 성공할 수도 있지만 이러한 실패는 단지 '사고'일 뿐으로 해석된다. 그러므로 발화가 지닌 수행적 의미는 사라지지 않는다. 그러나 행위를 적절하게 수행하기 위해서는 수행적 발언을 하는 이외에 어떤 규칙들이 요구된다(Austin, 1975: 14). 만약, 임명권자가 아니면서도 '나는 당신을 장관으로 임명합니다.'라고 말한다면, 이는 거짓이라기보다 부적절한 발언이 된다. 따라서 오스틴은 부적절한 경우를 두 가지로 나눈다. 그것은 행위가 무효에 그치는 '불발(misfire)'과 행위가 말뿐인 '남용(abuse)'이다

(Austin, 1975: 16-17). 전자의 경우에는 본인의 동의가 없는데도 결혼을 하겠다고 하는 것에 해당한다. 이 경우에는 행위가 수행되지 않는다. 후자는, 발언자가 실제 행할 의사가 없으면서도 약속을 하는 경우에 해당한다. 이런 경우는 실행에 대한 성실성이 부족한 것이라 해석된다. 그리고 이러한 것은 거짓이라기보다 부적절한 발언이 된다.[1)]

오스틴은 언어 행위를 '발화 행위(locutionary act)', '발화 수반 행위(illocutionary act)', '발화 매개적 행위(perlocutionary act)'의 세 가지로 구분했다(Austin, 1975: 108). 발화 행위는 우리가 어떤 억양이나 문법에 따라 의미를 갖는 문장을 발언함을 뜻한다. 발화 수반 행위는 어떤 것을 말함에 있어서(in saying something) 어떤 힘(force)을 갖는 행위를 지칭한다. 발화 매개적 행위는 어떤 것을 말함으로써(by saying something) 어떤 효과(effect)를 성취하는 행위 곧 어떤 것을 말함으로써 어떤 결과를 낳게 하는 행위를 지시한다.

이를 근거로 오스틴은 질문하거나 대답하기, 정보를 제공하거나 경고하기, 판결이나 의도를 알리기, 형을 언도하기 등과 같이 우리가 발화 행위를 수행할 때 발화 수반 행위도 수행된다고 주장했다(Austin, J., 1975: 99). 이러한 예들은 모두 발화를 통해 어떤 행위를 수행하게 됨을 보여준다. 다음의 예는 앞서 제시된 세 가지 언어 행위의 단적인 예들이다(J. Austin, 김영진 역, 1992: 130-131).

　　행위(A) 또는 수행된 발화 행위
　　　　그는 '쏘다'라는 말로 쏘는 것을 뜻하고 '그녀'라는 말로 그

---

1) 수행 발언을 위한 조건 즉, 오스틴이 제시한 '부적절성 이론'은 이어지는 Ⅳ장의 1절에서 보다 자세히 논의될 것이다.

여자를 지시하면서
　　　'그녀를 쏘아라'라고 나에게 말했다.
행위(B) 또는 수행된 발화 수반 행위
　　　그는 그녀를 쏘라고 나에게 촉구(명령, 충고)했다.
행위(C-1) 또는 수행된 발화 매개적[2] 행위
　　　그는 내가 그녀를 쏘도록 설득했다.
행위(C-2)
　　　그는 나로 하여금 그녀를 쏘게 만들었다.

　　오스틴에게 있어, 언어의 의미는 발화 수반 행위에 있다. 그는 발화 수반 행위에 해당하는 예를 다섯 가지로 나누어 제시한다. 판단을 행사하는 '판정발화'(예: 선고하다, 평가하다 등), 영향력이나 권리를 주장하는 '행사발화'(예: 명령하다, 수여하다, 임명하다 등), 책임을 지거나 자신의 의도를 선언하는 '언약발화'(예: 약속하다, 구속하다, 지시하다 등), 어떠한 태도를 보이는 '표명발화'(예: 감사하다, 비난하다 등), 이유를 제시하고 의사를 분명히 하는 '해설발화'(예: 진술하다, 이해하다, 지적하다 등)이다(J. Austin, 1975: 151-199). 물론 여기서 오스틴은 각각의 분류에 대해 많은 예를 제시했다. 그리고 이러한 예들은 어느 점에서 다소 오스틴 자신의 임의에 의한 것이기도 하다. 하지만 그가 발화 수반 행위에서 제시한 각각의 예들 중 특히 '행사발화'와 '언약발화'는 도덕적 언어와 연관된다. 예를 들면, '불쌍한 저 노인을 도와주어야 한다.'라는 도덕 판단은 발언자의 단순한 정서의 표출이나 의미 없는 독백이 아니다. 이것은 발언자로 하여금 실제로 그 노인을 돕는 행동을 필요로 한다. 곧 도덕판단은 자기 자신에 대한 하나의 규정적 발언으로 작

---

2) 김영진과 장석진은 발화 효과 행위로 번역하였으나 연구자는 발화로 인한 영향을 부각하기 위해 발화 매개적 행위라 번역하였다.

용해야 할 필요가 있다. 이러한 이유로 발화 수반 행위에서 말의 의미를 찾는다고 할 때, 도덕판단은 자기 자신에 대한 명령인 동시에 자신에 대한 속박의 의미를 지닌다. 그리고 이것은 도덕적 언어가 단지 감정의 표현이나 사실의 진술이 아닌 일정한 기능 즉, 수행기능을 갖고 있다는 말이 된다.

한편, 오스틴은 행위를 적절하게 수행했다고 하기 위해서는 수행적 발언을 하는 것 이외에도 일반 규칙으로서 많은 것들이 바른 것이어야 하며, 동시에 많은 것들이 바르게 행해져야 한다고 본다(강재륜, 1996: 135 재인용). 도덕적 언어에서 요구되는 것은 바로 이러한 요구조건들이다. 도덕적 판단이 실제 행동으로 옮겨지기 위해서는 이와 같은 필요조건들이 충족되어야 한다. 그리고 이러한 '부적절성 이론'에서 요구되는 것들은 도덕적 언어가 행위로 나아가는 데 요구되는 것이기도 하다.[3]

이상과 같이, 오스틴은 언어가 단지 사실의 전달이나, 감정의 표현이 아닌, 언어가 하나의 실행 그 자체가 될 수 있음을 보여주었다는 점에서 의의가 있다. 특히 그가 수행 발화를 부적절하게 만드는 요인들에 대한 '부적절성 이론(the doctrine of infelicities)'은 도덕적 언어가 타당함과 동시에 실제 행위로 나아가기 위해서 어떤 요건들이 필요한지에 대한 설명을 제공한다. 덧붙여 오스틴은 육체적 행위와 어떤 것을 발화하는 것은 완전히 분리되지 않으며 상호연관성을 지니게 된다고 강조했다(J. Austin, 1975: 114). 어떤 것을 발화하는 것이 육체적 행위와 분리되지 않는다는 그의 주장은

---

[3] 이 부분에 대해서는 이어지는 Ⅳ장의 1절에서 윌슨의 도덕성 요소와의 연계선상에서 다루도록 하겠다.

도덕교육에서 도덕적 언어가 도덕적 행위로 나아갈 가능성을 제공한다.

따라서 우리는 오스틴의 이론을 통해, 도덕적 언어가 실천적이고 명령적인 기능을 갖고 있음을 확인할 수 있다. 결국, 오스틴의 수행문 이론은 도덕교육에서 그동안 간과되었던 도덕적 언어에 대한 관점의 변화를 일으켰다는 점에서 주목된다. 그리고 이러한 그의 사상은 헤어가 '처방주의'라는 윤리학의 새로운 이론을 정립하는 데 큰 영향을 주었다.

2. 헤어의 보편적 처방주의

헤어는 윤리학을 도덕 언어에 관한 논리적 연구로 이해한다. 수학이 수를 위한 예술이나 과학인 것처럼 철학은 말을 위한 예술 또는 과학이라 주장했다(Hare, 1979: 90). 윤리학의 존재 이유는 '내가 무엇을 해야 하는가?'라는 형식의 물음에 답하려는 안내자로서 도덕판단의 기능을 밝히는 데 있다고 단언했다(Hare, 1979: 172). 헤어에게 있어 도덕적 논의는 합리적인 정당화가 가능하기에 도덕적 논의는 행동을 위한 타당한 '이유(reason)'를 추론하는 과정이 된다. 동시에 도덕 언어에 대한 그의 논리적인 분석은 도덕적 문제에 관한 합리적 논의의 가능성을 열어주었다.

헤어는 도덕 언어의 의미를 그것의 '권고적 기능(commendatory function)'에서 찾았다. 다시 말해, 도덕 언어는 논리적으로 명령문을 포함하는 '처방적 언어(prescriptive language)[4]'라고 보았는데

---

4) 헤어가 사용하고 있는 'prescriptive language'를 학자에 따라 처방적 언어, 규정적 언어로 번역했다.

처방성은 자기 자신을 규정하는 것을 의미한다. 즉 발화에 대한 행위를 요구한다.

예를 들어, 'X를 해야 한다'라는 도덕판단은 도덕판단을 발언한 사람 그 자신이 해야 할 명령이 된다. 물론, 발언자가 자신의 도덕판단을 수행할 수 있는 능력과 성실성을 갖출 것이 전제됨은 당연하다. 그런데도, 도덕판단이 행위로 연계될 수 있고 되어야 함은 변함이 없다. 이는 오스틴이 제안한 언어의 수행능력이다. 헤어가 오스틴의 의미론에서 많은 영향을 받았음은 아래와 같은 사항을 통해 알 수 있다.

첫째, 헤어가 제시한 처방성의 개념은 오스틴의 수행적 발화에 내재한 자기 규정적 성격과 같은 양상을 지닌다. 오스틴은 언어가 단지 서술의 수단이 아닌 언어의 사용을 통해 행위가 실현되는 행위 수단이 될 수 있다는 이론 즉, 발화 자체에 행위를 수행하는 의미가 들어 있음을 주장했다. 그는 '윤리적 명제'는 의도되는 동시에 전적으로 혹은 부분적으로 자신의 정서를 명확히 하거나, 행위를 규정하거나 또는 행위에 특별한 방법으로 영향을 준다고 말했다. 이 때문에 그는 문장을 발화하는 것은 어떤 행동을 하는 것이거나 어떤 행동의 일부분이라고 확언하며 '우리의 말이 우리를 구속한다'라는 말의 이면에는 정확성과 도덕성 같은 것들이 내재 되어 있다고 단언했다(J. Austin, 1975: 3-10). 이러한 그의 주장은 헤어가 제시한 도덕 언어의 특징에 그대로 이어진다. 오스틴에 있어 수행문이 자기 자신에게 정신적인 구속을 가함으로써 의무를 부과하게 되듯이 헤어의 처방성 역시 자기 자신에 대한 속박의 의미를 지니기 때문이다.

둘째, 헤어가 처방성에서 요구하는 사항과 오스틴이 부적절성 이론에서 발언자에게 요구하는 조건이 동일하다. 오스틴은 부적절성 이론에서 어떤 행위를 하기 위해 발화가 되었을 경우 발언자는 그러한 생각이나 감정을 가짐과 동시에 스스로 그러한 행위를 할 것을 의도해야 한다고 제안한다. 더하여 실제로 이러한 행위를 해야 한다고 보았다(J. Austin, 1975: 14-15). 이는 헤어가 도덕 언어의 특징으로 기대했던 것과 같다. 도덕 언어가 지닌 처방성은 발언자로 하여금 실제로 자신이 내린 도덕판단과 일치되는 생각과 감정을 가질 것을 요구한다. 나아가 그러한 행위를 실제로 행할 것을 의도하는 의미인 규정성을 소유해야 하며, 그렇게 행동할 것을 요청한다.

환언하면, 헤어는 도덕 언어가 가진 특징을 처방성과 보편화 가능성에서 찾는다. '보편적 처방주의(universal prescriptivism)'는 그가 자신의 윤리이론에 대해 붙인 명칭이다. 헤어는 도덕판단이 처방적 판단이며, '보편화 가능성을 지녔다'라는 점에서 다른 판단들과 구분된다고 했다. 그러므로 헤어에 있어 도덕 언어의 처방성은 자신을 규제하는 의미를 지니기에 도덕 판단자로 하여금 그러한 발화에 대한 행위를 촉구한다. 그리고 이러한 도덕 언어의 처방성은 오스틴이 주장한 수행적 발화의 의미를 도덕 언어에 적용한 것이라 할 수 있다. 헤어가 제안한 도덕 언어의 두 가지 특징을 자세히 살펴보면 다음과 같다.

먼저, 도덕판단은 처방성을 지닌다. 오스틴은, 언어는 의미가 있으며 그 의미를 일종의 행위의 수행능력으로 이해했다. 헤어에게서 언어가 지닌 행위의 수반 능력은 처방성으로 명명된다. 그는 한 인간이 어떤 도덕원리를 지지하면 그는 그렇게 살아가도록 노력할 것이 기대된다고 말했다. 만약, 발언자가 자신이 지지하는 원리에 따라 스스로가 성실하게 살아가려 노력하지 않는다면, 그가 진실로 그리고 성실하게 그 원리를 지지하고 있는가를 의심할 수 있다 (Hare, 1979: 94).

따라서 헤어가 도덕 언어의 특징으로 제시한 처방성은 우리의 행동을 안내하는 역할을 한다. 처방성은 우리가 좋아하는 삶의 방식을 절대적으로 자유롭게 규정하고 채택하도록 해주며 나아가 이를 수행하도록 만든다. 이 점에서 칸트의 자율 즉, 자기 자신을 규제하는 능력인 자유의 의미 또한 내포한다. 결국, 헤어가 강조한 도덕판단의 처방성은 도덕판단이 도덕적 행위를 위한 '도덕적 동기'로서 작용하며 궁극적으로 도덕적 실천을 추구함을 나타낸다. 도덕판단 발언은 우리로 하여금 그러한 행동을 하도록 이끈다. 때로 도덕판단의 처방성은 도덕 교육자들에 의해 간과되고 있는 특징이다.

둘째, 도덕판단은 기술적 의미를 갖는다. 이 기술적 의미로 인하여 도덕판단은 보편화 가능하게 되는 동시에 합리성을 지니게 된다. 헤어는 만약 '이 꽃은 붉다.'라고 판단할 경우, 그 꽃이 붉은 이유가 그것이 지닌 어떤 속성 때문이라고 한다면, 그와 같은 속성을 갖는 어느 것도 마찬가지로 붉은 것이 된다고 보았다. 이 점에서 그러한 판단은 보편화 가능하다. 도덕판단을 포함한 가치판단도 상황은 같다. 그것이 지닌 이와 같은 기술적 의미를 통해 보편화 가능하다. 예를 들어, 누군가에게 '좋은 사람이다.'라고 말할 때, 그는 '이해심이 많고 남을 잘 도와주는 사람은 좋은 사람이다.'라는 도덕판단을 보편화하고 있다. 따라서 보편화 가능성이란 모든 사람에게 타당함을 의미한다. 헤어는 덧붙여 도덕판단은 단순히 기술적 판단을 보편화할 때와는 달리, '좋은'의 의미규칙뿐만이 아닌 그러한 도덕원리를 지지하게 된다고 보았다(Hare, 1979: 13-16).

나아가 보편화 가능하다는 말은 어떤 당위, 어떤 준칙이 모든 사람에게 타당함을 표방한다. 그러하기에, 다른 사람의 관심 영역 안으로 자신을 옮겨 놓는 것이 요구된다. 헤어는 이를 '상상력'이라는 말을 사용해 표현했다. 도덕적 상상력이란 자신을 다른 사람의 입장과 처지에 옮겨 놓는 것을 말한다. 즉, 역지사지(易地思之)의 자세를 의미한다. 도덕판단은 판단의 결과를 내가 아닌 다른 사람의 입장에 내가 서 있을 경우, 그 사람의 입장이 된 바로 '나 자신'이 그러한 판단을 받아들일 수 있을 때 가능하다.

한편, 헤어는 '도덕적이다'란 표현 대신 '우선적 · 처방적 · 보편 가능한'이란 표현을 사용했다(R. M. Hare, 김형철 · 서영성 역, 2004: 88-89). 이는 '보편적 처방주의'의 의미 내에 이미 우선성이 내포되어 있음을 보여준다. 나아가 헤어는 성공적인 도덕교육의 방법으로 도덕적 사고를 제안했다(Hare, 1979: 96). 그는 도덕적 문제에 대하여 대답하는 것은 '합리적인 활동'이라 생각했다. 도덕적 사고의 합리성은 어떤 도덕원리를 채택해야 하는가를 결정할 수 있는 추론 체계가 있는가에 달려있다(Hare, R. M., 김형철 · 서영성 역, 2004: 218). 합리적인 도덕적 사고 다시 말해, 합리적인 도덕적 추론을 위해서 헤어는 논리적 요소와 사실적 요소를 제안했다. 앞서 논의된, 처방성과 보편화 가능성은 논리적 요소에 해당하며, 문제 사태와 관련된 여러 가지 사실들에 대한 정확한 인식인 사실에의 호소, 인간의 성향이나 소망의 고려인 경향성(inclination) 혹은 이익(interest)에의 호소, 다른 사람의 관점에서 생각해 볼 수 있는 상상력(imagination)에의 호소는 사실적 요소에 속한다(Hare, 1963: 91-92).

그러므로 합리적인 도덕판단을 내리기 위한 도덕적 논증, 도덕적 추론, 비판적 사고의 과정에서는 이러한 네 가지 요소가 필요하다. 이들 중 특히 상상력을 기르기 위해서는 두 가지 능력 또는 기술이 포함된다. 그 하나는 우리의 행동의 결과가 어떻게 될 것인가를 인식하고 발견하는 능력이다. 다른 능력은 우리의 행동이 다른 사람들에게 어떻게 영향을 미치는가와 그들의 감정을 인식하는 능력이다. 헤어는 도덕적으로 교육된 사람이 가져야 할 또 다른 속성으로 인간에 대한 사랑을 제시했다(Hare, 1979: 94-104). 따라서 헤어는 도덕교육의 최종 목표를 학생들이 처한 도덕적 문제 상황을 도덕적인 것으로 인식하고, 도덕원리를 합리적으로 결단할 수 있도록 하는 데 둔다. 그리고 도덕적 사고의 이상적 형태인 비판적 사고[5]는 오직 도덕 개념들의 논리적 속성과 비도덕적 사실에 의해 부여된 제한들 아래에서 이루어지는 원칙에 대한 결단이라 생각했다(Hare, 1963: 145-175).

결과적으로, 헤어에 있어 합리적인 사람은 '보편적 처방주의'라는 도덕적 추론을 통과할 때 이미 그러한 행위에 대한 의지를 지니게 된다. 일상에서 발화로 인해 우리가 어떤 행위를 수행하게 된다는 오스틴과 헤어의 주장은 도덕판단이 행동으로 나아갈 수 있는 발판을 제공한다는 점에서 의의가 있다. 그리고 헤어의 도덕원리를 합리적으로 결단할 수 있는 실제 방법은 윌슨의 도덕성 요소에서

---

5) 김형철과 서영성은 '비판적 사고'를 '비판적 사유'로, '원칙의 결단'은 '원리의 결정'으로 번역했다(Hare, 김형철 역, 2004: 67).

구체화된다.

III. 윌슨의 도덕성 요소

1. 윌슨과 도덕적 언어

윌슨은 인간의 특성을 합리적 존재로 보고 행동에 있어 합리적 이유 제시의 중요성을 강조했다. 이 때문에 도덕적 문제에 대해 이성과 합리성에 근거할 것을 제안했다. 그는 도덕을 하나의 교과, 즉 사고의 형식 또는 교육의 분야로 보았다(J. Wilson, 남궁달화 역, 2004: 25). 도덕이라는 삶의 한 영역 다시 말해, 사고의 형식이 수학이나 과학과 마찬가지로 구체적인 내용의 전달이 아닌 방법적 편의와 절차를 제공하는 것이라고 주장했다(J. Wilson, 남궁달화 역, 2002: 50).

도덕 언어에 대한 접근에 있어, 윌슨은 헤어와 같은 분석적 방법을 취한다. 윌슨은 언어를 평가적 언어와 경험적 언어로 나누어 생각했다. 이 중 평가적 언어인 '좋은(good)'과 같은 경우는 추천의 의미로 사용되는 반면, 경험적 언어나 서술적 언어는 그렇지 않다(J. Wilson, 1961: 23). 다음과 같은 윌슨의 평가적 언어와 경험적 언어에 대한 설명은 두 언어의 차이를 분명히 한다.

> 우리가 식료품점을 말할 때, 식료품점에 있는 다양한 재료를 언급할 수 있다. 예를 들면, 선반 위에 놓인 사과와 배추 등의 제품과 이들에 대한 평가치인 8달러 3센트와 같은 가격 매김이다. 경험적 언어는 선반에 놓인 물건들을 단지 지칭하는 것인 반면, 평가적 언어는 각각의 물품에 매겨진 가격과 같다. 그러므로 '옳은(right)'

과 '그른(wrong)'과 같은 언어 또한 단지 변덕스러운 기호의 문제
는 아니다(J. Wilson, 1961: 25).

월슨의 설명을 통해 우리는 그에 있어 '옳은(right)'과 '그른
(wrong)'과 같은 가치 언어가 권장의 의미를 갖고 있음을 유추할
수 있다. 'X라는 행동은 옳다'라는 것은 그러한 행동이 가치를 지
니고 있음을 나타낸다. 그리고 이러한 가치의 매김은 우리로 하여
금 그러한 행위를 추구하도록 만드는 경향이 있다. 이 점에서 평가
적인 언어는 권장의 의미를 갖게 된다. 도덕 언어에 대한 이와 같
은 월슨의 견해는 헤어의 것과 유사하다. 헤어 또한 '좋은(good)'과
같은 도덕 언어는 추천과 권장의 의미를 지니고 있다고 보며 도덕
교육에서 도덕 언어 교육의 중요성을 강조했다.

나아가 월슨은, 인간은 언어와 의미에 의해 구조화된 규칙을 준
수하면서 말하고 생각해야 한다고 제안했다(Wilson, 1972: 57). 언
어의 규칙을 배우지 못한 아이는 결코 인간으로 성장할 수 없다고
보았다(Wilson, 1972: 56). 이러한 이유로, 도덕적 영역의 접근에
있어 이성과 합리성에 근거할 것을 제시했다. 도덕적 판단을 만드
는 과정에 있어서도 깊이 생각할 것을 요구했다(J. Wilson, 1961:
29). 그러므로 월슨은, 철학자들의 임무는 우리가 이용할 현실에 적
합한 사고, 언어, 방법론의 범주를 제공하는 것이라고 보았다. 그리
고 이들은 도덕적 판단을 이루어가는 하나의 도구가 될 수 있다(J.
Wilson, 1961: 32). 그런데, 여기서 월슨이 강조하는 도덕적 영역에
있어서의 합리적(rationally)이라는 말은 논리적(logically)이라는 말
을 이미 포괄한 보다 폭넓은 개념이다.

나는 단지 경험적 사실이나 언어의 숙고로부터 논리적으로 따라
가는 어떤 도덕적 제안을 의미하는 것은 아니다: 그런데도, 이것
은 합리적(rationally)으로 쫓아가는 것이다(J. Wilson, 1961: 15).

윌슨은 합리적 사고가 단지 경험적 사실이나 언어의 숙고 안에서
논리적 사고를 추구하는 것이 아니라는 점을 강조했다. 그는 도덕
성에 대해 좀 더 현명하고, 편견이 없으며, 사실에 대해 열려 있는
자세로 접근할 것을 제안했다. 도덕 철학자들은 어떤 결정이 옳은
지 그른지 단지 판단하는 재판관의 역할이 아닌 옳은 결정에 이르
는 규칙과 준거가 무엇인지 제시해 주는 법률철학자의 역할을 요구
받는다(J. Wilson, 1961: 27-28).

따라서 윌슨은 도덕적 문제에 대한 숙고의 절차에서 우리에게 요
구되는 절차와 규칙을 제공했다. 이는 도덕성 요소 즉 도덕적 사고
하기의 절차이다. 이것은 또한 헤어와 같이, 도덕적 문제에 있어서
의 진정한 이유 대기인 '합리적 사고의 절차'를 중심으로 사고하는
도덕적 추론의 과정이다. 그리고 이러한 윌슨의 도덕성 요소는 헤
어의 도덕판단이 지닌 보편성, 처방성(규정성), 우선성을 바탕으로
하여 도덕판단을 내리고 이를 실제로 적용하여 행동하는 것으로 이
루어진다.

2. 도덕성 요소

윌슨의 도덕적 사고하기는 그가 제시한 도덕성 요소를 통해 이루
어지는 사고하기의 합리적 절차와 방법이다. 그의 도덕성 요소에
대한 이해는 도덕교육에서 도덕 언어가 지닌 의미를 도출해 내는

단서가 된다. 도덕성 요소는 다음과 같이 4범주 16요소로 나뉜다.[6]

제1범주 : 다른 사람을 나와 동등하게 고려하기(PHIL)
  (1) 사람의 개념 알기(PHIL-HC)
  (2) 사람의 개념을 도덕원리로 주장하기(PHIL-CC)
  (3) 사람의 개념을 도덕원리로 지지하는 정서 감정을 가지기
  (사람 지향적 차원과 의무 지향적 차원) (PHIL-RSF-PO &
  DO)
제2범주 : 사람들의 정서 감정을 인지하기(EMP)
  (4) 정서의 개념을 알기(EMP-HC)
  (5) 나의 의식적 정서 감정을 인지하기(EMP-1-Cs)
  (6) 나의 무의식적 정서 감정을 인지하기(EMP-1-Ucs)
  (7) 다른 사람의 의식적 정서 감정을 인지하기(EMP-2-Cs)
  (8) 다른 사람의 무의식적 정서 감정을 인지하기(EMP-2-Ucs)
제3범주 : '엄연한' 사실적 지식과 사회적 기술을 습득하기(GIG)
  (9) '엄연한' 사실에 관해 알기(GIG-1-KF)
  (10) '엄연한' 사실의 정보 원천에 관해 알기(GIG-1-KS)
  (11) 언어적인 사회적 기술을 습득하기(GIG-2-VC)

---

6) 윌슨의 도덕성 요소에 관한 내용은 남궁달화(2003, 2004, 2007)와 Wilson(1970, 1990) 등을 참
  고하였다. 여기서 제시된 영어의 약자들은 다음과 같은 의미를 지니고 있다. 윌슨은 이러한 약
  어의 사용을 단순한 편의성뿐만 아닌, 개념의 정확성과 명료성을 확보하기 위해 사용했다고 말
  했다.
  PHIL은 그리스어 philos의 약자이다.
  HC는 having the concept의 머리글자이다.
  CC는 claiming the concept의 머리글자이다.
  RSF는 rule supporting feeling, PO는 person-oriented, DO는 duty-oriented의 머리글자이다.
  EMP는 그리스어 empathe에서 따온 말이다.
  EMP에서 1은 자신을, 2는 다른 사람을 지칭한다.
  Cs는 consciousness의 준말이며, Ucs는 unconsciousness의 준말이다.
  GIG는 그리스어 gignosco에서 따온 말이다.
  GIG에서 1은 엄연한 사실을, 2는 사회적 기술을 말한다.
  KF는 knowledge of facts의 KS는 knowledge of sources의 머리글자이다.
  VC는 verbal communication의 NVC는 non-verbal communication의 머리글자이다.
  KRAT는 그리스어 kratos에서 따온 말이다.
  KRAT에서 1은 도덕적 문제를 인식, 사고, 결정(판단)하는 것을 가리키고, RA는 relevantly alert
  의 머리글자이다.
  TT는 thinking thoroughly의 머리글자이다.
  OPU는 각각 overriding, prescriptive, universalized의 머리글자이다.
  KRAT-2에서 2는 동기 및 행동을 가리킨다.

(12) 비언어적인 사회적 기술을 습득하기(GIG-2-NVC)
제4범주 : 도덕적 문제를 인식, 사고, 판단(결정)하여 행동하기
     (KRAT)
(13) 도덕적 문제인가를 타당하게 인식하기(KRAT-1-RA)
(14) 도덕적 문제에 대해 철저하게 사고하기(KRAT-1-TT)
(15) 도덕적 문제를 정당하게 결정하기(KRAT-1-OPU)
(16) 도덕적 문제를 판단(결정)대로 행동하기(KRAT-2)

먼저, PHIL은 다른 사람들의 욕망과 욕구에 대한 비중을 자기 자신의 것과 동등하게 하기 즉, 다른 사람과 나를 동일하게 생각하는 태도이다. 다른 사람도 나와 같은 권리를 지닌 사람으로 인정하는 것이다. 내가 아닌 다른 사람을 단지 사람으로 생각하고 그가 가진 욕구와 그의 필요들을 나의 것과 동일하게 존중하는 태도를 의미한다. PHIL은 이러한 이유로 정의와 사랑의 의미를 함께 포함한다. 이 중 윌슨은 사랑을 더욱 중요하게 받아들였다.

PHIL-HC는 사람의 개념을 아는 것이다. 곧 이성과 욕구를 지니며 언어를 사용하는 어떤 존재가 바로 나와 같은 인간임을 아는 것을 말한다. 따라서 신체적인 불편함이나 지능의 높고 낮음, 나이의 많고 적음, 성별의 다름 혹은 지위의 높고 낮음 등은 어떤 존재를 인간존재로 인정하는 데 영향을 주지 않는다. 이들은 모두 '이성적 생물(rational animate creatures)'로서 같은 범주에 속하게 된다.

PHIL-CC는 사람의 개념을 도덕원리로 주장하는 것을 의미한다. 서로 간에 이해관계가 관련된 문제가 발생하였을 경우, 다른 사람의 이익 고려를 나의 이익과 동등한 선상에서 고려함을 말한다. 그리고 자신이 행해야 할 자신에 대한 명령으로 인식함을 말한다. PHIL-RSF-PO & DO는 사람 지향적인 차원 그리고 의무 지향적인

차원에서 사람의 개념을 도덕원리로 지지하는 정서 감정을 가짐을 뜻한다. 정서 감정을 갖는다는 것은 단지 아는 것만을 의미하지 않는다. 가령, 다른 사람의 이익을 고려하지 않고 행동하였을 경우, 마땅히 이것에 대한 후회나 죄의식을 가질 것이 요구된다. 반면, 그가 그렇게 행동하였을 경우 만족감 등을 갖게 되어야 한다. 만약, 이러한 정서적 측면을 소유하지 않는다면 그 사람은 사람의 개념을 도덕원리로 지지하는 감정을 갖고 있다고 말할 수 없게 된다.

여기서 사람 지향적인 차원은 상대방에 대한 나의 배려로 인해 그가 만족함을 보고 나 자신도 만족감을 가지는 것을 지칭한다. 의무 지향적인 차원은 상대방과는 상관없이 단지 나 자신의 의무감으로 인해 그를 배려하는 행동을 하는 것이다. 따라서 의무 지향적 차원에서는 상대방의 만족감보다는 의무를 행했을 때 작용하는 자기 자신의 만족감이 크게 작용한다. 이러한 측면에서, PHIL-RSF-DO는 칸트의 도덕적 법칙에 대한 존중감 즉, 선의지와도 연계되는 개념이다.

둘째, EMP는 정서와 감정의 개념이 무엇인지 이해하고 나와 다른 사람이 지닌 의식적이거나 무의식적 정서와 감정을 인식하는 능력을 말한다. EMP-HC는 정서의 개념 자체를 아는 것이다. EMP-1-Cs & Ucs는 나의 의식적인 그리고 무의식적인 정서 감정을 인지함을 말한다.

반면, EMP-2-Cs & Ucs는 다른 사람의 의식적 그리고 무의식적인 정서 감정을 알아차리는 것을 말한다. 윌슨은 EMP의 표제 아래서 우리는 '정서적 자가', '민감성', '통찰력', '감정 이입' 등의 용어 안에서 종종 묘사되는 영역에 관심을 둔다고 말했다(J. Wilson, 1973: 51). 그러나 이것은 다른 사람이 가진 감정을 실제로 느끼는 것을 말하지 않는다. 단지 그러한 감정을 인지하느냐 즉 알아차리느냐에 관련된다(J. Wilson, 1973: 54).

그러므로 EMP를 이해할 때, 감정 이입과 동일한 개념으로까지 확대할 필요는 없다. 그런데도, 나의 무의식적 정서나 다른 사람의 정서를 안다는 것 자체는 무척 어려운 일인 동시에 도덕적 영역에서 매우 중요한 사항이다. 그것은 나 자신과 다른 사람의 정서 감정을 인지해 내기 위해서는 상당한 주의와 관찰이 요구되기 때문이다. 더불어 고통 받는 한 사람을 목격하면서도 그가 고통 받고 있지 않고 오히려 우스운 표정을 보인다고 생각한다면 도덕적으로 큰 문제가 아닐 수 없기 때문이다. 그러므로 도덕적 영역에서 다른 사람의 정서 감정에 민감해야 함은 당연하다.

GIG는 '사실적 지식'과 '방법적 지식'으로 나뉜다. 여기서 사실적 지식 즉, 윌슨의 용어로 표현할 때 GIG-1로 표시되는 이것은 무엇을 아는가(knowing that)에 대한 것이다. 한편, 무엇을 하는 방법을 아는 것에 해당하는 방법적 지식 즉, 윌슨의 용어로 GIG-2로 표시되는 것은 무엇을 할 줄 아는 것(knowing how)의 문제이다. 이는 무엇을 하는 방법을 아는 기술, 솜씨, 재주 등을 지칭한다. 윌슨은 이것이 일종의 방법을 아는 기술로 구성된다고 설명했다(Wilson, J., 남궁달화 역, 2001: 58). GIG-1-KF는 엄연한 '사실'에 관해 아는 것을 말한다. 예를 들면, 어려움에 처해 있는 사람들에 대한 지식이나 건강, 안전, 법률 등을 아는 것을 말한다. GIG-1-KS는 엄연한 '사실의 정보 원천'에 관해 아는 것을 말한다. 사실로서의 지식을 찾는 올바른 방법을 아는 것이다. 반면, GIG-2-VC & NVC는 방법적 지식에 해당하는 것으로 언어적이고 비언어적인 사회적 기술을 습득함을 의미한다. 이는 주로 다른 사람과의 의사소통과 관계된다. 내가 아닌 다른 사람과의 관계에서 자신의 의사를 효과적으로 전달하고 상대방의 의사를 올바르게 파악하는 것은 도덕적인 영역에서 빼놓을 수 없는 부분이다.

마지막으로, KRAT는 도덕적으로 철저하게 사고하고 판단대로 행동하는 것을 지칭한다. 이것은 한편으로 도덕적 추론의 과정과 그에 대한 행위를 의미한다. KRAT-1-RA는 어떤 문제 사태에서 그것이 도덕적 문제인가를 타당하게 인식하는 것이다. KRAT-1-TT는 도덕적 문제에 대해 철저하게 사고함을 말한다. 철저하게 사고한다는 것은 앞에서 제시한 도덕성 요소 즉, PHIL, EMP, GIG를 통해 사고함을 의미한다. 예를 들면, 지금 상황에서 어떻게 행동하는 것이 다른 사람을 고려하는 것인가, 그들은 지금 무엇을 느끼고 있는가, 나는 기꺼이 그들을 도와주고자 하는가, 그들을 돕기 위해 알아야 하는 것은 무엇인가 등에 대해 숙고함을 의미한다.

KRAT-1-OPU는 이러한 사고의 과정에서 한 걸음 더 나아가 도덕적 문제를 정당하게 결정하는 것이다. 곧 도덕적 판단은 다른 사람의 이익 고려를 우선으로 하여, 규정적이고, 보편 가능한 것이어야 한다. 여기서 규정적으로 사고한다는 것은 자신이 내린 도덕판단을 자기 자신이 행해야 할 것으로 자기 자신에게 지시하고 명령함을 뜻한다. 곧 나 자신이 진정으로 그 행동에 전념하고 헌신하는 것을 말한다. 이는 헤어의 처방성과 동일한 선상에서 이해 가능하다. 이 때문에 윌슨에 있어 규정성은 헤어에서와 같이 주체적 결단의 의미를 지닌다. 그리고 이러한 숙고의 과정을 통해 얻은 도덕판단을 모든 역경을 이겨내고 실제로 행동하는 것이 KRAT-2이다.

이런 면에서, KRAT-2는 도덕판단이 도덕적 행위로 나아가게 하는 '동기'로 작용하는 동시에 도덕적 행동 그 자체가 된다.

월슨은 '사람에 대한 개념(PHIL)' 즉 다른 사람에 대한 고려를 도덕성 요소의 핵심으로 삼는다. 나아가 도덕판단과 행동에 해당하는 KRAT를 PHIL만큼 중요하게 본다. 그리고 이러한 요소를 통한 추론과정이 '도덕적 사고하기'이다.

Ⅳ. 월슨의 도덕성 요소에 함의된 언어분석과 도덕성 요소의 의의

1. 언어분석과 월슨의 도덕성 요소

1) 오스틴의 부적절성 이론과 월슨의 도덕성 요소

오스틴은 수행 발화가 적절하게 기능하는 데 있어, 필요한 조건을 제시했다. 이것은 그에 의해 '부적절성의 원리(the doctrine of infelicities)'라 불린다. 부적절성 원리는 우리의 발화가 수행에 성공하기 위해 요구되는 규칙들을 나타낸다. 따라서 다음과 같은 '부적절성 원리'는 달리 '수행 발화의 적절성을 위한 조건'이라 말할 수 있다.

> A. (i) 어떤 관습적 효과를 가진 용인된 관습적 절차가 존재해야 한다. 그리고 그 절차는 어떤 상황에서 누군가에 의해 어떤 말이 발화되는 것을 포함해야 한다.
> (ii) 특정 인물과 상황은 그 행위에 언급된 것에 맞아야만 한다.
> B. 모든 참여자는 그 행위를 (i) 정확하고 (ii) 완전하게 실행해야만 한다.

Γ. (i) 그 절차가 어떤 생각이나 감정을 가진 사람에 의해 사용되기 위해 만들어졌거나, 또는 어떤 참여자이든지 그 참여자의 편에서 결과적으로 어떤 행위를 하게 하도록 고안된 경우에, 그와 같은 절차에 참여하고 그러한 절차를 발언하는 사람은 실제로 그러한 생각이나 감정을 가져야 한다. 또한 참여자는 스스로 그러한 행위를 할 것을 의도해야 한다.
(ii) 뿐만 아니라, 그 절차에 참여하는 사람은 실제로 그렇게 행동해야만 한다(J. Austin, 1975: 14-15).

오스틴은 여기서 A, B와 구분하기 위해 로마 문자를 사용하여 Γ의 규칙을 표기한다. 그는 우리가 진지하지 않을 때와 같은 경우, 이것이 비록 그 절차의 '남용'이기는 하지만 결국 그 행위는 성취된다고 본다. 그의 견해에서, A와 B의 경우는 '불발(misfires)'이라 부를 수 있는 반면, Γ의 경우는 '남용(abuse)'이라 부를 수 있다. '남용'에 해당하는 부적절한 행위는 '불성실한' 행위에 해당한다(J. Austin, 1975: 16-17). 만약, 발화자가 지킬 의사도 없이 거짓 약속을 한다면 그러한 발화로 인해 부적절한 행위가 수행되었다고 할 수 있다.

반대로, 수행 발화가 그것이 적절할 수 있는 조건을 지키면 '불발행위'나 '남용행위'가 되지 않고, '성공적인 발화 행위'가 된다. 다시 말하면, 어떤 발화가 오스틴이 제시한 적절성 조건들을 모두 충족시킨다면 그러한 발화는 성공적인 수행문이라 부를 수 있게 된다. 이것은 도덕적 발화 즉, 도덕판단과 밀접한 연관이 있다. 도덕판단은 화가 나서 소리를 지르거나, 시인이 아름다운 시를 낭송하는 것과는 다른 차원이다. 도덕판단은 발언자로 하여금 이것에 대한 행동을 촉구한다. 그것은 '저 불쌍한 아이를 도와주어야지'라는 도덕판단을 내린 사람은 적어도 자신이 지킬, 자기 자신의 것으로 진지하게 판단을 내려야 하기 때문이다. 그러므로 도덕판단은 앞에서 오스틴이 제시한 조건들을 만족시킬 필요가 있다. 오스틴이 제시한 '부적절성의 원리' 중 특히 B와 Γ에서 제기한 요소들은 다음과 같이 윌슨의 도덕성 요소라는 사고하기의 과정에 동일하게 적용 가능하다.

첫째, B 요소에서 오스틴은 그 절차는 모든 참여자들에 의해 정확하고 완전하게 집행되어야 한다고 제안했다. 절차를 정확하게 집행한다는 것은, 윌슨의 도덕성 요소 곧 다른 사람의 이익을 고려하기인 PHIL, 나와 다른 사람의 정서 감정을 인식하기인 EMP, 사실적 지식과 방법적 지식을 습득하기인 GIG, 도덕적으로 판단하고 이를 실천하기인 KRAT와 같은 요소들을 윌슨의 제안 그대로 '정확하고' '완전하게' 추구함을 의미한다. 환언하면, 모든 사람이 이성과 욕구를 지닌 존재로서 동등하게 고려되어야 함을 인식하고 (PHIL-HC), 그들을 동등하게 고려하는 마음과 태도를 실제로 지녀야 함(PHIL-CC, PHIL-RSF)을 말한다. 또한 나 자신과 다른 사람이 갖는 정서와 감정이 무엇인지 알고(EMP), 필요한 사회적 지식과 방법적 지식을 갖춤(GIG)을 뜻한다. 나아가 이러한 요소들을 철저하고 완전하게 인지하고 깊이 있게 숙고하여 도덕적 결정을 내림 (KRAT-1)을 의미한다. 따라서 오스틴의 B 요소와 윌슨의 도덕성 요소에서 요구하는 사항은 동일한 측면을 지닌다.

둘째, Γ(i)에서 오스틴은 어떤 행위를 하기 위해 절차가 고안된 경우 참여자는 그러한 생각이나 감정을 가져야 함과 동시에 스스로 그 '행위를 할 것을 의도'해야 한다고 제안했다. 윌슨은 다른 사람의 이익 고려인 PHIL에서 참여자들이 다른 사람을 고려하는 생각이나 감정을 실제로 가질 것을 요구했다. 필요한 생각을 갖는다는 것은 참여자가 진심으로 이성을 지닌 존재로서 모든 인간이 동등하다는 것을 인식함을 말한다. 그리고 필요한 감정을 갖는다는 것은 다른 사람이 실제로 동등하다는 것을 마음속으로 깊이 간직하고 이러한 태도를 소유함을 뜻한다. 이것은 사람의 개념 알기인 PHIL-HC, 사람의 개념을 도덕원리로 주장하기인 PHIL-CC, 사람의 개념을 도덕원리로 지지하는 정서 감정을 가지기인 PHIL-RSF 이다.

또한 참여자들은 스스로 자신이 내린 도덕판단을 행위로 옮길 의도를 갖고 있어야 한다. 이것은 도덕적 문제를 인식하고, 사고하여, 판단하고, 행동하기인 KRAT에 해당한다. 더구나 도덕적 문제를 정당하게 결정하기인 KRAT-1-OPU에서 참여자는 사람의 개념을 '우선적' 도덕원리로 하여, '규정적'인 도덕판단 즉, 자신이 지킬 것으로 결정해야 하며, 이러한 도덕판단을 '보편가능'하게 할 것이 요구된다. 그리고 이러한 판단을 실제로 행할 것을 '의도'해야 한다.

그러므로 수행문의 발화자와 도덕성 요소를 통한 사고하기에 참여하고 있는 사람은 발언이나 도덕판단에 있어 자신이 수행할 의도를 함께 지닐 것이 요구된다. 이 점에서, 도덕성 요소 안에서 내려진 도덕판단은 나의 형제나 친구와 같은 '다른 사람'이 해야 할 것이 아닌 바로 '나 자신'이 행해야 할 그것으로 인식될 필요가 있다. 그러하기에 도덕판단은 자기 자신에 대한 명령이며 속박으로 작용한다. 나아가 자기 자신에게 명령하고 지신을 규제하는 의미를 지닌 헤어의 보편적 처방(규정)주의와도 같은 선상에서 이해 가능하다. 결국, 오스틴이 요구하는 Γ(i) 요소와 윌슨의 도덕성 요소는 상호 관련된다.

셋째, Γ(ii)에서 오스틴은 참여자들이 실제로 그렇게 '행동'해야 한다고 주장했다. 곧 참여자들은 실제로 그렇게 행동할 것이 촉구된다. 윌슨 또한 철저하고 진지하게 생각하여 도덕판단을 내리고 이를 실제로 행할 것을 요청했다. 이것은 도덕적 문제를 철저하게 인식, 사고하여 결정하기인 KRAT-1과 판단대로 행동하기인 KRAT-2이다. 특히 KRAT-2는 자신이 내린 도덕판단을 많은 유혹과 역경을 물리치고 실천하려는 '의지'를 통해 실제로 행동하는 것을 말한다. 이것은 도덕적 판단이 도덕적 행동으로 나아가게 하도록 하는 '도덕적 동기'로서 작용한다. 다시 말해, 이것은 오스틴의 부적절 요소 중 참여하는 사람은 실제로 그렇게 행동해야 한다는 Γ(ii)에 해당한다. 나아가 헤어가 제시하는 자기 자신을 규정하는 능력인 도덕 언어의 처방성과 일맥상통하다.

결론적으로, 오스틴은 수행 발화가 적절하기 위한 조건에서 발언자로 하여금 스스로 그러한 생각이나 감정 등을 가질 것을 요구할 뿐만 아니라, 스스로 그러한 행위를 실천해야 할 것을 제안했다. 이는 헤어가 도덕 언어의 특징으로 기대했던 '처방성'과 윌슨의 도덕성 요소에서 요구하는 내용과 같다. 이는 도덕교육 현장에서 간과할 수 없는 중요한 사항이다. 학생들은 그들 자신이 내린 도덕판단에 대해 실제로 그와 같은 생각이나 감정을 품을 것과 이를 실천할 것이 기대되기 때문이다.

도덕교육 현장에서 학생들의 도덕적 판단이 행동으로 전이되지 못하는 이유가 여기에 있다. 도덕교육의 가장 큰 난제인 지행 불일치의 문제는 학생들이 단순히 머리로만 도덕적 지식을 알고, 머리로만 그렇게 해야 한다고 생각하기 때문이다. 진심과 의지가 결여된 단순한 앎으로서의 도덕판단이 행동으로 나아가기란 무척 어려운 일이다. 따라서 학생들이 내린 도덕판단은 오스틴과 월슨의 제안과 같이 그러한 행위를 실제로 하도록 의도하는 의미로서 자기 자신을 규정할 수 있어야 한다. 덧붙여 궁극적으로 도덕판단을 내린 학생은 실제로 그렇게 행동할 수 있어야 하고 행동해야만 한다.

2) 헤어의 보편적 처방주의와 월슨의 도덕성 요소

월슨은 도덕교육에서 합리적 사고의 절차를 지향한다. 그는 합리성을 단순히 논리적인 사고의 흐름으로 이해하기보다는 다른 사람과의 관계 또는 사랑의 개념으로까지 확대하였다. 이러한 사고의 절차에 대한 견해는 헤어의 이론으로부터 상당 부분 이끌어졌다.

> 도덕철학에 의해 우리의 사고에서 성취된 진보는 '합리성 (rationality)'이다. 헤어는 합리성을 주로 '문제의 대답을 지향한 사고의 속성'으로 받아들인다. 대부분의 사람들은 그들의 도덕적 행동에 대해 전혀 질문하지 않는다. 합리성은 헤어의 견해와 같이 '사실과 논리에 대해 최대한의 비판에도 살아남는 행동, 욕구 또는 도덕 체계를 가진다. 뿐만 아니라, 그러한 비판을 받아들이는 것도 포함한다. 우리가 '합리적인 사람(reasonable man)'이라고 말할 때, 부분적으로 우리는 그의 다른 사람들과의 관계성까지 생각한다. 합리적인 사람은 이성(reason)에 전념하는 사람이다 (J. Wilson, 1987: 72-74).

상기와 같이, 월슨은 헤어의 생각을 수용하여 도덕적 논의에서 정당한 이유를 추구했다. 헤어와 월슨의 연관성은 다음과 같은 항목에서 찾아볼 수 있다.

첫째, 헤어와 윌슨은 모두 도덕교육에서 언어의 역할에 대해 중요하게 생각했다. 나아가 도덕에 관한 논의에 있어 합리적 논의가 가능하다고 보았다. 실례로, 헤어가 『도덕의 언어』(The Language of Morals, 1952)에서 도덕 언어는 권고와 권장의 의미를 지닌다고 본 것과 같이 윌슨도 『이성과 도덕』(Reason and Morals, 1961)에서 도덕 언어에 대해 같은 견해를 취했다. 윌슨은 좋은(good), 의무(ought)와 같은 도덕 언어를 분석하면서 이러한 언어는 경험언어나 서술 언어와 달리 추천하는 의미를 지닌다고 말했다(J. Wilson, 1961: 23).

둘째, 헤어의 도덕적 추리에서 요구하는 4가지 요소가 윌슨의 4범주 16요소의 도덕성 요소와 상호 관련된다. 헤어는 비판적 사고를 위한 논리적 요소로 처방성과 보편화 가능성을, 사실적 요소로 사실에의 호소, 경향성이나 이익, 상상력을 제시했다. 또한 헤어는 '도덕적이다'란 표현 대신 '우선적·처방적·보편 가능한'이란 표현을 이용하기도 했다(R. M. Hare, 김형철·서영성 역, 2004: 88-89). 헤어에 있어, 도덕적 사고의 이상적 형태인 비판적 사고는 도덕 개념들이 지닌 논리적 속성과 요구되는 사실들에 대한 고려 아래에서 이루어지는 원칙에 대한 결단이라 설명할 수 있다.

여기서 헤어가 제시한 논리적 요소인 처방성과 보편화 가능성은 윌슨의 도덕성 요소 KRAT-1-OPU에 해당한다. 곧 KRAT-1-OPU는 사람의 개념을 우선된 도덕원리로, 자기 자신이 지킬 규정적인 것으로, 보편화 가능하게 도덕판단을 내릴 것을 요청한다. 덧붙여 헤어가 제시한 상상력을 기르는 데 필요한 두 가지 능력 또는 기술은 윌슨의 GIG와 EMP와 관계있다. 헤어는 우리 행동의 결과가 어떻게 될 것인가를 인식하고 발견하는 능력인 행동의 결과에 대한 인식은 월슨이 말하는 행동의 결과를 아는 일반적 능력인 GIG와 동일한 개념이라고 설명한다. 또한 상상력에서 요구되는 행동이 다른 사람들에게 어떠한 영향을 미치는가 그리고 그들의 감정을 인식하는 능력은 월슨의 사람들의 감정을 이해하기인 EMP와 같은 개념이라고 말했다. 나아가 헤어는 월슨의 GIG와 EMP와 같이 도덕적으로 교육된 사람이 가져야 할 또 다른 속성으로 인간에 대한 사랑 즉, 월슨의 PHIL을 제안했다. 여기서 헤어는 사람들을 사랑한다는 것은 다른 사람들의 이익을 자신의 것과 동등한 비중으로 취급하는 것이라고 설명했다(R. M. Hare, 1979: 94-104).

이처럼, 헤어가 제시한 도덕적 사고의 구성요소 네 가지는 월슨의 도덕성 요소를 통해 더욱 구체화된다. 헤어는 도덕적 추론을 위한 요소로서 보편화 가능성과 처방성이라는 논리적 제약과 더불어 사실적 요소인 사실에 대한 정확한 인식, 인간의 소망이나 성향에 대한 고려, 역지사지의 상상력을 제안했다. 그리고 월슨은 도덕성 요소에서 다른 사람들의 이익에 대한 고려, 정서 감정에 대한 인식, 사실적 지식과 사회적 기술의 습득, 도덕적 사태에 대한 정확한 인식과 이를 도덕적으로 결정하여 행동히기를 제시하고 있기 때문이다.

셋째, 헤어와 월슨은 모두 도덕교육에서 도덕적 사고의 절차를 강조했다. 헤어의 도덕적 사고 즉, 도덕적 추리와 월슨의 도덕적 사고하기는 모두 도덕원리의 형성과 채믹을 지향한 사고라는 점에서 공통점이 있다. 다시 말해, 월슨과 헤어에 있어 도덕교육은 단순한 도덕적 사실이나 규범을 학생들에게 전달하는 것이 아닌, 학생들

스스로 합리적인 사고의 절차를 통해 도덕적 원리를 채택하게 하는 것이다.

따라서 헤어는 도덕교육의 최종 목표를 학생들이 처한 도덕적 문제 상황을 도덕적인 것으로 인식하고, 도덕원리를 합리적으로 결단할 수 있도록 하는 데 둔다. 이러한 헤어의 도덕원리를 합리적으로 결단할 수 있는 그 구체적인 실제 방법론은 윌슨이 제시한 도덕적 사고하기의 도덕성 요소를 통해 체계화된다.

결국, 윌슨의 도덕성 요소는 오스틴의 수행문 이론에서 영향을 받은 헤어의 '보편적 처방주의'를 수용하면서 이를 도덕교육의 방법론적 차원에서 한층 더 발전시킨 이론이라 할 수 있다. 따라서 헤어의 보편적 처방주의가 도덕적 사고의 추론과 절차 그리고 도덕 판단의 논리적 측면을 중요시하였다면, 이를 도덕교육의 실제적인 측면에 적용하며 발전시킨 것은 윌슨의 도덕성 요소라 할 수 있다.

2. 윌슨의 도덕성 요소의 의의

1) 도덕성의 총체로서의 도덕성 요소

윌슨의 도덕성 요소 안에서 도덕성의 인지적, 정의적, 행동적 측면은 상호 유기적으로 작용한다. 그는 "인간성에 대한 심신 상관설적 견해는 합리적이고 분별 있는 목적을 명확하게 표현하고 만족시킨다"라고 했다(J. Wilson, 1961: 116). 심신 상관설적 견해란, 인간의 마음과 정신의 작용이 인간의 몸의 작용과 결코 단절되어 있지 않음을 의미한다. 도덕성 요소라는 일련의 절차와 방법의 과정 안에서 행위자는 자신의 지식, 기술, 능력을 활용하여 도덕적 문제를 인식하고, 판단하며, 행동한다. 여기서 내려진 도덕판단은 판단자로 하여금 행위 할 것을 요구하기에 단순한 인지적 사고나 생각에 머물지 않는다. 그것은 인간의 마음 작용이 몸의 작용으로 연계될 수 있다는 심신 상관설적 입장을 통해 가능하다. 이와 같은 도덕성이 지닌 인지적, 정의적, 행동적 요소와 이들의 상호연관성은 도덕성 요소 안에서 다음과 같이 구체적으로 드러난다.

첫째, 다른 사람들을 동등하게 대우하기, 즉 다른 사람들의 욕망과 욕구에 대한 비중을 자기 자신의 것과 동등하게 하기인 PHIL은 다른 사람을 나와 동등하게 고려하고자 하는 '태도'이기에 일종의 감정으로 도덕성이 지닌 정의적 측면을 포함한다.

둘째, 자기 자신과 다른 사람들의 정서에 대한 인식인 EMP는 대상인 정서를 '인식하는 능력' 즉, 도덕성이 지닌 인지적 측면에 보다 가까운 개념이다. 그러나 능력으로서의 EMP는 좀 더 포괄적인 의미를 지닌다. 그것은 우리가 우리 자신에 대한 무의식적이거나 의식적인 정서를 알아내거나 혹은 다른 사람이 가진 의식적이거나 무의식적 정서를 알아내기 위해서는 사람의 마음을 읽어낼 수 있는 공감 능력과 같은 인지 이외의 정의적 능력을 요구하기 때문이다.

셋째, GIG에서 '엄연한 사회적 지식을 아는 것(knowing what)'은 인지적 측면인데 반하여, GIG에서 '방법을 아는 사회적 기술(knowing how)'은 행동적 측면에 해당한다. 그것은 '방법을 아는 지식'이 단지 어떤 사실에 대한 앎이 아닌 이것을 실제 행할 수 있는 능력까지 포함하기 때문이다.

넷째, PHIL, EMP, GIG에 따라 결정하고 행동하기 위해 이들을 특정한 사태에서 발휘하기인 KRAT는 도덕성의 인지적, 정의적,

행동적 요소를 모두 포괄하는 총괄적 개념이다. 도덕적 문제 사태를 민감하게 인식하고, 다른 사람의 입장을 고려하여 도덕적으로 사고한 후 이를 행동으로 옮기기 위해서는 철저하게 '다른 사람의 이익 고려'를 최우선의 원리로 하여, 자신이 행해야 할 원리로 깊이 인지하고, 모든 사람이 행해야 할 원리로 판단한 후 모든 역경과 유혹을 물리쳐 이를 실천해야 한다. 윌슨의 도덕적 판단대로 실천하기인 KRAT-2는 이러한 점에서, 도덕적 실천에 대한 방해요소로 작용하는 심리적 역기능을 이겨내고 자신이 내린 도덕판단을 행위로 이끌어 나가는 도덕적 동기인 의지를 필요로 한다. 결국, 도덕적인 사태를 인지하고, 사고하여, 결정하여 행동하기인 KRAT 안에서 도덕성의 인지적, 정의적, 행동적 요소들은 서로 유기적으로 작용하며 궁극적으로 도덕적 행동을 지향한다.

2) 도덕교육의 정당화로서의 도덕성 요소

윌슨은 헤어와 같이, 도덕성은 사고와 행동의 양식이며 비록 다른 영역이긴 하지만 과학, 역사, 문학 등과 같은 다른 형식과 어깨를 나란히 한다고 보았다(J. Wilson, 1970: preface). 윌슨의 도덕성 요소는 도덕을 교과로서 왜 가르쳐야 하는지, 무엇을 중심으로 가르쳐야 하는지, 그리고 어떻게 가르쳐야 하는지 등, 요컨대 도덕과의 정당성에 대한 나름의 해석을 제안했다. 윌슨의 도덕성 요소가 도덕과의 교과로서의 정당성을 뒷받침하는 이유는 다음과 같다.

첫째, 윌슨의 도덕성 요소에서 제안하는 도덕판단은 인지적 측면에서만의 논리적 추론이나 판단이 아닌 자기 자신을 규정하는 의미로서의 도덕판단이다. 규정성이란 자기 자신을 규정한다는 즉, 자기 자신에게 그러한 행동을 하도록 격려하여 궁극적으로 자신이 행동해야 할 것으로 받아들이게 함을 뜻한다.

우리는 다음과 같은 도덕적 상황을 상상해 볼 수 있다. 나는 중요한 약속을 위해 급하게 길을 가고 있다. 그런데, 우연히 엄마를 찾으며 울고 있는 어린 아이를 만났다. 날은 어두워가고 있으며, 길 가는 사람도 없고 아이는 무척 지쳐있어 보인다. 이때, 나는 "저 아이는 엄마를 잃어버렸구나, 도와줄 사람도 없구나, 그리고 아이는 나의 도움을 바라고 있구나."라고 손쉽게 상황을 파악할 수 있다. 나아가 어렵지 않게 "저 아이를 도와주어야지."라고 도덕판단을 내릴 수 있다. 그러나 약속 시각이 얼마 남지 않았다는 사실 혹은 "내가 꼭 저 아이를 도와주어야 하는가"라는 의문 등은 나 자신으로 하여금 "울고 있는 이 아이를 도와주자"라는 나의 도덕판단을 실천하는 데 방해요소로 작용할 수 있다. 그런데도, 학생들은 자신이 내린 도덕판단을 실제로 행할 것을 요구받는다. 이때 필요한 것이 바로 도덕판단을 실천하기 위한 동기와 의지 곧 도덕판단의 규정성을 내가 확고히 소유하고 있느냐 하는 것이다.

이것은 앞서 논의한, 오스틴의 수행적 발화의 개념 그리고 헤어의 보편적 처방주의를 상기할 때 더욱 명확히 드러난다. 그러므로 월슨의 도덕성 요소는 궁극적으로 도덕적 행동을 목적으로 하는 도덕교육에 부합하는 면을 지닌다.

둘째, 월슨은 다른 사람에 대한 사랑을 우선적인 가치로 요구한다 특히 핵심적인 도덕원리인 PHIL은 다른 사람의 이익을 고려하는 것이다. 이는 다른 사람에 대한 관심인 동시에 배려이며 사랑이다. 따라서 이것은 수학이나 과학과 달리 가치 함축적이며 다른 사람과의 관계성 나아가 정의와 사랑이 중시되는 도덕교육에 핵심적인 내용 요소이다.

셋째, 윌슨은 도덕적으로 교육된 사람의 개념은 반드시 언어의 사용과 관련된 어떤 능력이나 지식을 포함한다고 주장했다(J. Wilson, 1972: 34). 도덕성 요소에서의 언어사용은 사용된 언어들을 나의 언어로 나의 사고로 만드는 작업이기에 언어의 내면화가 추구된다. 인간은 언어라는 매개를 통해서만 사고할 수 있다. 도덕교육에서 추구하는 도덕적 사고와 판단 또한 다른 영역에서의 사고와 마찬가지로 언어에 의해서만 이루어진다. 그런데, 다른 분야에서와 달리 도덕적 맥락에서의 언어는 더욱 중요한 의미를 지닌다. 우리는 자신이 한 약속에 대해 책임을 질 수 있어야 하며, 자신이 내린 도덕판단에 대해서는 이를 실행해야 하기 때문이다. 도덕적 사고하기를 통해 얻은 도덕판단은 단지 공상이나 기억이 아니다. 나아가 수학에서 요구하는 것과 같은 문제 풀이를 위한 사고하기도 아니다. 도덕적 사고는 자신의 사고과정에서 사용하고 있는 언어 하나하나에 깊은 의미와 무게를 두고 자신의 것으로 받아들이는 작업이다. 그러므로 도덕 언어가 지닌 규정성에 대한 교육은 도덕과를 통해 가능하며, 도덕과에서 요구되는 사항이다.

도덕적 주체로서 학생 스스로 도덕적인 문제를 이해하고, 판단하며, 이러한 판단을 실천할 수 있는 도덕적 자율성을 길러주어야 한다는 것은 도덕과 교육의 목표이다. 그러므로 단지 고정된 지식이나 가치, 규범 혹은 권위에의 복종, 편견이나 사적 감정에 의한 판단과 행동을 도덕적인 것이라 말할 수 없다. 이 때문에 도덕교육에서 합리적인 사고의 절차와 방법 그리고 도덕 언어에 대한 고찰이 요구됨은 당연하다. 따라서 도덕교육에서 정확하고 규정적인 언어의 사용과 이의 교육을 강조하는 동시에 이를 위한 방법론을 제시한 윌슨의 견해는 의미가 있다.

V. 결론

인간은 도덕적 삶의 영역에서 언어를 통해 도덕적 문제 사태를 인식한다. 그리고 언어를 이용해 판단하며, 언어로 이루어진 사고의 작용을 통해 행동한다. 도덕 규범들은 언어로 전달되며 학습자에게 언어로서 그들의 두뇌 깊숙이 자리 잡는다. 도덕 현상을 이루고 있는 구성요소 대부분은 이처럼 언어를 통해 이루어진다. 이러한 이유로, 인간 삶뿐만 아니라 도덕적 삶의 영역에서 언어는 이성의 활동을 돕는 중요한 매개체의 역할을 한다. 이 때문에 도덕적 영역에서 언어에 대한 논의는 중요하다.

오스틴은 수행문(performatives)이란 개념을 통해 인간의 발화 자체에 행위를 수행하는 의미가 들어 있음을 주장했다. 그는 우리가 발화를 통해 사고하는 것뿐만이 아닌 분명 행동하고 있다고 단언했다. 헤어는 도덕 언어의 논리적 속성을 규명하기 위해 오스틴의 견해를 수용하며, 도덕 언어가 가진 특징으로 '처방성'과 '보편성'을 제안했다. 윌슨은 헤어의 '보편적 처방주의'를 기반으로, 도덕성 요소를 통한 도덕적 사고하기를 제시했다. 윌슨이 KRAT에서 강조한 우선적, 규정적, 보편화 가능성의 조건들은 도덕적 언어의 논리적 특징이다. 도덕성 요소 안에서 언어는 자기 자신에 대한 규정성을 지닌다. 발언자가 내린 도덕판단은 발언자에게 행위를 위한 하나의 명령으로 작용하기에 실천적 기능을 갖는다.

도덕교육의 목표 가운데 하나는 학생들로 하여금 도덕적 판단력과 문제해결력을 갖추게 하는 것이다. 그러하기에 도덕적으로 교육된 사람은 자신이 내린 도덕판단을 실제의 행동으로 옮길 수 있어야 한다. 동시에 자신의 행동에 책임을 질 수 있어야 한다. 자신이 내린 도덕판단을 실천하는 것은 도덕판단이 지닌 의미를 깊이 인식하고 있을 때만이 가능하다. 도덕판단은 단순한 감정의 표현이나, 연기자의 대사가 아니다. 도덕판단은 자기 생각과 의지에 대한 표현인 동시에 이의 실천을 요구하는 명령이다. 만약, 학교 현장에서 도덕 언어가 지닌 이러한 의미가 제대로 학생들에게 전달되고, 그들이 도덕판단이 지닌 규정성과 보편화 가능성과 같은 논리적 속성들을 체득 및 체화하게 된다면, 학생들의 도덕적 발화를 통한 도덕적 수행을 더욱 기대할 수 있을 것이다.

결국, 오스틴의 수행론에서 나타난 수행 발화의 의미, 헤어의 처방성, 윌슨의 도덕성 요소는 우리의 도덕적 발언 즉, 도덕판단이 도덕적 행동을 하기 위한 도덕적 동기로서 작용할 수 있음을 내포한다. 곧 도덕판단이라는 우리의 이성의 작용이 도덕 감정이라는 우리의 정서·감정적 요소를 끌어낼 가능성을 열어준다. 또한 오스틴과 헤어의 언어철학을 기저로 한 윌슨의 도덕성 요소는 도덕성의 총체를 다룬다는 점에서뿐만 아니라 독립 교과로서의 도덕과 교육의 정당성을 뒷받침해 준다는 점에서 의의가 있다.

제2장

윌슨의 개념분석과 도덕적 사고하기

Ⅰ. 서론

도덕교육의 목적 중 하나는 학생들의 도덕적 행동이다. 교실 수업에서 학생들의 도덕적 행동을 실제로 다루기는 곤란하기에 대부분의 교사들은 도덕교육에 있어 주로 인지적 접근을 취해왔다. 그러나 도덕교육에 대한 인지적 접근은 도덕교육이 도덕적 행동을 담보하지 못한다는 점에서 많은 비판을 받았다. 인지적 접근에 대한 이러한 비판의 이면에는 정서 또는 행동을 인지로부터 분리하는 시각이 존재한다. 정서와 행동으로부터 인지를 구별하는 입장은 도덕적 행동은 도덕적 인지가 아닌 도덕적 정서에서 기인한다고 생각하는 경향이 있다. 나아가 사고와 같은 이성의 작용을 좁은 의미로서의 인지로 이해한다. 이러한 가정을 받아들이는 측면에서 본다면 학생들의 도덕적 행동을 위해 교사들은 도덕적 정서나 도덕적 행동 그 자체에 관심을 쏟을 수밖에 없다.

그런데 '인지와 정서 그리고 행동은 별개의 것인가'라는 의문을 제기할 수 있다. 몇몇 학자들은 이성이 도덕적 행동의 동기로서 작용할 수 있다고 믿는다. 왜냐하면 그들은 이성을 정서와 마찬가지로 도덕적 행동에 대한 촉진자의 역할을 담당할 수 있다고 보기 때문이다. 예를 들면, 다마지오(Damasio)는 정서로부터 이성을 분리해내는 시각에 대해 전혀 다른 견해를 제시했다(A. Damasio, 1995). 그는 정서가 합리적인 사고와 행동에 대한 본질이 될 수 있다고 보았다. 라일(Ryle) 또한 인간의 마음과 몸이 어떻게 작용하는가에 대한 논의를 통해 마음이라는 심적 작용이 몸의 작용에 대해 영향력을 끼칠 수 있음을 언급했다(G. Ryle, 1949: 11-24). 그는 몸과 마음에 대한 극단적인 이분법에 대한 기존의 믿음에 반기를 들었다. 물론 이러한 가정들은 도덕교육 안에서 여전히 논란의 여지가 있는 것은 사실이다. 그러나 이들의 견해는 모두 이성과 정서가 서로 상호작용하는 것임을 여실히 드러낸다. 우리는 이를 단서로 사고와 정서가 서로 관련되어 있음을 알 수 있다. 만약, 이러한 가정들이 사실이라면 도덕교육의 궁극적 목적은 도덕적 사고하기가 될 수 있다. 왜냐하면, 이러한 견해들에서 사고하기라는 이성의 작용은 정서와 행동에 서로 영향을 끼치기에 도덕적 사고하기는 도덕적 정서와 도덕적 행동을 유발하는 하나의 요인으로 작용할 수 있을 것이기 때문이다. 사고와 정서 그리고 행동을 서로 별개의 것으로 간주하지 않는 견해 안에서 사고와 같은 이성의 작용은 보다 많은 의미를 지닐 수 있게 된다.

　도덕교육에서 사고하기의 의미와 특징에 대한 논의는 여전히 긴요하다. 그것은 사고의 기능이 중요한 문제가 될 뿐만 아니라 도덕교육 안에서 사고하기가 우리의 정서와 행동에 어떤 영향력을 줄 수 있는가의 문제는 많은 담론을 요구하는 논제가 되기 때문이다.

그런데도, 우리는 아직 도덕적 사고하기가 어떤 의미를 지니는가에 대해 구체적으로 대답하기 어렵다. 이 때문에 도덕교육에서 도덕적 사고하기의 정확한 의미에 대해 고심할 필요가 있다.

본 논의는 윌슨(Wilson)의 기본적인 가정에 주된 관심을 쏟는다. 특히, 윌슨이 제안한 도덕적 사고하기의 의미에 관한 것이다. 차잔 (Chazan)은 윌슨을 합리적인 공리주의자라 불렀다(B. Chazan, 1985: 29). 아마도 그는 윌슨의 도덕적 사고하기를 합리적인 사고라는 입장에서 바라보았기 때문일 것이다. 그러나 윌슨의 견해는 합리주의 그 이상으로 이해하는 것이 합당하다. 그것은 윌슨의 도덕적 사고하기가 합리주의의 한계를 넘어서기 때문이다. 도덕적 사고하기가 합리주의적 사고, 그 이상이 될 수 있음은 『개념분석』 (*Thinking with Concepts*, 1963)[7]을 통해 알 수 있다. 윌슨은 '개념분석'에서 사고하기라는 인간 이성의 작용이 보다 넓은 의미를 지닐 수 있음을 보여준다. 이 때문에 본 연구는 도덕교육 안에서 윌슨의 개념분석과 도덕적 사고하기가 지닌 의미를 밝혀내는 데 초점을 두고자 한다. 나아가 학생들로 하여금 윌슨이 제안한 도덕적 사고하기의 과정에 참여하도록 돕기 위한 그 구체적 방법에 대해 논의해 보고자 한다. 또한 도덕교육 안에서 도덕적 사고하기가 지닌 의의를 살펴보고자 한다. 윌슨의 도덕적 사고하기에 대한 연구가 교실에서 이루어지는 도덕 수업에 많은 도움을 주길 기대한다.

---

7) 윌슨의 저서 *Thinking with Concepts*(1963)는 윤희원 교수에 의해 여러 차례 한국어 제목이 수정되어 출판되었는데, 그중 논리적으로 생각하기-개념분석법(1993)으로 번역 출간되기도 하였다. 연구자는 이러한 번역에 착안하여 개념분석이라는 용어를 사용하였다.

II. 논리적 사고를 넘어선 개념분석과 도덕적 사고하기

윌슨은 언어를 수단으로 하여 상호 의사소통하는 것을 배우는 것은 마치 어떤 게임을 하는 방법에 대해 익히는 것과 유사하다고 보았다(J. Wilson, 1967: 18). 우리는 언어를 사용하는 방법을 익힘으로써 경기를 성공적으로 할 수 있다. 같은 방법으로 성공적으로 의사소통하기 위해서 우리는 언어의 규칙과 말의 사용을 이해할 필요가 있다. 언어가 우리의 삶에서 어떻게 작용하는가에 대한 논의는 또 다른 학문적 주제이다. 그러나 숙고자의 매일의 삶 속에서 도덕적 문제에 대해 답하고 도덕적 문제를 해결하는 많은 상황들은 언어와 밀접히 관련되어 있다. 우리는 언어라는 사고의 도구를 이용해 많은 도덕적 문제에 직면하고 도덕적으로 사고하며 우리의 도덕적 판단을 행동으로 옮기기 위해 노력한다.

윌슨은 개념분석이라는 것이 단지 직선적이거나 명백한 사고만을 의미하는 것은 아니라고 주장했다. 다시 말해, 우리로 하여금 우리 자신이 가진 편향이나 비합리성을 극복하는 사고로서의 개념분석은 우리의 선입관, 잘못된 생각, 오해와 편견, 부적절한 사고 등에서 우리를 벗어나게 한다. 이 점에서 분명 개념분석은 합리성을 지닌다. 그는 이를 개념에 대한 분석적 사고라고도 말했다. 이것은 사고하기를 하나의 기술이나 능력으로 보는 것이다. 그가 이러한 기술이 가르치고 배울 수 있는 어떤 능력이 된다고 보았다는 점은 학생들로 하여금 도덕적으로 사고하게 하여 궁극적으로 도덕적으로 행동하도록 돕고자 하는 도덕 교사에게 큰 의미가 있다. 그렇다면 과연 개념분석이라는 것은 무엇인가. 『개념분석』(*Thinking with Concepts*, 1963)이라는 그의 저서에서 보여준 그의 기본 가정들은 다음과 같이 크게 세 가지로 나누어진다. 이러한 그의 견해는 우리가 개념분석이 무엇인지 이해하는 데 많은 도움을 준다.[8]

첫째, 개념분석은 사고하기에 있어 어떤 기술이나 능력이라는 점이다. 여기서 사고하기를 하나의 기술이나 능력으로 보는 것은 라틴어를 할 줄 알거나 수학 문제를 푸는 것과는 다른 차원을 지닌다. 개념분석은 명백한 사고의 합리성을 의미하거나 옳거나 그른 답을 찾아내는 식의 사고의 기교 이상을 함축한다. 그는 사고하기에 대한 기술을 익히는 것은 마치 수영을 하거나 어떤 게임에 참여하는 것과 같다고 설명했다. 실제 물속에서 수영을 하거나 어떤 게임에 참여하기 위해서는 수영하는 법이나 게임의 규칙을 아는 것으로 충족되지 않는다. 단지 아는 것이 아닌 몸에 체득된 무엇이 요구된다. 수영을 할 줄 알아야 하고 게임에 참여할 수 있어야 한다. 결국, 하나의 기술이나 능력으로서의 개념분석은 일종의 안목과 능력을 소유한 것과 같다. 미술에 대한 안목을 지닌 사람, 작품을 볼 수 있는 능력을 지닌 사람은 다양한 미술 작품을 접하여도 자신의 안목에 의해 각각의 미술 작품을 평가해 낼 수 있다. 마찬가지로 개념분석이라는 하나의 기술 즉 능력을 소유한 사람은 삶의 다양한 문맥 안에서 자신의 사고 능력을 발휘할 수 있게 된다. 그는 사고하기에 대해 아는 것이 아닌 실제 사고할 수 있는 사람인 것이다.

---

8) 본 장에서는 윌슨의 *Thinking with Concepts*(1963)를 중심으로 개념분석이 갖는 의미와 의의를 논하였다. 윌슨은 본 저서에서 하나의 기술이나 능력으로서 개념분석을 설명한다. 연구자는 이러한 그의 설명이 도덕적 사고하기에 대한 그의 전반적인 견해를 잘 이해하도록 돕는다고 생각한다.

윌슨의 견해를 이해하기 위해 우리는 라일의 방법적 지식9)의 개념을 상기해 볼 수 있다. 라일은 '무엇을 아는 것'과 '무엇을 할 줄 아는 것' 사이에는 분명한 차이가 있다고 지적했다(G. Ryle, 1949: 28). 그는 사실을 아는 것과 방법을 아는 것 사이의 차이를 구별한다. 사실적 지식은 인지적 지식을 소유함을 뜻한다. 반면, 방법적 지식은 어떤 종류의 일을 성공적으로 정확히 잘 수행할 수 있는 능력을 획득함을 말한다. 이 점에서, 라일은 방법적 지식을 아는 것을 '사고력'을 갖춘 것으로 이해했다.10) 사고력의 본질은 그것의 실행 능력에 있다. 사고력을 획득하기 위해서는 각각의 범주에 대해 만족시킬 뿐만 아니라 그러한 것들을 실제 삶에서 적용할 수 있어야한다. 즉, 방법적 지식을 갖춘 사람은 지식으로서의 범주들에 대한이해를 보유할 뿐 아니라 이러한 범주들을 올바르게 사용할 수 있는 능력 또한 소유할 것이 기대된다.

이러한 점에서, 라일의 방법적 지식과 윌슨의 개념분석의 공통점을 발견할 수 있다. 그것은 윌슨의 개념분석이 단순한 사실들을 아는 것이 아닌 그러한 사실들의 총체를 실제 삶의 맥락에서 활용할 수 있는 능력을 의미하기 때문이다. 또한 방법적 지식과 개념분석은 하나의 방법론이다. 이 영역 안에서 우리는 능력, 잠재력, 재능, 기술, 소질, 역량 등을 고려할 수 있다. 방법적 지식과 개념분석은 인지적 작용에 실행력을 덧입혀 준다. 결국, 개념분석은 무엇을 할

---

9) 라일은 *The Concept of Mind*(1949)에서 'knowing-that'과 'knowing-how'에 관한 구별을 시도했다. 연구자는 여기서 'knowing-that'은 무엇에 대해 아는 것, 무엇을 아는 것, 사실에 대한 지식, 사실적 지식이라 옮겨 설명하였다. 한편, 'knowing-how'에 대하여는 무엇을 할 줄 아는 것, 방법적 지식, 방법을 아는 것 등으로 해석하였다.

10) 라일이 제시한 intelligence를 지성, 이지, 이해력, 사고력, 지능, 지혜, 총명 등으로 번역할 수 있으나 연구자는 사고력으로 번역하였다.

줄 아는 능력으로 사고할 수 있는 능력이다.

　둘째, 개념분석은 단순한 사실의 개념에 대한 질문에 답하는 것이 아니다. 윌슨에 따르면 개념은 종종 특별한 삶의 맥락을 요구한다. 개념적 질문은 단순히 어떤 지식에 대한 것이 아니다. 이것은 일반적인 단어의 의미를 요청하는 것도 아니다. 대부분의 사람들이 사용하는 언어는 그들의 삶의 문맥을 배제하여 정의되지 않는다. 우리가 사용하는 모든 단어와 말들은 모두 우리가 처한 삶의 상황과 밀접히 관련된다. 개념분석은 일종의 거시적인 안목에서 삶을 바라보는 삶에 대한 숙고이다. 이것은 우리가 우리의 삶에 대해 더욱 사려 깊게 되는 것이라 할 수 있다. 다시 말해, 개념분석이란 일련의 사실들에 대한 기억이 아닌 그러한 사실들을 토대로 숙고함을 말한다.

　한편, 윌슨은 개념분석이 사고의 기술을 습득하는 것이라 말했다. 즉, 어떤 특정한 게임에 참여하는 것과 흡사하다. 예를 들면, 축구 선수가 능숙하게 골대 앞에서 자신의 공을 드리블하다가 골대로 멋지게 공을 차 넣는 것과 같은 기술을 의미한다. 만약, 그가 드리블만 하다가 골대로 공을 차 넣지 않는다면 득점할 수 없다. 개념분석은 단지 골대 앞에서 드리블만 고집하는 것이 아닌 공을 골대 안으로 차 넣는 것까지 요구한다. 혹은 앞서 언급한 바와 같이 수영 선수가 수영장에서 능숙하게 수영을 하는 것과 같다. 윌슨은 언어를 습득하고 이를 이용해 의사소통하며 사고하는 것은 특별한 종류의 게임이나 경기에 전적으로 참여하는 것과 같은 활동이라 보았다. 개념분석은 이런 점에서 단편적인 사고의 기교가 아닌 삶의 총체에 참여하는 숙고의 능력이다. 그러므로 개념분석에 참여하는 사람은 사고하기라는 일에 전념을 다해 몰두하게 된다. 자신의 모든 지식을 동원하여, 각각의 상황을 고려하여, 지혜를 가지고 상황에 몰입하여 숙고하는 것이다. 개념분석이라는 사고하기의 작용은 하나의 일에 대한 전적인 참여이며 활동이다. 결국, 개념분석은 논리적 사고를 넘어서는 사고의 작용이다.

셋째, 개념분석은 문제에 대한 단편적인 해결책이나 옳은 답을 찾아내는 것이 아니다. 우리가 사용하는 언어는 진공 속에서 이용되는 어떤 것이 아니다. 같은 이유로 사고하기는 종이 위에 나열된 일련의 풀어야 할 질문에 답하는 작용이거나 분절된 단어들의 나열에 한정되지 않는다. 개념을 획득한다는 것은 그것과 관련된 모든 상황과 문맥의 고려를 통해 이루어질 수 있기에 개념분석에서 사회적 맥락이 중요한 요소로 작용한다. 그것은 언어가 단절된 사고의 도구가 아닌 하나의 삶의 형식 안에 존재하는 잘 정돈된 의미의 집합이기 때문이다. 한 사람에게 있어 언어의 사용은 그 사람을 구성하는 부분이며 그가 삶을 살아가는 한 형식이 된다. 따라서 언어기능의 산물이라 할 수 있는 사고하기 역시 삶의 형식이 된다.

이러한 가정에 근거하여 우리는 다음과 같은 상황을 생각해 낼 수 있다. 개념이라는 하나의 장비를 소유한 사람은 어떤 일련의 도구를 가지고 삶에 대처하는 사람이다. 다시 말해, 그러한 사람은 다양한 관점에서 사고할 수 있는 사람이다. 또는 그들은 어떤 언어로 말할 수 있거나 이해할 수 있다고 할 수 있다. 이들은 삶 속에서 일종의 특정한 게임에 참여할 수 있는 능력을 갖춘 사람들이다. 이러한 이유로, 윌슨의 개념분석을 획득한 사람은 마치 피아노를 훌륭하게 연주할 줄 알거나 축구 경기에 능숙하게 참여할 수 있는 능력을 갖춘 사람과 비견된다. 그것은 개념분석이 단순한 논리적 사고를 넘어서 구조적 사고의 틀로서 이성적으로 사고할 수 있는 능력 자체를 의미하기 때문이다.

결국, 윌슨의 개념분석에 대한 논의는 우리로 하여금 사고하기 자체의 개념을 이해하는 데 많은 도움을 준다. 그에 의하면, 사고하기는 일련의 인지적 작용 자체뿐만이 아닌 인지, 정의, 행동적 양상을 모두 포괄하는 전체적인 마음의 작용이다. 그리고 이러한 가정은 도덕적 사고하기에 있어서도 동일하게 적용된다.

III. 도덕적 사고하기의 기능과 도덕성 요소

윌슨은 도덕을 합리적인 논의가 가능한 또 다른 삶의 영역으로 이해했다. 그것은 우리가 도덕이라는 삶의 영역에서 어떠한 개념을 인식하고, 언어를 사용하고 세계에 대한 우리 자신의 상을 가지며 나아가 그것들에 대한 변화도 추구하기 때문이다. 도덕을 삶의 한 영역으로 이해하는 그의 생각은 개념분석에 대한 그의 설명과 같은 선상에서 이해 가능하다. 개념분석이 어떤 게임에 능숙하게 참여하는 것인 것과 같이 도덕적 사고하기 역시 일종의 게임에 참여하는 것이 된다.

차잔은 도덕교육에 대한 윌슨의 견해는 주의 깊고 광범위한 철학적 토대 위에 이루어져 있다고 말했다(B. Chazan, 1985: 29). 이러한 그의 평가는 타당하다. 왜냐하면, 도덕교육에 대한 윌슨의 견해는 상당 부분 철학적 관점에서 논의 가능하기 때문이다. 그런데도, 윌슨의 의견은 다양한 과학적 사고와도 관련 깊다. 윌슨은 도덕교육의 목적이 학생들에게 어떤 특정한 도덕적 내용을 주입하는 것은 아니라고 주장했다(J. Wilson, 1981: 85-86). 이와 반대로, 그는 도덕적 사고하기라 불리는 특정한 사고의 방법론 혹은 사고의 형식을 제안했다. 그리고 도덕적 사고하기는 학생들로 하여금 궁극적인 도덕교육의 목적이 될 수 있는 도덕적 행동에 대한 동기로서 작용할 수 있다고 보았다.

그런데, 어떻게 이것이 가능한가. 사고하기라는 인지의 작용이 복잡한 각각의 상황 속에서 학생들로 하여금 어떻게 도덕적으로 행동하도록 이끌 수 있는 것인가. 이러한 질문에 답하기에 앞서 립맨(Matthew Lipman)의 견해를 잠시 살펴볼 필요가 있다. 립맨은 사고하기에 대한 세 가지 양상을 제시했다. 첫째는 비판적 사고(critical thinking)이며, 둘째는 창조적 사고(creative thinking)이다. 그리고 마지막은 배려적 사고(caring thinking)이다. 그는 이러한 사고의 양상들이 인지와 정서, 몸과 마음과 같이 서로 조화를 이룬다고 강조했다. 그리고 이러한 사고들의 총체적 사고하기를 '고차적 사고(multidimensional thinking)'라고 일컫는다(M. Lipman, 2003: 197-202). 그의 견해에서 고차적 사고는 인지적인 면과 정서적인 면을 모두 포함한다. 도덕적 사고하기에 대한 윌슨의 견해도 동일하다. 그에 의하면, 도덕적 사고하기의 과정은 우리가 우리의 마음과 영혼을 무엇인가에 집중시키는 활동이다. 즉, 우리가 사고하기라는 일에 몰두할 때 우리의 마음과 영혼은 사고하기라는 일종의 작용에 몰입하게 된다. 이는 단순히 무엇을 기억하거나 계산하는 식의 한정된 인지 작용에 국한되지 않는다. 윌슨이 논하는 사고하기는 언어에 합리적 이해를 바탕으로 논쟁할 수 있는 능력, 질문에 답하는 능력, 삶의 문맥 속에서 단어의 의미를 이해하는 능력 그리고 삶의 문제를 해결해 내는 능력을 모두 포괄한다. 사려 깊음, 생각이 많다는 것은 다양한 측면에서 문제에 대해 숙고하고 성찰함을 의미한다. 이런 점에서 도덕적 사고하기는 비판적 사고, 논리적 사고, 배려적 사고 등을 동시에 함축한다.

물론, 사고하기는 중요할 뿐 아니라 힘든 작업이다. 그것은 윌슨에 있어 사고하기가 단순히 공상을 하고, 무엇인가를 기억해 내고, 무엇을 원하고, 무엇에 대해 두려워하거나 어떤 감정을 갖는 것만을 의미하지 않기 때문이다. 반대로, 그가 의미하는 것은 두뇌를 사용하고, 대답을 찾기 위해 단어나 다른 상징체계를 동원하여 숙고하고, 반성적으로 문제에 대해 깊이 고민하는 활동을 의미한다(J. Wilson, 1970: 1). 이러한 사실은 사고하기라는 이성의 작용이 동물과 다른 인간만이 지닌 독특한 기능임을 여실히 드러낸다. 단어 즉, 언어와 같은 도구를 사용하는 것은 인간이라는 이성적 존재만이 가능한 일이다. 사고하기는 인간을 규정짓는 활동이 된다. 사고하기라는 이성의 작용을 통해 인간은 저마다 자신의 삶을 이끌어 간다. 다시 말해, 오직 사고하는 인간만이 인간답다고 말할 수 있다. 이러한 논지 안에서 도덕적 사고하기라는 이성의 작용 또한 도덕적 행동과 무관하다고 단정할 수 없다. 오히려 도덕적 행동을 위한 발원지로서 사고하기의 작용이 요구된다. 그렇다면, 도덕적 사고하기를 통해 우리는 무엇을 할 수 있으며, 어떻게 학생들로 하여금 도덕적으로 사고하도록 만들 수 있는 것인가.

윌슨은 '특별한 도덕적 상황 안에서 무엇이 도덕적인 것인가'라는 결정을 위해서 일련의 사고하기 과정이 요청된다고 강조했다.

반면, 도덕적 문제에 대한 의식 없는 순응이나 반항, 혹은 자신의 충동이나 주입된 교조적 규범 혹은 믿음을 따르는 것, 부모나 교사의 견해를 숙고 없이 모방하는 것은 사고하기나 결정을 내리는 것이 아니라고 단정했다(J. Wilson, 1970: 28). 왜냐하면, 사고하기는 어떤 특별한 과정이나 절차를 요구하기 때문이다. 절차나 과정이 결여된 것은 사고하기라기보다 일종의 충동이라 할 수 있다. 여기서 월슨은 사고하기의 과정에 대해 구체적으로 묘사한다. 그는 도덕적인 믿음이나 행동에 앞서 사람들이 먼저 이성적이고 합리적인 입장에서 도덕적으로 사고할 것을 권한다(J. Wilson, 1970: 43). 중요한 것은 그가 제시한 도덕적 사고하기가 본질적으로 도덕적 믿음이나 도덕적 행동을 요구한다는 사실이다. 도덕적 신념이나 도덕적 행위가 도덕적 사고하기를 통해 이루어질 수 있다는 견해이다. 도덕적으로 합리적인 사람은 사고하기와 행동에 있어 일련의 도덕성의 요소에 대한 절차적 규칙을 추구하는 사람이다.

다우니(Downie)는 한 사람이 자기 자신의 마음을 갖는 것이 교육에서 중요하다고 보았다(R. Straughan & J. Wilson, 1987: 79). 여기서 자신의 마음을 갖는 것이란 자신만의 견해를 소유하는 것이라고 할 수 있다. 동일한 의미로, 도덕적 사고하기라는 활동에 전념하는 사람도 자신의 마음 즉, 자신의 주체적 관점이나 견해를 소유하고 있어야 한다. 우리는 다른 사람의 강요에 의해 어떤 도덕적 행동을 한 사람을 칭송하지 않는다. 강요나 강압에 의한 행동은 그 사람의 진정한 행동이라 볼 수 없는 동시에 진정한 의미에서 도덕적인 행동이라 할 수 없기 때문이다. 만약, 아프리카 수단의 톤즈에서 교육 및 의료 활동을 펼쳤던 고 이태석 신부가 누군가의 강압에 의해 그러한 행동을 했다면, 우리는 이태석 신부의 행동에 대해 그토록 경의를 표하지 않았을 것이다. 그의 행동이 우리나라 사람들 뿐만 아닌 외국인들에게까지 존경을 받고 많은 이들에게 귀감이 된 것은 그가 자신의 의지로 자신의 판단에 의해 스스로 결정을 내려 도덕적 행위를 했기 때문이다.

그러한 결정의 사고과정이 순식간에 일어났을 수도 있다. 그러나 자신의 의지에 의해서 이루어진 행동이야말로 진정한 의미에서의 선한 행동, 도덕적 행동이 된다는 점에는 변함이 없다. 도덕적 성숙은 사람들이 그들 자신의 도덕적 문제에 대해 스스로 숙고할 수 있느냐에 의해 결정된다. 도덕적 사고하기 또한 같은 맥락에서 논의 가능하다. 사고하기의 과정을 통해 얻은 결과는 바로 사고하기를 한 행위 주체인 자신의 것일 때 합리적인 사고, 도덕적인 사고라 일컬어지게 된다.

윌슨은 도덕성 요소로 불리는 도덕적 사고하기에서 요구되는 몇몇 요소들을 제안했다. 도덕적 사고하기는 사람들로 하여금 알고, 느끼고, 행동하게 한다. 도덕적 사고하기는 인지적, 정의적, 행동적 요소를 그 도덕성 요소 안에 내포한다. 그런데 많은 사람들은 그들이 비록 도덕적 사고와 도덕적 지식 간의 밀접한 연관성에 대해서는 인정하면서도 도덕적 사고와 정서 그리고 행동 사이의 밀접한 관련성에 대해서는 간과하는 경우가 많다. 왜냐하면, 사람들은 대개 도덕적 사고는 도덕성의 인지적 요소로만 간주하기 때문이다. 그린데도, 우리는 사고하기라는 이성의 작용에 대해 보다 넓은 시각으로 바라볼 필요가 있다. 도덕적 정서를 교육함에 있어 학생들로 하여금 도덕적 감정을 갖게 하기 위해서도 부분적으로 인지적 접근이 요구된다.

윌슨에 있어, 정서(情緒, emotions)는 목표와 대상을 가지며 신념을 수반한다(J. Wilson, 1971: 107). 그는 감정(感情, feelings), 감각(感覺, sensations), 기분(氣分, moods), 태도(態度, attitudes)와 정서를 구분했다. 감정은 정서적인 것과 감각적인 것 모두에 사용된다. 그리고 감각은 특정한 신체 부위, 즉 장소와 관련이 있다. 반면, 정서는 특정한 신체의 부위와 관련을 갖지 않는 대신 대상이나 목표를 지닌다. 정서는 또한 기분이나 태도와도 구별된다. 태도가 보여야 하는 것인데 비해 정서는 반드시 그럴 필요가 없다는 점에서 차이가 난다(J. Wilson, 1971: 105-111). 어떤 정서를 느끼는 사람은 동시에 어떤 신념을 가지게 되며 그리고 판단도 하게 된다. 나아가 이러한 신념과 판단은 그의 정서의 원인이 되기도 한다. 예를 들면, 누군가 양심의 가책을 가진 사람은 그 자신이 옳지 못한 행동을 했다고 믿고 있기 때문이다. 다시 말해, 어떠한 믿음과 판단은 어떠한 정서를 야기한다. 환언하면, 정서는 대개의 경우 목표 또는 대상을 가지며 신념을 수반한다. 그래서 후회감이라는 정서를 갖는 한 사람은 논리적으로 자신이 그릇되었다고 믿거나 자신이 옳지 못한 행동을 했다는 판단에 의해 그러한 정서를 소유하게 되었다고 할 수 있다. 반대로 양심의 가책을 전혀 느끼지 않는 사람은 자신이 옳지 않은 행동을 하지 않았다는 생각에 이러한 정서를 갖게 된다. 만약 이러한 가정이 옳다면, 우리가 갖는 의문에 좋은 해답을 제공받게 된다. 즉, 논리적 사고나 판단 그리고 어떤 종류의 믿음은 우리의 정서를 변화시킬 수 있다. 왜냐하면, 무엇인가에 대한 평가는 어떤 종류의 이유를 수반하고, 이유는 우리의 감정을 유발할 수 있기 때문이다. 그러므로 정서를 변화시키기 위해 생각을 변화시키는 것은 유용하다. 이는 교육자에게 중요한 시사점을 준다. 예를 들면, 개를 보고 두려움이라는 정서를 갖게 되는 사람이 있다고 하자. 그가 그러한 정서를 갖게 된 이유 중의 하나는 그가 개는 위험한 존재라는 그의 믿음에 근거한다. 그러나 만약 그가 개라는 종류가 전혀 위험한 동물이 아니라고 인식하는 이상 그는 더 이상 개를 보고 두려워하는 정서를 갖게 되지 않을 것이다. 아마도 어떤 이유는 그로 하여금 어떤 상황에서 두려움이라는 정서를 갖게 할 것이다. 이러한 예를 통해 우리는 다음과 같은 사실을 얻게 된다. 사고하기는 정서를 위한 원인이 될 수 있다. 도덕적 사고하기도 마찬가지이다. 그래서 윌슨은 사고하기에 기존의 견해보다 좀 더 넓은 의미를 부여한다. 특별히 개념분석에서 논의했듯이 사고하기의 수단인 언어는 큰 영향력을 갖는다.

윌슨은 도덕성 요소 사이의 긴밀한 연관성을 제안했다. 도덕적 사고하기는 인지, 정서, 행동의 총체이다. 도덕적으로 교육된 사람은 이유 대기에 전념하는 사람일 뿐 아니라 합리적으로 사고하는 사람이다. 다시 말해, 도덕적 사고하기는 우리의 시간과 우리 자신을 합리성, 이성, 지적 활동, 토의, 사고하기 등의 일련의 두뇌 활동, 이성의 작용에 전념하도록 하여 숙고의 자세로 문제에 직면하게 한다. 이러한 이유로, 전념을 다해 도덕적 사고하기에 몰입한 사람은 모든 사람이 궁극적으로 동등하게 고려되어야 한다는 것을 깨닫고, 그러한 태도와 신념을 소유할 것이 요구된다. 나아가 그들은 기꺼이 도덕적인 견해에 따라 결정한 자신들의 판단을 실행할 것이 요청된다.

월슨에 의하면, 도덕성 요소는 도덕적 사고하기의 일련의 절차와 방법이다(J. Wilson, 1973). 우리는 그가 제시한 도덕성 요소를 다음과 같이 요약할 수 있다. 아래의 용어들은 그리스 용어의 약자로 월슨에 의해 만들어진 것이다. 즉, PHIL은 philos, Emp는 empathe, GIG는 gignosco, KRAT는 kratos의 약자이다(J. Wilson, 1990: 130). 그는 이러한 용어들이 각 요소의 의미를 보다 명확하고 정확히 전달하기 위한 것이라고 말했다(T. H. Mclaughlin & F. M. Halstead, 2000: 252).

PHIL은 다른 사람을 동등하게 고려하는 것으로 동정심, 공정한 이익 고려, 다른 사람에 대한 존중 등의 말로 설명된다. 이것은 도덕성 요소 중에서 가장 중요한 것이다. 이는 논리적으로 사람의 개념 알기, 도덕의 원리로 이 개념을 주장하기, 이 원리를 지지하는 감정 갖기라는 일련의 하위 요소를 포함한다. 이것은 일종의 태도이며 신념 갖기이다. 또한 도덕성의 인지적 요소인 동시에 정서적 요소이다.

EMP는 정서적 예민함, 민감성, 감수성, 통찰, 감정이입 등으로 묘사된다. 이는 논리적으로 정서의 개념 알기, 다른 사람의 의식적·무의식적 정서 알기, 자신의 의식적·무의식적 정서 알기를 포함한다. 이는 인지적 능력이며 때로 일종의 정서적 요소가 된다. 이것은 도덕교육 특히 정서교육에서 중요하게 다루어질 수 있는 요소이다.

GIG는 관련된 사실이나 사실의 원천을 아는 것을 말한다. 사실적 지식과 방법적 지식이라 할 수 있다. 특별히 방법적 지식은 사회적 기술로서 매우 중요하다. 그것은 방법적 지식이 행동의 한 측면을 요구하기 때문이다.

KRAT는 도덕성 요소가 복합적으로 작용하는 것을 의미한다. 이것은 KRAT(1)과 KRAT(2)로 구성된다. KRAT(1)은 한 사람이 도덕적 문제 상황에 직면했을 때, 앞서 설명한 도덕성 요소를 철저히 사고하여 이것에 따라 도덕적 판단을 내리는 것을 말한다. KRAT(2)는 행동과 관련된 것으로 앞서 결정된 도덕적 판단을 실제 행동으로 옮기는 것을 말한다. 이 영역 안에서 도덕적 판단을 내린 사람은 그러한 판단을 행동으로 옮기는 데 방해요소로 작용하는 모든 의식적·무의식적 요소들을 극복할 것이 주문된다. 이 역시 도덕적 판단을 도덕적 행동으로 옮길 것을 기대하는 것으로 도덕교육에서 중요하게 다루어질 수 있는 요소이다.

이러한 도덕성 요소의 총체적 작용은 도덕적 사고하기를 이루어 낸다. 따라서 윌슨의 도덕성 요소에 대한 이해는 그의 도덕적 사고하기가 단순히 도덕성의 인지적 측면만을 의미하는 것이 아님을 알 수 있게 한다. 그러므로 윌슨의 도덕적 사고하기는 도덕성에 대한 인지적 요소의 강조가 아닌 인지, 정서, 행동적 요소를 모두 지니고 있는 도덕성의 총체에 대한 접근이다.

IV. 도덕교육에서 도덕적 사고하기의 의미와 그 실제적 방법

개념분석과 도덕적 사고하기에서 보여준 윌슨의 견해는 자칫 인간의 인지로서 모든 것을 설명하고자 하는 듯한 인상을 우리에게 줄 수 있다는 점에서 비판받을 수 있다. 그러나 우리가 인간의 사고과정과 정서, 그리고 행동에 대해 깊이 숙고할 때 우리는 사고하기에 대한 윌슨의 견해를 상당 부분 수용할 수 있다. 그것은 예를 들어, 우리의 정서적 작용이 단순한 느낌이나 기분, 혹은 생리적 변화만으로 이루어지지 않는다는 점을 상기할 때 가능하다. 즉, 인간의 정서는 감정, 감각, 인지, 욕구 등의 복합체이다. 우리가 자신의 행동에 대해 어떤 죄의식이라는 정서를 소유할 때를 가정해 보자. 이러한 정서는 자신이 어떤 잘못된 행동을 했다는 생각, 그러한 행동은 옳지 않았다는 신념 등이 함께 작용하여 유발된다. 그러므로 정서가 신념과 같은 인지 작용이 완전히 배제된 어떤 것이라고 말하기는 어렵다. 이러한 점은, 윌슨의 도덕적 사고하기라는 하나의 사고하기 작용이 우리의 정서와 행동에 영향을 준다는 그의 가정이 타당한 관념임을 증명한다.

한편, 개념분석은 사고의 새로운 기술이다. 개념분석이 새로운 사고의 기술이라 함은 이것이 기존에 우리가 생각했던 사고의 형식과 다소 다른 점이 있기 때문이다. 개념분석은 단순히 '1+1=2'라는 산술적 지식이나 '지구는 둥글다'라는 과학적 지식을 단지 '아는 것'과는 차이가 있다. 개념분석은 생각을 이끄는 사고의 체계이며, 사고의 틀이고, 사고하기를 작동시키는 무엇이다. 이것은 삶에 대한 하나의 '안목'이다.

나아가 개념분석은 수영 선수가 '수영할 줄 아는 것'과 같은 종류의 앎이다. 무엇을 할 줄 아는 것을 말한다. 삶에 대한 식견을 지닌 사람은 모든 인간의 삶에 대해 다양한 시각에서 이를 해석할 수 있다. 단지 과학적 측면에서, 사회학적 측면에서, 심리적 측면에서 등이 아닌 이들을 포괄한 총체적인 시각에서 인간의 삶을 바라볼 수 있다. 마찬가지로, 수영을 잘할 줄 아는 사람은 그것이 바다이든, 강이든, 풀장이든 상관없이 모든 곳에서 수영을 할 수 있다. 동일하게 개념분석이라는 새로운 사고의 기술을 가진 사람은 이러한 능력을 모든 삶의 문맥에서 사용할 줄 아는 사람이다. 또한 개념분석은 의사소통 능력뿐만 아니라 상호이해 능력의 향상에도 도움을 준다는 점에서 도덕적 사고하기와 연계된다. 여기서 도덕적으로 사고한다는 것은 다른 사람을 배려하고 고려할 줄 아는 것을 의미한다. 공적 영역에서의 도덕은 나뿐만 아닌 다른 사람에 대한 참작을 포함하기 때문이다.

그런데 다른 사람을 이해하고 그들을 배려하기 위해서는 다각적인 사고 능력이 요구된다. 즉, 다른 사람의 입장을 알 수 있는 능력, 다른 사람의 감정을 인지할 수 있는 능력, 특정한 상황에서 다른 사람이 처한 환경에 대한 인식 능력, 다른 사람을 배려할 수 있는 능력, 다른 이들을 배려하기 위해 먼저 자신의 이기적 욕구를 통제하고 조절할 수 있는 능력 등이 필요하다. 다시 말해, 다른 사람의 감정을 이해할 수 있어야 하고, 자신의 감정을 통제할 수 있으며, 자신을 적절히 표현할 수 있는 등의 일련의 능력, 역량이 필요하다. 이러한 것들은 다른 측면에서 도덕적 인식 능력과 도덕적 정서 능력이라 일컬어질 수 있다. 결국, 자신과 다른 사람을 이해하고 나아가 그들을 고려하기 위해서는 보다 높은 정신적 능력이 요구된다. 이는 단지 학생들로 하여금 무엇을 알게 하는 것으로만 이루어질 수 없는 능력이다. 무엇을 할 줄 알게 만드는 것이 필요하다. 학생들로 하여금 개념적 사고가 무엇인지, 도덕적 사고하기가 무엇인지 알게 하는 것뿐만 아닌 진정 그들로 하여금 개념적으로 사고하고, 도덕적으로 생각하도록 만드는 것이 요구된다.

물론, 실제의 도덕교육 현장에서 윌슨의 도덕적 사고하기의 교육이 도덕적 사고와 도덕적 행동의 괴리를 어떻게 해결할 수 있는지에 대한 의문 또한 제기될 수 있다. 이러한 의문을 해결하기 위해서는 그가 도덕적 사고하기에서 제시한 도덕성 요소 중 KRAT(2)에 대해 깊이 숙고할 필요가 있다. KRAT(2)는 심사숙고의 과정을 통해 얻은 도덕판단을 모든 역경을 이겨내고 실제로 행동하는 것을 뜻한다. 모든 역경을 이겨내고 실제로 행동한다는 것은 다음의 의미를 내포한다.

첫째, 도덕적 사고하기의 과정을 통해 학생들은 실제로 도덕적 행동의 변화를 요청받는다. 만약, 어떤 한 아이가 자신이 올바른 도덕적 판단을 내리고도 이를 실제의 상황에서 행동으로 옮기지 못했다면 적어도 윌슨의 도덕적 사고하기의 의미 안에서, 그 아이는 도덕적으로 사고하지 못한 것이다. 그것은 KRAT(2)가 단순한 사고의 단편만을 의미하는 것이 아닌 사고의 과정을 통한 행동까지도 포함하는 것이기 때문이다.

둘째, KRAT(2)는 자신의 도덕적 판단을 행동으로 옮기기 위해 많은 심리적 역동성을 극복할 것을 주문한다. 예를 들면, 한 아이가 자신의 용돈을 나누어 불우이웃을 돕기로 마음먹었다고 하자. 그 아이는 비록 '용돈을 나누어 불우이웃을 돕겠다.'라는 일종의 도덕 판단을 내릴 수 있다. 이것은 윌슨에 있어 PHIL, EMP, GIG, KRAT(1)의 요소를 거쳐 내린 판단이라 할 수 있다. 그러나 용돈을 나누어 주기 전에, 사고 싶었던 것에 대한 욕구, '왜 내가 꼭 불우한 이웃을 도와야 하는가'라는 의문, 나중에 도와줄 수도 있다는 생각 등이 아이로 하여금 자신의 도덕판단을 행위로 옮기는 것 즉, KRAT(2)를 방해할 수 있다. 그런데도, KRAT(2)는 이러한 유혹과 역경을 이겨내고 아이가 자신의 도덕판단을 '실천'할 것을 요청한다. 그리고 이렇게 자신의 도덕판단을 행동으로 옮길 때만이 그 아이가 윌슨이 제시한 도덕적 사고하기를 성공적으로 수행했다고 말할 수 있다.

결국, 윌슨의 개념분석과 도덕적 사고하기는 학생들이 그들이 처하게 될 각각의 도덕적 삶의 맥락 속에서 실제로 자신의 사고를 행동으로 옮길 것을 기대한다는 점에서 의미가 있다. 더불어 도덕적 판단을 행동으로 옮기도록 교사가 도와줄 수 있는 방법들을 제시한다는 점에서 의의가 있다. PHIL 또한 인지적 요소라기보다 태도로서 도덕적 정서의 의미도 아울러 지닌다. 그것은 PHIL이 다른 사람을 나와 동등한 사람으로 존중하고, 나아가 그들의 이익을 나의 이익과 동등하게 고려하는 하나의 '태도'를 의미하기 때문이다. 따라서 윌슨이 제안하는 도덕적 사고하기의 교육은 지행 괴리의 문제에 대한 하나의 실마리를 제공한다.

나아가 이러한 점은 윌슨의 이론이 콜버그(Kohlberg)의 딜레마 토론 수업과 차별성을 지니고 있음을 드러낸다. 콜버그의 딜레마 수업에서 제시하는 도덕적 추론능력으로서의 도덕성이 도덕적 정서와 도덕적 행동보다는 인지적 요소로서의 도덕적 사고에 많은 무게를 두는 반면, 윌슨이 제시하는 도덕성 요소는 인지적 요소로서의 도덕적 사고뿐만 아니라 도덕적 정서와 도덕적 행동도 중요하게 간주하기 때문이다. 만약, 우리가 이처럼 윌슨의 의도대로 그의 도덕적 사고하기를 도덕적 정서까지도 포함한 개념으로 이해할 수 있다면, 그렇다면 우리는 과연 어떻게 학생들로 하여금 이러한 능력을 함양할 수 있도록 도와줄 수 있는가. 이러한 질문을 보다 명백히 하기 위해 우리는 어떻게 학생들로 하여금 도덕적으로 사고하도록 도와줄 수 있는가에 대해 고민해야 한다. 다음과 같은 방법들을 제안할 수 있다.

첫째, 교사는 학생들에게 도덕적 사고하기에 대한 이해과정을 제공할 수 있다. 학생들은 도덕적 사고하기의 방법에 대해 구체적으로 알고, 이해할 것이 요구된다. 예를 들면, 수학에서 하나의 공식에 대해 배우고, 이해하며, 교사의 풀이과정을 간접적으로 체험한 후에야 학생들이 접한 문제에 대해 실제로 공식을 사용하여 문제를 풀 수 있는 것과 유사하다. 학생들은 도덕적 사고하기가 지닌 의미와 방법에 대해 먼저 배우고, 이해하고, 이의 적용 과정을 교사를 통해 간접적으로 익힐 필요가 있다. 이러한 일련의 과정을 통해 어느 정도 도덕적 사고하기에 익숙해진 후에는 실제로 이를 연습할 수 있는 모의 상황을 가질 필요가 있다.

둘째, 교사는 학생들에게 도덕적 사고하기의 훈련과정을 제공할 수 있다. 학생들로 하여금 도덕적으로 사고하도록 하기 위해서는 그들에게 도덕적 사고하기가 습관화되도록 하는 노력도 동시에 요구된다. 아리스토텔레스는 '지적인 덕'은 교육에 의해 '도덕적 덕'은 습관, 즉 실천에 의해 형성된다고 했다. 학생들에게 교사가 아무리 도덕적 사고하기에 대해 알게 한다고 하여도 그들에게 이를 직접 실행할 수 있는 기회가 주어지지 않는다면 이것의 실천을 기대하기는 어렵다. 따라서 도덕적 사고하기가 습관화되도록 학생들로 하여금 이를 수행하게 해야 한다. 그렇다면, 어떻게 도덕적 사고하기를 실천할 수 있게 할 수 있는가. 우리는 심리학에서 사용하는 다양한 방법들을 이용할 수 있다. 먼저, 학생들에게 문제 상황의 모형을 제시할 수 있다. 이것을 지면으로 제시할 수도 있고, 영화 등을 이용하여 모니터로, 때로는 내러티브를 활용한 이야기로 제시할 수도 있다. 그런 다음, 이러한 문제 상황에서 어떻게 행동할 것인지 그들로 하여금 생각해 보게 할 수 있다. 우리는 그들에게 역할놀이를 하게 할 수도 있고, 자신이 결정한 바를 친구들 앞에서 발표하도록 할 수 있고, 글로 쓰도록 할 수도 있다. 또는 제시된 도덕적 문제 상황에 대해 집단으로 논의하게 할 수도 있다. 이러한 일련의 활동은 학생들에게 도덕적 사고하기를 실제로 연습할 수 있는 기회를 제공한다. 그러나 이러한 실전 연습의 기회는 한두 번의 일회성, 단발성에 그치는 것이 아닌 지속적으로 공급되어 그들에게 습관화될 수 있도록 해야 한다.

셋째, 교사는 학생들에게 먼저 그들 자신에 대한 이해의 과정을 제시할 수 있다. 도덕적 사고하기는 다른 사람을 고려하고 배려하는 일련의 사고과정이다. 내가 아닌 다른 사람을 이해하기 위해서는 먼저 나 자신에 대한 이해가 선행되어야 한다. 자기 자신 속에 내재한 의식적·무의식적 정서에 대한 인지는 도덕적 문제 상황에서 나뿐만 아닌 다른 사람의 정서를 인지하는 데 많은 도움을 줄 것이다. 그러므로 교사는 학생들에게 자신에 대해, 나아가 다른 사람에 대해 통찰할 수 있는 능력을 길러주어야 한다. 그러기 위해서는 통찰의 방법에 대해 알려줄 필요가 있다. 즉, 사연스럽게 학생들의 정서 상태를 확인할 수 있는 기회를 준다거나, 자유 연상 기법 또는 그들이 사용하는 언어를 분석하는 시간을 통해 나와 남을 진정으로 이해하는 시간을 갖도록 도울 수 있다. 이러한 시간은 결국 학생들로 하여금 자신을 파악함과 동시에 내가 아닌 다른 사람을 이해하는 발판을 제공해 줄 수 있다.

넷째, 교사는 학생들로 하여금 스스로 사고하도록 격려해야 한다. 학생들은 주어진 문제 상황이 도덕적 문제 상황인지에 대해 스스로 알 수 있어야 하고, 스스로 이러한 문제 상황에서 관련 사람들을 고려하는 마음을 소유해야 하며, 자기 스스로 도덕적 판단을 내리고 이를 자신의 의지를 통해 행동할 수 있어야 한다. 학생들로 하여금 이처럼 스스로 사고하고 행동하도록 돕기 위해서 교사는 먼저, 허용적인 분위기에서 그들의 생각과 감정을 받아들이고 이를 바람직한 방향으로 나아갈 수 있도록 돕는 역할을 해야 한다. 즉, 교사는 도덕적 사고의 촉진자로서의 역할을 해야 할 필요가 있다. 그러한 이유로 교사는 학생들에 대해 훈육자, 교화자, 명령자로서가 아닌 사고의 조력자, 상담자, 안내자, 촉진자로서의 역할을 담당해야 한다.

마지막으로, 교사는 도덕교육 현장에서 학생과 생생한 대화의 맥락을 중시할 필요가 있다. 윌슨은 도덕교육에 대한 대화 (Dialog on Moral Education, 1983)에서 이러한 방법을 잘 보여주었다. 본 저서에서 윌슨은 Cephalus와 Socrates의 대화를 통해 교사와 학생이 언어를 매개로 어떻게 도덕교육에 접근할 수 있는지, 나아가 대화를 통해 교사가 학생의 생각뿐만 아니라 그의 태도와 행동을 어떻게 변화시킬 수 있는지에 대한 모델을 보여준다. 이를 통해 우리는 도덕교육에 대한 인지적 접근이 단순히 인지적 추론에 그치는 것이 아닌 도덕적 정서와 도덕적 행동의 변화를 추구하는 방향으로 좀 더 정교화될 필요가 있음을 알 수 있다.

도덕교육에서 교사는 아이들을 단순히 도덕적인 인간이 되도록 길들이는 것만으로는 충분하지 않다. 왜냐하면, 중요한 것은 학생들 스스로 도덕적으로 사고하는 방법을 배워야 할 필요가 있기 때문이다. 도덕적으로 사고하는 것을 배움으로써 학생들은 아무 생각 없이 무의식적, 충동적인 행동을 하는 것이 아니라, 진정한 의미에서의 도덕적인 행위를 스스로의 판단에 의해서 할 수 있게 되기 때문이다. 이러한 이유로, 도덕교육에서 교사는 학생들이 어떤 것을 알고, 어떤 것을 느끼게 할 뿐만 아니라 스스로 도덕적으로 생각하고, 도덕적으로 행동하도록 해야 한다. 그들은 도덕적으로 사고할 수 있어야 한다. 교사가 학생들로 하여금 사태에 직면하여 문제를 해결할 때 언어를 사용하여 말하는 능력을 격려하는 것은 도덕교육에 있어 대단히 중요하다. 그러므로 궁극적으로 교사가 학생들로 하여금 도덕적으로 사고하도록 하는 것은 도덕교육에서 성취해야 할 중요한 과제라 할 수 있다. 이러한 점에서, 이와 같은 일련의 방법들은 완전하지는 않지만 학생들로 하여금 그들이 접한 도덕적 문제 상황에서 그러한 문제들에 대해 스스로 도덕적으로 사고하도록 도울 수 있다. 결과적으로, 월슨의 논의는 도덕적 사고하기가 도덕교육에서 핵심적인 요소가 될 수 있음을 시사한다. 도덕교육 현장에서 학생들이 도덕적으로 행동하도록 돕기 위해 그들을 도덕적으로 사고하도록 교육할 필요가 있다.

그런데도, 윌슨의 도덕적 사고하기의 교육이 아동의 인지적 측면뿐만이 아닌 도덕적 정서와 도덕적 행동에 대해 보다 더 성공을 거두기 위해서는 콜즈(Coles)의 '목격에 기초한 도덕적 상상' 즉, '삶에서의 교육'이 동시에 요구된다. 콜즈는 아동이 목격한 과거의 경험 즉, 실제 삶의 도덕적 경험이나 문학작품 등을 통한 경험을 통해 그들의 '도덕적 상상'이 이루어지고 나아가 '도덕적 지능'을 높일 수 있다고 강조했다(R. Coles, 1997: 5). 도덕적 행동에 대한 목격이 아동의 도덕 지능(moral intelligence)을 높인다고 제안했다. 따라서 윌슨의 도덕적 사고하기가 성공을 거두기 위해서는 콜즈의 제안과 같이 부모와 교사, 학교와 사회가 도덕적 모델이 될 수 있도록 노력해야 한다. 동시에 학생들이 직접 도덕적 경험을 할 수 있는 장과 기회를 제공해야 한다.

V. 결론

도덕교육의 목적은 학생들로 하여금 도덕적 사고를 통해 궁극적으로 도덕적으로 행동하도록 하는 데 있다. 그런데 언어를 주된 도구로 사용할 수밖에 없는 교실 수업 현장에서 학생들의 도덕적 행동을 직접 다루기는 어렵다. 이로 인해 도덕교육은 도덕적 지식이나 도덕적 판단에 주안점을 두고 이루어지기도 한다. 그런데 이는 도덕적 지식이나 도덕적 판단이 도덕적 정서, 도덕적 행동을 담보하지 못한다는 비판을 야기했다. 이러한 비판 가운데 일부는 도덕적 행동이 정서에 의해서만 좌우된다는 생각이 자리 잡고 있다. 그러나 도덕교육 안에서 사고와 정서가 서로 별개의 문제인가 하는 것은 논란의 여지가 있다. 우리는 나에 대해 서운한 행동을 한 사람에 대해 섭섭한 감정을 갖고 불친절하게 행동할 수 있다. 내가 그 사람에 대해 좋지 않은 감정을 갖고 불친절한 행동을 하게 된

것은 그가 나에게 서운한 행동을 했다고 인식하기 때문이다. 만약, 내가 그러한 사실을 인지하지 않고 오히려 그가 나에게 잘 대해주었다고 생각한다면, 우리는 정반대로 행동할 것이다. 이처럼, 삶의 모습을 상기할 때 우리의 이성과 정서는 많은 경우 함께 작용한다. 도덕교육에서도 같은 시각을 갖고 접근할 필요가 있다. 우리는 도덕교육에서 사고와 감정을 별개로 다루기보다 이에 대한 유기적인 접근이 요구된다.

월슨은 도덕적 사고하기에 새로운 견해를 제안했다. 그는 사고하기라는 이성의 작용이 행동을 위한 동기로 작용할 수 있다고 강조했다. 특히 그의 도덕성 요소는 도덕적 사고하기라는 일련의 사고의 작용 속에서 인지와 정서 그리고 행동이 어떻게 유기적으로 연결되어 활동하는지 설명한다. 그에 의하면 도덕적 사고하기는 사고하기라는 일련의 활동에 전념을 다해 우리의 마음을 집중하는 것을 말한다. 일련의 숙고의 과정을 통한 사고의 끝에서 도덕적 사고하기에 전념한 사람은 모든 사람이 동등하다는 것을 인지하고 그러한 정서와 태도를 갖고 판단하여 행동할 것이 요구된다. 이러한 월슨의 생각은 도덕적 행동과 도덕적 사고하기의 상호 작용을 이해하려는 시도이다. 특히, 사고하기라는 이성의 작용이 어떻게 인간의 정시의 작용 그리고 행동과 연계될 수 있는지에 대해 우리는 월슨의 개념분석에 대한 설명을 통해 보다 깊이 이해할 수 있다. 개념분석은 사고하기가 하나의 현상이 아닌 일종의 능력으로 작용함을 보여준다. 개념분식이라는 이성의 작용은 무엇에 대해 아는 것에 그치는 것이 아닌 사고하기라는 일을 잘할 수 있음을 말한다. 마치 수영 선수가 수영에 대해 아는 것이 아닌 수영을 잘할 수 있는 것과 같다. 이 때문에 도덕적 사고하기의 절차와 방법이라 할 수 있는 도덕성 요소 즉, 도덕적 문제를 해결하기 위한 일련의 과정 안에서 이루어진 도덕적 결정은 도덕적 행동이라는 실제적인 기능을 필요로 하게 된다. 나아가 도덕적 사고하기를 교육받은 사람은 도덕교육을 통해 어떤 종류의 합리적 지식, 기술과 태도, 원리를 갖춘 사람인 동시에 도덕적으로 사고하여 그렇게 행동할 줄 아는 사람이다.

따라서 도덕교육에서 도덕적 사고하기가 갖는 의의는 다음과 같다. 첫째, 교사는 학생들을 사고하도록 격려할 수 있다. 둘째, 학생들로 하여금 도덕적 사고하기 자체에 전념하게 함으로써 그들을 도덕적 행동으로 나아갈 수 있도록 인도할 수 있다. 셋째, 도덕교육에서 도덕적 사고하기 교육은 중요하다. 결과적으로, 도덕교육 현장에서 학생들로 하여금 도덕적으로 행동하도록 돕기 위해 그들을 도덕적으로 사고하도록 격려할 수 있다. 우리는 도덕과 교육, 도덕교육의 목적과 관련된 용어들로 도덕적 인격 형성, 도덕적 품성 함양, 인격도야, 도덕적 사고하기, 생명 존중, 사랑 등을 생각할 수 있다. 사회적 존재인 인간이 자신을 둘러싼 존재 및 환경과 바람직한 관계를 형성하도록 하기 위해서도 도덕교육은 필수적으로 요구된다.

제3장

도덕과 교육과정에서
민주시민 교육을 위한
지속가능발전교육(ESD)

Ⅰ. 서론

　도덕과는 내용 구성의 틀로서 관계 개념을 중시하며 자신, 타인, 사회·공동체, 자연·초월 주체와 연결된 관계 영역을 제시하고 있다(교육부, 2015: 3). 자연·초월과의 관계는 도덕과 교육과정에서 중요한 관계 영역 중 하나이며, 인간은 자신을 둘러싼 다양한 환경 요소와 밀접한 관련을 맺으며 살아가고 있다는 점에서 환경과의 건강한 관계 설정은 타인과의 관계 설정만큼이나 긴요하다. 관계적 존재로서의 인간을 상정할 때, 도덕교육에서 학생들의 사회 및 자연환경과 건전한 관계 형성과 이에 대한 올바른 태도 및 가치관 확립은 중요하다.

　특히 기후변화, 환경오염, 생물 다양성 손실, 오존층 파괴, 지구 온난화, 사막화 현상 등과 같은 전 지구적 환경문제는 도덕적 성찰에 기초한 환경에 대한 통합적 사고와 규범 이행을 필연적으로 요구한다. 현재 당면한 문제를 넘어 미래 제기될 환경문제는 인류의 번영과 직결되기에 이를 해결하고 예방할 수 있는 도덕적 환경역량의 강화는 도덕과 교육에서 다룰 필수 내용 요소이다. 초등학교 학령기 시기는 한 인간의 인성 형성의 기반이 된다는 점에서, 초등 도덕과 현장에서 학생들이 자기 자신 이외의 존재와 건전한 관계성을 구성하도록 돕는 것은 중대하다.

최근 전 세계적으로 환경교육은 동식물과 같은 생태적 환경보호 및 생물 다양성 보전 등의 차원에서 그린 뉴딜, 녹색성장, 지속가능 성장, 지속가능발전 전략 등을 희구하며 지속가능발전 교육(Education for Sustainable Development, 이하 ESD)으로 변모하고 있다. ESD는 환경문제에 대한 포괄적 차원에서의 접근을 도모한다. 그러나 도덕과에서 그동안 다루어진 ESD 관련 연구들은, 도덕과 교육에서 환경교육(윤현진, 1999), 중학교 도덕과 환경교육(조경근, 2007), 도덕과 환경윤리교육 정체성 연구(김남준, 2009), 생태윤리 가치 도덕교육(이종흔, 2011), 기후변화 문제 도덕교육 함의(노희정, 2015) 등의 연구가 이루어졌으며, 도덕과 교육과 ESD 연관 연구는 미진한 실정이다. 더욱이 초등 도덕과 교육현장에서 ESD, 환경교육 관련 내용은 도덕과에서 다른 영역 및 내용과 마찬가지로 중요한 요소 가운데 하나임에도 불구하고 지금까지 일부 영역 중심으로 그 내용도 분절적으로 소개되고 있다. 초등학교 도덕과의 ESD는 학년 간의 연계성, 체계성의 미확보 상태로 진행되고 있다. 그러므로 초등학교 도덕과 교육과정에서 ESD 관련 내용의 체계성, 적합성, 교육 실효성 등을 확보하기 위한 노력이 필요하다.

한편 교육과정에서 도덕과가 이상적인 인간상으로 도덕적인 인간과 정의로운 시민을 상정하고 있다는 점에서 도덕과는 세계시민교육, 민주시민교육과 같은 시민교육을 염두에 둘 필요가 있다. 시민교육의 차원에서 볼 때, 민주시민 교육은 기본 가치를 비롯하여 민주사회에서 시민참여, 개인의 권리와 의무에 대한 이해와 수용에 관심을 둔다(박형빈, 2019: 73, 75).

지구 환경문제뿐만 아닌 사회적, 경제적 문제들이 인간 삶과 밀접한 관련을 맺고 있기에 초등학생 시기 이러한 문제에 대처할 수 있는 역량 개발을 위해, 도덕 교과에서 이루어지는 민주시민 교육으로서 ESD를 위한 교육과정의 기본 체계화를 살펴볼 필요가 있다. 이를 위해 2차 교육과정부터 2015 개정 교육과정에 이르는 도덕과 교육과정에서 다루어진 지속가능 및 환경 관련 내용 요소를 추출하여 분석하고, 이를 바탕으로 초등 도덕과 교육과정에서 민주시민 교육으로서 ESD 발전 과제를 논의해 보고자 한다.

따라서 본 연구의 목적은 다음과 같다. 첫째, 2차 교육과정부터 2015 개정 도덕과 교육과정에서 자연·초월 영역의 내용 요소, 성취기준에 제시되어 있는 중심 주제들을 지속가능발전 및 환경 관점에서 분석적으로 검토한다. 둘째, ESD의 변화 양상, 개념, 목표, 역량 등을 탐색하여 초등 도덕과 교육과정에서 필수적으로 다루어야 할 ESD의 차원, 내용 요소 등을 도출한다. 셋째, 도덕과 교육과 민주시민 교육, ESD와의 연관성 및 교육목표를 확인하여 도덕과에서 다루어야 할 ESD의 핵심 역량을 추출한다. 마시막으로 초등 노넉과 교육과정에서 취급해야 할 ESD의 과제를 내용 요소 및 성취기준의 체계적 범주화에 따라 제안한다. 이를 통해 초등 도덕 교육과정에서 다루어온 ESD가 궁극적으로 도덕과 교육목표 중의 하나인 유덕한 민주시민 육성을 위한 것임을 제시하고자 한다.

II. 초등 도덕과 교육과정에서 지속가능발전 내용 분석

1. 초등 도덕과 교육에서 지속가능발전 교육

1) 초등 도덕교육과 지속가능발전 교육

도덕과는 학생들의 도덕적 자율성과 책임성을 길러주고자 하는 실천적 성격의 교과이다. 세계화, 지구화, 다문화, 인공지능, 4차 산업혁명 등 급격한 사회 변화에 대응하여 제기되는 사회윤리 제 문제를 다룰 수 있을 뿐만 아니라 개인과 사회문제에 대한 도덕적 실천역량을 갖추게 하는 것은 도덕과 교육의 과제이다. 이러한 이유로 도덕 교과에서는 응용윤리로 분류되는 정보윤리, 로봇 윤리, AI 윤리, 성 윤리, 기업윤리, 의료윤리, 공학 윤리, 환경윤리, 생명윤리, 과학윤리, 직업윤리 등과 관련해 인권교육, 통일교육, 평화교육, 민주시민 교육, 지속가능 교육, 세계시민교육, AI 윤리교육 등 다양한 영역의 교육을 필요로 한다. 이 가운데 환경교육, 녹색성장 교육, ESD 등의 영역은 OECD가 발간한 2030 환경전망보고서의 기후변화, 생물 다양성 감소, 대기오염, 수질오염, 물 부족 등의 환경문제에 대한 지적(OECD, 2008)에서 보는 바와 같이 인간의 생존과 직결되는 중요한 화두로 주목되는 교육 영역이다.

UN 지속가능발전을 위한 교육 10년에 의한 광범위한 제도화는 환경교육을 점차 ESD로 변모하도록 도왔다. ESD는 교육의 변화를 장려하여 학습자로 하여금 지속가능발전을 향한 사회의 방향 전환에 효과적으로 기여하게 하는 데 목적을 둔다. 이는 비판적 사고, 미래 시나리오 상상력, 협력적 의사 결정 등 참여적 교수학습 방법을 제안하며 학습자가 지속 가능한 발전에 필요한 조치를 할 수 있도록 한다(A. Ndiaye, F. Khushik, A. Diemer, & F. Pellaud, 2019: 1). 현재 세계적 환경교육(EE) 추세는 지속가능 환경교육(EEFS)에서 지속가능발전 교육(ESD)으로의 전환이다.

ESD가 인간복지, 평등, 권리 및 자원의 공정한 분배에 중점(H. Kopnina, 2012: 699)을 두고 가치, 정의의 문제와 직접 연관된다는 점에서 ESD의 목표는 도덕과 교육의 목표와 직결된다. 사회 및 자연 환경적 태도에서 요구되는 것은 사회와 환경에 대한 도덕적 영역인 개인적인 의무감, 책임감이다. 예를 들면, 범지구적 공유자원 훼손 문제는 성실, 배려, 책임, 정의 등 도덕과의 가치와 분리하여 생각하기 어렵다. 도덕교육과 ESD의 상관성은 다음과 같은 도덕과 교육과정의 교수 요목별 분석을 통해서도 명확히 알 수 있다.

<표 1> 2015 도덕과 교육과정의 교수 요목별 분석

교수요목	핵심가치 덕목/역량/영역	내용
가치덕목중심	성실·배려·정의·책임	핵심가치 외 생명존중, 성실, 정직, 자주, 절제, 예절, 협동, 준법, 환경보호, 공동체 의식, 국가애, 민족애 등
	자율성, 책임성	
역량중심	자기 존중 및 관리 능력	자신 존중 및 사랑, 자주적인 삶, 자신의 욕구 감정 조절 능력
	도덕적 사고 능력	일상의 문제 도덕적 인식, 도덕적 판단 및 추론 탐구, 근거 기반 옳고 그름 분별 능력
	도덕적 대인관계 능력	의사소통 과정에서 타인의 도덕적 요구 인식 및 수용과 이상적인 의사소통 공동체를 지향, 타인과 더불어 살아갈 수 있는 능력
	도덕적 정서 능력	도덕성을 전제로 자신 및 타인의 감정을 인식하고 배려할 수 있는 능력
	도덕적 공동체 의식	도덕규범과 정서 및 유대감을 근간으로 자신이 속한 다양한 공동체의 구성원으로서의 소속감을 느끼고 살아갈 수 있는 능력
	윤리적 성찰 및 실천 성향	윤리적 성찰 토대 위에 도덕적 가치와 규범을 지속적으로 실천할 수 있는 능력
관계영역중심	자신과의 관계 영역	자신에 대한 존중을 바탕으로 진정성을 추구하는 성실을 내면화
	타인과의 관계 영역	타자에 대한 존중을 토대로 바람직한 관계 설정을 지향하는 배려를 중심
	사회 및 공동체와의 관계 영역	공정성을 토대로 바람직한 사회를 추구하는 정의를 중심
	자연 및 초월과의 관계 영역	자신의 행위에 대한 인과적 책임과 존재적 책임 포용하는 포괄적 의미의 책임 지향

미래세대에 대한 책임과 배려, 환경 민감성, 생명존중, 환경 및 생태 철학 등의 내용은 2015 도덕과 교육과정의 가치 덕목 중심, 역량 중심, 관계 영역 중심의 3차원 관점 모두에서 다루어지는 지속가능발전 관련 주제들이다.

2) 초등 도덕과 교육과정의 지속가능발전 교육 내용

ESD 관련 내용은 환경교육, 환경윤리, 생명윤리, 생태윤리, 녹색 성장, 지속가능 개발, 지속가능 성장, 지속가능발전 등을 중요한 요소로 하여 그간 도덕과 교육과정에서 다루어졌다. ESD의 영역인 환경, 경제, 사회 전 영역의 내용이 자연 및 초월과의 관계 영역, 타인과의 관계 영역, 사회 및 공동체와의 관계 영역에 포함된다. 그런데 교육과정에서 지속가능발전, 지속가능발전 교육 내용은 2000 년대 이전에는 현격하게 환경, 환경교육에 주안점을 두고 다루어졌다. 이러한 이유로 2차 교육과정부터 2015 개정 교육과정에 이르기까지 초등 도덕과 교육과정에서 다루어진 환경 관련 내용을 중심으로 검토하고자 한다. 관련 내용을 목표와 내용 요소에서 추출하면 다음과 같다.

<표 2> 초등 도덕과 2차-2015 개정 교육과정 환경 관련 내용

교육과정	학교 급	명칭	목표 및 내용 요소
2차	국민학교	반공도덕	1학년: 향토사랑
3차	초등학교 (1973.02)	도덕	저학년(1, 2학년) 2. 개인 생활 (바) 동식물 사랑, 중학년(3, 4학년) 2. 개인 생활 (바) 동식물을 사랑하고 돌봄, 4. 국가 생활 (라) 자원보존
	초등학교 (1979.03)	도덕	저학년(1, 2학년) 2) 개인 생활 파) 동식물 아끼고 사랑, 중학년(3, 4학년) 2) 개인 생활, 파) 동식물 사랑 돌봄, 고학년 (5, 6학년) 2) 개인 생활, 파) 동식물의 생명존중 애호
4차	초등학교 (1981.12)	도덕	3, 4학년, 3학년 가) 개인의 발전 위한 생활, (4) 동식물 사랑
5차	초등학교 (1987.06)	도덕	4학년 가) 개인 생활 (3) 자연을 가꾸고 아끼는 마음
6차	초등학교 (1992.09)	도덕	3학년 (1) 개인 생활, 동식물 보호 (가) 동식물을 보호사랑
2007 개정	초등학교 (2007.02)	도덕	주요가치 덕목> 생명존중 /자연애 /사랑 영역> 자연・초월적 존재와의 관계

교육과정	학교 급	명칭	목표 및 내용 요소
			3학년 생명의 소중함, 4학년 올바른 자연관과 환경보호
2009 개정	초등학교 (2011.08)	도덕	자연·초월적 존재와의 관계> 자연애, 생명존중/ 3·4학년> (가) 생명의 소중함, (나) 자연 사랑, 환경보호, ③ 자연 친화 적인 삶과 녹색성장을 위해 노력하는 자세
2012 개정	초등학교 (2012.07)	도덕	자연·초월적 존재와의 관계> 자연애, 생명존중, 3-4학년> (4) 자연·초월적 존재와의 관계, (가) 생명의 소중함, (나) 자연 사랑과 환경보호
	초등학교 (2012.12)	도덕	영역 성취기준, (4) 자신과 자연·초월적 존재와의 관계에 대한 올바른 이해, 자연과 생명에 대한 외경심 함양 자연·초월적 존재와의 관계> 초등학교 3-4학년> (가) 생명의 소중함 (나) 자연 사랑과 환경보호, ③ 자연 친화적인 삶과 녹 색성장을 위해 노력하는 자세
2015 개정	초등학교 (2015.09)	도덕	자연·초월과의 관계, 핵심가치> 책임 / 일반화된 지식> 인 간으로서 도덕적 책임을 다하기 위해 인간의 생명과 자연, 참된 아름다움과 도덕적 삶을 사랑하고, 긍정적인 삶의 자세 / 3-4학년 군, 생명존중, 자연애

초등 도덕과 환경 관련 내용 요소는 2차 교육과정부터 찾아볼 수 있다. 특히 6차 교육과정부터 환경 내용이 개인 생활 및 사회생활 영역에 걸쳐 비교적 고르게 부각되었다. 도덕과의 특성은 주요 가치 덕목과의 연계 선상에서 환경 내용 요소가 제시되고 있으며, 7차 교육과정 이후 환경 관련 핵심 요소는 <표 3>과 같이 파악할 수 있다. 2015 개정 도덕과 교육과정에서 지속가능발전 요소는 <표 4>와 같이 중학교 도덕과의 기능에서 제시하고 있다.

<표 3> 초등 도덕과 교육과정의 환경 관련 핵심 내용 요소

핵심	내용
단어	동식물, 자원보존, 자연보호, 환경보존, 환경문제, 환경, 자연 친화, 자연관, 자연, 생명, 환경 친화, 녹색 생활 양식, 녹색 소비, 지속가능성
가치 덕목	사랑, 돌봄, 생명존중, 환경보호, 자연애, 책임

<표 4> 2015 개정 중학교 도덕과 지속가능발전 요소

영역	핵심가치	일반화된 지식	내용 요소	기능
자연·초월과의 관계	책임	환경 친화적 삶, **지속 가능**한 미래 지향	자연과 인간의 바람직한 관계는 무엇인가? (자연관)	○생명 감수성 고양 능력 ·생명 친화적 관점 채택 ·생명 친화적 실천기술 ○전일적 사고 능력 ·생태 **지속가능성** 추구

초등 도덕과 교육과정에서 환경 관련 핵심 내용은 자원보존, 자연보호, 환경보존, 환경문제, 녹색 소비, 환경 친화, 생명 등의 단어들을 추출할 수 있고 생명존중, 책임, 사랑, 돌봄 등의 가치 덕목을 확인할 수 있다. 2015 개정 도덕과 교육과정의 중학교 도덕에서 확인할 수 있듯이 환경, 생태적 관점은 지속가능 관점으로 변화, 발전하였다.

2. 초등 도덕과 교육과정의 지속가능 개발 관련 요소 및 특징

1) 초등 도덕과 2015 개정 교육과정의 지속가능발전 교육 현황 분석

2015 개정 도덕과 교육과정은 내용 체계를 크게 영역, 핵심가치, 일반화된 지식, 내용 요소, 기능으로 구성하고 있다. 즉 초등학교와 중학교 「도덕」은 4개 영역인 자신과의 관계, 타인과의 관계, 사회·공동체와의 관계, 자연·초월과의 관계로 나누어 각기 핵심가치를 제시하고 있다. 자신과의 관계 영역에서는 성실, 타인과의 관계 영역에서는 배려, 사회·공동체와의 관계 영역에서는 정의, 자

연·초월과의 관계 영역에서는 책임을 지향한다. 이 중 자연 및 초월과의 관계에서 환경 및 지속가능성과의 관련성이 직접 드러난다.

2015 초등 도덕과 교육과정의 성취기준을 중심으로 ESD 관련 요소를 <표 5>와 같이 찾아볼 수 있으며, 이를 기반으로 <표 6>과 같이 초등 도덕과 교육과정이 포함하고 있는 ESD 관련 요소를 지식 및 인식, 가치 및 태도, 역량 및 실천 관점에서 분류할 수 있다.

<표 5> 2015 개정 초등 도덕과 지속가능발전 관련 성취기준

성취기준 핵심 키워드
생명보호, 환경문제, 자연보호, 책임감, 지구촌 문제, 도덕적 민감성, 세계화, 올바른 의사결정, 민주시민, 공정한 사회, 책임감, 인권, 공익, 인권 존중

ESD 관련 요소 (예)	생명의 소중함 이해, 환경문제 관심, 생명 및 자연보호, 자연과 유대감, 생명존중의 책임감, 지구촌 문제, 도덕적 민감성, 갈등 평화적 해결

<표 6> 2015 개정 도덕과 교육과정의 지속가능발전 교육 요소

구분	관련 요소(예)
지식 및 인식	지구촌 문제, 인간 생명과 자연, 생태 지속가능성
가치 및 태도	환경 감수성, 책임감
역량 및 실천	환경문제 및 쟁점탐구

세계적 환경교육 추세는 ESD로의 전환이다. ESD는 복지, 평등, 권리 및 자원의 공정 분배에 중점을 두고 가치, 정의의 문제와 직결된다.

2) 초등 도덕과 2015 개정 교육과정의 지속가능발전 교육 특징

초등 도덕과 2015 개정 교육과정의 ESD 특징은 다음과 같다.

첫째, 전반적으로 초등학교 도덕 교과에서 환경문제, 지속가능발전 관련 내용은 중요한 내용 요소로 다루어지고 있다.

둘째, 도덕 교과 전반에서 성취기준 및 해설이 단원명과 관련된 일반적인 내용으로 기술되어 있어 지속가능발전 연관 주제 및 소재가 명시적으로 다루어지는가는 예측하기 어렵다. 예를 들면, 초등학교 도덕과 교육과정의 성취기준에서 지속가능발전, 지속가능 개발이라는 용어를 명확하게 기재하고 있지 않다.

셋째, 영역별, 학년별 연계성보다는 분절적으로 관련 내용을 다루고 있다. 예를 들면, 타인과의 관계 영역의 경우, 6학년에서 다양한 갈등 평화적 해결이 다루어지며, 사회·공동체와의 관계 영역의 6학년에서 공정한 사회, 인권, 세계화 시대, 지구촌 문제 등이 다루어진다. 3-5학년에서는 지구촌 문제, 인권 등이 명시적으로 성취기준에 제시되지 않는다.

넷째, 도덕적 기능 및 역량과 지속가능발전 관련 역량의 관계가 체계적으로 드러나 있지 않다. 성취기준 상에 지속가능발전 연관 키워드나 주제가 특정되거나 구체적으로 기재된 비율이 비교적 낮다.

이러한 특징을 염두에 둘 때, 초등 도덕과 교육과정에서 ESD와 관련해 무엇을, 어떻게 중점적으로 다룰 것인가에 관한 과제와 전망 모색이 요구된다. 이를 위해 지속가능발전의 개념, 변천, 목표와 민주시민교육과 도덕교육과의 관계 등을 종합적으로 살펴볼 필요가 있다.

III. 지속가능발전 교육과 초등 도덕과 민주시민 교육

1. 지속가능발전 교육의 변천

1) 환경교육 및 녹색성장 교육을 넘어 지속가능발전 교육으로 전환

국제적 맥락에서 환경교육의 역사는 1972년 스톡홀름 UN 환경회의까지 거슬러 올라간다. 환경교육이 자연환경의 보호에 너무 좁게 초점을 맞추고 있다는 비판적 시각은 환경교육 담론의 수정과 변경을 요청했다. 이에 따라 등장한 개념이 지속가능발전이다. 1990년대 환경 및 개발 문제에 대한 관심이 높아짐에 따라 즉각적인 환경개선을 실제 목표로 간주할 뿐만 아니라 장기적으로 지속가능성을 다루는 교육 접근방식에 대한 지원이 크게 증가했다(D. Tilbury, 1995: 195). 1992년 리우 지구정상회의는 지속가능발전 모델에 대한 국제적, 사회적, 경제적, 환경적 목표 구성요소의 조정 필요성에 대한 인식 출발점이 되었다(A. Brunold, 2015: 32). 이 회의는 아젠다 21을 채택했으며 지속 가능한 개발을 실현하기 위한 교육, 계몽, 훈련의 중요성에 대해 논의했다. 이 문서는 보통 ESD를 촉진하기 위한 첫 번째 제안으로 언급된다.

많은 사람들은 ESD를 윤리, 형평성, 새로운 사고와 학습 방법의 문제들을 포함하는 환경교육의 차세대, 진화단계로 이해한다. 이들은 ESD가 환경교육보다 발전된 문제 즉 문화적 다양성, 사회·환경적 형평성 등에 더욱 포괄적이라고 주장한다(F. Hesselink, P. Van Kempen, & A. E. Wals, 2000: 11-12). UNESCO 또한 국제환경교육 프로그램의 틀 안에서 환경과 관계된 인간의 궁극적 목표로 지속 가능한 발전을 제안했다. 이것에 따르면, 지속가능발전은 인간-

환경 관계의 궁극적인 목표이다(L. Sauvé, 1996: 7-9). UNESCO의 이러한 전환 지지에 따라 환경교육은 보다 넓은 시각으로 지속가능 발전으로 변모하면서 민주주의와 관계된다(B. Jickling, & A. E. Wals, 2008: 1).

1990년대부터 지속가능발전 원칙은 세계 여러 나라에서 점점 더 많이 채택되었다. 이 원칙을 받아들이면서 ESD의 중요성도 성장했다. 이는 세계화 과정이 국내 및 국제적으로 지속가능발전 목표에 따라 형성되어야 한다는 인식을 증가시켰다. ESD는 이제 전 세계 모든 국가에 적용되는 포괄적인 개념으로 지속 가능한 경제 발전뿐만 아니라 전체 사회와 문화에 기여할 것으로 기대된다.

2) 지속가능발전 교육의 목표

ESD는 사회적, 환경적, 경제적 관점에서 전 지구적인 시스템적 사고의 전환을 도모한다. 지속가능발전의 원동력은 한편으로는 생태 위기 현상이며 다른 한편으로는 1960년대와 1970년대에 점점 더 현실화된 사회적, 경제적 불평등이었다. 환경보호와 경제 개발 사이의 상호 의존이 받아 들여졌고, 이는 UN 세계 환경 및 개발위원회의 기초가 되었다. 지속가능발전을 미래세대가 자신의 필요를 충족시킬 수 있는 능력을 손상하지 않으면서 현재의 필요를 충족시키는 개발로 정의한 1987년 브룬트란트 보고서는 UN 환경개발위원회(World Commission on Environment and Development, WCED)의 기조가 되었다(Brunold, Λ., 2015: 30-31).

브룬트란트 보고서는 개발의 주요 목적이 인간의 필요와 열망의 충족이라는 생각에서 출발한다. 발전과정이 '지속가능성'으로 인정받으려면 다음 기준을 충족해야 한다. (1) 지속가능발전은 모두에게 공평한 기회를 보장함으로써 인간의 필요를 충족시키는 것을 목표로 한다. (2) 지속가능발전은 미래세대의 욕구를 충족시킬 수 있는 능력을 훼손하지 않고 현재의 욕구를 충족시킨다. (3) 지속가능발전은 지구상의 생명을 지탱하는 자연계 즉, 대기, 물, 토양, 생명체들을 위험에 빠뜨리지 않는다. 이 보고서에서는 핵심 요인으로 교육을 지목한다. 위에서 언급한 목표를 실현하는 데 필요한 사람들의 태도 변화 및 역량을 구축하기 위해 지속 가능한 교육이라는 용어가 만들어지며 교육의 필요성이 강조되었다. 2005년, UN은 '교육 10년'을 출범하였으며 지속가능발전(2005-2014)은 이 과제를 위한 전 세계 교육시스템을 민감하게 만드는 방안을 모색했다(K. Van den Branden, 2012: 285-286).

2000년대 이후 지속가능발전에 대한 국제적 접근은 보다 체계적으로 진행되어, 2015년 UN 총회는 2030 지속가능발전 의제를 채택했다. 2030 의제는 지속가능발전 목표(Sustainable Development Goals, 이하 SDGs)를 제시했다(M. Frey & A. Sabbatino, 2018: 187). SDGs의 지향점은 현재와 미래 사람들을 위해 지구상에 지속 가능하며 평화롭고, 번영하며, 평등한 삶을 보장하기 위한 것으로 17개의 목표는 다음 <표 7>과 같이 지속가능발전의 세 가지 요소로 분류된다(R. Costanza, L. Daly, L. Fioramonti et al, 2016: 351).

<표 7> SDGs(UN, 2015) 지속가능발전 목표

목표	내용
제1요소 - 효율적인 배분 : 생활 경제 구축	
7	모두를 위한 저렴하고 안정적이며 지속 가능하고 현대적인 에너지 접근 보장
8	지속적이고 포용적인 지속 가능한 경제 성장, 모두를 위한 양질의 일자리 촉진
9	탄력적인 인프라 구축, 포용적이고 지속 가능한 산업화 및 혁신 촉진
11	포용적이고 안전하며 회복력 있고 지속 가능한 도시와 인간 정착지 만들기
12	지속 가능한 소비 및 생산 패턴 보장
제2요소 - 공정한 분배 : 번영을 위한 능력 보호	
1	모든 곳에서 모든 형태의 빈곤 종식
2	기아 퇴치, 식량 안보 및 영양 개선, 지속 가능한 농업 촉진
3	모든 연령대의 건강한 삶을 보장하고 웰빙 증진
4	포용적이고 공평한 양질의 교육을 보장, 모두를 위한 평생 학습 기회 증진
5	성 평등을 달성하고 모든 여성과 소녀에게 권한을 부여
10	국내 및 국가 간 불평등 감소
16	지속가능발전을 위한 평화롭고 포용적인 사회 장려
17	지속가능발전을 위한 이행 수단 강화 및 글로벌 파트너쉽 활성화
제3요소 - 지속 가능한 규모 : 경계 내에서 유지	
6	모두를 위한 물과 위생의 가용성과 지속 가능한 관리 보장
13	기후변화와 그 영향에 대처하기 위한 긴급 조치
14	지속가능발전을 위해 해양, 바다 및 해양 자원을 보존, 지속 가능하게 사용
15	생태계의 지속 가능한 사용 보호, 복원 및 촉진, 생물 다양성 손실 막기

SDGs의 목표는 생태 환경문제를 넘어 사회의 불평등 문제 해결, 지속 가능한 도시 및 지역사회 발전 두무, 책임감 있는 소비아 생산을 통한 인류의 복지와 평등 실현, 환경문제 해결 등에 관심을 기울인다. 이는 현세대의 전 지구적 문제 해결을 통해 지속 가능한

미래를 보장할 수 있는 세계시민을 양성하는 데 기여한다. 따라서 ESD는 세계시민교육뿐만 아니라 도덕교육과 긴밀하게 관련된다.

2. 도덕과 민주시민교육과 지속가능발전 교육

1) 도덕과 민주시민 교육

공교육은 건전한 민주주의의 유지에 매우 중요하다. 학생의 비판적이고 상상력이 풍부한 능력 형성은 민주주의의 미래이다. 민주시민 교육에서 비판적 사고, 세계시민권, 상상력 있는 이해에 초점을 맞춘 교육을 통한 젊은이들의 역량 개발이 필요하다(M. C. Nussbaum, 2006: 385). UNESCO는 젊은이들에게 자율성을 위한 기술과 태도를 갖추게 하는 시민교육의 필요성에 대한 국제적 합의를 확인했다. 젊은이들은 정체성, 세계에 대한 개방성, 사회 및 문화를 존중하기 위해 개인의 자율성과 시민권에 요구되는 역량을 습득할 필요가 있다(A. Osler & H. Starkey, 2006: 6). 특히 민주주의 문화에서 시민교육에 요구되는 기본적 가치들은 자유, 책임, 평등한 권리, 관용, 정의, 공정성, 참여, 연대 등이다. 그러한 가치는 결정의 기초가 되고 실행 행동에 대한 책임을 지는 것으로 시민들에게 도덕적인 것이다. 또한 시민 행동은 사회적, 정치적이지만 동시에 도덕적 의미가 강하기에 민주시민 교육은 도덕적 측면이 강조된다(I. Albulescu, 2017: 19). 우리나라에서 시민을 양성하기 위한 교육은 민주시민 교육으로 축약된다. 민주시민 교육은 자유, 책임, 정의, 평등, 평화 등의 기본 가치를 비롯하여 개인의 존엄성과 가치에 대한 인정, 개인의 책임 완수, 공통의 이익을 위한 관심과 공감 등에 관심을 둔다(박형빈, 2019: 73, 75). 이러한 점에서 민주시민 교육은 교육 영역 특히 도덕교육과 친밀하다.

한편, 민주시민 교육은 세계시민교육의 내용 요소인 세계화, 인류애, 지구촌 문제, 국제이해 등과도 연결된다. 초등 도덕과 교육과정은 2차 교육과정부터 2015 개정 교육과정까지 지식, 의지, 가치, 태도, 기술, 역량, 능력, 실행력, 행동 등의 차원에서 민주시민 교육 연계 내용 요소가 발견된다. 교육과정의 역사적인 측면을 통해 볼 때, 도덕과는 <표 8>과 같이 지속적이고 계획적으로 민주시민 교육을 교과의 주요 주제 및 내용 요소로 상정해왔다. 도덕과의 민주시민 교육은 도덕성을 갖춘 민주시민성, 유덕한 민주시민, 도덕적 시민을 지향하며 역량과 덕성이라는 가치 기반 능력을 추구한다(박형빈, 2020: 105, 116).

<표 8> 초등 도덕과 2015 개정 교육과정의 민주시민 교육 요소

민주시민 교육 구성 내용 요소
민주시민 태도와 신념, 민주시민 자질, 자유민주주의, 민주시민 윤리, 공동체 의식, 시민역할, 민주시민 가치 이해 및 실천 능력, 도덕적 시민 등
태도, 신념, 의지, 인식, 능력, 자질, 이해, 가치 등

민주시민 교육은 인간의 존엄성, 자유, 민주주의, 평등, 법치주의, 인권 등을 존중한다. 민주시민은 모든 시민의 권리와 의무의 확인, 사회문제에 대한 책임 있는 참여, 화합과 사회적 연대 등을 필요로 한다. 민주시민성에 대한 어떤 접근법에서도 필연적으로 자유, 책임, 정의, 형평, 다양성, 인권, 시민참여, 사회통합, 비차별, 비폭력

등과 관련된 민주주의 사회의 기본적 가치들이 발견된다(I. Albulescu, 2017: 20).

그러므로 도덕과의 민주시민 교육은 민주주의 정치체제에 대한 지식 이해와 같은 이론적 지식 교육보다 민주시민으로서 갖추어야 할 도덕적 측면인 자율성, 도덕성, 책임감 등의 가치와 덕의 함양에 관심을 기울일 필요가 있다. 결국, 도덕과 민주시민 교육의 타 교과와의 차별성은 올바른 가치판단을 포함하여 덕을 갖춘 민주시민성, 도덕적 시민성, 도덕적 민주 의지, 자유민주적 습관 형성 등이다. 이러한 점에서 2015 개정 도덕과 교육과정에서 제시된 도덕과의 목적인 '도덕적 인간'과 '정의로운 시민' 육성을 눈여겨 볼 필요가 있다.

2) 지속가능발전 교육과 시민교육

시민교육의 개념은 그리스 철학과 민주주의의 정치적 실천에 깊이 뿌리를 두고 있으며, 프랑스 혁명에서의 근대적 사고의 시작과 유럽사에서 시민권, 인권의 여러 단계를 통해 발전했다. 1990년대 지속가능발전(SD)은 기능적인 민주주의와 강력한 시민사회 참여 없이는 성공적일 수 없음을 명백히 했다. UN은 지속가능발전을 위한 교육 10년을 통해 국가교육에서 SD의 원칙을 확립하는데 국제사회의 헌신을 이끌었다(B. Ohlmeier, 2015: 6). ESD는 웰빙에 대한 적극적인 관심이라는 의미에서 시민적 연대를 뒷받침하는 교육을 옹호한다. 이러한 교육 패러다임은 다른 사람들에 대한 연민의 지평을 넓히고 공동의 선을 위한 교육시스템을 요구한다. ESD는 교육에서 사회정의의 발전을 위한 중요하고 폭넓은 기회를 제공한다(P. Warwick, 2016: 407-408). ESD는 세계시민교육, 민주시민교육과 같은 시민교육 차원에서 긴요하게 거론된다. 세계시민교육, 민주시민 교육, ESD는 서로 교차적으로 접근된다.

프리스크와 라손은 시스템 사고, 장기적 사고, 이해관계자 참여, 행동 지향적 역량 등 중요한 ESD 역량 목록을 제공했다. 카브리안과 준엔트 또한 전문 역량의 이론적 프레임워크를 개발하여 복잡성 전략, 비판적 사고, 의사 결정 등 학문의 상호연결을 포함하는 미래 지향적 기술에 초점을 맞췄다. ESD 역량은 인지적, 감정적, 의도적, 자기 조직화에 대한 개별적 성향으로 특징지어지며 지속가능성 지향의 태도 변화를 요청한다(D. Iliško, E. Oļehnoviča, I. Ostrovska, V. Akmene, & I Salīte, 2017: 105-107). 지속가능 개념은 학제 간 성격을 띠며, 정치, 경제, 환경, 문화 측면을 모두 포함한다. 지속가능 교육과정은 학생의 도덕 문제와 가치 탐구, 지속가능성에 대한 아이디어 개발과 관련이 있다.

세계시민교육 및 관련 분야 교육은 UNESCO '교육 2030' 의제 및 행동 프레임워크에 의해 인도되고 있다. ESD는 인권, 빈곤 감소, 지속 가능한 생계, 기후변화, 성 평등, 기업의 사회적 책임, 토착 문화의 본질적 보호, 양질의 교육 및 학습에 대한 포괄적인 접근방법 등 인류의 주요 문제를 포괄한다(H. Kopnina & F. Meijers, 2014: 188-189). 결과적으로 ESD는 세계시민권, 문화 다양성 등과 같은 지속가능발전을 촉진하는 데 필요한 지식과 기술 습득과 같은 교육을 포함하며 일종의 시민교육을 남낭하고 있다.

Ⅳ. 초등 도덕과 교육과정의 지속가능발전 교육 과제

1. 도덕과의 민주시민교육과 지속가능발전 교육 방향

1) 도덕과 교육목표와 지속가능발전 역량

초등학교 도덕과는 총괄 목표인 성실, 배려, 정의, 책임 등의 핵심가치의 내면화를 일차적 목표로 삼는다. 이를 기반으로 도덕 현상 탐구, 윤리적 성찰, 일상적 실천을 추구한다. 특히 초등학교 단계에서는 다양한 도덕 문제를 탐구하고 더불어 살아가는 데 필요한 기본적인 가치·덕목과 규범 이해, 도덕적 기능과 실천 능력 함양을 추구한다(교육부, 2015: 4-5).

2015 교육과정에서 도덕과는 교육과정 총론에서 추구하는 핵심 역량의 바탕 아래, 6가지 도덕과 역량을 제안했다. ① 자기 존중 및 관리 능력, ② 도덕적 사고 능력, ③ 도덕적 대인관계 능력, ④ 도덕적 정서 능력, ⑤ 도덕적 공동체 의식, ⑥ 윤리적 성찰 및 실천 성향이다. 또한 초등 도덕과 교육에서 제시한 도덕적 기능은 ① 도덕적 자아정체성, ② 도덕적 습관화, ③ 도덕적 대인관계 능력, ④ 도덕적 정서 능력, ⑤ 공동체 의식, ⑥ 도덕적 판단 능력이다(교육부, 2015: 3-7). 도덕과가 추구하는 이러한 능력들은 자기 존중과 사랑, 자주적 삶의 영위, 자기 관리, 도덕적 민감성, 도덕적 판단 및 추론, 도덕적 사고, 타인의 도덕적 요구 인식 및 수용, 이상적인 의사소통, 도덕적 대인관계 형성, 공동체와의 유대감, 윤리적 성찰, 도덕적 가치 및 규범 실천, 도덕적 반성 등으로 구체화되며 민주시민성, 세계 시민성과 연계된다.

ESD의 경우, 지속가능성을 위한 핵심 역량으로 리크만은 시스템

사고 역량, 미래예측 역량, 규범 역량, 전략 역량, 협력 역량, 비판
적 사고 역량, 자기인식 역량, 통합적 문제 해결 역량을 제안했다
(M. Rieckmann, 2018: 107-108). 역량은 지식과 능력을 내포한 행
동의 개념으로 지속가능발전을 위한 교육 및 학습 방향을 정하는
데 필수적인 랜드마크로 여겨진다. 애돔슨트와 호프만은 지속가능
발전을 위한 능동적, 반사적, 협동적 학습이 가능할 것으로 예상하
는 핵심 역량을 구체화했다. ① 미래지향적 사고 역량 ② 개방적
지식 창조 능력 ③ 학제 간 업무 능력 ④ 세계 인식 능력, 초자연
적 이해와 협력 ⑤ 참여 기술 ⑥ 계획 및 구현 기술 ⑦ 공감, 동정,
연대 능력 ⑧ 자기 및 타인 동기부여 능력이다(M. Adomßent & T.
Hoffmann, 2013: 1-6). 이 중 시스템 사고 역량은 서로 다른 복잡
한 시스템을 종합적으로 분석하는 능력으로 ESD에서 핵심적인 역
량이다. <표 9>는 위크가 선별한 지속가능 역량 목록이다(A. Wiek,
L. Withycombe, & C. L. Redman, 2011: 208).

<표 9> 지속가능 역량(예)

연구자	역량	범주화
Crofton (2000)	미래세대로 확장되는 예측사고 및 전체론적 사고 가치의 다양성과 그 함의 이해 커뮤니케이션 및 협업 기술	전문 기술자 지속가능성 의무
de Haan (2006)	선견지명 학제 간 작업, 초문화적 이해와 협력 참여, 계획 및 구현, 공감, 동정, 연대 자기 동기부여와 동기부여 개인 및 문화 모델에 대한 반성	설계 능력
Kearins and Springett (2003)	반사성 비평 사회적 행동/참여	비판 이론
Kelly (2006)	글로벌 의식, 현재 생활 방식의 변화 고려, 용기 세대초월 사고, 관대함, 개방성, 진지한 참여	글로벌 사피엔스

연구자	역량	범주화
Rowe (2007)	에이전트 변경 기술 문제 해결능력	문제 해결
Sipos et al. (2008)	다 학문성, 시스템 사고, 갈등 해결 협동, 권한 부여, 창의력, 포용성	머리, 손, 심장
Sterling and Thomas (2006)	다양성, 환경, 정의 중시 상호 연결된 생태, 사회, 경제시스템에 대한 지식 지속 가능 개발 원칙에 대한 지식 전체적 또는 체계적 사고 및 분석 지속가능성 문제 및 문제에 대한 지식 협력적 조치 및 갈등 해결, 불확실성 및 변화 조치	가치, 지식, 기술, 이해
ACPA (2008)	갈등조정 및 해결, 불평등의 권력 구조 분석 행동의 글로벌 영향 인식 현상 유지에 도전, 지속가능성 문제 해결 협업, 네트워킹, 제휴 개발, 팀 구축 전체적 사고, 체계적인 변화 필요성 이해 리더이자 추종자, 시나리오 생성, 청렴, 용기 변화 추구, 시스템 기능 및 상호 연결성 이해	에이전트 변경

2) 도덕과 민주시민 교육에서 지속가능발전 교육 과제

교육은 지속 가능한 사회를 달성하기 위한 핵심 키워드로서 미래의 도전에 맞서 사회가 가지고 있는 가장 효과적인 수단이다. 2000년 다카르 세계교육포럼은 지속가능발전의 진정한 초석으로 교육을 언급했다(F. Rauch & R. Steiner, 2013: 13). ESD의 목적, 목표, 추구 역량은 도덕과 교과교육의 목적인 도덕적인 인간, 정의로운 시민 양성과 상통하며 이는 도덕과의 민주시민교육과 긴밀하게 연결된다.

도덕과 민주시민 교육에서 요구되는 좋은 시민의 모델로 지식, 가치, 정체성, 기질, 태도, 역량 및 능력의 차원의 내용 요소가 제기된다. 이는 ① 민주시민 정체성, 국가 정체성, 민족 정체성과 같은 정체성, ② 시민의식, 자유/민주, 인권, 평화, 행복, 참여, 정치체제 등 개념에 대한 지식 및 인식, ③ 책임, 평등, 자율, 자유, 정의, 관용, 공명정대와 같은 가치와 덕, ④ 자아존중, 타인존중, 참여성, 자발성, 공감, 배려, 환대, 합리성, 지속가능성, 편견 및 편향 극복과 같은 태도와 성향 그리고 정서, ⑤ 비판적 사고, 반성적 성찰, 리터러시, 대화, 소통, 연대, 비폭력, 문제 해결능력, 도덕적 상상력과 같은 기술 및 역량이다(박형빈, 2020: 116-117). 이러한 도덕과 민주시민 교육의 내용 요소를 ESD의 17가지 목표 및 핵심 역량과 통합하여, ① 지속가능발전의 중요성 및 개념 인지, 도덕적 및 지속가능 사고와 같은 지식 및 인식, ② 공정한 분배, 평등과 같은 가치, ③ 공감, 동정, 연대, 용기, 포용성, 관대함, 개방성과 같은 감정과 태도, ④ 의사소통 능력, 협업 기술, 문제 해결능력, 갈등조정능력과 같은 역량 및 기술, ⑤ 진지한 행동, 참여, 실행과 같은 행동으로 구분하여 목록화 가능하다.

이를 종합하여 도덕과 민주시민 교육의 ESD를 위한 과제로서 6가지 차원을 제안하면 다음과 같다. 즉, ① 지식 및 인식, ② 가치와 덕, ③ 개인 및 사회 정체성, ④ 기질 및 태도, ⑤ 역량 및 능력, ⑥ 참여와 실행이다. 또한 이들의 내용 구성요소는 ① 시민의식, 자유/민주, 인권, 평화, 행복, 참여, 지속가능발전의 중요성 및 개념 인지, ② 책임, 평등, 자율, 자유, 정의, 관용, 공명정대, 공정, ③ 민주시민 정체성, 국가 정체성, 민족 정체성, ④ 의사소통, 협업 기술, 문제 해결, 갈등조징, 비판직 사고, 반성적 성찰, 리터러시, 연대, 비폭력, 도덕적 상상력, ⑤ 진지한 사회적 행동 및 참여이다.

2. 초등 도덕과 민주시민 교육으로서
지속가능발전 교육 구성 방안

1) 차원 및 구성요소의 체계적 통합 체제 구축

초등 도덕과 교육과정에서 민주시민 교육으로서 ESD를 위해 요구되는 과제는 다음과 같다. 첫째, 목적 및 핵심가치 지향은 도덕적인 인간과 정의로운 시민을 목적으로 성실, 배려, 정의, 책임 등 가치이다. 둘째, 관계 영역 중심 교수 요목 및 도덕적 역량이다. 셋째, 핵심 구성요소로 지식과 이해, 역량 및 기술, 가치와 태도, 실천과 참여의 고려이다.

지속가능발전을 위한 역량은 다양한 형태, 정의, 설정 및 해석으로 존재한다. ESD의 핵심 역량은 지역 및 세계적 직면 도전 인식, 실용 기술과 행동 능력 개발, 개인의 속성 및 능력 개발, 함께 사는 법 배우기와 같이 4개 범주로 나뉘기도 한다. 1996년 국제 21세기 교육위원회가 공식화한 UNESCO 기조에 따라 ESD 핵심 역량 프레임워크는 무엇을 할 수 있는 능력, 다른 사람들과 함께 생활하고 일하는 능력 등을 필수 특성으로 내포했다(N. Aceska & D. Nikoloski, 2017: 568).

한편, PISA의 읽기, 수학, 과학의 3개 주요 평가 영역은 인지적 측면, 동기부여 구조, 글로벌 역량과 관련된다. OECD는 이 3차원을 기반으로 ① 세계 문제 및 문화 간 지식과 이해, ② 기술, 특히 분석적, 비판적 사고, ③ 개방성, 글로벌 마인드, 책임감 등의 태도로 구분했다(C. Sälzer & N. Roczen, 2018: 9). 이를 참고하여 <표 10>과 같은 구조로 도덕과의 특성이 반영된 도덕과 민주시민 교육으로서 초등 도덕과 ESD 구성을 위한 교육과정 체계화 모형 제안이 가능하다. 성취기준 예는 <표 11>과 같다.

<표 10> 초등 도덕과 민주시민 교육으로서 ESD 구성 체계(예)

차원	구성요소(예)
정체성	민주시민 정체성, 국가 정체성, 건전한 민족 정체성, 도덕적 정체성
지식 및 인식	시민의식, 자유/민주, 인권, 평화, 행복, 참여, 정치체제 개념, 지속가능발전의 중요성 및 개념, 세계 문제에 대한 지식과 이해 및 문화 간 지식
태도 및 가치	성실, 정의, 책임, 배려, 평등, 자율, 자유, 관용, 공명정대, 공정, 개방성, 글로벌 마인드
역량 및 기술	도덕적 사고, 도덕적 판단, 도덕적 정서, 도덕적 민감성, 분석적 사고, 비판적 사고, 의사소통 능력, 협업 기술, 갈등조정 능력, 반성적 성찰, 리터러시, 대화, 소통, 연대, 비폭력, 문제 해결능력, 도덕적 상상력
실천 및 참여	진지한 사회적 행동 및 참여

<표 11> 초등 도덕과 민주시민 교육으로서 ESD 성취기준 신안(예)

제안(신안)	
학년/단원	[6도03-04]
차원	ⓐ 정체성, ⓑ 지식 및 인식, ⓒ 태도 및 가치, ⓓ 역량 및 기술, ⓔ 실천 및 참여
구성요소	정체성/ 인식/ 태도와 가치/ 역량과 기술/ 행동 및 참여
내용	ⓐ-1. 세계시민 정체성 ⓐ-2. 국가 정체성 ⓑ-1. 세계화 시대에 인류가 겪고 있는 문제를 인식한다. ⓑ-2. 세계화 시대에 인류가 겪고 있는 문제의 원인을 인식한다. ⓒ-1. 세계화 시대 인류가 겪는 문제 해결과 관련된 핵심가치를 내면화 한다: 정의, 책임, 성실, 배려 ⓒ-2. 세계화 시대 인류가 겪는 문제 해결과 관련된 태도를 기른다: 공명정대, 공정성, 글로벌 마인드 ⓓ 세계화 시대 인류가 겪는 문제와 이의 해결 관련한 도덕적 민감성, 도덕적 판단, 도덕적 사고, 도덕적 정서, 도덕적 동기, 도덕적 의사소통 능력을 기른다. ⓔ 지구촌 문제의 올바른 해결을 위한 방법을 실천하고 참여한다.

2) 교사의 역할과 요구되는 역량

ESD 분야의 연구는 주로 학자들의 이해, 신념, 가치, 태도 등을 파악하는 데 초점이 맞춰져 왔다. 지속가능성에 대한 견해와 이해의 다양성, 이를 교육현장의 커리큘럼에 어떻게 적용할 것인가에 대한 논의는 주제 영역에 대한 적합성과 그것을 포함하는 능력과 관련된다(G. Cebrián, 2017: 857). ESD는 혁신적이며 학습 내용, 평가, 학습 환경에 관한 것으로 그 자체 지속가능 개발에 맞춰 물리적 및 가상적 학습 환경 구축을 수반하고, 학습자 참여, 평가, 능동적 교수학습 방법으로 교실 변화를 도모한다(G. Cebrián, R. Palau, & J. Mogas, 2020: 1).

ESD를 위한 교육과정은 학생들이 지속 가능한 개발에 참여할 수 있는 능력을 키우는 데 주목한다. 많은 연구에 따르면, 지속 가능한 개발의 구현은 교사에게 매우 까다로운 특정 지식과 능력을 요구한다(N. Aceska & D. Nikoloski, 2017: 566). UNESCO에 의하면, 가치와 원칙에 대한 공유, 비판적 사고와 문제해결력의 증진, 다양한 교육적 방법의 수용, 결정에서의 학습자 참여 등이 ESD 교육현장에서 요청된다(P. Bakhati, 2015: 22). 따라서 ESD의 특징을 드러내는 개념인 환경, 사회, 경제, 정의, 지속가능성 등을 고려하여, ESD를 개발 및 구현하고 학생들과 함께 특정 교육 목표를 달성하기 위해 교사에게 필요한 역량을 확인하는 것이 필요하다. 교사들에게 요청되는 다음과 같은 역할은 교사로서 갖추어야 할 역량이라 할 수 있다.

첫째, 촉진자 및 중요한 친구 역할이다. 교사는 지적이고 도움이 되는 방식으로 학생을 돕는 사람이다. 비판적인 친구란, 자극적인 질문을 하고, 다른 렌즈를 통해 검사할 자료를 제공하며, 친구로서 그 사람의 일에 대한 비판을 할 수 있는 신뢰할 수 있는 사람이다. 교사는 촉진자 또는 비판적인 친구로서 학생들에게 다른 관점을 제공하며 경청하고 절차에서 한발 물러나 도움을 줄 수 있다(G. Cebrián, 2017: 860).

둘째, 성찰의 격려자로서의 역할이다. 교사는 학생이 실천에 대해 성찰하도록 돕기 위해 반성적이고 협력적인 학습 공동체를 창설할 수 있다. 학생에 대한 지원자로서의 교사는 학생들이 실천뿐만 아니라 자신의 실천에 대해 숙고하도록 도와야 한다.

셋째, 비판적인 사고자로서의 역할이다(V. Nolet, 2013: 53). ESD는 세계시민교육, 민주시민교육과 친밀하기에 학생들의 비판적 사고 역량 함양뿐만 아니라 학생들을 교육하는 교사 스스로 비판적 사고자로서 학생들을 지도할 것이 요구된다.

넷째, 시스템 사고자로서의 역할이다. 시스템 사고는 학생들이 자연, 사회 및 경제시스템의 복잡성과 역학을 이해하는 데 도움이 되기에 ESD 분야에서 핵심 역량으로 간주된다(S. Schuler, D. Fanta, F. Rosenkraenzer, & W. Riess, 2018: 192).

이러한 역할을 위해 교사에게 요구되는 역량은 지식역량, 행동역량, 감정 역량, 평가 및 가치역량, 소통역량, 비전 역량, 협력 역량이다(F. Rauch & R. Steiner, 2013: 17-21). 첫째, 지식역량은 지속가능한 개발의 내용과 ESD에 대한 일반적인 지식에 대한 습득이나. 나양한 분야와 사회석, 문화석 백닥의 콘넨츠들 언결하고 상호 작용과 상호 의존성 이해를 요구한다. 둘째, 행동역량은 지식을 적용하는 방식에 대한 방법과 전략을 알고 있으며 이러한 방법을 직접 개발할 것을 요구한다. 예를 들면, 가치 결정 및 개발, 비판적 사고 및 반영 능력, 복잡성 처리, 미래전망, 갈등 및 문제해결력, 의사소통 및 팀워크, 참여와 책임의 기술을 육성하는 것이다. 셋째, 감정 역량은 공감 능력을 필요로 한다. 넷째, 평가 및 가치역량은 가치의 내면화 및 타인존중 능력을 포함한다. 다섯째, 소통역량은 합리적인 대인관계 형성 및 의사소통 능력이다. 여섯째, 비전 역량은 목표 설정과 관계된다. 일곱째, 협력 역량은 네트워킹 능력으로서 다른 사람 및 기관과 네트워크를 구축하고 유지하는 것으로 교사의 ESD 역량에 매우 긴요하다.

그러나 이러한 교사의 역할과 역량 구축에 앞서 무엇보다 중요한 것은 체계적인 교육과정의 제시이며, 초등학교 도덕과 현장에서 민주시민 교육으로서 ESD에 대한 전문성을 갖춘 교사의 양성이다. 나아가 이를 위한 현장 교사 대상 연수와 같은 교사 및 예비교사의 교육 기회 확대이다.

V. 결론

인간사회에 미치는 자연환경의 영향에 대한 우려가 커지면서 등장한 지속가능발전은 미래세대의 이익과 지구의 재생 능력을 모두 보호한다는 토대 위에서 성장해 왔다. 개발 정책에서 환경에 대한 강조는 점차 사회정의와 빈곤 퇴치를 포괄하는 방향으로 진화하며 가난, 불평등, 기후변화, 환경파괴, 평화, 정의와 관련된 문제들을 포함한 인류가 직면하고 있는 세계적인 도전들을 다룬다. 지속가능발전은 개인과 사회가 해결해야 할 딜레마에 대해 도덕적 사고 및 태도와 행위를 요청한다.

교육은 지속가능성을 달성하기 위한 필수적인 도구이다. 교과교육 영역 가운데, 한 인간의 가치와 태도 형성에 가장 핵심적 역할을 하는 교과는 '도덕' 교과이다. 2015 개정 도덕과 교육과정에서 천명하고 있듯이, 도덕과는 학생들이 자기 삶의 의미를 자율적으로 찾아갈 수 있는 도덕적 탐구 및 윤리적 성찰과 이의 실천 과정으로 이어지는 능력을 길러 도덕적인 인간과 정의로운 시민으로 성장하게 하고자 한다. 현재 당면한 그리고 미래 제기될 수 있는 지구적 문제를 해결하고 예방할 수 있는 역량을 기르는 것은 도덕과 교육에서 다루어야 할 민주시민 교육에서 중요한 내용 요소이다.

ESD의 목적, 내용, 역량 등에 대한 제안과 도덕과 교육의 목적 및 특성을 기반으로 초등 도덕과가 민주시민 교육으로서 고려해야 할 ESD의 과제는 정체성, 지식 및 인식, 태도 및 가치, 역량 및 기술, 실천 및 참여의 차원에서 제시될 수 있다. ESD와 관련하여 초등 도덕과 교육과정에서 요청되는 교육 목적, 구성요소, 학생 역량 등을 위한 총체적이고 체계적인 접근은 도덕적 인간과 민주시민 육성이라는 목적 달성을 고려할 때, 차기 도덕과 교육과정 개발을 위해 매우 긴요하다. 이것은 동시에 어떠한 교수 및 학습 형식이 교사의 ESD 특정 전문적 행동 능력 육성에 도움이 되는지를 제공한다. 가치 확립, 비판적 사고력, 문제해결력 증진을 위한 노력뿐만 아니라 다양한 교수학습 방안에 대한 고민, 학습자의 참여 등이 ESD 현장에 필요하다.

따라서 ESD를 고려해 초등 도덕과 교육과정에서 포함할 역량은 내용 지식(CK), 교과 내용 지식(PCK)에 기초하여 ESD에 대한 적극적 지원 의지 등이다. 초등 도덕과 교육과정에서 ESD의 특징적 개념인 환경, 사회, 경제, 정의, 지속가능 등의 구현은 초등 도덕과의 민주시민 교육을 위한 토대로 작용할 것이다.

이러한 점에서 본 연구는 초등학교 도덕과 수업을 담당하는 교사 및 예비교사의 전문성 신장과 더불어 수업, 교수 활동 등 교육 활동에 대한 지원 자료가 될 것이다. 아울러 본 연구가 현장에서 교사들이 ESD를 적용할 때 요구되는 사안에 대한 기본 정보 제공의 자료와 이후 도덕과 교육과정 개발에 유용한 지침이 되길 기대한다.

◇ 제4장 ◇

Martha Nussbaum의 세계시민주의와 도덕과 통일 시민성 교육

Ⅰ. 서론

서울시가 실시한 '서울시민 남북교류협력 의식조사(2020년 12월)'에서 80%가 남남갈등이 심각하다고 응답하였으며, 75.4%는 남남갈등 해소가 필요하다고 보았고, 71.2%가 남남갈등 원인으로 정치적 성향 및 가치관의 차이를 선택했다(https://news.seoul.go.kr/gov/archives/514365, 2021.2.17). 설문조사 결과를 고려할 때 대한민국에서 통일은 세대 간, 이념 간, 지역 간 첨예한 갈등과 대립을 안고 있는 주제 중 하나이다. 우리 사회에서 통일을 에워싼 다양한 시각과 정서가 존재할 뿐만 아니라 때로 정치적 편향과 아집에 힘입어 갈등과 반목 급기야 거부와 혐오가 표출된다. 그런데도 한반도에서 통일문제는 한국 사회 구성원이라면 누구라도 간과하거나 회피할 수 없는 주제이다. 이는 우리의 인식 여부와 상관없이 우리 가운데 이산의 아픔과 실향민의 고통 그리고 군사분계선이라는 한반도 분할의 실체가 존재하기 때문이다. 따라서 교육현장에서는 학생들로 하여금 어떻게 통일문제를 구체적 삶의 현실과 결부시켜 생각하게 할 것인가뿐만 아니라 학생들이 서로 다른 의견들을 통합하도록 도울 필요가 있다. 이는 통일된 나라의 미래상 및 시민은 어떤 모습이어야 하는가를 함께 고민하게 한다.

통일교육이 국제 평화, 인권, 기본적 자유와 평등의 확대와 연관된다는 점에서 통일교육은 세계시민교육과 연계된다. 통일교육은 남북 갈등의 현실과 국제적 관점을 동시에 파악하며 분단이라는 현실적 상황과 국제적 시각을 중시하기에 통일교육의 보수와 진보의 갈등을 극복하기 위해 세계시민교육의 시각을 융합할 필요가 있다 (박찬석, 2020: 141). 또한 최근 한국은 다방면에서 평화적 통일을 지향한 통일교육을 추구해 왔다. 이 점에서 통일교육에서 평화 지향적 통일교육으로의 방향 전환에 의해 강조되고 있는 평화·통일교육 담론에서 세계시민교육에 대한 주의는 긴요하다.

세계시민교육 논의 가운데 본 연구에서 관심을 기울인 것은 누스바움(Martha Nussbaum)의 시각이다. 그녀는 세계시민교육을 주창한 대표적 학자로 센(Amartya Sen) 등과 함께 개발한 인간 개발에 대한 역량 접근법으로 잘 알려져 있으며(Preskill, 2014) 교육의 목적으로 세계시민을 길러내는 것에 관심을 기울였다. 그녀의 세계시민주의에 대해 학자들은 다양한 의견을 내세우며 기대와 희망 혹은 허상과 비판을 제기한다. 누스바움의 견해에 대한 비판적 시각이 존재할 수 있겠으나 품위와 존중을 강조한 세계시민주의라는 이상 아래 시적 정의, 연민, 정치적 감정, 역량 등의 제안은 평화·통일교육의 이론과 실천에 상당한 시사점을 제공한다. 감정에 대한 합리적 접근, 공감적 이해, 서사적 상상력, 역량 접근법 등을 포함한 그녀의 세계시민주의교육은 오늘날 세계 각국이 당면한 민주주의의 위기를 정치적 관점이 아닌 교육적 관점에서 해결하고자 한다는 점에서도 주목된다. 철학적 토대에 기초한 누스바움의 견해는 특정한 시민성의 규범을 지지하며 그 이상에 맞춘 교육을 제안했으며 사적 이익과 뿌리 깊은 편견을 가진 인간이 '관심의 원'을 넓히도록 돕기 위해 공적 감정이 작용하는 사회를 구축할 방법을 제시했다.

통일은 머나먼 미래이거나 추상적 이상향이 아닌 바로 우리가 준비하고 일구어야 할 발전된 대한민국의 모습이다. 이러한 점에서 폐쇄적 자문화 중심주의에서 벗어나 세계시민주의로 나가길 기대하며 실질적인 시민 역량, 교육 방안 등을 제언하며 감정의 측면에 주의를 기울이고 있는 누스바움의 논의들에 귀 기울일 필요가 있다. 남한과 북한, 국가 정체성과 세계 시민성이라는 편협한 이분법적 시각에서 벗어나 한반도 통일국가의 시민인 동시에 세계시민으로서 지녀야 할 역량을 갖추도록 하는 것은 바람직한 통일 한국을 현실화하는 지름길이 될 것이기 때문이다.

따라서 본 연구는 첫째, 통일철학 및 통일심리학 기반의 평화·통일교육과 누스바움의 세계시민주의와의 연계 가능성을 살펴보고, 둘째, 누스바움의 세계시민주의의 주요 개념들인 정치적 감정, 연민, 역량 접근법을 확인하며, 셋째, 누스바움의 세계시민교육 제안들을 면밀히 검토하고, 넷째, 누스바움의 세계시민주의에 대한 비판적인 시각 위에서 포용적 통일 시민교육을 위해 요구되는 통일 시민성 교육의 기본 방향을 도출하고자 한다.

II. 통일철학과 통일심리학 기반의 통일 시민성: 세계 시민성을 지향한 통일 시민성

1. 통일철학 및 통일심리학 기초 통일교육

1) 통일교육에서 통일철학과 통일심리학의 필요성

동서독 통일 후 사회적·경제적 통합뿐만 아니라 심리적 갈등의 미해결 과제가 상당히 오랜 기간 존재(김주삼, 2020)했음이 보여주 듯이 독일 통일 성취에 가장 큰 난제 중 하나는 주민 간의 통합 문제였다. 독일은 이의 해결을 위해 통일 직후 연방정치교육센터의 정치 사회적 통합 노력과 같은 사회통합 촉진에 주의를 기울였으며 이것이 동독 청소년들의 사회 심리적 갈등을 해결해 줄 수 있었던 장치로 작용했다(이민희, 2018). 이러한 사례는 주민들의 심리적 통합이 통일 성공의 핵심 사항임을 잘 나타낸다. 독일 통일 사례를 상기할 때, 분단 70여 년 동안 남북한에 내재한 상호 적대 감정, 이질화된 사고 체계, 상이한 문화 등은 통합의 시점에서 상호 간 많은 시간을 필요로 하는 문제인 동시에 사회통합의 본질에 속하는 해결 과제이다. 우리는 통일의 논의 과정에서 정치, 경제의 외적 통합만이 아니라 정신, 심리의 내적 통합을 주시할 필요가 있다. 이는 통합의 주체인 남북한 주민들의 심리적인 측면에 관심을 기울일 것을 요청하는데 평화·통일교육도 예외가 아니다.

우리는 통일교육 논의에서 통일교육의 이론적 기반을 공고히 하고 제기되는 주요 쟁점들에 대해 주목하며 실제적인 교육방법론을 도출하기 위해 통일교육의 본질, 목적, 방향, 방법에 대한 구체적인 탐색을 필요로 한다(박형빈, 2020a). 먼저, 통일교육의 목적, 성격,

내용, 방향 정립은 가치 지향의 문제와 직결되기에 이를 위해서는 통일철학이 필요하다. 다음으로 통일교육의 실제 구현을 위한 방법적 차원의 연구를 위해서는 교육 대상에 대한 고찰이 요청되기에 통일심리학이 요구된다. 후자는 도덕심리학을 기반으로 학생들의 발달 특성에 부합하는 교수학습방법의 구안뿐만 아니라 남한 정착 탈북청소년 및 남한 원주민의 심리 고려를 포함한다.

통일은 한반도의 지정학적 위치, 민족상잔(民族相殘)의 비극, 북한 정치체제 등의 특수성과 인권, 평화, 대한민국 헌법 가치 등의 보편성의 양 측면을 모두 갖기에 평화·통일교육은 보편성과 특수성을 염두에 두고 이루어져야 한다. 이 가운데 보편적 가치의 중요성은 통일교육이 그 어느 분야의 교육보다 확고부동한 철학에 기초해야 하는 데 있다. 통일교육은 보편적 가치에 근거하여 올바른 통일철학을 학생 스스로 내면화할 수 있도록 매개체 역할을 해야 한다(정경환, 2014). 또한 한반도에서 통일교육은 한반도의 특수성을 배제할 수 없다는 점에서 통일을 이룬 독일, 예멘 등과 필연적으로 차별성을 갖는다.

한편 평화·통일교육은 교육의 대상이 되는 학생들의 심리 상태에 대한 인식을 배제할 수 없을 뿐만 아니라 통일 후 궁극적으로 남한 주민과 북한 주민의 통합을 도모해야 하기에 심리적인 측면을 다룰 것이 요구된다. 통일과 연관된 주체, 대상들의 심리를 고려하는 것을 '통일심리'라고 명명할 수 있다. 이는 통일교육이 통일심리를 염두에 두어야 하는 이유이다. 따라서 사회통합, 사람의 통합을 지향한 평화·통일교육은 교육의 목적 및 방향, 방법에 대한 근거가 되는 통일철학과 통일과 연관된 인간의 마음과 심리를 다루는 통일심리학을 요청한다.

2) 통일교육의 2가지 이론적 기반: 옳음과 돌봄

통일교육은 특수성과 보편성을 동시에 담보해야 하기에 무엇을 추구할 것인가. 어떤 가치를 지향할 것인가 하는 통일철학 정립이 선행되어야 한다. 그러나 통일, 평화·통일교육 담론에서 핵심인 통일철학 문제는 여전히 명확하게 규명되지 않은 채 다양한 입장이 때로 첨예한 대립 상태로 남아 있다.

한편, 남북한 통일의 문제는 점진적으로든 갑작스럽든 우리 민족에게 필연적으로 다가올 수밖에 없는 역사의 과정이다. 남북한 통일에 대한 정치 경제적 준비도 중요하지만, 분단 70여 년의 심리적 상처와 고통을 치유할 수 있는 심리 차원의 대비와 연구도 매우 중요하다(김명식, 2015). 통일철학의 최종 목표는 너와 나의 통일 즉, 인간과 인간의 통일인 사람의 통합이다. 사람 중심의 통일교육 관점에서 통일 완성을 위해서는 심리 특성과 상황에 대한 검토가 필요하다. 우리의 상황에서 중시해야 할 사람 중심의 통일교육의 요소는 이데올로기 중심의 통일교육을 넘어서서 개개인의 심리적 안정성 확보, 적응력 증대 등을 포함해야 한다(채정민·김종남, 2008). 통일심리학의 요구는 남북한 통일 논의에서 중요하게 다루어지는 남북한 문화 이질성 측면과도 연계된다. 북한이탈주민들은 정착 초기에 문화이질감을 상당히 많이 지각하는 것으로 드러났다. 북한이탈주민들의 남북 문화이질감 극복을 위해 남한문화 적응 지향성, 이질감 대처 역량을 갖게 하는 전략이 중요하다(채정민·이종한, 2004). 남북한의 심리적 통일방안의 중요성과 그 구체적 실현 방법, 남북한의 이질성과 동질성, 북한이탈주민의 심리 사회적 특성과 정신건강 등에 대한 연구가 필요하다. 이러한 점들은 통일 심리에 주목하게 한다.

따라서 통일교육의 이론적 기초로 통일철학과 통일심리학을 상정할 필요가 있다. 첫째, 통일철학은 가치의 문제와 연관된다. 이는 '우리가 추구할 바람직한 가치가 무엇인가'라는 질문과 밀접하다는 측면에서 옳음의 문제로 귀결될 수 있다. 통일철학과 관련하여 우리가 지향할 가치는 무엇인가, 바람직한 통일 한반도의 모습은 무엇인가, 북한과 북한 주민을 어떤 관점으로 바라보아야 하는가 등과 같은 통일교육에서 추구할 옳음을 고민할 필요가 있다. 우리가 추구할 통일 미래상, 통일 한반도, 통일 시민성은 통일철학의 논거를 통해 제시될 수 있다. 특히 통일 시민은 한반도 통일과 세계 평화와 지속가능발전이라는 보편성을 지향하고 숙고 및 성찰할 수 있어야 한다. 이 때문에 무비판적, 일률적 평화・통일교육은 주입식 교육으로 치달을 뿐만 아니라 학생들의 참여 동기, 통일 공감대를 얻기 어렵다.

둘째, 통일심리학은 인간의 심리와 관련된다는 점에서 정서와 감정을 배제할 수 없다. 이 점에서 정서에 관심을 기울이고 있는 배려윤리와 밀접하며 교육 대상의 고려를 전제로 한다는 점에서 돌봄의 문제가 중요하다. 즉 평화・통일교육은 교육의 대상이 되는 남한 주민, 남한 정착 북한이탈주민 나아가 미래세대에 대한 고려를 필요로 한다. 또한 통일교육에서 학생들은 경청, 소통, 공감, 배려, 돌봄 등 남과 북의 공존 및 평화적 갈등 해결 역량을 키울 것이 요구된다는 점에서도 평화・통일교육에 심리적 접근은 긴급하다.

그러므로 평화·통일교육은 통일철학과 통일심리학을 염두에 두고 비판적 사고, 도덕적 상상, 소통, 배려, 공감 등을 강화할 수 있는 방향에서 실행됨으로써 바른 인식 및 존중과 배려를 함양하는 것으로 구성될 수 있다(박형빈, 2020a). 평화·통일교육은 통일철학과 통일심리학에 기초하여 정의 윤리와 배려윤리에 대한 균형과 조화를 도모할 수 있다. 궁극적으로 이러한 평화·통일교육은 바람직한 관점에서 사람의 통합을 추구하도록 도울 것이다. 따라서 무엇을 목표로 어떻게 학생들을 교육해야 하는가의 문제에 천착할 필요가 있다. 이 때문에 평화·통일교육은 필연적으로 도덕교육, 윤리교육을 기반으로 이루어질 필요가 있다.

2. Nussbaum의 세계 시민성과 평화·통일교육

1) 통일 시민성과 세계 시민성

우리나라 통일철학의 기본 이념은 헌법 정신에서 찾을 수 있다. 대한민국 헌법 제3조, 제4조, 제5조 1항은 다음과 같다. '제3조 대한민국의 영토는 한반도와 그 부속도서로 한다. 제4조 대한민국은 통일을 지향하며 자유민주적 기본질서에 입각한 평화적 통일 정책을 수립하고 이를 추진한다. 제5조 ① 대한민국은 국제 평화의 유지에 노력하고 침략적 전쟁을 부인한다.' 우리나라 헌법에 명시된 통일의 가치는 인권, 자유민주, 평화 통일, 국제 평화 존중이다.

헌법에 비추어 인권과 자유민주주의 존중 그리고 남과 북의 평화만이 아닌 국제 평화로까지 발돋움하기 위해 통일 담론에서 준비해야 할 쟁점은 다문화 시대의 통일 의미의 확대, 한반도 통일 주체의 확장이다. 이를 위해 문화 간 상호이해와 대화, 통일을 위한 다중적 주체들의 시민권 확장이 필요하다. 다중적 주체들은 민족국가 단위 내에서 민주주의를 잘 이루어 사회적 통합과 한반도 통일에 기여할 뿐만 아니라 세계시민주의적 시민권에 대한 인식도 가질 수 있다(김창근, 2013). 또한 지구촌 사회에서 개인 및 국제 경쟁력을 확보할 수 있는 통일 시민을 육성해야 한다는 점에서 평화·통일교육에서 추구할 통일 시민성은 민족과 한반도 범위의 통일 시민성에서 세계 시민성으로까지 확장될 필요가 있다. 통일사회를 대비하기 위한 지속 가능한 미래지향적 통일교육은 국제적 시각과 교양을 갖춘 세계시민을 양성하는 일이기 때문이다. 그러므로 평화·통일교육에서는 한반도 특수성을 유념하면서도 동시에 보다 넓은 시각에서 통일 시민성을 고민해야 한다.

자국, 자민족의 편협한 시각에서 벗어나 세계로 포용성을 확장하는 통일 시민성은 누스바움의 세계시민주의의 기본 생각과 맞닿는다. 그녀는 정치적 자유주의의 한 형태로서 '품위 있는 사회'를 제안했다. 만약 이 세계가 미래에 괜찮은 세상이 되려면 '우리는 지금 당장 우리가 상호의존적인 세계의 시민이라는 것을 인정해야 한다.'라고 주장했다. 우리는 우애와 연민, 사리사욕 그리고 모든 사람들의 인간 존엄성에 대한 사랑에 의해서 상호의존적인 세계의 시민이라는 것을 인식하고 그들과 협력해야 한다고 보았다. 그녀는 인간 번영을 가능하게 하고 인간 능력을 키우려는 공정하고 포괄적이며 정의롭고 원칙 중심적인 세계 공동체를 만드는 것은 세계 공정성과 사회정의에 기여하고 이 세상을 더 나은 즉, 더 인간적인 곳으로 만드는 데 기여한다고 생각했다(Maak & Pless, 2009).

포용적 글로벌 시민권, 공감적 상상력에 바탕을 둔 교육은 거리 및 문화적 차이, 불신의 분열을 초월할 수 있는 잠재력이 있기에 자유교육은 상호의존적인 세계에서 그 어느 때보다 중요하다고 누스바움은 보았다. 그리고 이러한 이상을 추구하는 것은 교육자와 시민으로서 우리가 할 수 있는 가장 시급한 과제 중 하나라고 주장했다(Nussbaum, 2004). 따라서 우리는 누스바움이 세계시민주의를 주창하며 제기한 개념들을 면밀히 검토함으로써 평화·통일교육에서 추구할 통일 시민성의 요소들을 확인할 수 있다.

2) Nussbaum의 정서와 평화·통일교육

누스바움의 기본 생각들은 국내의 연구자들에게도 상당한 주목을 받았다. 예를 들면, 시민교육(신응철, 2013; 박민수, 2016), 역량(김연미, 2019), 연민(이선, 2018), 혐오(고현범, 2016), 도덕교육(박진환·김순자, 2008), 세계시민교육(정창우·신종섭, 2020)과의 접목을 시도한 연구들이다. 누스바움의 중심 아이디어는 세계시민주의, 공적 감정, 서사적 상상력, 연민 등으로 정서, 감정이 핵심 요소로 자리 잡고 있다. 그녀는 철학적 시각에서 정서에 대해 깊이 성찰함으로써 교육에서 정서, 감정의 역할과 중요성을 설파했다.

한편, 우리 학교 현장에서는 평화·통일교육의 실효성에 대한 논의가 활발히 전개됨에 따라 통일교육에서 정서적 접근에 대한 연구(박형빈, 2017; 김희정·김선, 2018; 김선자·주우철, 2019; 이인정, 2019)가 대두되고 있다. 이는 한반도의 통일문제가 외적 통합을 넘어 분단과 전쟁이 야기한 트라우마와 같은 내적 갈등을 유발하는 정서, 감정의 문제에 대한 해결과 주민 간의 정서적 통합을 배제할 수 없기 때문이다. 정서, 감정은 통일 논의에서 간과할 수 없는 주제로 자리 잡고 있다. 감정, 정서가 평화·통일교육, 통일 시민성에서 중요한 이유는 이것이 인간의 행동, 태도 대부분에 직접적인 영향을 주기 때문이다. 하이트(Jonathan Haidt)의 사회적 직관주의를 떠올리지 않더라도 우리는 일상에서 감정에 의해 좌우되는 우리 자신을 종종 목격한다. 이러한 양상은 통일 담론에 등장하는 갈등 속에서도 고스란히 드러난다.

누스바움이 정치적 감정, 가치의 판단으로서 정서, 서사적 정서를 중심으로 감정철학에서 제의하고 있는 혐오, 연민, 공감, 동정 등의 감정은 통일을 둘러싼 남북 갈등, 남남갈등의 기저를 이해하고 해결하는 데 시사하는 바가 크다. 누스바움의 감정, 정서에 대한 접근은 분석적, 철학적인데 그녀는 정서, 감정이 인성 형성에 바람직한 기여를 할 수 있다고 보았으며 사고가 담기지 않은 느낌이나 신체적 자극과 정서 및 감정을 구분했다. 그녀는 감정이 대상에 대한 믿음을 수반한다고 보았기에 믿음이 감정의 본질적 기반이라는 아리스토텔레스(Aristoteles)의 입장을 따른다. 감정을 평가적 믿음으로 정의하는 인지주의 입장에서 도덕 감정의 적절성을 찾는다.

아리스토텔레스가 시사하고 있듯이 두려움, 시기, 질투, 분노와 같은 부정적인 감정이나 연민과 같은 긍정적인 감정은 상당히 비슷한 고통의 느낌, 믿음을 수반한다. 예를 들면, 연민은 다른 사람의 심각한 고통에 대한 믿음을 요구한다. 이처럼 모든 감정은 대상에 대한 평가를 수반하며 대상을 사소한 것이 아니라 중요한 것으로 평가한다. 스미스(Adam Smith)는 다른 사람의 관점에서 생각함으로써 슬픔이나 분노를 느끼는 경우는 자주 있어도 다른 사람의 배고픔을 상상함으로써 배고픔을 느끼지는 않는다고 지적한 바 있다(Nussbaum, 조계원 역, 2015). 누스바움은 특히 연민을 인간 종개념을 아우르는 감정의 작용으로 여기며 감정에 기초한 정의 입장에서 연민과 공감 등을 도덕적 감정으로 중요하게 제안했다. 우리 사회에서 통일 논의가 보여주는 첨예한 갈등을 상기할 때, 감정과 정서에 대한 고려 없이 통일과 평화·통일교육을 이야기하기 어렵다는 점에서도 누스바움의 견해에 귀 기울일 필요가 있다.

III. Nussbaum의 세계시민주의 주요 개념들

1. 세계시민주의와 철학적 연민

1) 민족 정체성과 양립 가능한 세계 시민성

누스바움은 칸트(Immanuel Kant)의 『영구평화론(*Zum ewigen Frieden. Ein philosophischer Entwurf*, 1795)』에 나타난 세계시민주의가 스토아학파의 개념과 유사하다는 점을 밝히며 보편적 인간성의 구현과 지역적 또는 민족적 정체성이 양립할 수 있음을 시사했다. 스토아학파는 세계시민의 이미지에 두 가지 공동체를 상정한다. 하나는 출생으로 정해지는 지역공동체이고 다른 하나는 동경의 공동체이다. 후자는 스토아학파에 가장 근원적인 도덕과 사회적 의무들의 원천이 되는 세계시민들의 공동체인 반면, 지역공동체는 인간 삶의 풍요성의 원천과 정체성을 형성할 수 있는 최소한의 단위가 된다. 누스바움은 칸트 역시 스토아학파의 합리적 인본주의를 계승하고 있다고 보았는데 칸트의 정언명령은 인간 누구나 존엄성을 가지고 있기 때문에 각각의 인간들은 그가 어디에 거주하든지 동일한 목적으로 취급받아야 한다고 주장했다. 스토아학파의 세계시민주의는 자신의 지역적인 공동체에 대한 정체성을 포기하지 않으면서 동시에 세계시민이 될 수 있음을 강조했다. 그것은 모든 인간이 이성을 부여받았다는 전제 아래 모든 세계시민들에 대해 적대 없이 관용하는 이상도 포기하지 않음을 의미한다(장동진, 2004).

누스바움은 스토아학파에 있어 세계시민이 되기 위한 풍요로운 삶의 원천이 될 수 있는 지역 정체성을 포기할 필요가 없다고 단언했다. 우리는 지역적 연대가 없는 것이 아니라 일련의 동심원들에 둘러싸여 있다. 첫 번째는 자기 자신을 중심으로, 그다음은 직계 가족을 중심으로, 그다음은 대가족을 중심으로, 그리고 이웃이나 지역 집단을 따라 확장된다. 이렇게 이웃, 동족 동포, 민족 그리고 언어, 역사, 직업, 성별, 성적 정체성에 기반을 둔 연대가 목록에 쉽게 추가된다. 이 모든 원들 밖에는 인류 전체의 가장 큰 원이 있다(Nussbaum, 1994). 누스바움의 견해에서 본다면, 우리가 해야 할 일은 세계시민으로서 모든 인간을 우리의 동료처럼 여기는 것이다. 그러나 이를 위해 우리는 자신의 인종, 성별, 종교, 특별한 애정과 정체성을 포기할 필요는 없다. 우리의 정체성은 부분적으로 그것들에 의해 구성되었기 때문이다. 이러한 이유로 그녀는 교육에서 모든 인간을 '대화'와 '관심'의 '공동체 일부'로 만들기 위해 노력해야 하며 스토아학파의 세계주의적 입장을 채택해야 한다고 주장했다(Nussbaum, 1994). 이러한 누스바움의 주장은 민족 정체성과 양립 가능한 세계 시민성을 상정하고 있다. 민족 정체성을 소유하되 세계 시민성으로까지 확대될 것을 요구한다.

2) 도덕적 감정으로서 철학적 연민

누스바움의 주된 관심사는 롤스(John Rawls)의 완벽하게 구현된 '질서 정연한 사회(Well-ordered society)'에 대한 것이라기보다는 '정의를 향해 나아가는 사회'다. 그녀는 타인을 배제하거나 낙인찍는 경향이 인간 본성 자체에 존재한다고 생각했다. 또한 우리는 완전히 낯선 사람들보다 관심을 두는 사람들을 위해 더 슬퍼하는데 이러한 현상을 '관심의 원(circle of concern)'으로 설명했다. 만약 멀리 떨어져 있는 사람과 추상적 원칙들이 우리 감정을 붙잡고자 한다면 이 감정들은 우리 관심의 원 안에 자리 잡아야 한다. 그래야 그것들이 우리 삶 속에서 행복을 구성하는 요소로서 중요한 사람 혹은 사건으로 여겨질 것이기 때문이다. 이러한 변화를 만들기 위해 필수적인 것이 시와 상징이다(Nussbaum, 박용준 역, 2013).

롤스와 누스바움 모두에게 사랑의 개념은 도덕심리학에서 중요한 역할을 한다. 롤스는 정의감이 부모의 사랑에 바탕을 두고 있으며 인류에 대한 사랑으로 이어진다고 보았다. 누스바움의 애국심에 대한 방어는 사랑의 감정을 정치적 맥락에 필수적인 것으로 되살린다(Rinne, 2020). 그녀는 사회적 정의(justice)와 사회적 사랑(love)을 발전시키기 위한 정치적 감정으로 연민을 제시했다(Weber, 2018). 연민(compassion)은 다른 사람의 부당한 불행에 대한 인식으로 인한 고통스러운 감정이다. 여기에는 세 가지 인지적 요소가 있는데 (1) 고통 받는 해악이 심각하고, (2) 불행은 그 사람의 잘못이 아니며, (3) 연민의 대상은 관찰자의 관심을 받을 만한 가치가 있다는 점이다(Paterson, 2011). 연민은 공감하는 감정을 나타내는 것으로 고통 받는 사람과의 동일시와 행동에 수반되는 감정이다.

따라서 연민은 상상 영역 내에 존재하지만 실제로 인내와 관용을 보여주는 행위를 요구한다(Zembylas, 2013).

누스바움의 연민은 스미스의 견해와도 밀접한데 스미스가 제시한 도덕 감정인 동정심은 '나의 것과 마찬가지'로 지구 반대편에 사는 '다른 사람들의 고통에 우리의 마음을 고정'하는 데 있다. 그런데 우리 연민의 영역은 종종 좁고, 먼 곳을 포함하지 않을 뿐만 아니라 세상을 '우리'와 '그들'로 나눈다. 우리 자신의 아이에 대한 연민은 다른 사람의 아이를 희생시키면서 우리 아이의 행복을 증진하고자 하는 욕망으로 쉽게 변질될 수 있다. 누스바움은 이를 옳은 방향으로 이끌고자 했다. 연민은 다른 사람의 고통이나 행복(well-being)의 부족을 향한 감정이기에 상대방이 나쁜 길을 가고 있다는 것과 이것이 상당히 심각함에 대한 인식을 필요로 한다. 심각성의 판단은 매우 복잡한 상상력을 수반하는데 이는 고통 받는 사람의 관점에서 상황을 바라보려는 노력을 포함한다. 어린 아이들은 동물과 다른 아이들의 고통에 동정심을 느끼며 그것을 쉽게 배우지만, 만약 대상이 울보이거나 버릇없다고 판단한다면 동정을 멈춘다. 그런데 중요한 것은 이 문제는 사회적 정의에 대한 둔감함과 밀접하게 연결되어 있다는 점이다. 예를 들면, 만약 우리가 여성의 투표권을 부정하거나 아프리카계 미국인을 속박하는 것에 대해 부당함을 인식하지 않는다면, 우리는 여성과 아프리카계 미국인들의 곤경을 나쁘게 여기지 않을 것이다. 우리는 그들을 위해 '연민'을 가지지 않을 것이다. 우리는 모든 것이 마땅히 그래야 힐 그대로라고 생각하기 때문이다. 또한 연민은 지나치게 소수의 사람들만을 우리의 관심 영역에 넣으면서 행복(eudaimonic)을 오인할 수 있기에 그것에 동조하는 도덕적 성취 없이는 진정한 의미로서의 연민을 가지기 어렵다(Nussbaum, 2003). 기억할 점은 연민은 우리가 있는 곳, 우리 염려와 관심의 원에서 시작된다는 것이다.

관심의 원으로서 연민은 우리가 중요하게 여기는 대상에게만 느껴질 것이기에 공감하는 상상 즉 공감적 상상은 관심 영역의 확장을 필요로 한다. 흥미로운 점은 실험적으로 다른 사람의 곤경에 대한 이야기가 생생하게 전달될 때 피실험자들이 그 사람에 대한 연민을 경험하는 경향을 나타냈다는 것이다. 그런데도, 우리의 일상 감정은 연민을 쉽게 거부한다. 예를 들면, 다른 나라에서 일어난 재난의 희생자들이 중요하다고 생각하는 것은 짧은 시간 동안은 용이하지만, 우리의 일상생활에서 지속하기는 매우 어렵다. 그것은 우리의 주의를 산만하게 하는 더 가까운 삶의 맥락이 있고 이러한 것들이 우리 삶의 목표와 계획에 훨씬 더 철저하게 얽혀 있기 때문이다(Nussbaum, 2003). 그러나 누스바움이 주장하듯 스토아학파, 칸트와 같이 우리는 모든 인간이 존엄성을 가지고 있다는 것과 이 존엄성이 계급, 부, 명예, 지위, 성의 차이에 영향을 받지 않으며 연민 속에 소외되지 않고 평등하다는 것을 인식해야 한다. 인간의 존엄성, 인권을 인정하는 것은 도덕적 행위자인 우리 모두에게 부여된 의무이다.

2. 정치적 감정과 역량

1) 정의와 사랑으로서의 정치적 감정

사회 불행을 초래하는 두 가지 극단적 입장은 훌륭한 정치적 원칙들을 뒷받침하는 애국심 및 여타 감정들의 함양을 전혀 고려하지 않는 태도와 비판을 전혀 허용하지 않는 독재적이고 강제적인 감정 함양 방식이라고 누스바움은 보았다. 그리고 이 두 극단 사이의 균형을 이루는 것이 필요하다고 지적했다. 그녀가 추구하는 품위 있는 민주적 정치 문화는 비판적 사고와 국가에 대한 근본적인 사랑을 통해 가능하다(Nussbaum, 2019).

누스바움의 견해에서 국가는 '우리'이고 '우리의 것'이기에 좁은 공감으로부터 좀 더 확장된 공감으로 옮겨가는 것을 가능하게 한다. 그렇기에 공적 사랑에는 국가에 대한 사랑이 포함되며 애국심은 헌신과 충성을 끌어낸다(Nussbaum, 2019). 공적 사랑, 공적 감정, 정치적 감정의 논의에서 그녀가 가진 의문들은 정의를 열망하는 사회를 어떻게 유지할 수 있는가, 공동의 이익을 위해 어떻게 희생을 고취할 수 있는가 등이다. 그녀는 부정적인 감정들 가운데서도 좋은 감정들을 찾고자 했으며 사랑에 뿌리를 둔 대중적 감정으로 우리의 관심 밖에 있는 애착을 조장할 수 있다고 보았다. 특히 그녀는 품위 있는 사회는 '역량 접근법'을 통해 모든 사람들에게 자유를 보장하고 그들이 풍요롭고 보람 있고 완전히 실현된 삶을 즐기기 위해 필요한 기회들을 제공할 것이 요청된다고 강조했다. 여기에는 최소한의 배고픔, 빈곤, 만성적인 실업으로부터의 자유, 기본적인 영양, 의료 및 교육에 접근할 수 있는 충분한 자원 그리고 다른 사람들과 관계를 맺고 참여할 수 있는 기회가 포함된다. 이는 정의로운 사회의 모습인 동시에 그녀의 용어로 개개인의 번영이 가능한 품위 있는 사회이다.

누스바움의 기본 아이디어는 정치적 감정에 잘 드러나는데 그녀는 사랑이 정의를 위해 왜 중요한지 설명한다. 즉, 역량이 풍부한 사회를 현실로 만들기 위해 대다수의 시민들이 시간과 자원, 열정을 쏟도록 설득할 수 있는 수단이 되는 강력하고 긍정적인 감정이 연민과 사랑이다. 그녀는 사랑이 사람들에게 희생과 사회적 행동을 가능하도록 상상력과 동기를 부여한다고 보았다. 그녀가 보기에 인간 존엄성에 대한 관념은 필요하기는 하지만 인간의 마음을 동요시키기에는 역부족이다(Preskill, 2014). 정의로운 사회는 그 사회를 유지하고 발전시키기 위해 시민들의 헌신과 노력이 불가피하게 요구된다. 누스바움은 인간 행동의 원천이 되는 감정 즉 공동체를 위해 필요한 공적 감정의 배양을 통해 이것이 가능하다고 생각했으며 오직 사랑만이 모든 것을 가치 있게 여기는 공동체의 창조를 지속시킬 수 있다고 여겼다. 사람들의 마음을 실제로 움직이는 데 있어 감정의 역할을 상기할 때, 누스바움의 정의를 위한 사랑의 중요성에 대한 강조는 설득력이 있다.

그렇다면 공적 감정, 연민으로서의 확장된 공감인 정치적 감정은 어떻게 배양할 수 있는가. 누스바움은 아리스토텔레스에게 의지하면서 우리가 다양한 다른 사람들의 이야기와 상상적이고 연민 어린 참여를 통해 도덕적 태도를 보이는 법을 배울 수 있다고 주장했다. 우리는 다른 사람들의 경험에 대해서 들을 때, 배려의 태도를 실천할 수 있다. 그녀는 '정서 지능'이라고도 부른 연민에 필요한 동정심과 공감을 발전시키기 위해 우리의 상상력을 사용하는 교육 방법을 제안했다(D'Olimpio & Peterson, 2018).

2) 민주시민성에 요구되는 역량

누스바움은 민주주의의 건전성을 유지하는 데 공교육이 매우 중요하다고 보았다. 그녀는 현재 많은 나라의 교육 이니셔티브는 예술과 인문학을 무시한 채 과학과 기술에 초점을 맞추고 있으며 학생의 비판적이고 상상력이 풍부한 능력의 형성보다는 정보의 내실화에 초점을 맞추고 있다고 비판했다. 그녀는 이러한 좁은 시각은 민주주의의 미래에 위험할 수 있다고 지적하면서 비판적 사고, 세계 시민성, 상상적 이해 중심의 교육을 통한 역량 개발 모델을 제안했다(Nussbaum, 2006). 예를 들면, 그녀는 듀이(John Dewey)와 타고르(Rabindranath Tagore)의 아이디어에 바탕을 둔 민주시민성 함양에 필수적인 자유를 위한 교육을 위해 다음과 같은 3가지 능력을 강조했다(Nussbaum, 2006).

첫째, 소크라테스의 아이디어를 따르는 타고르와 네루(Jawaharlal Nehru)에 의해 강조된 능력인 자신에 대한 비판적 고찰이다. 이는 자기 자신과 자신의 전통을 비판적으로 성찰하는 능력으로 소크라테스의 반성적, 성찰적 삶을 영위하는 능력이다. 이는 전통에 의해 전해지거나 습관을 통해 친숙해졌다는 이유만으로 어떤 믿음을 권위적으로 수용하지 않는 삶을 말한다. 이는 모든 신념과 진술, 주장에 의문을 제기하고 이성의 일관성과 정당성으로 살아남은 삶만을 받아들이는 것을 의미한다. 이러한 능력을 훈련하려면 논리적으로 추론하고 읽거나 말하는 능력, 사실과 판단의 정확성에 비추어 점검하는 능력을 개발해야 하며 이것은 종종 전통에 대한 도전을 야기한다.

민주주의는 단순히 권위에 연연하기보다 스스로 생각할 수 있는 시민들을 필요로 한다. 숙고와 비판적 사고는 사회 내에서 좋은 시민성을 위해 중요한데 이는 문화적 경계를 넘어 다른 사람들과 적절한 대화의 기회를 갖고 서로 다른 사람들의 존재를 이해해야만 가능하다. 특히 청소년 및 젊은이들은 그들이 들은 것에 대해 비판적으로 생각할 줄 알아야 하며 그들의 논리와 개념을 시험하고 그것에 대한 대안을 상상할 수 있어야 한다.

둘째, 자신을 단순히 소속 지역이나 집단의 시민으로 바라보는 것을 넘어 인정, 관심, 유대로 다른 모든 인간과 묶여 있는 존재로 바라보는 능력이다. 우리는 소속 집단의 맥락 안에서 우리 자신을 생각하기 쉽기에 멀리 살거나 우리 중 자신과 달라 보이는 시민들을 우리 자신과 연결할 필요성을 종종 느끼지 못한다. 이것은 우리가 그들에 대해 느껴야 하는 책임감을 의식하지 못할 수도 있다는 것을 뜻한다. 우리는 집단과 국가 간의 이해를 어렵게 하는 차이점들의 파악을 위해 공통된 인간의 필요와 관심사를 모두 인식해야 한다. 이는 또한 자기 나라 이외의 다른 나라와 자기 나라의 일부인 다른 집단에 대해 배울 필요가 있음을 시사한다.

셋째, 서사적 상상력이다. 이는 다른 사람의 입장이 되면 과연 어떨지 생각하고 그 사람의 이야기를 지적으로 읽어내고 그런 처지에 있는 사람이 가질 법한 감정, 소망, 욕망을 이해하는 능력을 말한다. 서사적 상상력은 무비판적인 것은 아니며 상상력을 이용해 의미를 판독하는 능력이다. 누스바움은 타고르가 말한 '우리는 지식으로 강해질 수 있지만 동정심으로 충만함을 얻는다. 그러나 우리는 이러한 동정심의 교육이 학교에서 체계적으로 무시될 뿐만 아니라 심각하게 억압받고 있다는 것을 발견한다.'라는 주장을 내세우며 서사적 상상력은 무엇보다도 문학과 예술을 통해 길러진다고 역설했다. 그녀는 예술에 대한 의존을 타고르와 듀이의 제안 중 가장 혁명적인 부분으로 이해하면서 연극, 춤, 문학을 사용한 상상력 키우기를 제안했다. 상상력은 일상생활에서 얻기 어려운 다른 사람의 경험에 대한 통찰력을 획득할 수 있게 한다.

누스바움은 이러한 3가지 능력을 정치적 목표로 보았다. 이는 단순한 기능이 아닌 우리를 완전한 인간으로 만들어 주는 인간성 개발 즉 인간 번영을 위한 역량이다. 그녀는 민주주의 사회에서 시민들이 역량을 갖춘 후에 자신들의 진로를 결정할 수 있도록 자유로워져야 한다고 보았다. 예를 들면, 식량이 풍부한 사람은 언제나 단식을 택할 수 있지만, 단식과 음식이 부재하여 굶는 것 사이에는 큰 차이가 있다. 또한 대부분의 성인들은 자신의 양심에 따라 말하고 생각할 수 있는 내적 능력이 있다. 그녀는 이러한 역량이 개인의 타고난 장비이지만 교육과 발전 없이는 그러한 기능들을 온전히 행사할 수 없다고 보았다. 따라서 시민들이 이러한 주요 기능을 행사하도록 '교육'과 '보살핌'을 제공하고 환경을 준비함으로써 인간의 '역량'을 촉진할 필요가 있다고 역설했다(Nussbaum, 1997).

Ⅳ. 세계 시민성 교육을 위한 Nussbaum의 역량 접근법

1. 사랑과 문학적 상상

1) 사랑과 세계 시민성 개발

누스바움의 견해에서 완전한 인간이 될 수 있는 능력은 그들이 어디에서 태어났든, 어떤 사회적 계급에 거주하든, 성별이나 민족적 출신에 관계없이 마땅히 존중받아야 한다. 인간성을 배양하고 개발하는 시민은 단순히 특정 지역이나 집단의 시민이 아닌 '세계 시민'으로서 인식과 관심의 유대를 통해 다른 모든 인간에 얽매인 인간으로 자신을 볼 수 있는 능력을 필요로 한다(Nussbaum, 2004). 우리는 자신을 다른 사람의 시각으로 바라볼 필요가 있으며 우리 자신의 영역을 특별히 돌보는 것은 보편주의적인 측면에서 정당하지만 이것이 우리 자신의 아이들이 다른 사람의 아이들보다 도덕적으로 더 중요하다는 것을 의미하는 것은 아니라고 주장했다. 아이들을 이기적인 존재가 되지 않도록 하기 위해서는 특별한 보살핌이 필요하다.

인간의 존엄성에 대한 존중과 각 개인이 할 수 있는 기회를 존중하는 스토아적 가치는 귀중하며 교육은 그러한 것들을 반영해야 한다. 예를 들면, 국가 내에서 자국의 역사와 정치에 더 많은 시간을 할애하지만 우리 자신의 영역에 생각을 국한해서는 안 된다. 우리는 선택 상황에서 정치적, 경제적 문제 모두에서 다른 인간의 생명, 자유, 행복 추구에 대한 권리를 진지하게 고려해야 하며 그들에 대해 숙고할 수 있는 지식을 얻기 위해 노력해야 한다(Nussbaum,

1994). 누스바움이 보기에 민족, 계급, 성별, 인종 등의 경계를 넘나들며 손을 잡도록 하는 가치는 국가의 경계에 도달했을 때 힘을 잃어서는 안 되며 이를 가능하게 하는 것이 '사랑'이다. 사랑과 같은 긍정적인 감정을 자극하는데 있어서의 어려움은 편견, 고정 관념이라고 누스바움은 생각했다. 예를 들면, 성 역할에 대한 전통적인 생각, 남성적이고 여성적인 것에 대한 고정 관념이 어려움을 야기하고 깊은 편견의 영속화에 기여한다. 그녀가 보기에 그러한 편견은 경계해야 하며 용인되어서는 안 된다. 반면, 보다 포괄적이고 자기희생적 공동체를 위한 전략으로서 친구, 스포츠 팀, 민주주의 원칙에 대한 사랑 등 많은 형태의 사랑에 대해 개방성을 유지하는 가치를 중요하게 제시했다. 그녀의 입장에서 모든 형태의 사랑은 긍정적인 상호 작용을 강화하고 감정을 분출한다. 그리고 이러한 사랑의 공동체는 배고픔, 가난, 인종차별, 성희롱, 모욕을 거부하며 궁극적으로 더 큰 사회 내에서의 협력, 이타주의, 보살핌의 수준을 증가시킨다(Preskill, 2014).

우리 사이에 건강한 상호 작용을 촉진하는 사랑은 다른 사람을 위한 염려, 사랑하는 사람의 인간 존엄성에 대한 존중, 사랑하는 사람을 위해 자신의 욕심을 제한하려는 의지를 갖게 함으로써 세계 시민성 개발을 촉진한다. 그러므로 누스바움이 강조한 사랑은 공동체의 모든 구성원들에게 확장되어야 하는 사랑이며 지속적인 정의로운 사회를 만들기 위한 강력한 기초가 된다. 이러한 점에서 공동체에 대한 사랑의 확대는 세계 시민성 형성을 위한 요긴한 토내라 할 수 있다.

2) 인간성 개발과 문학적 상상력

여성, 종교적·민족적 소수집단 구성원, 레즈비언과 게이, 비서양 문화의 사람들을 존경과 사랑을 담아 그들을 인식 주체로 대하는 학교 문화의 필요성을 누스바움은 강조했다. 그녀는 세계에 다양한 유형의 시민들이 있음을 인식하고 우리가 모두 그 전체 세계의 시민으로 기능하는 법을 배울 수 있는 학교를 건설하려고 노력 중이라고 말한 바 있다. 그녀는 우리가 훌륭한 시민이란 어떠해야 하고 무엇을 알아야 하는지 물어야 한다고 지적하며 자녀교육과 시민성을 위해 소크라테스의 성찰하는 삶, 아리스토텔레스의 반성적 시민성, 스토아학파의 교육 관념인 자유교육을 제안했다. 이는 세네카의 인간성 개발 의미와도 연결된다. 세계시민은 멀리 떨어진 곳에 있는 사람들이 자신과 공통의 인간적 능력과 문제로 묶여 있음을 인식해야 하며 세계 전체의 인간에게 충성하는 것을 일차적으로, 나라나 지역 내지 다양한 집단에 충성하는 것을 이차적으로 여길 수 있어야 한다. 세계시민으로서 우리는 우리가 충성을 바쳐야 하는 대상의 우선순위를 정하는 각기 다양한 방식을 허용하되 그것을 어떻게 정하든 필요할 때마다 인간 생명의 가치라면 장소를 불문하고 존중해야 한다(Nussbaum, 정영목 역, 2018). 그녀는 이러한 인간성 개발을 위해 필요한 3가지 핵심적인 능력 즉, '비판적 성찰 능력', '세계시민으로서의 인식 능력', '서사적 상상력'을 제안했는데 이는 민주시민성 함양에 필수적인 '자유를 위한 교육'에서 요구되는 3가지 능력이기도 하다.

서사적 상상력으로서 문학적 상상력은 인간성 개발을 위해 누스바움이 특히 강조한 것이다. 우리는 디킨스의 소설을 읽을 때 고통과 공포를 느끼는 등장인물들에 주목한다. 이러한 비극적인 감성은 독자들이 정체성과 동정심을 가지고 삶을 탐색하도록 이끈다. 우리는 현실주의 사회소설을 읽음으로써 최악의 위치에 놓인 사람들의 많은 것에 관심을 두고 공감하게 된다(Nussbaum, 1995). 이러한 이유로 누스바움은 문학적 상상력을 우리와 동떨어진 삶을 살아가는 타인의 좋음에 관심을 쏟도록 요청하는 윤리적 태도의 필수 요소로 보았다.

누스바움이 선호하는 윤리적 입장은 아리스토텔레스로부터 비롯된 것이며 동시에 감정을 엄밀하게 구획 지어 인지적 역할을 부여하고자 하는 수정된 칸트주의(Kantianism)와 부합한다. 인간의 존엄을 동등하게 존중하는 윤리학이 상상력을 발휘하여 동떨어진 이들의 삶에 개입할 수 없다면 우리는 진정한 인간존재로서 서로 관계를 맺는 데 실패할 것이고, 이러한 개입과 관련된 감정을 갖는 것도 성공할 수 없다. 이는 스미스의 『도덕 감정론』과도 연계되는데 비록 이러한 감정들이 한계와 위험요소를 가지고 있고 윤리적 추론에 있어, 때로 엄밀하게 제한되어야 함에도, 감정은 정의로운 행동에 대한 강력한 동기를 제공한다(Nussbaum, 박용준 역, 2013). 누스바움은 문학적 상상력을 통해 도출할 수 있는 공감이 공공의 합리적 추론의 기초가 된다고 보았으며 철학적 고찰을 기초로 공감, 연민, 사랑과 같은 긍정적 감정을 고양 및 개발하기 위해 소설과 같은 문학작품 교육이 적극적으로 이루어져야 한다고 주장했다. 이러한 교육적 노력은 전인교육으로 사람늘이 자신이 태어난 문화의 협소함으로부터 진정한 세계시민으로 나아가게 하며 궁극적으로 인간성을 개발하도록 돕는다.

2. 역량 접근법과 공적 감정

1) 인간다운 삶을 위한 역량 접근법

세계시민주의, 사랑, 연민, 공감, 서사적 상상력, 문학적 상상력, 인간성 개발 외에도 누스바움은 역량 접근법을 통해 세계 시민성 교육의 기틀을 마련했다. 그녀는 개인의 역량과 삶의 질을 향상시키는 일이 곧 사회정의를 실현하는 방법임을 부각하였다. 세계 시민성을 위한 역량 접근법은 세계은행에서 유엔개발계획(United Nations Development Programme, UNDP)에 이르기까지 복지를 논하는 국제기구에 큰 영향을 미치고 있다. 1993년 이후, 유엔개발계획(UNDP)의 인간개발보고서(Human Development Reports of United Nations Development Program)는 사람들의 능력, 또는 역량, 그리고 가치 있는 것으로 여겨지는 특정한 것들에 대한 개념을 사용하여 국가들의 삶의 질을 평가했다. 누스바움은 센과 함께 복지와 삶의 질에 대한 국제적인 논쟁에서 역량의 중요성을 옹호하면서 아리스토텔레스의 인간 능력에 대한 개념을 활용해 역량 접근법을 개척했다. 그녀는 10가지 핵심 역량을 제안했는데 역량이란 한 사람이 타고난 능력과 재능인 동시에 정치적, 사회적, 경제적 환경에서 선택하고 행동할 수 있는 기회의 총체를 말한다. 개인의 선택과 자유는 중요하며 사회의 진정한 의미의 발전과 정의는 개개인이 인간다운 삶을 누리고 자신의 역량을 최대한 발휘할 수 있도록 자유를 부여하는 데 있다. 그녀는 인간의 역량 목록을 만드는 작업에 초점을 맞추었고 이를 정당화할 수 있는 방법론을 설명했다. 인간은 자신의 삶을 온전히 인간답게 만드는 데 있어서 그 자체로 가치를 지녀야 한다. 역량 목록은 서로 다른 사회에 의해 어느 정도 다르게 구성되며 구성원들의 지역적 신념과 상황에 따라 더 구체적으로 지정될 수 있다. 역량 목록은 다음과 같다(Nussbaum, 1997).

첫째, 생명이다. 인간의 정상적인 수명을 다하는 것이다. 둘째, 신체 건강이다. 적절한 건강, 영양 공급, 안식처를 갖는 것이다. 셋째, 신체보전이다. 자유로운 이동, 성폭행 및 가정폭력 등 폭력으로부터 안전할 수 있는 것, 성적인 만족과 선택의 기회를 갖는 것이다. 넷째, 감각, 상상력, 사고이다. 감각을 사용할 수 있는 능력, 상상하고 생각하고 이치를 따질 수 있는 능력 그리고 이러한 것들을 인간다운 방식으로 할 수 있는 것, 적절한 교육을 통해 정보를 얻고 배양할 수 있는 것, 배제되지 않는 것, 읽고 쓰는 능력과 기본적인 수학적, 과학적인 훈련, 상상력과 사고를 사용할 수 있는 것, 정치적 예술적 표현의 자유, 즐거운 경험과 이롭지 않은 고통의 배제이다. 다섯째, 정서이다. 세상과 사람들에게 애착을 가질 수 있고 우리를 사랑하고 아껴주는 사람들을 사랑하며 그들의 부재를 슬퍼함이다. 이는 일반적인 사랑, 슬픔, 갈망, 감사, 정당한 분노를 포함한다. 또한 두려움과 불안으로 인해 정서적 발달이 나빠지지 않는 것, 인간 연대의 형태를 지원하는 것을 의미한다. 여섯째, 실천이성이다. 선에 대한 개념을 형성하고 인생 계획에 비판적인 성찰로 참여하며 양심과 종교의 자유에 대한 보호를 필요로 한다. 일곱 번째, 관계이다. 이는 우정과 존중으로 구성된다. (1) 우정은 다른 사람을 위해 살 수 있고 인식할 수 있는 것, 다양한 형태의 사회적 상호작용을 하는 다른 인간에 대한 고려를 나타낸다. 다른 사람의 상황을 상상할 수 있고 그 상황에 대해 동정심을 가질 수 있다. (2) 존중은 다른 사람과 동등한 가치를 지닌 존엄한 존재로 대우받을 수 있는 것으로 인종, 성별, 민족성, 카스트, 종교, 그리고 국가 기원에 기초한 비차별 조항들을 포함한다. 여덟째, 인간 외의 종들이다. 동물, 식물, 그리고 자연의 세계에 대한 걱정과 관계를 맺고 살 수 있는 것이다. 아홉째, 놀이이다. 웃을 수 있고 놀 수 있고 여가 활동을 즐길 수 있다. 열 번째, 자신의 환경 통제이다. 이는 정치적 선택과 재산 소유를 포함한다. (1) 자신의 삶을 지배하는 정치적 선택에 효과적으로 참여할 수 있는 능력으로 정치적 참여권, 언론의 자유 및 연대의 보호권 등이다. (2) 토지를 포함한 재산의 보유이다. 이는 불법적인 수색과 압류로부터의 자유도 포함한다. 이러한 역량의 각 요소들은 개별적 중요성을 갖는 동시에 여러 가지 복잡한 방식으로 서로 관련되어 있다. 예를 들면, 여성의 환경에 대한 통제와 정치적 참여의 효과적인 권리를 증진하는 가장 효과적인 방법의 하나는 여성의 문맹을 감소시키는 것이다.

누스바움은 역량 접근법의 핵심 요소로 복수성과 비환원성, 동물의 역량 포함 등을 들고 있다. 역량 접근법은 사람의 삶의 질을 구성하는 중요한 요소들이 존재하며 그 안에서도 질적 차이를 인정하고 사람과 동물에 공통으로 적용되는 정의와 권리에 관한 이론적 기초이다. 이는 삶의 질을 비교 평가하고 기본적 사회정의에 관한 이론을 세우기 위한 접근법으로 정의할 수 있는데, '인간은 무엇을 할 수 있고 무엇이 될 수 있는가'라고 물으며 사회가 인간의 기본적 품위나 정의를 지켜주는지 비교하고 평가해야 한다고 주장했다. 그녀는 여기서 인간을 목적으로 보면서 총체적 잘살기나 평균적 잘살기가 무엇인지 되묻는다. 선택과 자유, 기회와 실질적 자유 증진 등을 추구하며 차별과 소외 결과인 역량 실패에도 관심을 기울인다. 그녀는 인간의 역량과 삶의 질을 끌어 올리는 것이 정부와 공공정책의 시급한 과제라고 제안했다. 동물역량의 고려 여부는 누스바움과 센과의 차이점이다(Nussbaum, 한상연 역, 2015).

역량 접근법의 목록은 누스바움이 가진 자유민주주의와 인권의 기본 이념을 잘 반영하고 있다. 우리는 이 목록들이 도덕적 관념과 매우 밀접함을 확인할 수 있는데 특히 도덕적 감정과 연계할 수 있는 정서, 존중, 우정 등의 감정 차원이 주목된다. 그녀의 역량 접근법은 국민에게 품위 있는 삶, 번영하는 삶을 제공하기 위해 정부에게 요구되는 10대 핵심 역량의 최저 수준이다. 결과적으로 역량 접근법은 '인간을 목적으로 대우하라'라는 대원칙을 기반으로 각 개인의 역량 창출을 목표로 삼는다. 언제나 모든 사람을 똑같이 존중하고 배려해야 한다고 역설했다.

2) 품위 있는 사회를 위한 정치적 감정: 정의를 위한 사랑

감정에 대한 인지주의 관점에서의 접근을 시도한 누스바움은 '연민'을 핵심 키워드로 활용했다. 그녀는 공포, 두려움, 무력감이 이민자, 소수 인종, 여성들과 같은 외부 집단을 향한 비난, 혐오, 분노, 혹은 타자화로 쉽게 전환된다고 보았으며 정치에서의 희망은 이러한 혐오를 멈추는 것에서 시작된다고 주장했다. 그녀의 입장에서 협력과 인류애를 가능하게 하는 것은 바로 '사랑'이다(Nussbaum, 임현경 역, 2020). 그녀는 감정들을 단순한 충동에 불과한 것이 아닌 가치 평가적 내용을 포함하는 인지 평가를 내포하는 것으로 보았다. 감정은 우리로 하여금 다른 사람과의 관계를 조율하도록 돕기에 감정 없이는 타인과 어떠한 관계도 맺기 어렵다.

밀(John Stuart Mill)과 타고르는 조국에 대한 깊은 사랑을 기르는 풍부한 감정 교육의 중요성을 주장하면서도 비판 정신과 자유를 지지함으로써 균형을 잘 맞춘 사례라고 누스바움은 분석했다. 모든 품위 있는 사회는 공감과 사랑의 정서를 적절히 고양함으로써 사회적 분열과 계층의 분리로부터 사회를 보호해야 한다. 모두를 위한 정의와 평등한 기회를 열망하는 자유주의 사회에서 공적 감정, 정치적 감정의 고취를 위해 그녀는 두 가지 과제를 제시했다 (Nussbaum, 박용준 역, 2013).

첫째, 많은 노력과 희생을 필요로 하는 유의미한 기회에 대해 사람들의 강력한 헌신을 촉구하고 이를 유지하는 것이다. 여기에는 사회적 재분배, 배제되고 소외되었던 이들의 완전한 참여, 환경보호, 해외 원조, 국가 안보 등이 포함된다. 대부분 사람들은 편협한 공감 능력이 있기에 수월하게 자아도취적 기획에 갇히며 자신의 협소한 굴레 밖에 존재하는 이들의 요구는 쉽사리 잊어버리는 경향이 있다. 그렇지만 국가적 차원의 목표를 향한 감정들은 흔히 이러한 사람들로 하여금 좀 더 거시적으로 사유하게 만듦으로써 공동선에 참여하도록 돕는다.

둘째, 나약한 자신을 보호하고자 타인을 폄훼하고 무시하려는 욕망을 억제하는 것이다. 이러한 경향은 모든 사회 안에 궁극적으로 우리 모두 안에 도사리고 있다. 칸트는 이러한 경향을 근본악이라고 불렀다. 혐오나 시기, 타인에게 수치심을 주려는 욕망 등은 모든 사회에 정확히 말하면 모든 인간의 삶 속에 존재한다. 그렇기 때문에 이를 적절히 제어하지 않는다면 커다란 피해가 발생한다. 나아가 사회가 이러한 함정에 빠지는 것을 모면했다 하더라도 타인을 동등하고 존엄한 존재로 볼 수 있는 능력의 육성 교육을 통해 사회 안에 도사리고 있는 이 같은 경향에 적극적으로 대항하는 것이 요구된다. 적절한 감정의 연마는 매우 중요하며 사회의 목표를 달성하는 데 방해가 되는 감정을 통제하는 것 또한 긴요하다.

누스바움의 품위 있는 사회, 세계 시민성교육의 핵심 요소는 인간존중, 인권, 비판적 사고, 세계시민주의로 확장되는 애국심, 문학적 상상력을 통한 확대된 공감, 모두를 향한 연민이며 궁극적으로 이는 인간의 번영, 완전한 인간, 정의로운 사회를 추구한다. 특히 언제나 모든 사람을 똑같이 존중하고 배려해야 한다고 주장하며 적절한 감정의 고양을 매우 소중하게 여겼다.

정서와 이성, 정의와 사랑, 개인과 공동체, 국가 시민과 세계시민, 애국심과 인류애에 대한 통합적 시각, 인간 삶에서의 정서의 역할에 대한 통찰, 인간 안에 내재한 이기심 극복과 타인에 대한 연민 강조, 인간 번영을 위한 구체적 역량의 목록 제시, 사적 감정에서 공적 감정으로 감정 영역의 확장된 시각 제안, 철학과 심리학의 융·복합적 접근, 정서 및 감정에 대한 치밀한 분석, 역량 접근법과 정치적 감정에 기초한 타인을 동등하고 존엄한 존재로 볼 수 있는 능력 함양을 위한 교육의 필요성 역설, 정치적 감정 고양을 위해 문학적 상상력을 통한 구체적 교육 방법 제시 등은 세계 시민성 교육을 위한 주된 목표, 내용 및 교육 방법인 동시에 도덕교육뿐만 아니라 한반도 통일교육 현장에서 추구할 통일 시민성과도 밀접하다. 그것은 그녀가 제안하는 핵심 개념들이 우리의 도덕 및 윤리교육, 도덕과 평화·통일교육에서 강조하는 교육 목적과 일맥상통하기 때문이다. 예를 들면, 타인의 입장을 고려하는 문학적 상상력을 통한 통찰은 도덕적 상상력과 맞닿으며 인간 존엄성에 대한 존중은 도덕과의 핵심 주제 가운데 하나이다.

V. 결론: 비판적 고찰과 세계 시민성을 지향한 통일 시민성 요소

1. Martha Nussbaum의 세계시민주의의 비판적 고찰 및 의의

이성에 토대한 정서적 접근을 시도한 누스바움은 시기심을 방지하고 희망을 건설하는 방법을 논하면서 인류가 앞으로 전진을 하는 데 도움이 될 인간의 권리와 인간의 역량에 대해 제시했다. 평등한 참여, 존중, 상호호혜를 강조하는 철학적 방법들은 우리가 지향해야 할 중요한 지점들의 본보기가 된다. 또한 그녀 자신도 고백하듯이 감정의 본질과 훌륭한 삶을 추구하는 과정에서 감정, 정서의 역할이 무엇인지에 대해 오래도록 연구했다. 플라톤부터 스미스, 롤스와 같은 현대의 사상가들까지 서양 철학의 오랜 전통을 따라 심리학과 정신분석학에도 의지하면서 감정이 정치 사회를 만드는 데 중요한 역할을 한다고 주장했다(Nussbaum, 임현경 역, 2020). 그러나 누스바움의 견해를 보다 비판적 시각에서 면밀히 검토하기 위해 다음과 같은 질문들을 구성할 수 있다.

첫째, 연민이 사회윤리의 토대가 되기 위해서 요청되는 것은 무엇인가. 누스바움은 우리가 타인의 아픔에 공감하는 연민이 생길 때, 다른 사람의 사회적 조건에 대한 관심을 두고 배려할 수 있으며 이를 통해 사회가 변화할 수 있다고 보았다. 그러나 누스바움의 기대와 같이 연민, 공적 감정, 정치적 감정과 같은 관심의 확장이 실제 인간의 삶 속에서 건전하고 견고하게 형성되고 유지되기 위해서는 구체적이고 실질적인 장치가 필요하다. 삶의 현장은 상상보다 복잡하고 때로 스펙터클하기 때문이다.

둘째, 사랑의 영역 확장은 현실적으로 어떻게 구현될 수 있는가. 애국주의를 넘어 세계시민주의를 지향한 교육을 위해서는 구체적으로 학생들이 어떠한 태도, 인식, 자세를 갖추어야 할 것인가에 대한 세심한 가이드 라인이 필요하다. 구체적으로 국가 시민으로서 그리고 세계시민으로서 지녀야 할 자세와 태도, 인식을 위해 상호 상충하는 지점에 대한 철저한 비판적 검토와 논의가 요구된다. 이러한 기반 위에 학생들은 양자 사이에서 균형 있는 자세를 취할 수 있게 될 것이다.

셋째, 인간 개발 중심의 시민교육 모델 적용을 위해 각 문화, 지역, 국가가 갖는 특수성을 얼마만큼 수용하고 고려해야 하는가. 누스바움의 견해는 윤리에 대한 보편주의 접근방식의 한 전형으로 이해될 수 있다. 그런데 이러한 시각은 자칫 서구 중심적이라는 비판에서 자유롭지 못하다. 다원주의적 관점이나 문화 상대주의자들에 대해 설득력 있는 대안을 제공하기 위해서는 상호이해 증진 및 역사적, 문화적 갈등 해소를 위한 보다 구체적인 담론이 요청된다.

넷째, 인간은 교육을 통해 감정의 편향에서 얼마나 자유로워질 수 있는가. 누스바움은 협소한 관심의 원을 확대하고 혐오, 석개심을 벗어나 아량, 연민과 같은 공적 감정을 고양하기 위해 비판적 사고를 개발하고 문제의식을 느끼게 하며 경청과 배려의 능력을 개발할 수 있는 교육방식을 강조했다. 그러나 이러한 노력에도 불구하고, 인간은 여전히 이기적 존재임을 부인할 수 없는 현실을 고려할 때 끊임없이 인간이 편견, 편향의 사슬에서 어느 정도 자유로워질 수 있는가에 대한 냉정한 검토가 필요하다.

다섯째, 역량접근법에서 가정하고 있는 인간 존엄성은 구체적으로 어떠한 개념인가. 인간 존엄성 개념의 의미와 그것이 실제로 수반하는 것이 무엇인지 명확히 제시되지 않는 한 역량접근법에 침투하는 비판적인 담론에서 자유로울 수 없다. 누스바움의 인간 존엄성 개념은 직관적인 개념과 보편타당성에 상당 부분 의존한다. 인간은 모두 출신과 누구인지를 떠나 인간이라는 사실만으로 존엄성을 가진다. 그런데 개인은 추상적인 존재가 아닌 특정 환경과 문화적 맥락에 놓여 있으며 특정 시간에 특정한 삶을 살아간다. 인간 존엄성의 범위를 이해하는 데 있어 시공간과 상황에 대한 명시가 필요하다.

누스바움의 제안들이 이상적이라는 비판 제기가 가능함에도 불구하고, 모두를 위한 연민과 사랑의 함양을 위한 정서교육의 강조는 도덕과 평화·통일교육에서 추구할 통일 시민성의 모습을 가늠하게 한다. 따라서 누스바움의 생각이 갖는 교육적 의의는 다음과 같다. 첫째, 공감 능력의 강조이다. 누스바움은 타고르, 듀이, 루소 등에 의한 인간 개발 교육 모델을 제안하고 이 모델이 민주주의 그리고 국제적 감각을 갖춘 시민 배양에 필수라고 주장했다. 타인과 마음을 같이하는 능력의 부족으로 혐오감, 수치심의 해로운 감정이 생겨날 수 있다고 보았다. 루소는 『에밀』에서 수많은 약자가 처한 상황이라는 렌즈를 통해 세계를 볼 수 있도록 풍요로운 상상력을 함양해야만 한다고 역설했다. 오직 이를 통해서만 타인을 실재하는 동등한 사람으로서 볼 수 있고 인간의 상호 의존성을 이해할 수 있는데 이것은 민주주의와 세계시민 정신에 필요한 것이다. 공감 능력이 부족한 시민들로 가득 찬 민주주의 체제는 어쩔 수 없이 사회적 소외와 낙인의 체제를 양산하고 그 체제의 문제들을 악화하게 한다(Nussbaum, 우석영 역, 2016).

둘째, 인문학 교육을 통한 구체적 정서교육의 방법 제안이다. 민주주의의 위기를 교육의 관점에서 접근하고 있는 누스바움은 여러 저작을 통해 인문학 교육의 중요성을 강조한 바 있다. 연민은 혐오와 맞서 싸우는 일이며 이는 가정과 학교에서 아주 어린 시절부터 시작되어야 한다고 보았다. 예술작품 즉 문학은 인간과 삶에 대해 깊고 올바른 이해에 효과적이고 긍정적인 영향을 준다. 문학적 상상력과 공적인 삶이라는 표현에서 볼 수 있듯이 공적 삶에서 문학의 유용성을 강조한 누스바움은 문학이 인간에 대한 심오한 이해를 전제로 한다고 여겼다. 또한 공적 자산으로서 정치적 감정의 중요성을 언급하며 연민과 공감이라는 인간 이해의 감정이 배제된 사회의 문제점을 제기했다. 바람직한 사회로의 변혁을 위해서는 문학을 통해 타인의 아픔을 함께 느끼는 연민이 생길 때 가능하다. 우리는 이를 통해 다른 사람의 사회적 조건에 대해 관심을 두고 배려할 수 있다.

셋째, 역량 접근법의 제안이다. 역량 접근법은 인권을 이해하는 데도 상당한 의미를 갖는다. 누스바움은 역량 접근법에서 역량과 인간 존엄의 개념과 본질을 규명하고자 했는데 시민의식에 기여하는 역량은 다음과 같이 세 가지 능력에 초점을 두고 정리될 수 있다. (1) 자신의 전통을 비판하고 이성에 대한 상호 존중의 관점에서 논쟁을 하는 소크라테스적 능력, (2) 단지 일부 지역이나 집단이 아니라 전 세계의 시민으로서 생각하는 능력, (3) 서사적 상상력 (Nussbaum, 2002)이다.

역량접근, 정치적 감정, 문학적 상상력, 인간성 교육 등의 핵심 내용을 포함하고 있는 누스바움의 세계시민주의는 인류, 인간 존엄성의 개념을 통해 인간 공동체, 인류공동체 개념에 기초하면서도 동시에 개별 국가, 민족 공동체를 염두에 둔다는 점에서 우리나라 도덕교육, 통일교육과 연결된다. 그것은 통일 미래상이 우리가 서로를 이해하고 공감하는 과정을 통하여 공동의 행복한 미래를 한반도에서 세계로까지 확장하여 열어갈 수 있기를 바라기 때문이다.

2. 평화·통일교육 현장에의 적용 가능성 모색

누스바움은 민주주의 사회에서 시민들에게 필요한 것은 타인들의 모든 측면에 대한 비판적 사고, 차이에 대한 존중과 공감이라고 강조했다. 비판적 사고를 개발하고 문제의식을 느끼게 하며 경청과 배려의 능력을 도야하고 문학적 상상력 교육을 통한 정치적 감정 즉, 연민, 사랑, 공감의 고무를 제안했다. 따라서 누스바움의 견해를 참고하여 다음과 같은 통일 시민성 교육을 위한 기본 방향을 제시할 수 있다.

첫째, 세계시민주의를 배태한 민족 정체성이다. 누스바움도 강조하듯이 통일 시민성을 위해 집단 이기주의, 폐쇄적이고 배타적인 민족주의의 한계를 극복할 수 있어야 한다. 세계시민주의를 염두에 둔 모두를 위한 포용적 민족 정체성은 평화, 공존, 협력을 추구하는 세계 시민성을 내포한 민족 정체성이라 할 수 있다(박형빈, 2020b).

둘째, 서사적 상상력을 활용한 도덕적 상상력의 함양이다. 상상력은 가족과 지역 사랑에 계류되지 않고 멀리 있는 삶의 현실을 진지하게 받아들이게 한다. 상상력과 감정적 이해를 위한 능력은 문학과 다른 예술에 의해 개발될 수 있다. 예술작품은 종종 자신과 다른 문화에 사는 존재의 성취와 고통을 이해하게 하는 효과적인 방법이다(Nussbaum, 2004). 이를 위해 제안한 구체적 교육 방법으로서의 문학 활용은 학생들 특히 연령이 낮은 초등학교 학생들에게 매우 유용한 접근이다. 아이들은 이야기를 통해 극 중 인물의 삶에 깊이 빠져드는 동시에 그/그녀의 입장에서 세상을 보고 경험하는 이익을 얻는다. 학교 도덕과 평화 · 통일교육 현장에서 다양한 삶의 이야기를 담고 있는 서사의 활용은 학생들이 타인에 공감하고 연민을 느끼게 함으로써 누스바움의 표현대로 '공감의 확장'을 경험하도록 도울 것이다. 이러한 점에서 문학적 상상력과 정치적 감정의 활용은 통일 시민성 교육을 위한 효과적인 교육 방법이다. 이를 위해 학생의 학년별, 연령별 특성에 따른 적합한 문학적, 서사적 이야기 선정 및 활용 방법의 구체화를 위한 연구가 절실하다.

셋째, 윤리적인 가치 평가적 접근이다. 누스바움의 역량 접근법은 계발 가능한 여러 역량 중 가치 있는 것이 무엇인지, 공정한 사회가 육성하고 뒷받침하기 위해 노력해야 하는 역량은 무엇인지 묻는다(Nussbaum, 한상연 역, 2015). 통일 시민성 교육은 필히 가치교육의 입장을 견지할 필요가 있다.

그것은 성공적인 통일시대를 맞이하기 위한 준비 작업으로 가장 요청되는 것은 남북한 주민의 통합 즉 사회통합이기 때문이다. 민족 정체성은 자기가 속한 사회 즉 집단에 대한 애착을 갖게 한다는 점에서 남북통일을 위한 바탕이 된다. 그러나 민족 정체성이 우리의 민족문화만을 앞세우는 근원주의자적 시각을 벗어나지 못한다면 한계를 지닐 수밖에 없다. 폐쇄적인 자민족 중심의 민족 정체성은 극복되어 새로운 형태의 정체성으로 발전되어야 한다(박형빈, 2018).

통일의 문제를 한반도의 문제만이 아닌 전 지구적 차원에서 인식하는 것은 한반도의 지속 가능한 발전을 위해 필요하다. 또한 평화 정착과 통일 실현을 위해서 평화 시민과 세계시민의 양성이 요청된다. 통일 시민은 미래에 기여할 수 있는 책임감 있는 세계시민으로 육성될 필요가 있기에 통일 시민 및 세계시민의 자질 양성을 위해 누스바움의 교육적 권고를 참작할 필요가 있다. 결과적으로 도덕과 포용적 통일 시민교육에서 요구되는 통일 시민성을 위한 차원과 요소는 <표 1>과 같이 구성된다. 각각의 차원은 품격 있는 시민, 고귀한 인간성을 지향하는 통일 시민성이라고 설명할 수 있다.

<표 1> 통일 시민성을 위한 차원과 요소

영역	차원	내용
1	감정	확장된 연민, 사랑, 동정심, 공감
	이성	비판적 사고, 숙고, 성찰
2	가치	자유민주주의, 세계 시민성을 향한 민족 정체성, 모두를 향한 인간 존엄성의 존중과 인권
3	개인	인간성 개발, 인간 번영, 완전한 인간
	사회	품위와 품격 있는 사회, 정의로운 사회
4	교육	역량, 민족 정체성을 내포한 세계 시민성교육
요소		확대된 연민, 사랑, 공감, 세계시민주의로 확장되는 애국심, 인간 존엄성 및 인권에 대한 존중, 도덕적 상상, 편향과 고정 관념 극복

(1) 감정 차원에서 확장된 연민, 사랑, 동정심, 공감, (2) 이성 차원에서 비판적 사고, 숙고, 성찰, (3) 가치 차원에서 자유민주주의, 세계 시민성으로 확장되는 민족 정체성, 모두를 향한 인간 존엄성의 존중과 인권, (4) 개인 차원에서 인간성 개발, 인간 번영, 완전한 인간, (5) 사회 차원에서 품위와 품격 있는 사회, 정의로운 사회, (6) 교육 차원에서 역량, 민족 정체성을 내포한 세계 시민성교육이다. 통일 시민성 요소는 확대된 연민, 사랑, 공감, 세계시민주의로 확장되는 애국심, 인간 존엄성 및 인권에 대한 존중, 도덕적 상상, 편향과 고정 관념 극복 등이다. 비록 현실적으로 이익 충돌과 같은 모든 문제가 사랑으로 해결되기를 기대하기 어렵다는 한계에도 불구하고, 모든 인간의 존엄성, 인권, 자유민주주의의 가치에 대한 수용과 정서교육에 대한 누스바움의 강조는 우리가 지향할 통일 시민성의 유용한 밑그림이 된다.

제II부

도덕심리학과 도덕교육

도덕교육에의 뇌신경과학적 접근

그린(J. Greene)의 이중과정 모형과 하이트(J. Haidt)의 사회적 직관에서의 직관과 정서: 도덕철학과 도덕심리학의 관점에서

I. 서 론

'경이감과 경외심으로 새롭게 마음을 가득 채우며 성찰하게 하는 두 가지는 내 위에 별이 총총한 하늘과 내 안에 있는 도덕법칙이다.'

-칸트, 『실천이성비판』

이성과 정서가 도덕판단에서 모두 중요한 역할을 함에도, 도덕심리학의 오랜 합리주의 전통 속에서 이성의 역할이 주로 강조되었으며 정서의 신경 상관관계에 대해서는 2000년대 초반까지 거의 알려지지 않았다. 인지신경과학의 방법을 도덕판단 연구에 적용한 그린(J. D. Greene)과 연구진은 도덕적 딜레마를 사용한 기능적 자기공명영상(fMRI) 연구를 통해 정서의 관여 정도가 도덕판단에 영향을 미치는 것을 발견했다. 이들의 연구결과는 도덕판단의 일부 퍼즐을 해명하는 계기로 작용했다(J. D. Greene et al., 2001: 2105).

도덕판단을 결정하는 이성적 추론과 다른 직관, 정서, 감정의 역할은 사회심리학자들의 주된 관심 주제이다. 심리학 및 신경과학 연구가 활발해지면서 도덕판단은 종종 두 가지 유형의 뇌 과정에 의해 매핑이 된다는 사실이 밝혀졌다. 초기 진화 발달을 반영한 첫 번째 유형은 특정 유형의 사회적 자극에 응답하여 쾌락 상태를 자동으로 변경하는 과정으로 구성되며, 두 번째 유형은 추상적인 추론, 시뮬레이션 및 인지 제어 능력의 기초가 되는, 보다 일반적인 영역의 과정으로 구성된다. 이 직관적 과정과 심의적 과정 또는 자동과정과 추론과정은 목표에 부합하는 결정을 촉진하기 위해 함께 작동하기도 한다. 그러나 특정 유형의 도덕적 딜레마에서는 이 두 시스템 간의 분명한 경쟁이 발생한다. 잘 알려진 예는 인도교 딜레마(footbridge dilemma)이다. 대다수의 사람은 더 많은 사망자를 초래할지라도 한 사람을 미는 것은 잘못이라고 믿었는데 비논리적으로 보이는 이 반응의 이유는 감정적인 직관 시스템과 심의 시스템 간의 경쟁에서 비롯된 것으로 연구자들은 해석했다. 그린의 도덕판단 이중과정 모델은 이처럼 선택에 영향을 미칠 수 있는 또 다른 경로인 맥락적 정서의 민감성을 제안했다(P. Valdesolo & D. DeSteno, 2006: 476).

그린은 자동적이고 수월하며 빠른 직관 과정을 System 1로, 통제되고 힘들고 느린 추론과정을 System 2로 명명했다. 발달심리학의 지배적 관점이며 도덕판단의 합리주의 모델인 피아제(Piaget)와 콜버그(Lawrence Kohlberg)의 도덕적 추론으로서의 도덕판단은

System 2와 연결된다. 반면, 사회심리학자들은 도덕판단 중 일부는 System 1의 산물이라고 보았는데, 하이트(Jonathan Haidt)와 연구진은 합리주의적 모델의 대안으로 사회적 직관주의 모델(Social Intuitionist Model, SIM)을 옹호했다. SIM에 따르면 도덕판단은 무의식 자동 직관적 처리의 결과이며 이후 편향된 직관을 정당화하는 의식적 추론 작업이 수행된다. 직관은 즉각적인 판단으로 빠르고 수월하며 자동적인 정서적 반응으로 어느 정도 자연 선택을 통해 진화한 다윈주의 도덕적 감각의 산물이다. 하지만 이는 개인이 자라는 문화적 맥락, 특히 신념과 관행, 동료 그룹에 의해 영향을 받으며 형성된다. 이를 뒷받침하기 위해 하이트는 특정 판단이 무의식적 요인에 의해 강하게 영향을 받는다는 것을 보여주는 사회심리학의 증거를 제시했다(D. A. Pizarro & P. Bloom, 2003: 193).

본 연구에서는 근래 국내 도덕 교육학계에서 활발히 논의되고 있는 도덕판단에서 직관, 정서의 지위 변화를 도덕철학, 도덕심리학의 역사적 측면에서 확인하고 이것이 도덕교육에 갖는 한계와 의미를 재정립하고자 한다. 특히, 도덕판단에서 정서, 직관의 역할을 신경과학 입장에서 재조명한 그린과 하이트의 견해를 토대로 도덕적 추론을 면밀히 검토하고 이들 사이에 존재하는 차이와 공통점을 추출하여 도덕교육 현장에서 유념할 사항들을 도출하고자 한다. 이를 위해 다음과 같은 연구 문제를 탐구한다. 첫째, 도덕철학과 도덕심리학의 발전을 개괄하여 도덕판단에서 직관, 정서의 지위 변화를 확인한다 둘째, 그린의 이중과정 모형과 하이드의 사회적 직관을 살펴본다. 셋째, 그린과 하이트 이론의 차이점과 공통점을 확인한다. 넷째, 사회적 직관 이론의 한계를 검토하고 도덕판단에서 정서,

직관 담론이 제기하는 도덕교육에서의 유의점을 도출한다.

II. 도덕교육과 도덕심리학

1. 도덕철학과 도덕심리학

1) 도덕심리학의 발전

도덕교육에서 도덕판단에 대한 탐구는 매우 중요하다. 그것은 도덕판단에 대한 이해에 따라 도덕성의 개념, 도덕교육의 목적 그리고 도덕교육 방법론 또한 달라지기 때문이다. 2000년대 초반까지 도덕 발달에 대한 연구는 인지발달 전통의 단계 이론이 지배적이었다. 이 전통에서 도덕판단은 이성적 추론의 작용으로 이해되었으며 도덕적 추론은 과정에 걸쳐 이루어진 연속적인 조정의 결과로 간주되었다. 이러한 조정은 도덕적 인지를 점진적으로 확장하고 정교화 및 구조화하며 특정의 순차적, 조직적 속성을 갖는 단계로 설명된다. 도덕 발달 단계의 가장 대표적 예는 잘 알려진 콜버그 이론으로 실제 심리학사에서 콜버그보다 발달 이론과 교육 실제에 많은 영향을 미친 이론가는 거의 없다. 피아제에 대한 그의 수용, 정의 추론의 발달 기반에 대한 그의 저작 및 교육 혁신은 발달심리학과 교육에 확실한 흔적을 남겼다(D. K. Lapsley & D. Narvaez, 2005: 18-19).

도덕심리학은 오래전부터 추리에 치중해왔지만 이후 증거는 도덕판단이 의도적인 추리보다는 감정, 정서, 직관의 문제임을 나타냈다. 연구들은 기능적 신경해부학의 설명을 제공하며 뇌 영역들이 도덕판단에 중요한 공헌을 함을 드러냈다(J. Greene & J. Haidt, 2002: 517). 2000년대 이후 인지 및 신경생물학 연구는 정서, 감정과 도덕판단 사이의 중요한 관계를 나타냈는데 이 증거를 바탕으로 여러 연구자들은 정서, 감정이 우리의 직관적인 도덕판단의 원천이라고 주장했다(B. Huebner, S. Dwyer, & M. Hauser, 2009: 1).

행동주의의 종말 이후 심리학자들은 일반적으로 규범적 현상, 특히 윤리적 현상에 예리한 관심을 가졌다. 도덕심리학은 도덕성의 심리적 측면에 대한 연구로 이것이 지닌 가장 기본적인 질문은 왜 우리가 도덕적으로 행위 하는가, 왜 우리는 때때로 이에 실패하는가, 어떠한 조건에서 우리 행위에 대해 도덕적으로 책임이 있는가이다(V. Tiberius, 2014: 13). 비록 도덕심리학이 도덕적 삶에 대한 완전한 해명과 처방을 제공하지는 않지만 도덕적으로 통찰력 있고 민감한 삶을 살 수 있도록 도와주는 지혜를 배양할 수 있게 돕는다(M. L. Johnson, 1996: 46). 도덕심리학은 철학자와 심리학자 모두가 추구하는 경험적 탐구와 규범적 탐구의 혼합을 포함하며 차츰 두 분야의 공동 노력의 형태로 진행되었다.

도덕심리학은 상호 작용 과정을 통해 도덕판단이 어떻게 발달하는가에 대한 설명을 제공했는데 국내에도 유명한 이론 중 하나는 SIM이다. 하이트(Jonathan Haidt)는 그의 주요 저서인『바른 마음(The Righteous Mind)』에서 증거기반의 사회적 직관주의 입장을 공고히 했다. 그는 도덕철학, 진화론, 사회학, 인류학, 도덕심리학을 기초로 도덕성에 대한 종합적 설명을 시도했으며 도덕판단과 추론에서 감정, 직관, 사회적 맥락의 역할을 강조했다(E. G. Landeweer, T. A. Abma, & G. A. Widdershoven, 2011: 304). 하이트의 도덕심리학 실험은 도덕 추론이 이전의 도덕적 직관을 재확인하는 역할을 한다는 것을 암시하기 위해 취해졌는데, 그는 일반적으로 도덕적 추론이 단지 이전의 직관을 확인하는 역할을 하며 이러한 의미에서 편향적이고 따라서 도덕적인 문제에 관해 이성은 무력하다고 주장했다(F. Hindriks, 2015: 237-239). 국내 도덕 교육학계에서도 도덕판단에서 직관 및 신경과학에 대한 관심(박장호, 2013; 박형빈, 2013; 이정렬, 2017; 추병완, 2020)은 2000년대 이후 지속적으로 증가하였으며, 국내 연구자들에게 하이트와 그린의 이론은 친근한 주제로 도덕교육 연구자들이 관심을 두고 연구(정창우, 2011; 양해성, 2016)하고 있다.

2) 도덕철학에 대한 도덕심리학의 기여

도덕철학의 근본적으로 구별되는 세 가지 윤리 유형은 (a) 기술 윤리 즉, 시대와 문화에 걸친 도덕적 기준과 관행에 대한 단순한 경험적 조사로 단지 서술적인 것으로서의 윤리, (b) 규범 윤리 즉, 인간의 행동, 의지 그리고 도덕적 평가를 안내하기 위한 규범적인 도덕 원칙을 제시하고자 하는 윤리, (c) 메타 윤리 즉, 다양한 도덕적 개념의 인지적 상태와 의미론적 내용에 대한 개념적 분석의 윤리로 구분되었다. 무어(G. E. Moore)는 선, 권리, 의무 및 규칙과 같은 기본 도덕 개념의 명확화 및 분석과 관련하여 도덕철학을 정의하는 데 많은 노력을 기울였다.

도덕철학은 도덕이 무엇이며 우리에게 필요한 것이 무엇인지에 대한 연구이다. 많은 철학자들은 도덕철학이 도덕심리학에 지대한 관심을 기울일 필요가 없다고 생각했다. 한동안 도덕심리학이 도덕

이론과 대부분 무관하다고 생각하거나, 도덕심리학의 경험적 연구에 의존하지 않고 합리적 자기 성찰만으로도 적절한 심리적 가정을 생성할 수 있다는 생각이 팽배했다. 도덕 이론과 도덕심리학을 분리하는 커다란 만(灣)이 존재한다는 관념은 우리가 어떻게 추론하고 행동해야 하는지 그리고 도덕성의 기본 원칙을 정당화하는 데에만 도덕철학이 관심을 둔다고 생각했다. 그들은 사람들이 실제로 어떻게 동기를 부여 받는지와 같이 사물을 이해하는 방법에 대한 사실을 설명하는 단순한 경험적 학문이라고 자신들이 주장하는 도덕심리학과 도덕철학이 명확하게 대조를 이룬다고 여겼다. 그러나 도덕심리학은 도덕적 추론의 기초가 되는 개념 체계에 대한 경험적 탐구를 포함하는 인간 도덕적 이해의 심리학이라고 부르는 것으로 광범위하게 이해되어야 한다. 도덕적 이해의 심리학은 기본 도덕 개념의 기원, 본질 및 구조와 그러한 개념으로 추론하는 방식에 대한 심오한 통찰을 제공한다(M. L. Johnson, 1996: 45-46).

도덕철학과 도덕심리학은 도덕성 개발의 개념화와 경험적 연구에 오랫동안 참여해 왔다. 이들 사이의 놀라운 화해를 안겨준 대표적인 학자는 콜버그이다. 그의 도덕 발달 이론은 심리학자, 교육자, 철학자로부터 많은 관심을 받았으며 많은 교육 실험에 영감을 주었다. 칸트 윤리학의 철학적 자원은 인지발달 접근을 가능하게 했는데 실제로 콜버그의 도덕 발달은 정의 추론에서 규범적 윤리이론을 필요로 한다. 그는 철학적 형식주의를 받아들여 심리적 패러다임 안에서 도덕신리학을 분리할 수 있었을 뿐만 아니라 인지발달을 분명하게 정의할 수 있었다. 그의 영향력은 널리 퍼졌고 도덕 발달 연구에서 철학적 분석이 심리적 분석에 선행해야 한다는 것이 받아들여지게 했다. 튜리엘(Turiel)이 말했듯이 콜버그는 도덕성의 철학적 고려에서 심리적 설명에 근거할 필요성의 인식을 확장했다(D. K. Lapsley & D. Narvaez, 2005: 22).

도덕교육에 큰 영향을 끼친 또 다른 대표적 이론은 돌봄 또는 배려 이론가들 사이의 논의이다. 콜버그는 1960년대 그의 인지발달 이론을 제시했고 1970년대 후반 그의 접근방식은 도덕심리학에서 지배적인 이론이 되며 도덕교육에 많은 영향을 끼쳤다. 그에 대한 비판적 시각도 있었는데 그 중 잘 알려진 것은 관계 도덕 이론을 지지하는 돌봄 즉, 배려윤리이다. 정의 추론과 배려윤리는 1980년대부터 1990년대까지 도덕심리학에 많은 영향을 주었다. 1990년대 콜버그의 접근방식의 개념적 지배력은 배려윤리의 보다 전체적이고 과학적으로 도덕적 정당성을 확보하고자 하는 도전으로 인해 약화하기 시작했다. 돌봄 이론가들은 정의 존중이나 인지적 정교함의 발달적 특성을 무시하려고 시도한 것이 아니라 돌봄 기반의 도덕적 반응의 철학적, 심리적 측면을 도덕 발달 개념에 보완하고 통합하려고 시도했다. 길리건(Carol Gilligan)의 『다른 목소리로』(*In a different voice*, 1982)는 콜버그의 관점이 인간의 도덕적 숙고와 발전의 충만함을 표현하기에 불충분하다고 지적한 가장 영향력 있는 심리학적 비판으로 평가된다. 한편, 보살핌의 윤리를 여성의 도덕으로 정의하는 개념적 실천은 여성에게 도덕과 여성의 도덕 사이에서 불편한 선택을 남긴다는 주장도 제기되었다. 연구방법 측면에서도 길리건의 연구는 표본 정성 연구에서 모든 여성에 대한 과도한 일반화로 비판을 받기도 했다(S. Sherblom, 2008: 81-83).

정의 윤리와 배려윤리 양측 모두 연구자들에 의해 비판을 받았으

나 이들의 시도는 도덕교육에서 과거 논의의 중심이 되었던 도덕
철학적 관점을 보다 실험적이고 경험적인 도덕심리학의 관점으로
전환하게 하는 계기가 되었다는 점, 양자의 주장이 상호보완으로
작용하여 도덕 발달과 도덕성에 대한 총체적 시각의 접근이 가능하
도록 도왔다는 점, 도덕판단의 이성적 측면과 정서적 측면에 대한
포괄적 관점을 형성하게 하는 견고한 토대를 제공했다는 점 등에서
의미가 있다.

결과적으로 20세기의 대부분 동안 철학과 과학은 서로 다른 방
식으로 진행되었으며 도덕철학에서 소위 자연주의적 오류에 대한
두려움은 도덕 철학자들로 하여금 생물학과 심리학의 발전을 통합
하지 못하게 했다. 그러나 1990년대 이후로 많은 철학자들은 인지
심리학, 뇌 신경과학 및 진화심리학의 발전을 통해 자신의 연구에
정보를 제공했다. 이 공동 작업 경향은 새롭게 떠오르는 학제 간
분야에서 철학자와 심리학자가 혁신적인 공동 작업을 하도록 도왔
다. 특히, 2000년대 이후 도덕판단에 대한 사고의 전환을 가져온
대표적인 실험 중 하나는 그린과 그의 동료들의 실험이다. 그들은
실험에서 얻은 fMRI 및 반응 시간 데이터를 기반으로 일부 유형의
도덕판단 즉, 그가 특징적으로 의무론적 도덕판단이라고 부른 판단
이 주로 정서적 과정에 기초한다고 주장했다(M. Klenk, 2020: 40).

2. 노덕성의 계보

1) 도덕성 연구의 역사적 발전

대부분 도덕 심리학자들은 도덕성의 계보 맨 앞에 피아제를 선택

한다. 피아제는 도덕성의 인지 발달적 접근법을 제시했는데 뒤르켐(David Émile Durkheim), 프로이트와 같이 아이들이 어떻게 규칙에 대한 존중을 발전시키느냐를 핵심 질문으로 상정했다. 피아제는 도덕성 발달을 성인의 권위에 대한 일방적인 존중보다 성숙한 이해의 발전 단계로 보았다. 아이들이 어른들의 감독과는 무관하게 게임을 하기 위해 동료들과 협력하는 데 더 많은 시간을 보내기 시작하면, 아이들은 점차 서로 존중하고 규칙을 준수하게 된다. 그들은 공정성과 상호주의의 이점을 경험하고, 정의의 더 정교한 개념을 발전시킨다. 콜버그는 인지발달의 한 형태로서 도덕적 발전을 개념화하고 측정하기 위한 상세한 계획을 수립함으로써 피아제의 아이디어를 확장했다. 그는 아이들에게 해결해야 할 일련의 도덕적 딜레마의 예인 하인즈의 딜레마를 제시하여 응답 추리를 코드화했다. 최고의 도덕 단계는 추상적이고 보편적인 정의 원리이다(J. Haidt, 2008: 65-67).

콜버그는 20세기 심리학의 두 축인 행동주의와 정신분석학을 넘어선 것으로 평가받는데, 인지 혁명은 이후 변화의 물결에 의해 수정되었다. 프로이트의 모든 작업에서 주된 관심사는 도덕이다. 그의 마음 모델인 의식/무의식, id/ego/super-ego는 어떻게 사람들이 옳은 것을 알 수 있는지 그리고 어떻게 행동하거나 생각할 수 있는지를 그들이 수치심을 느끼게 하는 방법으로 설명하려는 시도였다. 그러나 콜버그는 프로이트를 맹렬히 비판하면서, 아이들의 초기 가정환경을 도덕적인 결과를 포함한 이후의 인격적 결과와 연관시키려는 경험적 시도의 일관적인 실패를 지적했다. 반두라(Albert Bandura)의 경우, 행동 속에서 자신을 느끼고, 믿고, 반영하고, 자제력을 발휘하는 복잡한 자기 규제 시스템으로 모델링 되는 사회인지 이론을 공식화했다. 도덕에 대한 인지발달 접근은 도덕심리학의 주요 흐름이 되었으며 피아제에서 콜버그, 길리건까지 이어지는 흐름은 튜리엘(Tuiel), 누치(Nucci) 등 많은 다른 연구자들이 도덕성과 관련된 인지 구조의 발달을 분석하도록 도왔다. [그림 1]은 하이트의 도덕심리학 역사의 개괄적 시각화이다(J. Haidt, 2008: 67-68). 하이트는 21세기 도덕 심리를 특징짓는 세 가지 원칙을 제안했다. (a) 직관이 먼저이고 전략적 추론은 그다음이다. (b) 도덕에는 해와 공정보다 더 많은 것이 있다. (c) 도덕은 구속과 맹목이다(J. Haidt, 2013: 281).

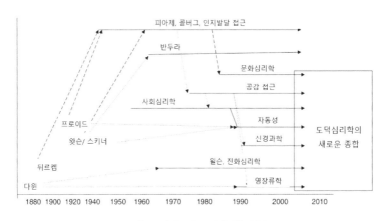

[그림 1] 하이트의 도덕심리학 역사

출처: J. Haidt, 2008: 68.

2) 도덕심리학의 새로운 종합으로서 사회적 직관주의 모델

빠르고 직관적인 사고와 느리고 신중한 사고라는 두 가지 종류의 사고 구분은 고대부터 철학 및 심리학 저술에 널리 존재했다. 인간의 추론과 판단 및 의사 결정과 같은 고등 인지 과정에 대한 이중 과정 이론은 1970년대와 1980년대에 기원을 두고 있으며, 이 주제는 현대 연구자들의 많은 관심을 받았다. 스타노비치(Keith Stanovich)는 이를 특정 이론에 대한 선호를 나타내지 않기 위해 System 1과 System 2라는 일반 용어를 사용하여 두 개의 서로 다른 속성 집합에 레이블을 지정했다. 그 후 이 용어가 정확히 두 가지 형태의 시스템 처리에 기초하고 있음을 시사하는 것처럼 보일 수 있다는 점을 포함해 몇 가지 문제점이 지적되었다. 대표적으로 에반스(Jonathan Evans)와 스타노비치는 System 1 또는 휴리스틱(heuristics) 시스템과 같은 용어 사용은 이것이 단일 시스템임을 암시하기 때문에 잘못된 명칭이라고 주장했다. 이 때문에 스타노비치와 에반스는 이후 이러한 오해를 고려하여 Type 1, Type 2로 명명할 것을 제안했다. 이 용어는 질적으로 구별되는 처리 형태를 나타내며 여러 인지 또는 신경 시스템의 기초가 된다(J. S. B. Evans & K. E. Stanovich, 2013: 224-226).

2000년대 이후 이 두 유형의 사고를 구별하는 특성에 대해서 상당한 합의가 이루어졌다. 자동과정인 System 1의 작동은 신속하고 자동적이며 제어하거나 수정하기가 어려운 반면, 추론과정인 System 2의 운영은 더 느리고 직렬적이며 의도적으로 제어되며 상대적으로 유연하고 잠재적으로 규칙 지배적이다. System 1의 직관 시스템은 지각과 사고의 대상 속성에 대한 인상을 생성한다. System 2의 기능 중 하나는 정신 작용과 행동을 모니터링하는 것이다. 현대의 연구는 인간의 판단 및 의사 결정 대부분이 단순히 의식적인 System 2의 추론 결과가 아니라는 것을 보여주었다. 대체로 그것들은 직관적이고 자동적인 System 1의 작용이다. 또한 이것은 문제에 대한 근본적인 정신 과정의 인식 없이 도출된 대응으로 이해된다. 더욱이 사람들은 종종 그들이 실제로 어떻게 특정한 판단에 도달했는지 설명하는 데 능숙하지 않다. 이는 하이트의 잘 알려진 2001년 논문인 '정서적인 개와 합리적인 꼬리: 도덕판단에 대한 사회 직관주의 접근법(The Emotional Dog and Its Rational Tail: A Social Intuitionist Approach to Moral Judgment)'에 잘 나타나 있다. 그는 이러한 발견들을 도덕판단의 영역으로 확장하였는데 특히, 칸티안(Kantian) 합리주의 전통 안에서 일하는 철학자들과 도덕 심리학자들이 도덕적인 판단에서 System 2의 공식적인 추론의 인과관계를 과대평가했다고 생각했다. 그는 도덕판단이 대체로 직관적일 뿐만 아니라 판단이 내려진 후 방어적인 성격을 가진 사후 추론에 해당한다고 강조했다(A. W. Musschenga, 2008: 131-132).

하이트는 도덕심리학에서 새로운 통합을 설명하려는 자신의 시도를 사회적 직관주의 모델이라 설명했다. 도덕은 보편적이지만 문화적으로 가변적이다. 그는 새로운 합성을 촉진한 핵심 요소가 1960년대와 1970년대의 인지 혁명 이후 증가한 정서에 대한 연구인 1980년대의 정서 혁명이었다고 보았다. 그는 여러 분야의 통찰력, 특히 사회심리학, 신경과학, 진화론을 연결하여 다음(J. Haidt, 2007: 998-1001)과 같은 원칙을 제시했다.

첫째, 전부는 아니지만 직관이 추론보다 우위이다. 아이의 손에 핀을 꽂는 것을 생각하거나, 아이의 아버지를 철썩 때리는 이야기를 들을 때, 우리 대부분은 자동적인 직관 반응을 보인다. 도덕적인 추론은 일반적으로 우리의 초기 직관적 반응을 뒷받침할 증거를 찾는 사후 과정이다. 둘째, 도덕적 사고는 사회적 행위를 위한 것이다. 우리가 도덕적 추론에 관여할 때, 우리는 평판에 집착하는 공동체에서 삶의 적응적 압력에 의해 형성된 비교적 새로운 인지를 사용한다. 셋째, 도덕은 해악과 공정성 이상의 것이다. 도덕심리학의 대부분은 대인관계의 두 가지 측면 중 하나에 초점을 맞추었다. (1) 해악, 보살핌, 이타주의 또는 (2) 공정성, 호혜성 및 정의이다.

Ⅲ. 그린의 이중과정 모형

1. 도덕판단에서 이성과 정서

1) 인지신경과학에서 도덕성과 정서

인지신경과학은 물리적 용어로 마음을 이해하는 것을 목표로 한다. 이러한 철학적 배경에서 도덕판단의 인지신경과학은 특별한 의미를 갖는다. 과거 많은 사람들에게 도덕판단은 육체를 초월한 정신 즉, 이성의 전형적인 작동으로 이해되었다. 그러나 1990년대 이후 신경 영상 연구는 도덕판단의 물리적 이해를 위한 탐험을 시도하게 했다. 도덕판단, 도덕성의 신경과학은 반사회적 행동으로 이어지는 뇌 손상 연구에서 시작되었다. 이러한 연구의 촉발은 1848년 게이지(Phineas Gage)의 사고이다. 그의 손상된 부위 중 하나인 복내측 전전두피질(Ventromedial Prefrontal Cortex, vmPFC) 손상 환자의 의사 결정에 대한 일련의 획기적인 연구들은 1990년대 이후 가속화되었다. 환자들은 건강한 개인의 복잡한 의사 결정을 안내하는 감정이 없기 때문에 잘못된 결정을 내리는 것으로 드러났다. 이러한 초기 연구는 vmPFC가 정서적으로 주도된 도덕적 선택에 중요함을 확인하게 했다. 사이코패스는 심각한 정서적 결함을 보이는데 이 정신병은 병리학 정도의 냉담함, 공감 또는 정서적 깊이 부족, 반사회적 행동에 대한 진정한 후회 부족, 공격 성향을 특징으로 비정상적인 사회화로 이어진다. 정신병적인 개인은 사회적으로 해로운 행동 결과에 부정적인 정서를 부여하지 못하는 것으로 나타났다. 연구자들은 전두엽-선조체 경로(Fronto-striatal Pathway) 및 편도체(Amygdala), 전측두엽(Anterior Temporal Lobe)이 반사회적 행동에 가장 확실하게 기능적으로 연결되어 있음을 발견했다. 대조적으로, 이러한 영역은 이중과정 프레임워크와 일치하며 전두엽 제어 네트워크에 부정적으로 연결되는 경향이 있다(J. D. Greene, 2014: 1013).

도덕판단에서 이성적 추론과 정서 과정이 상호 경쟁적인 역할을 함은 fMRI 데이터와 같은 경험적 증거에 의해 지지 되었다. 관찰을 통해 연구자들은 공리주의적 도덕철학을 둘러싼 논란이 뇌에서 경쟁하는 하위 시스템 사이의 근본적인 긴장을 반영한다고 추측했다(J. D. Greene et al., 2004: 389). 도덕판단에 대한 신경과학적 이해는 실제 도덕적 딜레마에서 인간의 반응에 영향을 미치는 정서 작용에 주목하게 했다.

2) 도덕판단에서 추론과 직관

도덕판단 연구에 영향을 끼친 대표적인 두 기지는 추론과 직관이다. 첫 번째 영향은 1960년대의 인지 혁명으로 피아제의 초기 작업에 이어 콜버그는 아이들이 발달 과정에서 다른 사람의 관점을 취하는 법을 배우면서 도덕판단이 바뀌었다고 주장했다. 콜버그는 롤플레이가 여러 관점에서 문제에 접근하는 능력을 향상시켰고 이는 결국 보다 인지적으로 정교한 도덕판단으로 이어졌다고 생각했다. 도덕적 추론에 대한 콜버그의 견해는 도덕판단에 영향을 미칠 수 있는 정서적 요소에 대해서는 거의 언급하지 않았으며 이 때문에 이에 대해 비판을 받았다. 그러나 인지 혁명은 이후의 변동, 특히 1980년대에 시작된 정서 혁명(affective revolution)과 1990년대에 시작된 자동성 혁명(automaticity revolution)에 의해 진화되었다(J. Haidt, 2013: 281-297). 최근 인간 행동의 자동성은 심리학자들의 관심을 사로잡았고 하이트의 사회적 직관주의 모델과 같은 이론이 탄생했다. 이 모델은 자연 선택으로 형성된 직관에 의해 도덕판단이 손쉽게 이루어짐을 제안했다. 직관은 즉각적이고 부분적으로 감정적 반응에 의해 주도되며 추론보다 합리화에 의해 주로 뒷받침된다. 이처럼 도덕판단 연구에 존재하는 이원론은 도덕판단의 이중 시스템 모델인 그린의 이중과정 모형으로 조정되었다. 그린의 모델은 정서적 참여 정도에 따라 도덕적 딜레마에 대한 접근이 달라지며 도덕판단에서 이성과 감정이 모두 중요한 역할을 함을 드러냈다(B. Gürçay & J. Baron, 2017: 50).

선구적인 신경 영상 연구로 알려진 그린의 신경과학 윤리(Neuroscience of Ethics)는 그의 도덕판단의 이중과정 모델 개발로 이어졌다. 이것이 도덕적 의사 결정에서 이중 시스템 모델 옹호자들이 작성한 그림과는 완전히 다른 작업을 산출한다는 비판에도 불구하고, 그의 연구는 도덕판단에 대한 경험 연구와 신경과학 윤리 개념분석에 영감을 불어 넣도록 추진력을 제공했다(V. Dubljević,

2017: 129). 인지신경과학자들은 도덕판단이 통합된 도덕적 능력에 의해 만들어지기보다 자동 감정 반응과 제어된 인지 과정의 조합에 의해 영향을 받는 것으로 이해한다. 이중과정 프레임워크로 대표되는 이러한 관점은 무엇이 도덕판단에 영향을 미치는 자동 감정 반응을 유발하는가, 사람마다 그리고 상황에 따라 이러한 반응의 다양성을 설명하는 것은 무엇인가 등의 질문에 답하고자 했다. 도덕적 딜레마는 이중과정 프레임워크 연구에서 많이 차용되는데 이것은 도덕적 딜레마에서 경쟁하는 인지 과정을 잘 나타냈다. 철학적 차원에서 도덕적 딜레마는 개인의 권리와 더 큰 이익 사이의 만연한 긴장을 포착하며 인지적 수준에서 도덕의 이중과정 구조를 보여준다(E. Amit, S. Gottlieb, & J. D. Greene, 2014: 340-341).

이성의 추론으로 해석되는 공리주의 입장 또는 보다 광범위하게 결과론적 판단은 영향을 받는 개인의 이익을 극대화하고 비용을 최소화하는 데 목적이 있다. 반면, 권리와 의무가 공리주의적 고려를 능가하는 의무론적 관점은 이와 대조를 이룬다. 이 두 관점 사이의 긴장은 잘 알려진 트롤리 딜레마 가운데 인도교 딜레마에서 잘 포착되었다. 인도교 딜레마에서 폭주하는 5명을 향해 트롤리가 돌진할 때, 한 사람을 인도교에서 트롤리의 경로로 밀어 그를 희생시킴으로써 5명을 구할 수 있다. 원형의 공리주의자는 다른 모든 것이 동일하다면 더 큰 이익이라는 미명하에 이 행동을 수행하는 것을 선호하는 반면, 원형의 의무론자는 이를 권리, 의무 등에 의해서 용인할 수 없는 위반으로 간주할 것이다. 이중과정 이론은 자동적인 감정 반응이 한 사람을 인도교에서 밀어내는 것을 거부하지만 통제된 인지 과정은 이 행동을 승인하도록 만든다고 명시했다(J. D.

Greene et al., 2008: 1144-1146).

2. 이중과정 모형

1) 이중과정 모형: 자동화와 제어

직관적인 처리와 심의적인 처리 간의 상호 작용은 인간의 의사 결정에 중요한 것으로 알려져 있다. 독립적인 모드로서 직관적인 과정은 다양한 형태를 취할 수 있다. 그러나 심의적 과정은 종종 의사 결정의 이론적 합리성 또는 패턴 일치의 개념에 의존한다(J. Hoey, N. J. MacKinnon, & T. Schröder, 2021: 505). 인지과학자들은 사고 및 추론의 기초가 되는 완전히 별개인 두 개의 인지 시스템이 있다고 주장했다. 이중과정 이론 즉, 하나는 빠르고 직관적이며 다른 하나는 느리고 성찰적인 두 가지 사고방식의 존재는 현대 심리학에 잘 알려져 있다(J. S. B. Evans, 2019: 383). 이 두 과정은 무의식 처리 과정인 System 1, 즉 Type 1과 의식 처리 과정인 System 2, 즉 Type 2이다.

추론의 이중과정 설명에 대한 현대적인 관심은 판단 및 의사 결정과 같은 관련 분야에 대한 폭넓은 적용과 추론에 대한 신경 심리학 연구 발전에 의해 입증되었다. System 1은 일반적으로 인간과 동물 사이에 공유되는 보편적 인식의 한 형태로 설명된다. 실제로는 단일 시스템이 아닌 일부 자율성으로 작동하는 일련의 하위 시스템이다. System 1은 본질적으로 프로그래밍 된 본능적 행동을 포함하며 특정 행동을 제어하는 캡슐화의 타고난 입력 모듈을 포함한다. 이중과정 이론가들은 일반적으로 System 1 과정이 본질적으로 재빠르고 병렬적이며 자동적이라는 데 동의한다. System 2는 인간에게 유일하게 진화한 것으로 이론가들은 생각한다. System 2 사고는 본질적으로 느리고 순차적이며 기억 심리학에서 매우 집중적으로 연구한 중앙 작업 기억 시스템을 사용한다. 제한된 용량과 느린 작동 속도에도 불구하고 System 2는 System 1이 달성할 수 없는 추상적인 가설적 사고를 허용한다. 인간은 과거의 경험을 바탕으로 행동을 결정하고 일을 수행할 수 있다. 직관적인 결정에는 반성이 거의 필요하지 않다. 그러나 한편, 인간은 미래 가능성에 대한 시뮬레이션을 구성하여 결정을 내릴 수도 있는데 이 System 2가 제공하는 독특한 과정은 매우 중요하다. 예를 들면, 우리는 핵전쟁이나 통제되지 않은 지구온난화의 영향과 같은 미래 재난을 피하는 방법을 경험으로 배울 수 없다(J. S. B. Evans, 2003: 454).

이처럼 이중과정 이론은 자동으로 작동하는지 제어된 방식으로 작용하는지에 따라 정신 과정의 영역을 두 가지 일반적인 범주로 나눈다. 사회적 인식에서 자동과정은 일반적으로 다음과 같은 네 가지 작동 조건으로 특징 지워진다. (1) 의도하지 않게 유도된다. (2) 이는 적은 양의 인지 자원을 필요로 한다. (3) 자발적으로 중지할 수 없다. (4) 의식적 인식 밖에서 발생한다. 반대로, 제어 과정은 (1) 의도적으로 시작된 과정으로 특성화된다. (2) 상당한 양의 인지 자원이 필요하다. (3) 자발적으로 중지될 수 있다. (4) 의식적인 인식 내에서 작동한다. 만약 어떤 사고과정이 자동화의 4가지 기준 중 저어도 하나를 충족하면 자동과정으로 특성화될 수 있다(B. Gawronski & L. A. Creighton, 2013: 282-283).

그런데 인지 및 사회심리학에서 인기 있는 이중과정 이론에 대해 논란도 존재한다. 비평가들은 이론이 일관성이 없거나 증거에 의해 뒷받침되지 않거나 더 간결한 단일 과정 접근방식으로 설명될 수 있다고 제안했다. 이것에 대응하여 이중과정 이론가들은 비평가들이 이론을 오해하거나 잘못 표현했으며 일부를 고려하지 않았다고 주장했다. 에반스와 스타노비치가 제공한 정의에서 자율이라는 광범위한 레이블에 포함된 Type 1 과정은 작업 기억의 자원이나 작동에 대한 통제된 주의를 필요로 하지 않는다. Type 2 추론의 지정된 목적은 직관적인 반응을 합리화하는 것으로 이해된다. 제안 A (합리화 기능) Type 2 과정은 직관을 지원하거나 합리화할 이유와 정당화를 찾는다. 제안 B(결정 기능) Type 2 과정은 결론을 도출하거나 결정을 내리기 위해 추론을 사용한다(J. S. B. Evans, 2019: 384-386).

이중과정 모델은 사람들의 생각, 감정 및 행동의 반영적이고 충동적인 결정 요인에 대한 인상적인 양의 경험적 증거를 체계화하기 위한 이론적 프레임워크로 다양한 심리적 영역에서 지난 수십 년 동안 활용되었다. 이중과정 모델은 공통의 초점을 공유하지만 특정 측면, 가정 및 용어와 관련하여 때로는 상당히 다르다. 대표적인 예는 과정 이름을 지정하는 방법이다. 예를 들면, 우리가 충동이라고 부르는 것은 연상, 자동, 암시적, 알지 못함, 무의식적, 재귀적, 조작적 및 System I 이라고도 한다. 이러한 각 용어는 의미, 미묘한 가정과 관련하여 서로 구별할 수 있으며 옹호하거나 비판할 수 있다. 때로는 암시적 대 명시적, 간접 대 직접이라는 용어가 사용된다. 충동적임은 인식하지 못함으로, 의도적임은 반성적임이라는 용어가 사용되기도 한다(M. Perugini, B. Hagemeyer, C. Wrzus, &

M. D. Back, 2021: 551-554). 또한 빠르고 직관적인 과정에 의해 안내되든지 또는 시간이 오래 걸리고 명시적인 추론에 의해 유도되든지 모든 노력에서 오류 가능성을 배제할 수 없다(V. Dubljević, 2017: 129).

2) 그린의 이중과정 이론(Dual-Process Theory)의 뇌 신경과학 기초

그린의 도덕판단 이중과정 이론에 따르면, 의무론적 판단 즉, 다른 사람들을 구하기 위해 한 사람을 죽이는 것에 대한 비승인은 자동 정서적 반응에 의해 구동되는 반면, 실용적인 판단 즉, 다른 사람을 구하기 위해 한 사람을 죽이는 것을 승인하는 것은 통제되는 인지 과정에 의해 주도된다. 트롤리 딜레마[11]에서 스위치 딜레마와 인도교 딜레마의 대응 반응은 각기 달랐다. 그린은 이를 인격적 딜레마와 비인격적 딜레마로 구분했다(J. D. Greene, 2009: 581). 그린과 동료들이 제안한 이중과정 모델은 우리의 뇌가 도덕적 직관을 유도하는 여러 시스템을 포함하고 있다고 보았다. 하나는 이성에, 다른 하나는 감정적인 과정에 전념한다. 합리적 심의의 기반이 되는 시스템은 느리고, 수고스럽고, 통제되는 한편, 감정적 시스템은 대부분 무의식적인 자동 직관 과정으로 구성된다. 그린과 동료들은 인도교 딜레마가 더 개인적이며 따라서 의무론과 일치하는 부정적인 감정 반응을 유발하는 반면, 스위치 딜레마 같은 방관자 버전은 더 비인격적이며 따라서 피해를 당한 생명에 대한 결과주의 평가로

---

11) 트롤리 딜레마의 기본 시나리오는 트랙에서 5명을 사망에 이르게 위협하는 폭주 트롤리를 설명한다. 많은 사람들이 기차를 한 사람만 죽을 수 있는 측면 트랙(방관자 버전)으로 전환하는 스위치를 돌리는 것을 허용하는 반면, 인도교 딜레마와 같이 일반적으로 기차를 멈추기 위해 한 사람을 트랙에 밀어 넣는 것은 허용하지 않는 것으로 간주한다.

이어진다고 주장했다.

따라서 이 이론은 두 개의 분리된 시스템이 두뇌에 존재한다는 것으로 하나는 영향을 기반(Triggering Affect-based)으로 하는 것이고 다른 하나는 이성적인 결과주의 반응이다. 도덕적 딜레마의 본질에 따라 어떤 시스템이 우세할지 결정된다. 그린은 실제로 내측 전두피질(Medial Prefrontal Cortex, mPFC)과 같은 감정과 관련된 뇌 영역이 개인 딜레마에 더 활동적인 반면에 작업 기억 및 추상 추론과 같은 통제된 인지 과정과 관련된 뇌 영역은 비인격적 딜레마에서 더 활동적임을 보여주었다. 후속 연구에서 그린과 동료들은 어려운 딜레마를 제시했는데 예를 들면, 우는 아기 딜레마[12]이다. 그린과 동료들은 이 경우 양립할 수 없는 반응이 활성화될 때 관여하는 전측 대상 피질(ACC)이 발화된다는 것을 보여주었다. 또한, 이중과정 이론과 일치하여 배외측 전전두피질(Dorsolateral Prefrontal Cortex, dlPFC)은 결과주의 반응 즉, 아기를 죽이는 것에 활성화되었다. 도덕판단에서 감정의 지위는 vmPFC 병변 환자를 대상으로 한 연구에서도 나타났다. 이 환자들은 정서에 기초한 반응이 무뚝뚝하였고 딜레마에서 결과주의적 응답을 하는 경향을 보였다(M. R. Waldmann, J. Nagel, & A. Wiegmann, 2012: 370).

도덕적 딜레마를 사용한 vmPFC의 감정 관련 손상 환자 테스트에서 환자들은 비정상적으로 실용적인 판단을 내렸다. 즉, 더 큰 선을 촉진하는 해로운 행동을 지지했다. 그린과 연구진은 이 결과의 예측을 지지하는 도덕판단의 이중과정 이론을 제안했다. 예를 들면,

---

12) 우는 아기 딜레마는 우는 아기의 아버지가 아이를 질식시켜 죽이면 적으로부터 다른 아이들만 구할 수 있지만, 만약 그렇게 행동하지 않으면 우는 아이를 포함한 모든 아이들이 죽는 상황이다.

사람들은 보통 5명을 치명적으로 위협하는 폭주하는 트롤리를 곁길로 돌리는 것은 승인했지만 누군가를 트롤리 앞에 밀어 넣는 것은 승인하지 않았다. 이 경우 밀린 사람은 희생되지만 나머지 5명은 구할 수 있다. 누군가를 트롤리 앞으로 밀어 넣는 생각은 mPFC에 의해 부분적으로 지원되는 부정적인 감정 반응을 끌어내고 도덕적 비승인을 유도한다. 사람들은 또한 공리적 도덕적 추론에 참여하는데 이는 dlPFC에 의해 뒷받침될 가능성이 높다. 강한 정서적 반응이 없을 때 공리주의적 추론이 우세하다. 그러나 때로는 감정과 공리주의적 추론의 충돌이 발생한다. 이 갈등은 ACC에 의해 감지되며, 이는 인지 제어의 필요성을 신호하고 이 경우 전방 dlPFC에 의해 구현된다. 정서적 반응을 무시하려면 추가적인 인지 제어가 필요하므로 사람들이 공리주의적 도덕판단을 어렵게 할 때 해당 영역에서 활동이 증가한다(J. D. Greene, 2007: 322).

Ⅳ. 하이트의 사회적 직관

1. 도덕적 모듈

1) 하이트의 사고실험(Thought Experiments)

인지의 이중과정 모델에서 인간의 판단과 의사 결정의 심리적 토대 이해가 인기를 얻고 있다. 이중과정 모델 지지자들은 판단과 행동이 적어도 네 가지 중요한 측면에서 서로 다른 두 가지 정신 하위 시스템 즉, 종종 System 1 및 System 2라고 하는 것을 기반으로 하며 완전히 다른 원칙에 따라 작동한다고 주장한다. System 1

과정은 진화론적으로 오래되고 속도가 빠르고 쉽게 작동하며 작업은 무의식적으로 남아있으며 종종 정서적인 정보를 처리한다. System 2는 통제되고 수고로우며 의식적이며 분석적인 단계별 추론 특성을 갖는다. 도덕판단과 추론에 대한 하이트의 사회적 직관주의(Social Intuitionist, SI) 모델은 두 가지 유형의 증거에 기초한다. (1) 직관이 우선이다. 하이트는 사람들이 일반적으로 명시적인 추론에 참여하기보다 더 빨리 도덕판단에 도달한다는 사실을 강조했다. 이 점에서 오히려 도덕판단 형성 과정은 지각과 훨씬 더 비슷하다. 사람들은 단순히 특정 행동이 도덕적으로 잘못되었는지 여부를 직감에 따라 판단한다. 승인과 비승인의 과정에 종종 감정의 빠른 섬광이 동반된다. (2) 도덕적 말 막힘(Moral Dumbfounding) 이다. 사람들이 도덕적 추론에 관여한다는 것은 논란의 여지가 없는 사실이다. 그러나 SIM은 이러한 의식적 심의의 인과적 효과에 의문을 제기했다. 강한 도덕적 직관을 유발하면서도 사람들은 적절한 이유를 찾을 수 없었으며 이때도 그들의 도덕적 신념을 중단하거나 바꾸지 않았다. 오히려 그들은 도덕적 직관에 대한 합당한 이유를 설명할 수 없는 도덕적 말 막힘 상태에 들어갔다(H. Sauer, 2012: 257). SIM은 직관적인 도덕판단과 윤리적 의사 결정의 기초가 되는 정서적 영향을 수용한다. 그가 제시한 감정의 개(도덕적 직관)와 합리적 꼬리(도덕적 추론)의 은유는 이 두 과정을 명료하게 시각화했다. 감정과 직관은 직관적인 도덕판단을 형성하는 데 선험적인 역할을 하며 사후 도덕적 추론에 선행한다(L. Zollo, 2021: 295-313).

하이트는 일련의 사고실험을 통해 도덕적 직관의 역할을 확인할 수 있었는데 그의 모델의 대표적인 질문 중 하나는 줄리(Julie)와 마크(Mark)의 사례[13]이다. 문제의 해결에도 불구하고, 대부분은 줄리와 마크가 사랑을 나누는 것이 잘못되었다고 계속 믿었다. 사람들은 자신의 반응을 설득력 있게 지지할 수 없는 경우에도 애초의 도덕적 반응을 고수했다. 하이트는 이를 뒷받침하기 위해 시체의 살 먹기, 죽은 반려견 먹기, 국기로 화장실 청소하기, 죽은 닭으로 자위한 후 먹기 등의 실험 결과를 제시했다(J. Haidt, 2012: 2-5).

SIM은 흄(D. Hume)의 '이성은 정념의 노예(Reason is the slave of the Passion)'라는 기본 가정에 기초한다. 하이트는 자신의 주요 논지를 뒷받침하기 위해 다른 사회 심리 실험의 결과와 신경과학, 인류학, 영장류학 등의 증거를 제공했는데 그의 주요 논문은 '직관이 먼저이고 전략적 추론은 그다음이다(Intuitions come first, strategic reasoning second)'라는 슬로건으로 구성된다. 사람들의 다양한 직관을 설명하기 위해 그는 서로 다른 사례에 반응할 때 갖게 될 직관의 종류를 결정하는 5가지 모듈을 설정했다(J. Haidt, 2001: 819-825). 또한 그는 도덕적 추론은 변호사와 같다고 설명했는데 그것은 다른 출처, 즉 도덕적 직관에 의해 독립적으로 할당된 입장을 뒷받침할 증거를 찾는다. 직관을 생성하는 심리적 과정은 의도하지 않고 자동으로 실행되고 인식에 접근할 수 없으며 주의력

---

13) 줄리와 마크는 오누이로 그들은 함께 대학 여름 방학을 이용해 프랑스를 여행하고 있었다. 어느 날 밤 그들은 머물고 있던 해변 근처의 오두막에서 단둘이 있게 되었다. 그때 그들은 그들이 사랑을 나눈다면 그들 각자에게 새로운 경험이 될 것으로 생각했다, 마크는 안전을 위해 콘돔도 사용했다. 둘은 사랑을 나누는 것이 좋았지만 다시는 그러한 행위를 하지 않기로 결정하고 이를 비밀로 하기로 했다. 이들의 사랑에 대해 어떻게 생각하는가. 이에 대해 미국 학부생의 약 80%인 높은 비율이 줄리와 마크가 사랑을 나누는 것이 잘못이라고 응답했다. 그런데 이유를 물으면 일반적으로 여러 가지 방법의 하나로 응답했다. 어떤 이들은 그것이 그들의 관계에 부정적인 영향을 미칠 것이라고 말하기도 하고 줄리가 선천적 결함이 있는 아이를 임신할 위험이 있다고 말하기도 했다(J. Haidt, 2012: 2-5).

을 요구하지 않는다. 대조적으로, 도덕적 추론의 기초가 되는 과정은 의도적이며, 우리가 통제하고 의식적으로 접근할 수 있으며, 주의의 자원을 요구한다(P. Murphy, 2014: 413-428).

2) 사회 직관주의 모델(Social Intuitionist Model, SIM)

콜버그의 인지 도덕 발달 이론은 지난 50여 년 동안 도덕 연구를 지배해 왔다. 도덕적 추론에 초점을 맞춘 이 이론은 혼합된 결과를 가져 왔는데 도덕적, 윤리적 의사 결정의 모든 차원이 포착되지는 않았으며 도덕적 추론에서 직관으로의 패러다임 전환을 이끌었다. 빠르고 직관적인 도덕판단으로의 이해라는 접근방식을 제안한 것이 하이트의 SIM이다(M. L. Andersen & B. K. Klamm, 2018: 35).

하이트와 그의 동료는 도덕심리학의 가장 큰 두 가지 질문으로 첫째, 도덕적 신념과 동기는 어디에서 오는가. 둘째, 도덕판단은 어떻게 작동하는가를 제시하며 다음과 같은 답을 주장했다. (1) 도덕적 신념과 동기는 진화가 인간의 마음을 발전시킬 수 있도록 준비한 작은 직관에서 비롯된다. (2) 도덕판단은 느리고 의식적인 도덕적 추론을 일으키는 신속하고 자동적인 직관의 산물이다. 그들의 접근방식에서 도덕판단은 개인적인 인지 행위가 아닌 사회적 과정으로 이해된다(J. Haidt & F. Bjorklund, 2008: 182).

SIM은 다음과 같은 이유로 비판을 받기도 했다. (1) 개인의 도덕적 변화에 대한 설명은 그 변화의 중요한 시간적 및 발달적 요소를 무시한다. (2) 도덕적 변화가 주로 비합리적이라는 가설은 동일한 개인 내에서 내부적이지만 상충하는 도덕적 직관의 합리적 해결뿐만 아니라 그러한 변화를 유발하는 많은 합리적 설득 사례를 무시한다. (3) 특정 도덕적 태도와 성향의 보편성이 그러한 태도와 성향에 대한 유전적 토대를 낳았다는 견해에 대한 증거를 제시하지 않는다. (4) 도덕적 반응의 유전적 기반으로 도덕적 모듈을 가정할 때, 그것은 도덕적으로 특징 지워질 수 있는 인간 반응과 사회적이지만 비도덕적인 반응을 구별하지 못한다 등이다(T. Kasachkoff & H. D. Saltzstein, 2008: 287). 이러한 비판점들은 도덕교육에서 SIM 적용의 적절성 탐구, 시사점 도출, 의미 탐색에 반드시 고려될 필요가 있다.

2. 도덕 기반이론(Moral Foundations Theory)

1) 도덕적 다원주의

도덕성은 인간존재에 스며들어 사적, 공적으로 경중과 상관없이 다양한 선택과 평가에서 역할을 한다. 도덕판단에서 감정의 역할, 징벌적 행동과 협동적 행동의 신경 기반, 진화적 뿌리를 포함해 도덕성에 대한 과학적 연구가 진행되었다(C. L. Suhler & P. Churchland, 2011: 2103-2104). 도덕성은 어디에서 오는가. 왜 도덕판단은 문화 전반에 걸쳐 매우 유사하지만 때로는 매우 가변적인가. 도덕성은 하나인가 아니면 다양한 것인가. 하이트와 동료들은 이러한 질문에 답하기 위해 도덕 기반이론(Moral Foundations Theory, MFT)의 기초를 확립했다. 노덕 영역의 쪽을 이해하고 설명하기 위해 필요한 환원할 수 없는 기본 요소들을 제안했는데 이 점은 기존 도덕 영역에서 다음과 같은 일원론적 시각과 구별된다.

예를 들면, 콜버그가 주장했듯이 이것은 일반적으로 정의 또는 공정성으로 식별되었다. 덕은 궁극적으로 하나이고 많지 않으며 기후나 문화와 관계없이 항상 동일한 이상적인 형태로 이해되기도 했다. 이 이상적인 형태의 이름은 정의이다. 도덕성의 기반이 되는 또 다른 일반적인 후보는 해에 대한 민감성 또는 인간복지 및 행복과 관련된 개념이다. 일원론자들은 일반적으로 도덕성이 그들이 제안하는 기본 가치 또는 미덕을 구현하기 위한 근본적인 심리적 구조에서 파생된다는 것을 보여주려고 했다(J. Graham, et al., 2013: 56).

하이트의 MFT는 도덕성에 관한 문화인류학적(문화 심리학적) 접근, 진화심리학, 사회심리학 연구에서 나타난 자동화 혁명의 최근 진행되는 도덕성 연구 흐름을 토대로 제시되었다(이정렬, 2020: 206-207). 그의 도덕 기반이론 또는 도덕성 기반이론은 심리적, 발달적, 진화적 관점을 통합한 도덕성에 대한 영향력 있는 과학적 설명으로 평가받는다. 이 이론은 도덕성이 5개(후에 1가지가 추가되어 6가지가 제시됨)의 타고난 기초위에 세워졌고 각각은 인간 진화 과정에서 선택되었으며 이후에는 발달 과정에서 학습을 통해 조정되었다고 제안했다. MFT는 도덕판단의 다양성과 보편성을 설명하기 위해 고안되었는데 도덕성에 대한 네 가지 핵심 주장을 포함한다. 첫째, 도덕적 마음의 초안이 있는 것으로 마음이 빈 서판이 아니라는 견해[14]이다. 둘째, 도덕적 사고의 초안은 문화 내에서 발전

---

14) 진화 과정은 첫 번째 마음의 초안을 만들고 경험에 의해 편집된다. 예를 들면, 이전에 뱀(플라스틱 뱀 포함)에 대한 두려움을 보여주지 않았던 어린 붉은 털 원숭이는 플라스틱 뱀에 대해 두려운 반응을 보이는 다른 원숭이의 비디오를 보았다. 어린 히말라야 원숭이는 뱀을 두려워하는 원숭이에게 노출되어 뱀을 두려워하는 것을 배웠다. 그러나 이 원숭이들은 꽃처럼 두려움에 연결되지 않을 수 있는 다른 자극을 두려워하는 법을 배우지 않았다. 이러한 발견은 원

하는 동안 편집된다.[15] 셋째, 직관이 우선한다. MFT는 SIM을 기반으로 하는 직관주의 이론[16]이다. 넷째, 도덕성에는 많은 심리적 기초가 있다. MFT는 진화 역사 전반에 걸쳐 수많은 적응형 사회적 도전이 있었기 때문에 그러한 도전에 대응하여 등장한 다양한 도덕적 토대가 있다고 가정하는 다원주의 이론이다. 대부분의 연구는 6가지 도덕 기반[17]에 집중되어 있다(J. Graham, et al., 2018:

승이가 다른 것이 아닌 어떤 것을 배우는 경향이 있음을 시사한다. 마찬가지로 사람들은 도덕적 가치관을 배우는 경향이 있다. 예를 들면, 어린 아이들은 공정한 교류를 통해 즐거움을 얻는다. 불공정한 교류에 대한 불만은 잠재적으로 사회 집단 내에서 개인 간의 보다 효과적인 상호 작용을 촉진하기 때문이다. 따라서 MFT는 자연주의 이론으로 진화론적 압력에 반응하여 발전하고 경험 이전에 조직된 도덕적 마음의 초안이다(J. Graham, et al., 2018: 211-213).

15) MFT는 또한 도덕적 마음의 보편적인 초안이 문화적으로 특정됨을 설명하는 문화 이론이다. 예를 들면, 힌두교 문화는 권위에 대한 존중을 강조한다. 서로 다른 문화에서의 다른 사회적 관행은 도덕적 가치의 문화적 차이를 설명하는데 도움이 된다(J. Graham, et al., 2018: 211-213).

16) 다른 유형의 평가와 마찬가지로 도덕판단은 빠르게 발생한다. 종종 행동을 보거나 사건의 사실을 배우는데 1초도 걸리지 않는다. 이러한 판단은 연관성 있고 자동적이며 상대적으로 수월하고 신속하며 휴리스틱 처리에 의존한다. 많은 연구자들이 'System 1' 사고라고 부르는 과정에 의해 발생한다. SIM은 사람들이 사회적 상호 작용 중에 도덕판단을 할 때 발생하는 System 1 및 System 2 과정을 설명한다. SIM에서 자동, System 1 과정은 일반적으로 먼저 발생하며, 사람이 다른 사람과 공유할 수 있는 정당성을 확립해야 할 때 System 2 사고를 유도한다(J. Graham, et al., 2018: 211-213).

17) (1) 배려와 피해이다. 포유류는 보호자에게 의존하는 비정상적으로 긴 성장 기간을 가지고 있다. 따라서 자녀의 필요와 고통에 더 민감했던 보호자는 자녀가 성인이 될 때까지 생존할 가능성이 더 높았다. 이 민감성은 우리 자녀를 넘어 일반화된다. 다른 사람의 자녀를 돌보고 보호하려는 우리의 충동을 활성화하는 동물 아기 사진을 볼 때 활성화될 수 있으며 때로는 해를 가한 사람에 대한 분노와 연결된다. (2) 공평성과 부정이다. 모든 사회적 동물은 서로 상호작용한다. 공정성은 인간 문화 전반에 걸쳐 발견될 수 있으며, 5세 이전 및 1세 이전에 출현할 수 있다. 사람들은 다른 사람의 행동과 평판을 모니터링한다. 부정행위와 관련된 사람들은 미래 상호 작용의 파트너로서 덜 매력적이다. (3) 충성심과 배신이다. 자원은 유한하며 연합은 이러한 자원을 놓고 경쟁한다. 다윈은 도덕의 기원에 대해 질문하면서 가장 응집력 있는 연합은 덜 응집력 있는 경쟁 연합보다 우세한 경향이 있다고 지적했다. 이것이 생성한 직관은 오늘날 충성심, 정치적 당파성, 스포츠 팬덤으로 일반화된다. 사람들이 불충실한 징후를 보이면 반역자로 분류되고 그룹에서 배신당하거나 심지어 사형에 처해질 수 있다. 사람들이 충성스러운 그룹 구성원일 때 그들은 덕이 있다고 칭찬한다. (4) 권위와 전복이다. 영장류는 계층 구조에서 생명을 유지하기 위해 진화했다. 권위가 존중되고 합법적인 것으로 간주되는 명확한 권한 라인을 가진 그룹 및 회사는 일반적으로 리더가 없거나 규범 없는 그룹이나 독재적이고 지배적인 리더십을 가진 그룹보다 더 잘 기능한다. 권위나 전통을 존중하지 않는 사람들은 종종 배척당하거나 불복종으로 처벌받는다. (5) 고귀함과 추함이다. 병원체와 기생충은 생존을 위협하며 이러한 오염 물질과의 접촉을 피하는 유기체는 대응하는 것보다 생존할 가능성이 더 높다. 독특한 인간의 혐오감은 사회적이다. 오염 문제는 다른 사람 즉, 이민자에 대한 두려움과

211-213). 이는 배려/피해, 공평성/부정, 충성심/배신, 권위/전복, 고귀함/추함(J. Haidt, 2001: 819-825)이며 이후 다른 연구자에 의해 자유/억압이 추가되었다.

하이트의 도덕 기반이론에 심각한 결함이 있다는 주장도 제기되었는데 내용은 다음과 같다. 첫째, 하이트의 설명에서 타고난 모듈성이 제시되지만, 용어 및 개념이 혼란과 모호성을 조장한다. 둘째, 이론이 제안한 도덕적 기초의 수와 도덕적 영역의 분류가 인위적이며 집단 간 차이의 가능성이 무시되었다. 셋째, 이론에 의해 제안된 메커니즘 즉, 모듈과 범주적 구별은 뇌의 조직, 기능 및 발달에 관한 신경과학의 발견과 일치하지 않는다. 이는 하이트의 이론이 도덕성에 대한 과학적 설명으로서 부적절하다는 평가를 받게 했다(C. L. Suhler & P. Churchland, 2011: 2103). 그런데도, 하이트의 이론은 도덕 이론을 발전시키려는 심리학자, 신경과학자 및 철학자뿐만 아니라 타고난 모듈성 같은 개념을 보다 일반적으로 사용하려는 연구자에게 유용하다.

2) 도덕교육에서 직관

도덕교육/윤리교육은 규범적 중요성을 특징으로 한다. 전통적으로 윤리에 대한 사회과학 연구는 일반적으로 윤리적 의사 결정과 행동을 심의적이고 의도적인 합리적 과정으로 취급한 많은 철학적 선구자들을 따랐다.[18] 그러나 기존의 계정과 달리 빠르게 성장하는

그룹의 신성한 관습에 따라 살지 않는 사람들에 대한 거부를 포함하여 사회적 관행으로 일반화될 수 있음을 보여준다. (6) 자유와 억압이다(J. Graham, et al., 2018: 211-215).

18) 콜버그와 같은 심의 모델 즉 도덕 추론 관점에서는 도덕적 사고와 행동은 추론되고 어떤 식으로든 논리적이고 규칙에 따라 다르며 의식적이다. 도덕적 행동은 특정 상황과 선택에 대한 규칙 안내 기준의 적용을 뒤따르며, 도덕적 발전은 높은 수준의 도덕적 심의를 향한 진행으로

사회과학 연구는 직관적이고 정서적인 요인에 의해 강하게 영향을
받는 윤리적 사고와 행동에 주목했으며 이러한 연구의 대표적인 연
구자들이 하이트와 그린이다. 이들의 접근방식은 많은 사회과학 윤
리연구에 활력을 불어 넣었던 복지와 공정성에 대한 우려보다 윤리
에 대한 개인의 자동적이고 직관적인 응답의 실질적인 내용을 재고
할 수 있도록 도왔다.

도덕적 직관은 의식의 갑작스러운 출현, 또는 의식적인 인식 없
이 사람이나 사건에 대한 평가적인 느낌이 갑자기 나타나는 것이
다. 요컨대, 도덕적 직관은 일반적으로 신속, 자동적, 비고의적, 비
추론적인 평가적 경험으로 간주되며 종종 혐오감, 분노, 고양 등과
같은 정서적 반응의 감정으로 가득 차 있다. 하이트와 동료들은 사
회생활의 특정 측면에 맞춰진 도덕적 모듈의 존재를 주장하며 이러
한 모듈은 진화 과정에 의해 개발되었다고 보았다(G. R. Weaver,
S. J. Reynolds, & M. E. Brown, 2014: 100-103). 그는 문화 변수
의 도덕적 직관의 개념을 설명했는데 도덕판단의 직관적 기반에 대
한 사회적, 심리적 발견이 도덕교육에 광범위한 영향을 미친다고
보았다. 반면, 콜버그의 도덕적 추론은 도덕교육의 영역을 해와 공
정성 관련의 도덕적 문제로 제한했다(J. Graham, J. Haidt, & S. E.
Rimm-Kaufman, 2008: 269). 도덕적 직관에 대한 심리적 연구는
이러한 이념적 분열의 양쪽에서 도덕교육을 위한 규범적 기반을 만

이해된다. 레스트와 같은 인지발달 전통의 학자들 또한 상황이 도덕적 선택을 제시한다는 인
식, 상황에 대한 심의에서 발생하는 도덕판단, 행동하려는 의도를 포함하여 도덕적 행동을 다
중과정으로 묘사했다. 합리적인 심의 모델은 어려운 도덕적 딜레마와 같은 상황의 증거에 의
존하는 경향이 있다. 그러나 중요한 것은 도덕적 추론과 도덕적 행동 사이의 관계가 합리적
심의 모델에 의해 명확하지 않으며 비심의적 및 무의식적 과정은 일반적으로 도덕적 행동에서
자주 핵심적인 역할을 한다(G. R. Weaver, S. J. Reynolds, & M. E. Brown, 2014: 100-103).

들려는 시도의 문제를 드러내는 동시에 인간 도덕성에 대한 기술을 제공한다.

그런데도, 도덕교육은 학생들이 어떤 가치를 다른 가치보다 더 시급하게 인식하도록 장려하고 허용해야 한다는 점에서 가치의 우선순위에 대한 논쟁은 여전할 수밖에 없다. 따라서 도덕교육에서는 도덕적 직관 과정에 대한 주요 지원인 비추론적 성격과 도덕판단의 자동성을 염두에 두고 교육의 목적, 내용, 방법 등을 고민할 필요가 있다. 이것은 도덕에 대해 많은 이론화를 특징으로 해왔던 도덕적 행동의 합리적, 심의적 처리에 대한 중요한 대안 모색이다.

V. 경험적 도덕과 사회적 직관의 한계

1. 그린과 하이트의 경험적 도덕

경험적 도덕을 소개하고 있는 그린과 하이트는 모두 일련의 은유를 통해 핵심 아이디어를 전달했다. 예를 들면, 직관과 이성의 관계를 이해하는 방법과 도덕적 다원주의를 어떻게 생각하는지를 설명하는 것이다. 그러나 한편, 두 사상가가 동의하고 동의하지 않는 부분이 존재한다. 그들은 신경과학 및 심리학 연구에서 도출되는 설명적 결론에 동의한다. 즉, 그들은 거의 항상 정서와 감정이 도덕판단에서 가장 중요한 요소라는 데 동의한다. 그러나 그들은 규범적 도덕 결론에 동의하지 않는다. 실제로 하이트는 정서, 감정은 도덕의 최우선이며 더 나아가 그것이 되어야 하는 방식으로 보았다. 반면, 그린에게 있어 도덕판단이 비합리적인 기원을 가지고 있다는 사실은 극복해야 할 문제이다.

  그린은 하이트의 견해가 회의론이나 상대주의의 유령을 일으킨다고 믿는다. 그의 해결책은 도덕심리학이나 인간 본성의 우발적인 상황에서 합리적 기업으로서 도덕, 윤리를 보호하는 방화벽을 구축하는 것이다. 도덕판단에서 직관과 이성 사이의 관계는 두 학자에게서 은유적으로 표현되었는데 하이트는 코끼리와 기수로, 그린은 듀얼 카메라로 이를 설명했다. 하이트에게 우리의 마음은 '코끼리에 탄 기수'이다. 직관이 먼저이고 의식적인 추론이 그다음이며 코끼리는 우리 마음의 정서적, 직관적 부분을 나타낸다. 그러나 우리의 마음은 단순히 본능을 따르는 코끼리가 아니다. 그것은 또한 코끼리 위에 앉아 있는 합리적인 기수를 포함한다. 기수는 코끼리가 너무 고집스럽기에 직접 조종할 수 없다. 그러나 적절한 상황과 충분한 시간이 주어지면 이런 식으로 또는 저런 식으로 유도할 수 있으며 결국 코끼리가 따라오게 할 수 있다. 마음에 열정적이고 이성적인 부분이 관련되어 있다는 것은 도덕적 추론이 합리적이거나 인지적이지 않다는 것이 아닌 통제된 과정과 자동과정 사이 즉, 두 가지 판단 사이의 분업에 관한 것이다. 한편, 그린의 비유는 '듀얼 모드 카메라'이다. 스마트폰 이전에는 카메라가 각 사진에 대해 모든 종류의 수동 조정을 필요로 했다. 듀얼 모드 카메라가 발명되면서 이러한 모든 조정을 직접 이행하거나 카메라에 의존하여 수행할 수 있다. 대부분의 경우 자동으로 작동하지만 때로 복잡한 사진의 경우 수동 모드로 다시 진환한다. 그린의 생각은 도덕판단이 이러한 방식으로 작동한다는 것이다. 우리의 직관 또는 직감 반응은 일반적으로 많은 반성과 의식적인 추론을 필요로 하지 않고 작용한다. 그러나 때때로 이러한 직관이 도덕적으로 나쁜 일로 이어질 때 우리는 수동 모드로 전환해야 한다. 직관보다는 합리적으로 계산해야 한다(J. Perry, 2016: 69-70).

하이트의 코끼리와 기수 비유는 도덕적 말 막힘이라는 일련의 실험에서 결론을 포착하기 위한 것이었다. 실험자들에게 근친상간과 같은 금기 사항 위반에 대한 여러 시나리오[19]가 제시되었다. 한편, 그린의 연구는 풋(Philippa Foot)의 트롤리 딜레마를 포함한다. 대부분의 사람들은 스위치 딜레마에서와 달리 인도교 딜레마에서 덩치 큰 남자를 트랙으로 밀지는 않겠다고 했다. 그린의 해석은 직감 반응이 남자를 밀라고 하는 합리적인 반응을 무시하고 있다는 것이다. 때로는 두 가지 모드가 경쟁적인 결론을 내렸다. 그에게 있어 듀얼 모드 카메라인 우리의 도덕적 마음은 자동 응답과 제어 응답을 모두 생성할 수 있다(J. Perry, 2016: 71-73). 그린의 도덕판단의 이중과정 이론에 따르면, 도덕심리학은 판단 및 의사 결정의 나머지 부분과 매우 유사하다. 도덕판단은 자동 감정 반응(자동 설정)과 통제되고 의식적인 추론(수동 모드)의 영향을 받는다. 이러한 과정은 그들의 특징적인 역할이 있는 신경계에 의해 가능하다(J. D. Greene, 2016: 119-149).

---

19) 예를 들면, 우연히 애완견이 죽은 후 이를 매장하지 않고 먹거나, 성행위를 위해 식료품 점 닭을 사용하는 남자의 이야기이다. 피험자들은 그 행동이 도덕적으로 잘못된 것인지 물었을 때 대부분의 사람들은 그렇다고 답했지만, 이유를 물었을 때 합당한 이유를 제시할 수 없었다. 핵심은 피험자들이 근친상간이나 다른 것들이 옳지 않다는 직관을 가지고 있지만 그들의 추론을 분명히 하기가 매우 어렵다는 것이다. 그들의 두뇌의 추론 부분은 계속해서 새로운 이유를 만들어 냈다. 하이트의 결론은 도덕적 추론이 주로 도덕판단에 영향을 미치는 방식은 기존의 직관을 정당화하는 사후 이유를 생성하는 것이라고 보았다(Perry, J., 2016: 71-73).

2. 하이트의 사회적 직관주의의 한계

하이트와 그린은 모두 신경과학 연구와 같은 경험 연구에 기초해 이론을 제시했다. 특히, 하이트의 사회적 직관은 기존의 도덕판단 이해에 대한 근본적인 관점의 전환을 야기했다. 그의 이론이 지닌 도덕교육에의 적용 가능성을 타진하기에 앞서 다음과 같은 한계점을 살펴볼 필요가 있다.

첫째, 도덕 논쟁의 실효성 논란이다. 하이트의 모델이 옳다면 응용윤리에서 익숙한 논증을 뒷받침하는 주장을 공식화하고 평가하는 데 초점을 맞춘 전통적인 응용윤리 과정에는 나쁜 소식이다. 예를 들면, 동성애 행위가 도덕적으로 허용되는지 여부, 임신 초기의 선택적 낙태가 도덕적으로 수용 가능한지 여부, 사형이 도덕적으로 타당한지 여부 등과 같은 문제를 생각해볼 수 있다. 이러한 문제들은 학생들이 도덕판단을 형성하고 필요한 경우 수정을 필요로 한다. 그러나 하이트의 모델이 옳다면 과정은 뒤바뀐다. 도덕적 논증은 생명을 잃게 되고 학생들의 도덕판단을 바꿀 힘은 없게 된다. 하이트에 따르면, 도덕적 논쟁은 도덕적 직관에 의해 독립적으로 결정된 사항을 전략적으로 지원하려는 내부 변호사로서의 역할을 할 뿐이기 때문이다(P. Murphy, 2014: 423-424).

그런데 도덕/윤리교육의 대중적이고 높은 목표 중 하나는 잘못된 믿음의 합리적이고 실질적인 변화이다. 이것은 어떤 행동의 도덕적 지위에 대한 학생들의 신념 변화를 의미하며 이러한 변화는 문제의 행동이 특정한 도덕적 지위를 가지고 있다는 것이 사실이라고 생각하는 다양한 이유를 인식하는 데 기초한다. 이는 어떤 주장을 믿는 것에서 그 주장을 부인하는 것으로 이동하는 것을 포함한다. 예를 들면, 어떤 경우에는 낙태가 도덕적으로 잘못되었다고 믿는 것에서 같은 범위의 경우에 도덕적으로 잘못이 아니라고 믿는 것으로의 이동을 내포한다. 이 목표는 하이트의 모델을 지나치게 극단적이고 단순하게 해석한다면 현실적으로 달성하기 어렵다.

그런데도, SIM의 과정 중 합리적 판단 및 개인적 반성 링크의 과정을 통해 도덕적 직관과 판단을 수정할 가능성은 완전히 배제될 수 없다. 예를 들면, 명상, 인지 요법 및 프로작(Prozac)을 이용해 변화를 일으킬 수 있다(J. Ott, 2007: 299). 이들 방법은 기수(System2)를 통한 코끼리(System1)를 길들이는 데 효과적인 수단일 수 있다. 코끼리의 영향력은 매우 크고 강력하다. 그러나 system 2가 완전히 무력하다고 속단할 수는 없지 않은가.

둘째, 도덕 모듈의 비인지주의적 편향이다. 하이트는 모든 도덕적 인지가 6개의 도덕적 토대에서 비롯된다고 주장하며 도덕판단은 정서적 반응에 뒤따르는 도덕적 추론으로 옳고 그름에 대한 숙고가 아닌 사후 합리화로 보았다. 그런데 이러한 하이트의 결과는 비인지주의에 강하게 편향되어 있다(P. Schönegger, 2020: 310-311). 또한 사회적 직관주의 모형이 도덕적 본능의 일종인 도덕적 직관을 지나치게 강조하다 보면, 결국 도덕적 직관에 따른 도덕판단이 과연 보편타당한지에 대한 추론의 인과적 역할을 제대로 파악하는 데 실패할 수 있다는 지적도 피하기 어렵다(정창우, 2011: 114).

셋째, 도덕성이 합리적 사고의 산물이 아니라는 가정의 허약성이다. 하이트의 가정 중 하나는 도덕성이 문명을 가능하게 한 인간의 능력임을 보여주는 것으로 그는 진화적 적응 집단을 하나로 묶고 도덕성을 공유하는 공동체를 만드는 데 도움이 되는 종교와 함께 도덕성이 어떻게 대규모 협력 집단, 부족, 그리고 친족 관계가 없는 국가에 헌신하는가를 설명하고자 했다. 그는 도덕적 행동에 대한 설명이 망상이라고 주장했다. 예를 들면, 어린이는 다른 사람에게 해를 끼치지 않는다는 이해만으로 단순히 도덕적 위치를 구축하지 않는다고 그는 지적했다. 더 일반적으로 그는 도덕적 규범은 종종 직관에 의해 주도되며 도덕성에 대한 의식적인 추론은 발견의 문제라기보다는 자신의 도덕적 위치에 대해 다른 사람들을 설득하기 위한 목적에 더 가깝다고 주장했다. 이를 토대로 그는 도덕적 직관이 도덕적 사고와 실천에 대해 보다 합리적인 설명을 제공한다고 결론지었다. 그는 궁극적으로 도덕성과 도덕 시스템을 자기 이익을 억압하거나 규제하고 협력 사회를 가능하게 하기 위해 함께 작동하는 가치, 덕, 규범, 관행, 정체성, 제도, 기술 및 진화된 심리적 메커니즘의 연동 세트로 정의했다(D. Wiebe, 2014: 217-219).

그러나 '도덕성이 합리적 사고의 피조물과 별개라고 단정할 수 있는가'라는 의문이 제기된다. 즉, 합리적 사고의 교육을 통해 도덕성을 전혀 획득할 수 없는 것인가. 반성과 숙고 그리고 성찰과 같은 이성적 사고의 노력은 도덕판단, 도덕적 행동에 강력한 영향력을 끼치기 어려운 것인가 등과 같은 도덕교육의 본질, 방법, 목적, 지향 등과 관련된 근본적인 물음을 제의한다.

결과적으로 그린과 하이트의 논증은 오히려 우리에게 합리적 도덕성 확립을 위해 더 많은 시간과 노력의 도덕교육이 필요함을 나타내는 증거가 아닌지 되물을 필요가 있다. 도덕교육은 경향성과 편향의 극복이며 피아노 연주와 같은 스킬의 체득을 넘어 지향하는 인격이 지닐 덕목들을 체화하게 하는 고차원적이고 지속적이며 의도적인 노력을 요구한다. 다시 말해, 도덕교육에서 System 2를 위한 집중 훈련 및 습관 형성은 학생들로 하여금 도덕판단에서의 이기심, 편협한 관계성 등을 극복하게 하는 계기가 될 수 있다.

VI. 결론

인간은 각자의 세상을 살고 있고 저마다의 옳음과 도덕적 기준을 지니고 자신의 도덕을 표준이 되게 하려고 한다. 이는 콜버그, 하이트, 길리건이나 나딩스의 견해를 통해서도 설명된다. 자신의 도덕적 아이디어의 기준을 부정하는 것은 매우 힘들고 어려운 일이기에 인간은 이를 기꺼이 하지 않는다. 관점의 다양성이 때로 존중되어야 하듯이 도덕적 관점의 다양성도 어느 측면에서는 존중될 필요가 있다.

그런데도, 여전히 우리가 추구할 기준이 있음을 부인하긴 어려울 듯하다. 칸트의 인간존중, 누스바움(Martha Nussbaum)이 강조한 모든 인간에 대한 사랑과 같이 모든 문화, 사회에 통용되는 보편적인 도덕 기준은 분명 존재한다. 누스바움은, 인간 본성에 관한 설명은 우리에게 어떤 자원과 가능성이 있는지, 우리가 어떤 도덕적 난관에 직면하는지는 알려줄 수 있지만 무엇이 가치 있는지는 알려주지 않는다고 했다. 스미스는 어린이가 교육을 받지 못하면 인간으로서의 능력이 훼손되고 망가진다고 주장했다(M. C. Nussbaum, 한상연 역, 2015: 43-44).

이러한 점에서 본다면, 도덕판단에서 직관에 대한 최근의 이해에 대한 비판적 시각의 접근이 필요하다. 도덕판단에 내재한 자동성과 직관성에 주목한 그린과 하이트의 연구는 도덕적 행동이 항상 숙고 및 추론과 같은 인지적 과정을 동반하는 것이 아니라는 점을 보여주었다. 동시에 암묵적, 자동적 인지 과정이 도덕판단에 광범위하게 작용하고 있음을 지적했다. 특히, 하이트는 도덕판단에서 이성적, 합리적 추론보다 정서적, 직관을 더욱 강조했다. 이러한 주장은 신경과학 및 인지과학 연구 성과들에 의해 뒷받침되고 있다. 도덕적 직관에 대한 최근의 논의들은 도덕교육에서 합리적 사고의 훈련, 이성적이고 반성적인 성찰, 비판적인 추론적 사고를 강조했던 도덕교육 방법론에 대한 혼란과 회의를 유발하기도 했다.

그러나 도덕적 동기에서 합리성의 역할에 대한 지배적 견해인 비관주의는 합리적 호소의 효율성이 경험적으로 검증되는 경우에 변호될 수 있다. 성찰과 적극적으로 열린 사고를 하려는 경향이 도덕판단에 영향을 미칠 수 있다는 증거가 있다(Baron et al., 2015: 265-284). 연구들은 합리적인 호소가 도덕적 행동에 효과적일 수 있음과 특히, 정서적 호소와 합리적 호소의 결합이 훨씬 더 효력이 있음을 보여주었다(M. Lindauer, M. Mayorga, J. D. Greene et al., 2020: 413-415). 이는 도덕교육에서 숙고 및 합리적 사고 활동의 유효성과 정당성을 지지한다.

그러므로 본 논의를 통해 도출된 다음과 같은 사항들을 도덕교육 현장에서 유념할 필요가 있다. 첫째, 하이트의 주장대로 도덕판단은 문화적, 사회적, 맥락적 차원에서 즉각적인 직관에 의해 이루어질 수 있다. 그러나 직관적 판단은 그린의 견해를 고려할 때 도덕교육 차원에서 수정되고 교정되어야 할 대상이 될 수 있다. 둘째,

그린의 이중과정 모형과 하이트의 사회적 직관주의는 도덕판단이 정서적 과정을 희생시키면서 추론에 과도하게 의존해 왔음을 보여 줌으로써 도덕교육에서 도덕적 직관에도 깊은 관심을 기울이고 이를 인식할 필요가 있음을 강조한다. 이는 도덕교육에서 학생들 저마다의 도덕적 심리 상태를 진단할 필요가 있음도 암시한다. 동시에 학생들의 도덕적 직관을 어떻게 구성 및 형성할 것인가 그리고 이를 때로는 어떻게 변화시킬 것인가를 고민할 필요가 있음을 나타낸다. 셋째, 도덕판단에서 직관, 정서의 강력한 영향력에도 불구하고 여전히 이성적 추론의 활동, 합리적인 사고는 도덕판단에 긍정적인 영향을 미친다는 점을 인식할 것이 요구된다. 특히, 합리적 사고와 정서적 접근이 결합한 복합적인 도덕교육 추구가 효과적이므로 도덕교육은 그 어느 교과보다 융·복합적인 차원에서 수행될 필요가 있다. 이를 '합리적인 정서적 접근'이라 부를 수 있다. 넷째, 도덕판단에서 직관의 역할이 보여준 특성을 고려할 때, 도덕적 실천에서 감정적, 정서적 호소를 먼저 제시하고 이성적 호소를 다음으로 제시하는 것이 역순보다 더 효과적일 수 있다. 다섯째, 그린과 하이트의 이론에서 제시하는 내용은 기술적 윤리로 인간의 마음에서 도덕적 심적 작용을 드러내 주는 것으로 해석하는 것이 타당하다. 이 때문에 당위적 규범으로서의 도덕성 제시와 도덕성 형성에서 마땅히 요구되는 다양한 요소들이 간과되어서는 안 될 것이다. 또한 개인의 도덕판단이 기존에 상정했던 것보다 훨씬 편향적이고 즉흥적일 수 있다는 점을 상기할 필요가 있다. 이 때문에 학생들이 도덕의 영역에서 자신의 정신 작용과 행동을 모니터링 하도록 돕는 것이 요청된다. 마지막으로 개인의 도덕성과 공동체의 도덕성 그리고 직관 시스템과 심의 시스템이 모두 고려되어야 한다.

인격은 하나의 고정된 실체나 점으로 존재하는 것이 아닌 상황에 따라 유동적으로 변화하는 그러나 나름의 지향성을 갖는 일종의 경향성으로 존재한다. 뇌의 특성, 뇌와 인간, 문화를 포함한 환경과의 상호 작용에 따른 복잡성을 검토하지 않고는 인간의 행동 특히 도덕적 행동, 도덕판단의 메커니즘을 제대로 이해하기 어렵다(박형빈, 2017: 129, 141). 따라서 도덕교육에서는 이성의 추론으로 정당화될 수 없는 도덕적 직관을 인식하고 이의 본질 탐구와 이를 위한 구체적인 교육 방법을 논할 것이 요구된다. 도덕교육의 과제는 학생들로 하여금 올바른 직관 시스템을 형성하게 하는 것 그리고 도덕심리학과 인간 본성의 우발적인 상황에서 합리적 기업으로서 도덕, 윤리를 보호하는 방화벽을 건설하는 것이다.

도덕교육에서 지향할 도덕 철학적 숙고는 도덕심리학의 논의에서도 결코 배제되어서는 안 된다. 그것은 사실적 존재와 지향적 가치는 상호 구분되는 영역이기 때문이다. 결과적으로 그린과 하이트의 논증은 더 고도화, 집약적, 지속적인 도덕교육 노력이 요청됨을 나타내는 증거이다. 도덕은 인류의 일생에서 필수적 삶의 축이며 도덕교육은 인간의 이기적 경향성, 편향 등의 극복을 돕는다. 도덕판단의 경험적 이해에 대한 면밀한 비판적 분석에 기초한 보다 구체적인 도덕교육 방법들이 후속 연구를 통해 개진되길 희망한다.

제Ⅲ부

정신건강의학과 도덕교육

마음치유로서의 도덕교육

제6장

사회신경과학과 정신건강 차원에서 본 팬데믹 시대 도덕교육의 의미와 과제

Ⅰ. 서 론

유럽을 괴롭힌 흑사병은 1350년을 전후로 정점에 이르러 인구의 30-50%를 사망에 이르게 했다. 그 후 수백 년이 지난 2020년을 기점으로 COVID 19는 전례 없는 방식으로 인류에게 영향을 미치고 있다. 과거 페스트가 인류 역사의 모멘텀으로 작용했듯이 COVID 19 팬데믹은 공중 보건 비상 및 글로벌 위협 등을 유발했다. 각국 정부는 비상조치로 시민들에게 집에 머물도록 명령했으며 감염의 추가 확산을 막기 위해 학교 폐쇄를 시행했다. 세계 165개국 이상에서 약 1억 5천만 이상의 어린이와 청소년이 학교 폐쇄로 인해 영향을 받았다.

팬데믹 일상은 삶의 외적 측면뿐만 아니라 내적 측면에서도 많은 변화를 야기했다. 대유행은 전 세계적으로 사람 간 물리적 거리두기인 '사회적 거리두기(Social distancing)'라는 신조어를 탄생시키며 긍정적인 방향에서이든 부정적인 방향에서이든 비대면 일상을 확산케 했다. 이러한 상황에 개인에게 심각한 문제로 제기되는 것은 신체 및 정신건강이다. COVID 19 확산 기간 중 질병 자체에 내재한 스트레스 외에도 장기 학교 휴교, 가정 격리 지침, 비접촉 행동 수칙 등 신체 및 사회 활동의 제약과 온라인 수업은 특히 아동 및 청소년의 생활 습관에 큰 영향을 끼쳤다. 스트레스 요인은 광범위한 정서적 고통과 정신질환의 위험률을 증가시키는 요인으로 작용하기에 팬데믹에 의한 공중 보건 응급 상황은 개인에게 불안정, 혼란, 정서적 고립, 외로움, 낙인 유발 등 신체적, 심리적 건강에 영향을 준다.

우리나라에서도 2020년 COVID 19 장기화로 인한 여행과 외출 제한의 생활 패턴 변화는 사람들의 우울감을 증가시켜 '코로나 블루(CORONA BLUE)'라는 신조어를 탄생하게 했다. 국립국어원은 코로나 블루를 COVID 19 확산으로 일상에 큰 변화가 닥치면서 생긴 우울감이나 무기력증으로 정의하였다. 2020년 한국건강증진개발원의 1,031명 대상 건강상태 온라인 설문조사 실시에서 전체 응답자의 40.7%가 코로나 우울을 경험했다고 응답했다(조상아, 2020: 1-2). 영국의 조사 자료에서도 정신적 고통 수준 인구 유병률이 2018-19년 18%에서 2020년 4월 27%로 증가하였음이 보고되었다. 이는 이전 상승 추세를 고려했을 때 예상보다 더 높은 수치였다(M. Pierce, H. Hope, T. Ford et al., 2020: 883-892).

재난 상황에서 정신건강에 대한 광범위한 연구는 정서적 고통의 여파를 입증한다. 팬데믹 상황에서 스트레스, 우울증, 과민성, 불면증, 두려움, 혼란, 분노, 좌절, 지루함, 격리와 관련된 오명 등 수많은 정서적 결과가 개인에게 나타났는데 그중 일부 현상은 격리가 해제된 후에도 지속하였다. 특히 외상에 노출되어 발생하는 외상 후 스트레스 장애(Posttraumatic Stress Disorder, PTSD)는 우울증 및 불안 장애와 같은 다른 정신 병리학적 증상을 발생시킬 수 있다 (B. Pfefferbaum & C. S. North, 2020: 510)는 점에서 주목된다.

학교 폐쇄라는 극단적 상황과 온라인 수업 그리고 비대면 접촉이라는 새로운 교육 환경에 놓였던 학령기 학생들의 정신 및 정서 건강은 교육현장에서 간과할 수 없는 중요한 사항이다. 그것은 첫째, 교육 대상에 대한 고려는 교육현장에서 필수적으로 요구되는 사안이라는 점과 둘째, 학생의 정신건강은 교육 목적과 연계해서도 배제될 수 없는 주제이기 때문이다. 두려움과 불확실성 시대에 자신과 타인의 생존에 대한 위협이 일상생활의 주요 문제로 부각하는 시점에서 정신 및 정서 건강관리는 생명 유지뿐만 아니라 도덕성의 건전한 발달과도 관련된다. 따라서 어린이와 청소년 도덕교육에서 이를 위한 효과적인 교육적 개입은 학생들의 건강한 정신에 기여할 수 있을 것이다.

그러므로 포스트 팬데믹 시대의 도덕교육의 의미와 과제를 개괄하기 위해 다음과 같은 연구 문제에 중점을 두고자 한다. 첫째, 팬데믹 상황이 인간의 정신건강에 미친 영향은 무엇인가. 둘째, 정신건강은 뇌신경과학 및 정신건강 의학에서 어떻게 이해되고 있는가. 셋째, 정신건강은 도덕성 및 도덕교육과 어떠한 연관성을 갖는가. 넷째, 학생의 정신건강을 고려할 때 포스트 팬데믹 시대 도덕교육의 의미와 과제는 어떻게 제시될 수 있는가. 이를 통해 뉴노멀 시대 도덕교육의 새로운 활로를 모색하고자 한다.

II. 팬데믹 상황에서 정신건강에 대한 뇌신경과학적 해명

1. 팬데믹 시기의 정신건강에 대한 뇌신경과학적 이해

1) 팬데믹에 의한 사회적 고립과 뇌신경과학적 영향

팬데믹 신드롬 가운데 하나는 사회적 거리두기에 의한 외로움과 우울증이다. 인간에게 긍정적인 사회적 상호 작용은 인지 능력을 높이고 뇌 발달을 촉진하며 정신적, 육체적 건강을 유지하고 궁극적으로 생존과 번식에 기여한다. 반면, 사회적 유대의 단기적, 장기적 중단은 신경 정신병을 유발하는 요인이 된다. 많은 연구에 따르면, 인간 및 기타 비인간 포유동물의 단기 격리는 사회적 행동을 극적으로 변화시킬 수 있으며 장기 격리는 더 심각한 결과를 초래하고 신경 내분비 시스템과 뇌 기능을 방해했다. 인간은 10일 이상을, 설치류는 2-9주를 장기 격리 기간으로 본다. 사회적 고립으로 인한 스트레스는 인간의 만성 스트레스의 흔한 원인 중 하나이다. 만성적인 사회적 고립은 정신분열증, 우울증, 불안, 사회적 금단증, 학습 결핍을 포함한 많은 심리적 장애의 주요 요인으로 밝혀졌으며 사망 위험을 높였다. 이러한 심리적 이상은 뇌신경과학 관점에서 스트레스로 인한 신경 화학적 및 신경 내분비 변화로 인해 발생한다. 통계에 따르면 COVID 19 발발 기간 동안 장기간의 사회적 고립은 정신질환의 증가로 이어졌는데 예를 들어, PTSD, 외로움, 과민성, 공포증 등의 사회적 기능 장애이다(L. Wang, G. Nabi, T. Zhang et al., 2020: 1-3).

사회적 행동과 감정의 조절은 뇌 내의 복잡한 신경 회로에 달려 있다. 신경 호르몬과 신경 전달물질은 인간과 동물 모두에서 행동 및 심리 관련 신경 회로의 중요한 매개체로 오랫동안 자리 잡아 왔다. 이러한 매개체는 G단백질 결합 수용체를 활성화하여 뇌 회로 조절 효과를 발휘한다. 더욱이 유전자 조절에 관여하는 코르티코트로핀 분비 호르몬(CRH), 아르기닌 바소프레신(AVP), 부신피질 자극 호르몬(ACTH)과 같은 호르몬은 잠재적으로 신경 흥분성과 신경 생존에 영향을 미칠 수 있으며 스트레스에 대한 신경 내분비 반응을 조절하고 행동을 조정한다. 신경 내분비계의 만성 스트레스 유발 이상은 COVID 19 팬데믹 기간 동안 공황 및 정신 장애를 유발하는 인자가 되었다. 연구에 따르면, 사회적 상호 작용의 박탈은 대사 및 면역 조절에 관여하는 스트레스 호르몬인 글루코 코르티코이드 분비를 증가시켜 시상 하부-뇌하수체-부신(HPA) 축을 자극한다. 또한 사회적 고립은 인간의 사회적 행동을 조절하는 시상 하부에서 사회적 호르몬인 옥시토신과 바소프레신의 방출을 억제했다. 다시 말해 사회적 고립은 도파민, 세로토닌, 아드레날린, 감마 아미노 뷰티르산(GABA) 및 글루타메이트를 포함한 여러 신경 전달물질의 방출을 억제한다. 이것은 특히 행복을 감소시키고 심리적 고통과 정신질환을 증가시킨다는 점에서 주목된다. 장기간의 신경 전달물질 시스템의 교란 발생은 대사, 면역, 불안, 우울증 및 PTSD에 직간접적으로 해로운 결과를 초래할 수 있다(L. Wang, G. Nabi, T. Zhang et al., 2020: 2-4).

이처럼 사회적 고립 스트레스 노출은 다양한 내분비 변화를 유발하여 신경 면역 내분비 시스템의 조절 장애와 심리적 장애 발생에 중요한 메커니즘으로 나타났다. 인류에게 강제적 사회적 고립 기간을 강요한 팬데믹 현상은 뇌신경과학 차원에서 우리 뇌에 심각한 여파를 미침으로써 인간의 행동, 기분, 행복 저하, 정서 변화 등에 영향을 주었다.

2) 사회적 고립의 뇌신경과학적 아동 외상

팬데믹은 모든 연령대에 영향을 준다는 점에서 아동에 대한 영향도 간과할 수 없다. 많은 연구들은 아동에 대한 부정적 환경 노출이 오래 지속되는 결과를 초래할 수 있음을 입증했는데 이는 정신적 장애에 대한 위험의 현저한 증가와 관련 있다. 생애 초기의 이상 상태는 정신 장애의 위험을 더 높이는데 신체적 학대, 정서적 학대 및 방치된 개인은 학대를 받지 않은 개인보다 우울증에 걸릴 위험이 2-3배 더 높았다. 인생 초기 정서적, 사회적 괴롭힘의 병력이 있는 아동은 40-50년 후 우울증과 자살 충동 위험이 높았다. 또한 사회적 관계 부족, 교육 수준 저하, 실업률 상승을 보였으며 소득도 적었다. 아동의 방치 및 학대 영향은 스트레스 반응 수준, 뇌 구조, 염증 반응, 면역체계, 신경인지 기능의 변형과 연관된다는 증거가 증가하고 있다(R. S. Murthy, 2020: 24-41).

팬데믹 상황에서 사회적, 정서적 지원 감소와 같은 스트레스 요인은 정신건강에 영향을 미치며 이때, 정신질환의 중요한 요인으로 주목받는 것이 외로움이다. 많은 종단 연구는 외로움이 우울증, 수면 장애, 고혈압, 신체 활동 부족, 기능 저하, 인지 장애, 사망률 증가 등에 선행한다고 지적한다(R. S. Murthy, 2020: 40-42). 많은 국가에서 COVID 19 팬데믹은 장기적이고 광범위한 사회적 고립을 필요로 했다. 사회적 고립은 일상 활동 규범을 변화시켰을 뿐만 아니라 자유 상실, 친구 및 가족과의 고립, 외로움과 불확실성 등의 극적인 부정적 심리 양상을 초래하기도 했다. 만성 스트레스 유발, 내분비 장애는 심리적 질병이 될 때까지 종종 무시되기도 하지만 장기간 지속할 경우 심각한 피해를 야기할 수 있다. 이는 종국적으로 뇌 기능의 변화를 초래할 수 있는데 구조적 가소성 연구에 따르면 만성적 사회적 고립 스트레스는 해마(hippocampus)의 부피 감소와 관련이 있으며 편도체(amygdala)와 전두엽 피질의 부피를 조절할 수 있음을 보여주었다(L. Wang, G. Nabi, T. Zhang et al., 2020: 2-4).

팬데믹 상황이 효과적으로 통제되지 않는 상황에서 아동의 사회적 고립과 외로움은 신경 세포의 가소성을 감소시키며 신경 내분비 변화를 통한 심리적, 정신적 질병을 야기할 수 있다. 따라서 재난은 외상 후 스트레스 장애와 같은 특정 장애에 이르기까지 아동의 정신건강과 관련이 있다는 점에서 이에 대한 개입이 요구된다.

2. 정신건강과 뇌신경과학

1) 사회신경과학에서의 인간 정신건강 이해

지난 몇십 년 동안 신경과학은 환경적, 유전적 요인이 뇌에 영향을 미치고 행동을 조절하는 메커니즘 그리고 뇌와 신체의 상호 작용에 대한 이해를 높였다. 특히 신경과학, 정신건강, 면역체계 사이의 상호 작용을 드러냄으로써 뇌-마음-신체 삼분법을 극복하도록 도왔다(C. M. Pariante, 2016: 101). 사회신경과학의 경우, 1990년대 초부터 생물학적 체계가 어떻게 사회적 과정과 행동을 구현하는

지를 이해하고 분석하는 데 전념하는 학제 간 분야로 부상했다. 사회신경과학에서 가장 활발한 연구 분야는 뇌 영상 연구이며 뇌졸중 환자 연구, 정신과 환자의 영상 연구 등이 있다(J. T. Cacioppo et al., 2007: 99). 사회신경과학에서는 인간의 특화된 능력을 뇌의 시냅스 수와 세포 밀도가 증가하여 뇌의 전반적인 정보 처리 능력이 향상되는 결과로 이해한다.

인간의 뇌는 모방, 의사소통, 공감, 상호 작용, 관계 형성, 집단구성과 같은 더 높은 사회적 인지 기능을 지원하는 복잡한 사회적 조정을 처리하도록 진화했다. 예를 들면, 인간의 독특한 능력인 사회적 인식과 모방, 사회적 유대감, 언어사용과 같은 속성은 복잡하게 조정된 집단행동을 촉진한다. 사회적 상호 작용과 관계성은 인간의 신체적, 정신적 질병의 발병과 치료 모두에서 근본적인 역할을 한다(J. T. Cacioppo et al., 2007: 99-100). 사회화 과정과 사회적 행동은 대부분 정신 장애에서 결정적인데 자폐는 사회적 인지 및 소속 장애로, 정신분열증은 심각한 사회적 무감각의 정신 상태로 이해된다.

자발적인 친 사회적 행동은 정신건강의 기준이며 효과적인 사회적 적응 및 건강의 지표이다. 사회성은 뇌의 역할에 의해 뒷받침되는데 신경생물학에서 도덕성의 기반에 대한 증거는 뇌 손상 후 행동의 변화에 대한 사례 보고에서 비롯되었다. 가장 유명한 사례는 25세의 철도 감독자인 게이지(Phineas Gage) 사건이다. 다마지오(Damascio)는 뇌종양 및 뇌 영역의 기타 손상에 따른 반사회적 성격 변화의 예들을 제시했다(J. C. Harris, 2003: 526-527). 사회신경과학 연구는 정신질환의 진단과 치료에 영향을 주었을 뿐만 아니라 사회적 판단과 관련된 뇌의 기저를 밝혀냈다. 신경과학의 근본적인 통찰은 정신질환이 뇌 질환과 깊이 연관되기에 인간의 정신건강은 뇌의 건강상태와 직결된다. 또한 사회적 관계는 정신건강, 뇌의 건강과 밀접한 관련을 갖는다.

2) 사회적 지지의 심리치료 기능

팬데믹 상황에서 폐쇄와 사회적 거리두기에 의해 많은 사람들이 고독과 연관된 염증 표시의 수준 상승과 부정적인 사회 경험에 대한 민감성 증가세를 보였다고 연구자들은 보고한다. 반면 심리치료, 심리 사회적 개입은 유익 면역체계 기능 개선 및 유해 면역체계 기능 감소와 연관될 수 있기에 정신적, 사회적, 정서적 지원은 환자 치료에 필수적인 부분이라고 지적한다(S. Pallanti, E. Grassi, N. Makris et al., 2020: 215-217). 사회적 지원은 우울증 또는 불안 장애로 고통 받는 환자의 심리치료와 개인의 웰빙에 중요한 것으로 알려져 있다. 추적 연구에서 치료 전 높은 수준의 사회적 지원을 받은 환자는 장기적 치료에서 더 많은 혜택을 받았지만 사회적 지원 수준이 낮은 환자는 그러한 혜택을 경험하지 못했다(O. Lindfors, S. Ojanen, T. Jääskeläinen et al., 2014: 44.). 사회적 지원의 스트레스 완화 및 효과 연구는 사회적 지원이 스트레스의 나쁜 영향으로부터 사람들을 보호했으며 정신건강과 연결되어 스트레스 완충 효과를 보였다고 나타냈다(B. Lakey & E. Orehek, 2011: 482).

한편, 사회적 지원은 우울증 치료의 중요한 치료적 수단으로도 잘 알려져 있다. 사회적 지원과 같은 심리치료는 일반적 치료인 약물치료보다 환자의 사회적 능력을 향상할 수 있는 더 큰 잠재력이 있다. 치료사는 환자의 사회적 기술 및 기능을 향상하거나 사회적 환경에 대한 환자의 인식을 수정하도록 돕는다(M. Park, P. Cuijpers, A. Van Straten et al., 2014: 600-605).

팬데믹 이후 상황을 고려할 때 인류는 전염병의 여파로 심각한 정신건강 위기를 경험할 가능성이 높다. 자가 격리, 사회적 거리두기, 실직, 질병 위협, 경제 위기 등 팬데믹과 관련된 스트레스 요인은 인간의 정신에 중대한 영향을 미칠 수 있기에 심리치료는 COVID 19 위기 대응의 필수적인 부분이다(H. A. Swartz, 2020: 41-42). 더욱이 전염병과 관련된 주요 삶의 변화는 환자뿐만 아니라 아동 및 청소년 학생 연령층을 포함한 일반인들도 겪고 있다는 점에서 학교 교육에서 심리치유 역할을 포함하고 있는 사회적 지원에 관심을 기울일 필요가 있다.

III. 뇌신경과학 및 정신건강과 심리치료

1. 뇌신경과학에서 이해하는 정신치료

1) 뇌신경과학에서 스트레스와 정신건강

오늘날 사회에서 정신건강은 중요한 문제인 한편, 질환의 임상 상태에 대한 논쟁의 여지로 어떠한 치료법을 권장할 것인가 결정하는 과정은 매우 복잡하다. 치료에 대한 정신분석 이론, 뇌 증상, 개인의 경험에 초점을 맞춘 접근 등이 배치 가능하다(G. Visentini, 2020: 15). 문화 전반에 걸친 인지에 대한 신경 발달 연구는 문화적 맥락이 아동 발달의 초기 단계에서 인지 신경 발달 궤적에 영향을 미친다는 것을 시사했다(J. Y. Chiao, S. C. Li, R. Turner et al., 2017: 4-10). 사회문화적 차원에서 팬데믹은 심리 사회적 영향뿐만 아니라 뇌에 대한 직접적인 영향을 끼친다. 임상 증거에 따르면 2003년 SARS(심각한 급성 호흡기 증후군) 생존자들은 만성 피로 증후군과 함께 감염 후 지속적인 정신과적 동반 질환을 겪었다(S. Pallanti, E. Grassi, N. Makris et al., 2020: 215). 스트레스가 많은 경험에 대한 누적 노출은 관상 동맥 질환, 만성 폐 질환, 암, 알코올 중독, 우울증 및 약물 남용을 포함한 다양한 건강 장애의 유병률과 연관된다(J. P. Shonkoff, W. T. Boyce, & B. S. McEwen, 2009: 2253). 이러한 연구결과는 발달하는 뇌가 긍정적이든 부정적이든 다양한 환경 신호를 잘 받아들임을 나타낸다.

온라인 학습 환경에 의한 대면접촉의 비대면 접촉으로의 변화 경험을 고려할 때, 팬데믹과 같은 스트레스 요인에의 불균형적인 노출은 두려움, 불안, 분노 등을 초래하는 아동의 생리적, 정서적 조절 장애 유발 요인으로 작용할 수 있다. 따라서 사회적 거리두기와 비대면 강요의 특수한 교수학습 상황은 질병, 건강 불량, 스트레스 요인 등의 학생들에 대한 위험요소를 초래할 수 있다. 이것은 또한 아동기와 같은 민감한 시기에 생물학적인 영향을 주고 뇌 상태의 변환 요인으로 작동하여 종국적으로는 학생들의 정신건강에도 치명적인 해를 가할 수 있다는 점을 주지할 필요가 있다.

2) 정신병 치료의 2가지 접근: 정신건강의학과 반정신의학(anti-psychiatrie)

정신 장애는 주로 의학에서 다루어지나 일군의 학자들은 사회적, 도덕적 차원의 견해를 취한다. 차랜드(L. Charland)는 정신적 장애들을 의료적이기보다는 도덕적 카테고리의 현상들로 인식했다. 특히 경계성 장애, 자애성 성격 장애 등은 도덕적 개념들로 정의될 수 있는 것으로 보았고 도덕적 공감 능력의 결여로 이해했다. 이 때문에 정신적 장애 치료 방안으로 심리적이며 약학적 치료도 사용될 수 있지만 도덕적 노력과 변화도 요구된다고 보았다. 다양한 정신질환이 정신의학적 질병의 요소만이 아닌 또 다른 심리적 범주의 측면을 갖고 있음에 대한 이러한 지적은 자스(Thomas Szasz)에 의해서도 강조되었다. 그는 모든 정신적 질병을 상상적인 것으로 이해하며 정신적 질병은 병이 아닌 삶의 문제라고 지적했다. 정신적 문제들은 의학적인 문제가 아니기에 의사나 정신과 의사가 다루어서는 안 된다는 것이다. 그에게 있어 정신치료는 의료적 시도보다는 도덕적 노력을 요구한다. 자스와 함께 정신의학의 비평가로 잘 알려진 아이젠크(Hans Eysenck)는 정신적인 질병(disease)을 행동 장애(behavioral disorders)로 이해했다. 랭(Ronald David Laing)은 정신 장애에 대해 스트레스와 긴장, 가족생활에서의 파괴에 대한 반응, 개인이 관련된 사회적 상황에 대한 고려를 강조했다. 그는 정신분열증 즉, 조현병(schizophrenia)과 같은 정신 질병을 다룸에 있어 의학적 진단이 아닌 사회적 처방을 이용해야 한다고 주장했다. 이들은 반정신의학, 반기계론, 반물질주의 측면에서 정신 장애 및 정신병을 치료하고자 하는 입장이다(박형빈, 2016: 5-8). 이와 같은 주장들은 정신 장애에 대한 치료에 있어 물리적 치료 활동에 전적으로 의지하기보다 상담, 교육과 같은 반정신의학의 심리치료 견해를 고수한다.

반정신의학 치료는 최근의 연구들에서도 등장한다. 예를 들면,

동양의 명상 기도 형식인 마음 챙김에 대한 현상학, 신경과학 연구는 심리 장애 치료에 유용하고 중요한 건강상의 이점을 보여주었다. 심리학 및 신경과학 연구는 대화와 같은 사회정서 활동을 유지하는 것이 사회적, 실존적 심리치료에 도움이 된다고 보고했다(D. Larrivee & L. Echarte, 2018: 960). 연구들은 스트레스 감소와 건강 증진을 위해 널리 시행된 마음 챙김 명상이 신체적, 정신적 건강과 인지 능력에 유익한 영향을 미친다는 주장을 광범위하게 뒷받침한다. 신경 영상 연구는 이러한 긍정적인 효과를 매개하는 뇌 영역의 네트워크를 밝혔다(Y. Y. Tang, B. K. Hölzel, & M. I. Posner, 2015: 213).

세계보건기구(WHO)에 따르면 우울증은 전 세계 질병 부담의 세 번째 주요 원인이다. 최근 이를 위한 치료 전략은 정신적, 신체적 건강이나 관련 기능을 개선하기 위해 행동적, 인지적, 사회적, 정서적, 환경적 요인을 모두 활용한다. 섭식장애에 대한 치료에서도 식습관 장애 극복을 위한 체형에 대한 태도와 특정 형태의 인지행동치료(CBT)가 사용된다. 우울증의 경우 CBT는 항우울제만큼 효과적일 수 있으며 더 오래 지속되는 이점을 제공했다. 예를 들면, 대인관계 심리치료(IPT)가 우울증 치료에 효과적이라는 증거도 있다(E. A. Holmes, M. G. Craske, & A. M. Graybiel, 2014: 287).

신경과학은 생물학적 수준에서 CBT가 어떻게 작동하는지 즉, CBT가 유발하는 변화 메커니즘의 특성화를 보여주었다. 자기공명영상(MRI)과 양전자 방출 단층촬영(PET) 기법은 뇌 구조와 기능을 지도화하여 CBT의 신경 상관관계를 조사하는 데 사용된다. 뇌 치료와 변화를 감지하는 대부분의 연구는 불안과 우울증 장애에 대해 행해져 왔는데 불안 장애에서 심리치료는 치료 후 전두엽 활동의 증가세를 보였다(K. N. Månsson, U. Lueken, & A. Frick, 2020: 1-4). 이처럼 불안 장애 CBT는 반정신의학의 확실한 성공 사례 중 하나라 할 수 있다. 심리치료 사례가 보여주듯이 상담과 같은 대화, 교육을 통한 사회 정서적 지지는 뇌 활동에 변화를 가져오고 정신 장애의 완화와 치료를 돕는다는 것을 알 수 있다.

2. 언택트(Untact)의 정신건강과 신경과학

1) 사회적 뇌의 신경해부학적 이해

브라더스(Leslie Brothers)가 사회적 뇌(social brain)라 부른 한 무리의 영역 가운데 편도체는 측두엽의 뒤쪽, 변연계라 불리는 뇌의 피질 하 영역에 위치한다. 편도체는 공감하기, 곧 자극에 정서적인 의미를 붙이기 외의 다른 기능에도 관여한다(S. Baron-Cohen, 김혜리·이승복 역, 2004: 212). 신경생물학 연구에 따르면 타인에게 보여주고 싶은 바람, 사회적으로 인정받을 수 있는 전망, 긍정적인 배려의 체험, 진정한 사랑의 경험보다 더 동기부여 체계를 활성화하는 것은 없다(J. Bauer, 이미옥 역, 2007: 33).

인간의 사회적 행동 신경 메커니즘 해독은 사회신경과학의 성장을 촉진했다. 사회적 관계의 변화 추적 연구는 권력과 소속의 사회적 공간이 해마 활동을 예측할 수 있음을 발견함으로써 해마가 사회적 인지에 중요한 역할을 함을 시사했다. 해마는 사건의 개인적, 공간적, 시간적 맥락과 같은 일화 기억(episodic memory)에 중요하다. 추상적 인지 지도 내에서 해마에 의해 인코딩된 삽화 기억은 사회적 탐색을 안내할 수 있으며 해마 기능 장애는 부적응적인 사회적 행동에 기여할 수 있다. 인간의 사회적 기술은 다른 동물의 기술과 비교할 때 예외적인 것으로 보기도 하는데 이는 사회적 두뇌가 최근에 진화했고 인간에게 고유한 것일 수 있음을 암시한다. 그러나 연구자들은 사회적 인지는 단순히 해부학적으로 정의된 뇌 영역에 매핑 되지 않기 때문에 사회적 뇌의 기능적 해부학은 여전히 파악하기 어렵다고 지적한다. 전두엽, 대상 피질 영역을 포함한 많은 피질 영역에서의 활동은 사회적 인식, 마음이론, 인상 형성 및 자기 성찰을 포함한 많은 사회적 과정에 따라 달라진다. 사회이론은 사회적 인식의 주요 결정 요인인 상호 작용이 특정 뇌 회로에서 직접 구현됨을 보여줌으로써(R. M. Tavares, A. Mendelsohn, Y. Grossman et al., 2015: 231-243) 사회적 존재로서 인간 뇌의 구성 즉, 사회적 뇌에 대한 뇌신경과학, 신경해부학 설명을 추가한다.

한편, 비친족과 협력하고 지속적인 비생식적 관계를 형성하려는 성향의 근간 또한 뇌신경 메커니즘에서 파악된다. 인간의 사회적 연결 기반에 대한 하나의 가능한 메커니즘은 옥시토신, 바소프레신과 그 수용체이다. 바소프레신의 기능은 짝 결합, 비메이트에 대한 선택적 공격성을 촉진하는 것을 포함한다. 옥시토신은 모성 행동과 쌍 결합을 촉진하며 동종에 대한 경계를 줄이고 관련 없는 인간 간의 협력을 유발한다. 옥시토신 및 바소프레신 수용체 신경 펩타이드는 기존 신경 회로와의 상호 작용을 통해 새로운 사회적 행동을 지원하게 한다. 동시에 옥시토신은 그룹 내 편애, 그룹 내 이익을 위한 자기희생 그리고 그룹 외 비하를 재촉한다. 이처럼 옥시토신, 바소프레신 등은 집단생활 영장류 사이에서 점점 더 복잡한 사회적 행동 패턴의 조절을 포함하도록 확장되었다(C. Parkinson & T. Wheatley, 2015: 133-135).

어린 시절부터 인간은 혼자 행동하는 것보다 협력을 선호하기에 고립은 건강에 부정적인 결과를 초래한다. 인간의 소셜 네트워크는 방대하고 오래 지속되며 때로 낯선 사람들과 공동의 이익을 위해 구축되었다. 사회적 뇌를 가정할 때, 전염병과 같은 중대한 사건은 개인에게 삶의 혼란을 초래하고 재난 발생 중과 이후에 개인 삶에서 외적, 내적으로 사회생활 구조를 변화시킬 수 있다. 사회적 거리두기, 자가 격리와 같은 조치는 타인과의 관계를 변경시킴으로써 자신과 타인에 대한 인식을 변화시킬 수 있다. 이러한 새로운 인식 거리는 개인의 건강과 웰빙을 감소시킬 수 있고 급기야 사회적 동물로서의 인간 본성과 관계된 사회적 고통을 유발할 수 있다.

2) 팬데믹과 두려움이 정신건강에 주는 영향

팬데믹 발생 과정에서 중심적인 인간 감정 반응 중 하나는 두려움이다. 인간은 다른 동물과 마찬가지로 생태적 위협에 대처하기 위한 일련의 방어 시스템을 보유하고 있다. 감정은 종종 사실적인 정보보다 더 많은 위험 인식을 유도한다. 위험한 상황에 대한 감정적 반응은 두 단계의 사고 즉, 긍정 대 부정 감정의 질로 이루어지며 그에 일치하는 감정 유형 정보에 초점을 맞추게 한다. 예를 들어, 더 부정적인 정서적 건강 경고에 노출된 흡연자들은 경고와 흡연에 대해 더 부정적인 감정을 경험했고 그에 따라 더 많은 위험을 회상했으며 그 결과 위험 인식 및 금연 의도에 영향을 받았다(J. J. Van Bavel et al., 2020: 460-464). 팬데믹 상황에서 인간 내부 및 외부에 부정적인 감정이 증가함에 따라 사람들은 결정을 내리기 위해 COVID 19에 대한 부정적인 정보에 더 많이 의존할 수 있다. 미디어는 보통 경미한 증상만 경험하고 이를 회복한 사람들보다 사망한 사람의 수를 제시하는 데 초점을 둠으로써 COVID 19에 대해 부정적으로 보도하기도 했다. 이것은 부정적인 감정을 증가시키고 사람들을 잠재된 위험에 민감하게 만듦으로써 정신건강 측면에서 신경증적 장애를 야기할 수도 있다.

두려움과 위협의 경험은 사람들이 자신에 대해 생각하는 방식뿐만 아니라 다른 사람들, 특히 외부 집단에 대해 어떻게 느끼고 반응할 것인가와 같은 대인관계 형성에도 영향을 미친다. 예를 들어, 질병으로 위협받는 것은 종종 더 높은 수준의 민족 중심주의와 관련된다. 더 큰 두려움과 인지된 위협은 외부 집단에 대해 더 큰 편협함, 징벌적 태도를 갖게 할 수 있다. 집단 경계를 강조하면 사회적으로 멀리 떨어져 있는 사람들에 대한 공감을 약화할 수 있는데 이는 비인간화, 처벌 등을 유도할 수 있다. 모든 유행병이 극단적인 폭력으로 이어지는 것은 아니지만, 질병 위협은 낙인찍기와 희생된 집단에 대한 차별과 폭력을 초래할 수 있다. 그러나 한편, 팬데믹은 종교적, 민족적 편견을 줄일 수 있는 기회를 창출하기도 한다. 질병 확산에 맞서 싸우기 위해 개인, 지역사회 및 정부가 협력하여 가치를 공유하도록 강력한 신호를 보낼 수 있으며 이는 이전에 구분했던 외부 그룹과 내부 그룹을 공동의 운명을 가진 단일 커뮤니티로 재구성하도록 재촉할 수 있다. 이러한 요인 중 하나는 재난에 처한 경험을 공유하면서 발생하는 공유된 정체성과 타인에 대한 관심과 같은 새로운 감각이다(J. J. Van Bavel et al., 2020: 463-468). 이러한 느낌은 대중을 집단으로 다루고 공동선을 위해 행동하도록 촉구하기에 유용하게 활용될 수 있다.

사회적 거리두기, 내집단과 외집단 인식, 자가 격리 등 팬데믹이 제공한 새로운 삶의 환경은 사회적 뇌를 지닌 인간 개개인의 정신건강 차원뿐만 아니라 타인에 대한 우리의 태도, 공감과 같은 인간의 공적 도덕 측면의 변화도 초래했다. 결국 팬데믹은 개인의 정신건강과 함께 공감, 배려, 도덕성과 같은 도덕적 차원에도 깊은 영향을 주었다.

Ⅳ. 포스트 팬데믹 시대의 도덕교육

1. 도덕성과 정신건강

1) 도덕성과 도덕적 불능의 신경 메커니즘

신경윤리학은 미래 반사회적 행동에 대한 잠재적인 신경심리학적 위험요소를 포함하여 반사회적 행동에 기여하는 요소를 명확히 설명하기 시작했다. 도덕적 행위자는 사회적 의사 결정 능력을 필요로 하며 이는 마음이론(Theory of Mind)과 같은 사회 인지 능력에 의존한다. 정교한 사회적 인지 능력을 통해 개인은 다른 사람의 행동을 관찰하고 미래의 행동을 예측할 수 있을 뿐만 아니라 그 정보를 서로에게 전달할 수도 있다. 더욱이 공감, 죄책감, 수치심은 도덕성에서 중추적인 역할을 하는데 이러한 사회적 감정은 타인을 돌보고 집단 결속을 촉진하도록 돕는다. 예를 들어, 관점 취하기는 다른 사람의 주관적인 관점을 채택하는 데 사용되며 이는 피해자가 경험하는 피해 또는 고통의 정도를 이해하는 데 도움이 된다(K. J. Yoder & J. Decety, 2018: 279-288).

기능적 신경 영상 연구는 사회적 의사 결정과 관련한 영역 즉, 도덕성에 중요한 역할을 하는 영역을 발견했다. 예를 들면, 복내측 전두피질(vmPFC), 안와전두피질(OFC), 편도체, TPJ, 전대상피질(ACC), 전측뇌섬엽(aINS), PCC 및 배외측 전전두피질(dlPFC)을 포함하는 일련의 상호 연결된 영역은 도덕적 자극 및 실행에 안정적으로 참여함이 밝혀졌다(S. E. Lewis & R. Whitley, 2012: 735-736). 주목할 점은 사회적 의사 결정의 기초가 되는 신경 영역 네트워크에서의 기능 손상 즉, 신경적 결함에 의한 정신건강 이상은 반사회적 행동의 원인이 되기도 한다는 점이다. 사이코패시 체크리스트(Psychopathy Checklist Revised, PCL-R)는 부분적으로 미래 반사회적 행동에 대한 높은 예측력을 가지고 있는데 PCL-R 점수가 높은 개인은 편도체와 vmPFC 사이의 구조적 연결 감소를 포함하여 사회적 의사 결정 네트워크에서 신경 활동 중단을 지속적으로 보여주었다. 이들은 도덕적 위반을 묘사하는 자극을 평가하는 동안 편도체 및 vmPFC 내의 비정형 기능 활동, 타인이 표현한 고통 및 고통 신호에 대한 vmPFC의 신경 반응 감소세를 보였다(S. E. Lewis & R. Whitley, 2012: 735-737). 이러한 신경과학 연구는 도덕적 실패 및 도덕적 불능은 종종 정신건강에 기인하며 대부분 신경적 결함에서 유래함을 보여준다.

건강한 개인의 경우 다른 사람의 고통은 친사회적 행동 동기를 부여하는 강력한 단서이다. 특히 공감 과정은 타인을 돌보는 동기를 부여하고 다양한 형태의 도덕적 판단을 유도하는 중요한 기능을 수행한다. 그러나 사이코패스와 같은 도덕적 불능인은 뇌 기능의 저하로 도덕적 수행을 하지 못할 수 있다. 따라서 우리는 도덕성과 정신건강의 신경 메커니즘의 긴밀한 연관성에 관심을 기울일 필요가 있다.

2) 뇌신경과학 및 정신건강에서 도덕성

도덕적 발달을 위한 건강한 정서 반응의 중요성이 많은 연구에서 시사되었는데 건강한 개인은 다른 사람의 고통을 혐오하는 경향이 있고 이 고통과 관련된 행동 즉, 다른 사람에게 해를 끼치는 행동을 피하는 것으로 드러났다. 그러나 정신병, 정신 장애가 있는 개인은 다른 사람의 고통에 대한 자율 반응이 감소하고 슬프고 두려운 표현에 대한 인식도 감소했다. 이는 돌봄에 기반을 둔 도덕적 사회화의 요소가 타인의 고통에 대한 적절한 정서적 반응임을 나타낸다. 정신병은 정서적 기능 장애를 포함하는 발달 장애로 죄책감 감소, 공감 및 중요한 타인에 대한 애착 불균형, 충동성, 열악한 행동 통제를 포함한 반사회적 행동을 특징으로 하는데 핵심 신경 영역은 편도체와 vmPFC 등이다(R. J. R. Blair, 2007: 387-392). 여기서 공감, 타인에 대한 애착 균형 등은 도덕성의 주요 요소이기도 하므로 정신병과 관련된 신경 시스템은 도덕 발달에 중요하게 관련될 수 있다.

도덕성과 정신건강에 대한 논의는 도덕 교육학자들에 의해서도 제기된 바 있는데 윌슨(John Wilson)은 도덕성을 영혼의 상태, 정신건강 등의 의미로 설명하며 정신건강이 교육 목적 중 하나가 됨을 주장했다(J. Wilson, 1968; J. Wilson, 1972: 85-94; 박형빈,

2016: 16 재인용). 정신질환과 교육 결여에 대한 <표 1>은 윌슨의 견해를 잘 나타내는데 비합리성 형태의 기능 장애는 정신질환 즉 정신병인 동시에 교육 결여에 의해서도 야기된다.

[표 1] 윌슨(Wilson)의 정신질환과 교육 결여 영역 비교

	정신질환	교육 결여
A	무합리성 형태의 기능 장애	
B	비합리성 형태의 기능 장애	
C		기능 장애 때문이 아닌 지식, 의식, 기능 등의 결여

출처: J. Wilson, 1968; J. Wilson, 1972: 85-94; 박형빈, 2016: 17 재인용

위에서 겹치는 부분은 비합리성 영역이라 불릴 수 있는 것으로 이 부분은 정신질환 영역의 무합리성의 경우인 A 영역과 다르고 기능 장애 때문이 아닌 지식의 결여 상태인 C 영역과도 다르다. 비합리성 형태의 정신기능 장애라고 기술한 중복 부분인 B 영역에서 교육적으로 다룰 수 있는 것으로 윌슨은 자신이나 다른 사람의 느낌을 아는 능력, 특정의 인지적 능력을 구체적 상황으로 가지고 가는 능력, 상황에 맞게 느끼고 행동하는 능력 등을 제시했다(J. Wilson, 1968; J. Wilson, 1972: 85-94; 박형빈, 2016: 17 재인용).

국내 도덕 교육학계에서도 정신건강과 도덕교육과의 논의가 이루어졌다. 예를 들면, 도덕성과 정신건강에 대한 연구(윤영돈, 2008; 박장호, 2014a; 박형빈, 2016; 김나연・김동춘・김종훈・최용성, 2018), 윤리상담과 마음치유 관련 연구(박장호, 2014b; 김대군, 2017; 박형빈, 2017; 이경희, 2017; 이미식, 2017), 회복 탄력성 관련 연구(추병완, 2014; 정창우, 2019), 긍정심리학과 도덕교육 관

런 연구(윤병오, 2011; 추병완, 2013), 도덕적 보건 능력에 대한 연구(김혜진·윤영돈, 2016) 등을 통해 시도되었다.

정신 장애에 대한 신경학적, 정신의학적 설명은 반사회적 정신병이 있는 개인이 사회화하기가 훨씬 더 어렵다는 점을 의미함과 동시에 사회화가 도덕성 발달에 중요한 인자가 됨을 보여준다. 결국 도덕성과 정신건강의 긴밀한 연관성은 도덕성, 도덕 발달, 도덕교육 논의와 도덕교육 현장에서 학생들의 정신건강 차원을 배제할 수 없음을 시사한다.

2. 언컨택트(Uncontact)를 넘어 온택트(Ontact) 시대 정신건강을 고려한 도덕교육

1) 도덕성 향상 및 정신건강을 위한 대화식 상담

전 세계의 많은 문화에서 정신질환은 성격 결함, 도덕적 실패에 의한 것(S. E. Lewis & R. Whitley 2012: 735)으로 종종 도덕성에 기인한 것으로 간주되었고 정신과 의사들은 도덕적 광기, 선한 인성과 같은 개념을 사용했다. 1960년대 매클린(P. MacLean), 할로우(H. Harlow), 보울비(J. Bowlby)는 섹슈얼리티로서의 사랑이 아닌 애착으로서의 사랑에 관심을 기울였으며 신경과학이 정신 작용의 물질적 기반을 제공할 수 있는 토대를 만들었다. 어미 햄스터의 피질을 제거하면 미로 수행은 할 수 없지만 유능한 어미로 남았다. 그러나 변연계를 손상하면 미로는 할 수 있지만 그녀의 새끼를 낳지 않았다. 다양한 연구에 따르면 인간은 변연계, 특히 OFC, 전두엽 및 인슐라에서 즐거운 경험을 얻는다. 올맨(J. Allman)과 리졸라

티(G. Rizzolatti)와 같은 신경과학자들은 인간의 친사회적 정신 작용을 뒷받침하는 변연 방추 세포와 거울 뉴런을 확인했다. 거울 뉴런은 인슐라와 ACC에 존재하며 다른 사람의 감정을 느끼는 경험인 공감을 매개하는 것으로 이해된다. 전대상 피질과 거울 뉴런의 fMRI는 가장 높은 수준의 사회적 인식과 공감을 가진 개인에게서 가장 활동적이었다. 높은 IQ가 평균 이상의 지적 적성을 반영하는 것과 같은 방식으로 높은 사회정서 지능은 평균 이상의 정신건강을 반영한다(G. E. Vaillant, 2012: 96). 아리스토텔레스는 니코마코스 윤리학에서 '누구나 화를 낼 수 있고 이것은 쉬운 일이지만 적절한 사람에게, 적절한 정도로, 적절한 때에, 적절한 목적을 위해, 올바른 방식으로 화를 내는 것은 쉽지 않다.'라고 역설했다. 도덕성의 정신건강과의 밀접성은 정신건강 향상을 위한 사회 정서적 접근방법들에 주목하게 한다. 정신건강 관리에는 개인 간의 상호 작용이 포함되는데 대화를 매개로 한 상담은 환자들에게 자주 제공되는 심리치료 방법으로서 인정받고 있다.

사람들은 이야기를 나누는 가운데 서로와 연결되고 또한 연결됨을 느낀다. 언어와 담화 형식은 심리적 기능에 필수적이다. 언어는 인간의 사고, 느낌, 행동에 필요한 도구를 제공하기 때문이다. 이러한 이유로 언어를 매개로 한 성인과 아동과의 대화, 교사와 학생 간의 대화는 아동과 학생의 도덕 발달을 포함한 내적 성장에 지대한 영향을 준다(박형빈, 2020: 24-25). 대화는 인간 사이에 소통하는 관계적 이미를 갖도록 돕는다는 점에서 이를 통해 이루어지는 상담은 심리치료와 정신건강 나아가 도덕성 발달 및 향상을 도모한다고 볼 수 있다.

2) 사회적 지지의 중요성과 도덕교육

인간의 성격과 행동이 사회적 지원에 의해 형성된다는 것은 오래되고 널리 알려진 견해이다. 초기 청소년(11-15세) 연구에서 사회적 지원이 외로움 감소 및 삶의 만족감 증대와 연관됨을 보여주었다. 부모와 친구 못지않게 교사의 지원은 학생들 삶의 만족도와 관련이 있으며 다른 사회적 지원 소스보다 웰빙과 더 긴밀한 관련이 있음도 나타났다(I. Blau, S. Goldberg, & N. Benolol, 2019: 909-910). 상담에 기반을 둔 심리치료, 사회적 정서적 지지 활동의 효과성 연구는 다양한 분야에서 이루어져 왔다. 예를 들면, 도덕적 상해를 경험한 재향 군인들에 대한 연구에서 심리치료를 경험한 퇴역 군인들은 치료 후 자신의 심리적 증상을 이해하고 진행 중인 증상에 대처할 준비가 더 잘 되어 있다고 느꼈다. 이들은 치료가 도덕적으로 해로운 사건을 보다 적응적으로 이해하는 데 도움을 주었다고 보고했다(V. Williamson, N. Greenberg, & D. Murphy, 2019: 3-8).

현재 정신건강 문제에 대한 심리치료는 과거 직접 대면 방식에서 전환하여 심리교육 웹 사이트, 이메일 기반 상담 및 온라인 비디오 치료와 같은 원격 정신건강 서비스도 활발히 활용되고 있다. 이를 바탕으로 의료 접근 장벽이 있는 대상의 PTSD, 공포증 등에 대한 치료에 효과가 검증되었다(S. D. Muir, K. de Boer, M. Nedeljkovic, & D. Meyer, 2020: 1). 이는 재난에 대한 사회적 지지 기반의 스토리텔링 경험이 장기적인 심리 회복에 도움이 될 수 있으며 더 나은 정신건강을 위한 잠재적인 매개 요소로 작용할 수 있음을 드러낸다.

따라서 도덕교육에서 교사가 학생들의 도덕성 발달을 촉진하기 위해 정서적 경험과 같은 삶의 경험에 대한 '내러티브적 성찰'과 공감 및 역할채택을 바탕으로 한 '도덕적 대화'의 기회를 제공하기 위해 노력할 수 있다. 이는 사회정서학습 분야의 연구자들에 의해서도 강조된 바 있는데, 자신이 가치 있는 존재로 인식되고 존중받고 있으며 타인과 상호 연결되어 있다고 느낄 수 있는 환경, 즉 보다 지지적인 환경의 맥락에서 사회정서가 촉진될 수 있다고 보았다(정창우, 2013: 162). 팬데믹 환경에서 학생들은 상호 간 거리, 외로움, 고립감 등 이전보다 더 많은 스트레스를 받고 있다. 학교 교육을 통한 심리 사회적 개입은 재난 발생 후 청소년의 정신건강을 증진하고 도덕성 발달에 공헌할 수 있기에 사회적 지원과 같은 전략이 교육 특히 도덕교육에서 깊이 있게 고려될 것이 요구된다.

V. 결론: 도덕교육의 과제로서 사회적 지지와 돌봄

COVID 19로 인한 팬데믹은 개인의 일상을 획기적으로 변화시켰다. 모든 대면 활동은 중단되었으며 사람들은 모임을 자제하고 집에 머물며 재택근무를 하도록 요구 받았다. 교육 부분에서도 전세계 대학 및 학교 교육에 극적인 변화가 일어났다. 대학 및 각급 학교의 모든 수업이 동시에 온라인 수업으로 전환되었다.

한편, 팬데믹 현상은 개인에게 외로움, 우울증 등의 심적 부담을 야기하기도 했다. 대인관계의 사회적, 정서적 지지 감소는 정신건강에 악영향을 줄 수 있으며 이는 도덕성 발달과도 밀접하다는 점에서 유념할 필요가 있다. 특히 사회적 거리두기는 대인관계의 사회적, 의식적 측면을 변화시키기에 이를 교육현장에서 참작할 필요가 있다. 전염병이 얼마나 오래 지속될지, 그리고 앞으로 얼마나 더 많은 격리 기간이 발생할지 장담할 수 없다는 점에서 사회적 거리 두기는 우리에게 사회학적 도덕적 상상력을 연습하게 한다.

2020년 2월부터 국제 보건 기관에서 발표한 문서에서 사회적 거리라는 표현은 주로 물리적 거리의 동의어로 사용되었다. 미국 질병 통제 및 예방 센터 자료는 물리적 거리두기라고도 하는 사회적 거리두기가 집 밖의 다른 사람들과 자신과의 간격을 유지하는 것을 의미한다고 기술했다. 사회적 접촉을 피하는 것은 잠재적인 전염을 피하는 것을 의미하는데 상호 작용은 위험으로 간주된다. 다른 측면에서 사회적 거리두기는 위기가 어떻게 보살핌, 사교성, 애정 등 대인관계 의식의 디지털화를 가속했는지 보여주기도 했다. 디지털 패밀리 그룹은 언어화된 정서적 참여, 공통 초점에 대한 관심 및 그룹 참여와 같은 근접성의 대체 상징적 요소를 통해 물리적 근접 관계를 대신했다. 공존의 공간적 특성 또한 동시성이라는 시간적 특성을 통해 디지털 방식으로 교체되었다. 이를 근접 의식의 디지털화라 부르기도 한다(V. Romania, 2020: 51-66).

세계화의 결과로 서구의 사회적 거리두기 모델이 전 세계로 퍼졌으며 온라인 상호 작용을 강화하는 도구도 적극 사용되었다. 이를 고려하여 포스트 팬데믹 시대의 변화 요소로 다음과 같은 점을 내세울 수 있으며 이를 근거로 도덕교육의 과제를 추론할 수 있다. 팬데믹 환경은 첫째, 사회적 거리두기라는 면대면 만남을 금지함으로써 대인 간 물리적 거리두기를 일상으로 끌어들였다. 둘째, 물리적 거리두기에 의한 대면접촉 축소는 개인에게 외로움, 우울증, 두려움, 고립감 등의 심리적 스트레스로 인한 정신건강 저해를 안겨주었다. 셋째, 교육 환경에서 교사와 학생, 학생과 학생 간 대면접촉 부재는 자칫 인지 중심의 콘텐츠 중심 교육을 유도할 수 있다. 이러한 환경적 변화는 도덕교육에서 중요한 사회 관계성, 공감, 소통, 이해, 정서 공유, 돌봄, 연민 등의 중대성을 환기하며 이를 위한 새로운 교육 활로를 찾게 한다. 넷째, 언택트 상황에서 온라인 상담, 이메일, SNS, 실시간 양방향 플랫폼 등과 같은 대안을 통한 사회적 지지, 정서적 지원의 활약은 포스트 팬데믹 시대의 도덕교육 방법에 유의미한 아이디어를 제공한다.

따라서 뇌신경과학과 정신건강 차원에서 포스트 팬데믹 시대를 겨냥한 도덕교육의 의미는 다음과 같이 제기될 수 있다. 우리는 도덕교육의 의미 모색을 위해 뇌신경과학과 도덕교육을 연계한 5단 논법을 생각해 볼 수 있다. (1) 팬데믹은 사회적 존재로서 인간 뇌에 사회적 고립을 야기할 수 있다. (2) 사회적 고립은 사회적 뇌를 지닌 인간에게 사회적 고통을 유발하여 정신건강을 위협한다. (3) 정신건강은 스트레스 조절력, 현실 수용 능력, 타인 사랑 및 원만한 인간관계 형성 능력 등과 연관되기에 도덕성 발달과 밀접하다. (4) 사회적 고립 및 스트레스는 사회적 지지를 통해 완화 또는 치유될 수 있다. 그러므로 (5) 도덕교육에서 도덕성 발달을 위해 사회적 지지와 같은 정서적 접근이 소홀히 되지 않도록 유념할 필요가 있다. 결과적으로 COVID 19 대유행이 초래한 사회적 거리두기에 의한 개인의 우울증, 불안, 돌봄 영역의 축소 등은 도덕교육에서 정신건강과 심리치유 측면에 더욱 주의를 기울일 것을 요청한다.

그러므로 포스트 팬데믹 시대 다음과 같은 도덕교육의 과제를 제안할 수 있다. 첫째, 도덕성의 정신건강과의 긴밀한 연관성을 통해 정신건강 향상을 위한 도덕교육 접근방법에 주목할 필요가 있다.

정신건강 관리를 위해서는 개인 간의 상호 작용이 필수적이다. 사회적 지지로서 상담과 대화는 환자들에게 자주 제공되는 인정받는 심리치료이다. 도덕교육은 대화, 소통, 격려 등을 통한 사회적 지지를 학생들에게 제공함으로써 학생들을 도울 수 있다. 예를 들면, 윤리상담과 같은 방법이 활용될 수 있다. 또한 학생의 심리적 상태에 따라 적극적인 의미로서의 치료와 소극적, 예방적 의미에서의 치유라는 용어가 사용될 수 있다. 예를 들면, 비합리성 기능 장애에 대한 도덕 교육적 개입은 일종의 심리치료로서 후천적 소시오패스나 사이코패스를 예방하도록 작용할 수 있다.

둘째, 거시도덕과 미시도덕 차원에서의 다차원적 접근이다. (1) 거시도덕 차원에서는 나의 경계를 넘어 타인에 대한 관심의 확장이 교육되어야 한다. 질병으로 위협받는 것은 외부 집단에 대한 더 강한 배제와 혐오를 조장하여 집단 경계를 강조하고 사회적으로 멀리 떨어져 있는 사람들에 대한 공감력을 약화할 수 있다. (2) 미시도덕 차원에서는 개인의 심리적 안정 도모, 정신건강과 심리치유를 위한 대화와 상담으로서 소통이 요구된다. 교사와 학생 간, 학생 상호 간 소통의 디지털화 방안 마련도 요청된다. 이는 공유된 정체성 개념, 소셜 네트워크, 실시간 소통 플랫폼 등을 통해 획득 가능하다. 재난에 처한 경험을 공유하면서 발생하는 공유된 정체성과 타인에 대한 관심을 도덕교육에서 다룸으로써 공동선을 위한 태도와 행동을 회복할 수 있다. 특히 소셜 네트워크는 전염병 동안 유익한 행동의 확산을 증폭시킬 수 있음을 보여주었다. 이 점에서 비대면, 언택트 상황을 보다 생생한 교육 환경으로 어떻게 전환할 것인가를 도덕교육은 과제로 안고 있다.

따라서 우울증 및 사회적 고립 극복을 위한 대화, 소통, 연결, 공감, 연민 등의 돌봄과 사회정서 지지 제공이 도덕교육에서 요망된다. 최근 활발히 이용되고 있는 온라인 채팅 상담 서비스, 이메일, 실시간 양방향 플랫폼 등을 사용한 비대면 활동도 돌봄과 사회 정서적 지지 방안으로서 도덕교육에서 유용하게 활용될 수 있을 것이다.

결과적으로 뉴노멀 시대 도덕교육은 교사와 학생 간 실시간 활용 상담, 개별 대화 창구 마련, 롤 플레이닝 게임 활용, 온라인 사회정서학습 등을 통한 격려, 지지, 수용 등의 정서적 접근을 더욱 필요로 한다는 점이 간과되어서는 안 된다. 학생들이 사회적 거리두기로 대변되는 팬데믹 환경에서 사회적 고립과 외로움 등으로 야기된 도덕적 심리 저하를 극복하고 도덕성을 발달하도록 돕는 노력이 절실하다. 도덕교육에서 이성과 정서, 합리적 사고와 배려적 돌봄이 조화롭게 추구될 때 그 실효를 더욱 기대할 수 있을 것이다.

도덕철학과 도덕심리학에 기초한 도덕교육

도덕적 추론과 도덕적 정서의 총체적 추구

◇ **제7장** ◇

J. Wilson과 D. Narvaez에 기초한 대화형 통일교육의 필요성과 방향: 도덕철학 및 도덕심리학을 중심으로

Ⅰ. 서 론

통일교육 현장에서 과거 남북한의 관계에 대한 지식과 통일에 대한 염원을 노래하는 것으로도 충분한 시절이 있었다. 그러나 분단 70여 년이 지난 지금, 전쟁을 직·간접적으로 경험한 세대와 현세대는 통일의식과 통일 정서에 있어 뚜렷한 차이를 보인다. 2020 KINU 통일의식조사에 의하면, 통일 필요성과 관련하여 2018년 이후 통일이 필요하다는 응답은 지속적으로 하락했다. 또한 한반도 통일과 평화공존 사이에서 젊은 세대일수록 통일보다 평화공존을 선호한 반면, 노년층에서는 상대적으로 통일을 선호하는 성향이 발견되었다. 주목할 사항은, 남북이 한민족이라고 해서 반드시 하나의 국가를 이룰 필요는 없다는 것에 대해 2017년 의식조사 이후 2020년까지 지속적으로 탈민족주의적 통일관이 상승하는 일관된 추세가 발견되고 있다는 점이다. 이는 민족주의적 통일관이 젊은 세대들에게 더 이상 설득력을 갖지 못함을 드러내는 방증이다. 결과적으로 전쟁으로 인한 비극과 어려움을 체감한 6.25 전쟁세대가 한민족으로서의 정체성을 당연히 여기며 통일을 위해 준비하던 세대였다면, 전쟁 후 세대는 전쟁세대와는 다른 통일의식, 통일 의지, 민족 정체성, 미래 통일국가 유형과 같은 상이한 통일관을 지닌다.

우리는 통일 담론 현장에서 발생하는 각계각층의 상이한 통일 입장들의 첨예한 갈등을 직시할 필요가 있다. 통일은 이제 새로운 세대의 과업으로 이전되고 있으며 통일이 이전 세대에게 당연시 되던 분위기나 상식은 약화되고 있다. 통일세대가 뉴미디어와 스마트기기에 대응하는 세대로 성장해 갈수록 과거 통일교육 접근방식은 이들의 현실과 점점 유리되어 갈 것이다. 기존 세대의 통일에 대한 일상 담론은 새로운 세대에게 당연한 것이 아닌 강요로 비치거나 심지어 감성조차 불러일으키기 힘든 소재가 될 수 있다. 더구나 급변하는 세계 추세와 한반도 정세 속에서 통일 논의는 더 이상 정치에 국한될 수 없는 현실이 되고 있다.

통일문제는 정치적인 문제보다 통일 주체 세대인 통일세대를 어떻게 이해시키고 그들의 인정을 받아낼 수 있는가의 문제로 들어서고 있다. 동시에 어떻게 통일의 당위성이 새로운 이들의 일상이 되도록 할 것인가 하는 과제를 우리에게 부여한다. 기존의 지식 전달이나 정치 시각에서 벗어나 통일세대의 이해와 공감을 얻어가는 통일교육이 요구된다. 이들이 의식과 삶에서 우리 그리고 우리 민족의 통일 과제를 수용하고 이를 전승하여 성취해가도록 기틀을 잡기 위한 보다 전문적이고 심층적이며 문화 변화에 맞춘 진화된 교육 노력이 절실하다. 이러한 과업을 위해 우리에게 요구되는 것 가운데 하나가 통일교육 자체에 대한 충분한 검토이다. 그간 통일교육에 대한 피상적 진단을 넘어 통일교육의 핵심 사안에 대한 천착과 이에 기초한 실제적인 대안 제시가 필요하다. 또한 인공지능 및 뉴노멀 시대 학교 통일교육에서 핵심적으로 다루어야 할 사항이 무엇인가에 대한 논의도 함께 요구된다. 통일교육 현장에서 시대적, 사회적 변화에 대한 인식과 교육 대상에 대한 정확한 파악이 전제될 때, 성공적인 통일교육이 수행될 수 있을 것이다. 현세대에 대한 고려뿐만 아닌 통일교육 자체에 대한 근본적인 성찰에 기초한 통일교육 방법론 논의는 보다 설득력을 지닐 수 있을 것이기 때문이다.

그러므로 도덕윤리과 통일교육의 이론적 기반을 공고히 하고 제기되는 주요 쟁점들에 대해 주목하며 실제적인 교육방법론을 도출하기 위해서는 통일교육의 본질, 목적, 방향, 방법론에 대한 구체적인 탐색이 필요하다. 본 연구에서는 통일교육의 이론적 기반으로서 도덕철학을, 통일교육의 실제 방법을 위한 토대로서 도덕심리학을 살펴봄으로써 통일세대에 대한 강요의 교육에서 벗어난 통일교육 방법을 모색하고자 한다. 이를 위해 도덕철학 및 도덕심리학 기반 대화형 통일교육 방안의 초석을 마련하고자 한다. 따라서 본 연구의 핵심 문제는 다음과 같다. 첫째, 도덕과 통일교육의 교육 목적 차원을 위한 도덕철학의 제안은 무엇인가? 둘째, 도덕과 통일교육의 교육 방법 차원을 위한 도덕심리학의 제안은 무엇인가? 셋째, 통일교육의 구체적 방법으로서 대화형 통일교육의 개요는 어떻게 구조화 가능한가이다.

II. 통일교육의 신패러다임 전환으로서 도덕철학 기반 통일철학

1. 통일교육 패러다임 전환 요구와 도덕철학에 기초한 통일철학의 응전

1) 통일교육의 패러다임 전환 필요성

쿤(Thomas Kuhn)이 과학철학연구에서 새롭게 정의한 패러다임 전환 용어는 단순히 자연과학사 분야뿐만 아니라 교육을 포함한 사회과학의 전 영역에 이르기까지 패러다임의 존재와 그 의미에 대한 많은 통찰을 제공해 주었다. 마찬가지로 시대와 세대의 변화는 자연스럽게 통일교육 영역에서도 패러다임 전환에 대한 논의를 불러일으키며 통일교육의 지향, 목적, 방법에 대한 대안을 찾게 한다. 그동안 도덕과 통일교육과 관계된 관점 전환을 위한 논의들은 정치, 지식 전달, 안보 중심, 거대 담론에서 교육, 핵심 역량 함양, 평화 지향, 학습자 개인으로의 변화 도모(조정아, 2018), 기능주의적 접근과 자유민주주의에 기반을 둔 통합 교육에 대한 강조(황인표, 2011), 사회과학적 접근과 인문과학적 접근의 조화 및 윤리학적 접근의 추구(윤건영, 2007) 등의 연구를 들 수 있다. 그러나 근본적인 통일교육 패러다임 전환과 이를 위한 구체적 방향과 대안을 설정하여 제시한 논의는 일천하다. 더구나 최근 교육을 포함한 인간의 삶 전반에 광범위한 변화를 일으킨 팬데믹 현상도 간과할 수 없다. 특히 교육은 인류의 미래를 위해 정책 입안자들이 관심을 기울여야 할 도전적이고 필수적인 차원 중 하나라는 점에서 통일교육의 패러다임 전환은 불가피하다.

통일교육의 패러다임 전환을 위해 고려할 교육 패러다임 사항들은 다음과 같다. 첫째, 증거기반 교육 패러다임이다. 이는 세계 여러 국가의 정책 개발에 지속적으로 영향을 미치고 있다. 가장 단순한 수준에서 증거기반 교육은 종종 무작위 통제 실험에서 제공되는 증거를 교실 실습에 통합하는 것이다. 예를 들면, 영국의 교육 기금 재단(Education Endowment Foundation)은 호주를 포함한 다른 국가에 의학적 접근방식으로 홍보되는 증거기반 학교 교육을 전파하였다. 증거기반 교육에 대한 문헌은 대부분 의학에 기초하여 명시되어 있지만 교육의 이점을 극대화하기 위해 정책 입안자들이 고려해야 할 사항을 보여준다(L. McKnight & A. Morgan, 2020: 648).

둘째, 디지털 세대를 겨냥한 교육 패러다임 전환이다. 과거 세대와 달리 Z세대라 불리는 오늘날 학생들은 친미디어 환경 속에 성장해 왔다. 학생들의 미디어 사용은 그들의 관심 주제, 학습 방식 유형, 학습 능력 등에 영향을 미친다. 미디어 세대로서 이들은 SNS, 멀티태스킹, 비선형 처리, 영상 선호 등의 특징을 갖는다. 디지털 원주민과 디지털 이주민이라는 표현으로 대변되는 세대 간 차이는 기존 세대에 맞춰진 교육현장의 시급한 변화를 촉구한다.

셋째, 교사 중심에서 학습자 중심으로의 교육 패러다임 전환이다. 학습자 중심의 접근방식은 학습자를 교육과정에 적극적으로 참여시키고 잘 정의된 교육 결과를 평가하는 데 중점을 두는 교육 패러다임 전환이다. 학습자 중심 교육은 지배적인 교사 중심의 패러다임에서 탈피하여 학생 참여와 학생 성공에 중점을 두는 것이다. 학습자 중심의 패러다임은 모든 학생을 위한 성공적인 접근방식을 찾도록 도전하는데, 그 강조점은 학생 만족과 성공을 촉진하는 학습 과정에 학생을 적극적으로 참여시키는 것이다(J. P. Landry, B. M. Saulnier, T. A. Wagner, & H. E. Longenecker, 2019: 175-176).

넷째, 지식 전달에서 탐구 기반 학습으로의 전환이다. 탐구 기반 학습은 학습자가 관련 답변으로 이어지는 의미 있는 질문을 통해 학습자의 고차원적 사고 능력을 도모한다(N. Ruzaman, 2020: 4). 이는 대화형과 같은 양방향의 상호 소통형 통일교육, 체험형 통일교육을 요구한다. 통일교육은 단순히 통일 관련 정보와 지식을 전달하는 교육에서 나아가 통일과정에서 요구되는 태도와 가치관 등을 함양할 수 있는 체험식 교육 방법을 필요로 한다. 따라서 통일교육 패러다임 전환에서 필요한 것은 이러한 전환 요구에 대한 고려를 기반으로 통일 미래에 대한 구체적인 비전을 제시하는 것이 중요하다.

통일 한국의 미래는 분단 한국과 달리 정치·경제·사회문화 등 각 분야별로 어떤 모습이 전개될 것인지 그리고 그 통일 미래의 변화가 개인의 삶에 구체적으로 어떤 영향을 줄 것인지 인식시킬 수 있는 것들이 통일교육의 주 내용을 이뤄야 한다(이미경, 2016: 36-38). 그러므로 통일교육에서 추구하는 목적은 무엇인가에 대한 논의를 위해 통일교육의 배경학문 즉 도덕철학, 윤리학에 대한 탐색은 필수이다.

2) 분단이 주는 의미: '가정(IF)'의 통일에서 '사실(IS)'로서의 통일

통일교육은 향후 우리나라에 성취될 통일을 맞이하는 국민을 위한 준비교육이라는 차원에서 볼 때, 그동안 논의되어온 '통일을 왜 해야 하느냐'에 대한 근본적인 실효성 논란을 불러일으킨다. 정전 세대에게 있어 통일 즉, 한반도 통일은 직관적이고 직접 알 수 있는 내용이었다. 1980년대를 상정하여 볼 때, 전쟁 이후 30년 미만의 시점으로 이산의 고통을 직접 경험한 많은 전쟁세대들을 통해 우리는 분단 아픔의 목격이 가능했다. 이들에게 통일은 너의 일이 아닌, 바로 '나의 일'이었다. 그러나 현시점에서 살펴보면, 이미 6.25 전쟁은 몇 세대 이전의 과거의 일이며 주변에서 전쟁의 포화에 대한 직접적 목격담을 듣기에 전쟁세대는 이미 노인이 되었고 심지어 고인이 되었다. 이제 전후 세대에게 통일은 더 이상 나의 일이 아니다. 이로 인해 학생들에게 통일을 왜 해야 하느냐 하는 질문의 부각은 자칫 통일을 해도 되고 안 해도 되는 선택의 문제로 비칠 여지가 다분하다.

우리는 이 시점에서 '통일은 선택의 문제인가'라는 보다 근원적인 질문에 답할 필요가 있다. 통일에 대한 문제는 비용과 노력이 요구되는 단순한 사회경제적 공동 부담을 넘어서는 문제이며, 후세대를 위한 지속가능발전과 같이 보편성 차원에서의 접근도 해야 하는 문제이다. 더구나 통일세대로 하여금 통일에 대한 당위, 사명감, 소명감을 갖추게 하지 못한 채 통일교육이 '통일을 해야 하느냐, 말아야 하느냐'와 같은 원점에 머문 교육에 집중하게 될 때, 한반도 통일은 정치적 통일 논리에 매몰되어 예멘과 같은 사태를 초래할 수도 있다. 뿐만 아니라 남북주민 간 서로에 대한 질시와 분쟁의 소지로만 남을 가능성도 농후하다.

기존 통일교육의 문제점 파악에 필요한 것은 바로 단위로서의 동일 한반도를 어떻게 일궈낼 것인가. 이를 위해 '통일 시민'에게 요구되는 자질과 역량은 무엇인가. 통일이라는 공동체적 과업에 대한 사명감을 어떻게 끌어낼 것인가 등과 같은 진일보한 논의이다. 그것은 역사적 관점에서, 향후 우리가 통일된 역사의 큰 원류를 환원하기 위해 필요한 것이 무엇인가를 확인하는 것이기도 하다. 다시 말해 우리가 과거부터 지금까지 사용해 온 '분단'이라는 단어가 주는 의미를 깊게 고찰할 필요가 있다. 분단은 문자 그대로 하나가 나뉜 것을 의미하기에 분단국가란 용어는 한 국가가 나뉘었고 이로 인해 다시 하나 됨을 추구한다는 의미를 내포하기도 한다. 미래 역사가의 관점에서 한반도 분단의 현시점은 통일로 향한 하나의 흐름일 수 있다. 이미 우리는 통일의 시대로 전환되었다고 간주할 수 있다. 우리에게 필요한 것은 통일을 긍정할 것이냐 부정할 것이냐의 총론적 논의에 멈추기보다 이 지점에서 한 걸음 나아가 통일을 준비하고, 성취하고, 성공적으로 완성할 방안을 위한 각론에 대한 고민이다. 실제 통일 이후 어떤 문제가 야기될 것이며, 이러한 문제를 어떻게 해결할 것인가에 대한 구체적이고 전문가적인 의식과 역량, 북한 주민이 바라보는 남한에 대한 시각 확인과 대처 등을 통해 '사람의 통합에 기초한 사회통합'을 일구어 가는 것이 번영한 통일 한반도와 성공적인 통일국가 형성을 위한 기초가 됨을 인식해야 할 것이다. 그렇지 않고 통일이 선택의 문제가 될 경우, 통일선택론과 같은 통일 논의 원점 회귀의 불필요한 에너지 낭비는 불가피하며 통일에 대한 무용론, 부정론은 증가할 수밖에 없다.

현재는 통일의 역사적 관점에서 혼란기이며 통일에 대한 논의를 위해 노력하고 있는 자체만으로도 이미 우리는 통일의 과정에 들어섰다고 보는 것이 타당할 것이다. 그러므로 우리에게 통일은 역사적 필연의 의미를 갖는다고 볼 때, 통일교육에서 필요한 것은 통일

시민을 양성하는 것이며, 이러한 통일 시민은 통일 한반도라는 특수성과 함께 세계시민의 보편성을 갖춘 유덕한 시민이라 할 수 있다. 통일교육에서 보다 중점을 둘 주제는 어떻게 한반도에 성공적인 통일국가를 형성할 수 있는가에 대한 것이다. 통일교육은 향후 벌어질 대한민국 사회의 독특한 미래상인 통일의 모습과 공동체적 과업을 위한 소명감, 이를 감내하고 감당할 역량 및 자질과 같은 인성적 측면을 강조하는 교육이어야 한다. 이 지점에서 통일교육은 필연적으로 도덕교육학을 기반으로 갖게 되며 이는 도덕철학 기반 통일철학을 요청한다. 융·복합학문으로서 도덕교육학이 가진 학문적 토대를 살피는 것은 통일교육이 일회성의 이벤트성 교육이 아닌 장기적 안목을 갖춘 통일교육으로 나아가게 하며 궁극적으로 세계 유일의 통일교육학이라는 학문적 성립도 예측 가능하다. 도덕교육학을 상기할 때, 윤리학 즉 도덕철학은 통일철학을 위한 그리고 도덕심리학은 통일교육 방법론을 위한 이론적 토대로 논의하여 적용할 수 있을 것이다.

2. 통일교육에서 통일철학과 통일심리학

1) 통일교육 대상 구분: 단초점 통일교육에서 다초점 통일교육으로의 전향

통일교육에서 교육 대상은 교육의 핵심 주체로서 중요하다. 통일교육 문제와 관련하여 세대별 통일문제 인식을 중심으로 한 연구들(조정아, 2018; 김희정·김선, 2018; 윤민재, 2017; 서현진, 2017; 이인정, 2013; 함인희·한정자, 2000)은 집단 및 세대 간 통일의식 차이에 주목하며 통일교육의 새로운 패러다임을 모색한다. 코호트 간 통일인식 격차를 염두에 두고 세대 간, 집단 간 통일교육의 방법에 대한 차별화된 접근이 필요하다. 교육 대상에 대한 우리의 초점은 다음과 같이 다차원에서 접근될 수 있다.

첫째, 6.25 전쟁 경험은 전쟁을 직접 겪은 세대와 그렇지 않은 세대 간에 통일의식에 대한 뚜렷한 격차를 만든다. 한민족 의식, 민족의 염원으로서 통일, 형제로서의 북한 인식 등 통일의식, 통일 정서에서 세대 간 차이는 크다. 전쟁과 분단을 직접 목격하고 경험한 세대에게 북한은 형제이고 당위로서 통일해야 할 나의 혈육이다. 이들에게 통일은 한민족으로서 마땅히 추구할 민족적 과제이다. 그러나 전후 세대 특히 현 청소년들에게 혈육으로서의 북한은 멀고, 분단은 단지 자연스러운 현상 및 현실이다. 역사 경험과 삶의 맥락 차이는 통일에 대해 다른 시각을 양산하며 이들 사이에 갈등으로 존재할 수밖에 없다.

둘째, 디지털 원주민 즉, Z세대 특성을 고려한 통일교육 방법의 모색이다. 아날로그 세대와는 완전하게 다른 특성을 보이는 유튜브 세대, 디지털 세대를 위한 학교 교육 패러다임 변화가 요구된다. 학생들의 시각에서 이들을 어떻게 배우게 할 것인가와 같은 교육 주체에 대한 고려가 반영된 학습자 중심 교육 방법이 활용될 수 있다. 학생들은 인지적 차원에서 지식을 알고 이해하는 데 그치는 것이 아닌, 지식을 찾고 이를 적용하는 방법을 습득할 수 있는 역량을 키워야 한다.

셋째, 탈북학생에 대한 고려이다. 탈북학생들은 탈북과정이라는 특수 경험과 북한, 중국, 제3국에서의 출생 및 성장이라는 남한학생과는 다른 성장 배경과 경험을 소유한다. 이러한 사실은 통일을 준비하는 과정에서 탈북청소년의 특성을 고려할 필요가 있음을 나타낸다(박형빈, 2020b: 460). 탈북학생들은 다양한 배경 특성이 있기에(강구섭, 2018: 33), 탈북청소년의 내적 특성을 파악하고 이해하며 이들이 대한민국의 민주시민으로 성장하게 하는 것으로서의 통일교육이 필요하다.

넷째, 다문화 구성원에 대한 고려이다. 세계화 용어 속에서 필연적으로 요청되는 사회통합 정책은 결혼이민자, 외국인 근로자, 유학생, 북한이탈주민에 대한 사회적 인식의 변화를 요구한다. 더욱이 통일교육의 논의에서 교육 대상 그룹을 선정함에 있어 북한이탈주민과 외국인 노동자, 결혼이주여성, 유학생들을 같은 다문화라는 용어 안에 묶어 놓는 것이 타당한가에 대한 고민이 필요하다. 또한 한반도 주변국에 이산해 있는 한민족 디아스포라를 위한 통일교육도 배제할 수 없다. 한국 내외에 존재하는 다양한 문화 정체성을 지닌 구성원들을 한반도 통일이라는 주제 아래 어떻게 융합시킬 것이냐의 문제는 한민족이 넘어야 할 커다란 산이기도 하다(박형빈, 2013: 227-230). 그동안 차이에 대한 수용, 관용, 반편견 등에 초점을 두고 이루어진 다문화주의적 통일교육에서 간과된 구성원별 특성이 고려된 통일 당위성, 민족 정체성의 문제가 심도 깊게 다루어져야 한다. 특히, 통일교육에서 상호문화주의, 문화존중 등의 논의는 신중하게 접근될 필요가 있다. 그것은 가치 외 선호의 문제는 문화적 측면에서 상호문화주의로 수용 가능하지만 '도덕적 차원에서 가치문제의 모든 것이 수용 가능한 것인가'라는 질문은 반드시 되물어야 한다. 예를 들면, 북한의 유일사상, 공산주의 사상을 문화 다양성의 측면에서 수용 가능한가 하는 문제이다.

2) 옳음과 돌봄의 통일교육: 통일철학과 통일심리학의 조화

통일교육에서 통일의 철학적 논의를 위해 통일철학을 생각할 수 있다. 이와 더불어 검토할 것은 통일심리학이다. 다소 생경해 보일 수 있는 통일심리학은 교육심리학, 도덕심리학의 연장선상에서 이해 가능하다. 통일심리학은 통일교육에서 간과해서는 안 되는 교육 대상의 심리적 부분을 다룬다. 이는 또한 통일 감수성과 같은 정서와 감정에 대한 고려이다.

먼저 통일철학의 관점에서, 통일교육에서 '옳음'은 무엇인가를 고민할 필요가 있다. 첫째, 도덕과 통일교육은 인성교육 요소를 부각하여 도덕과의 주요가치 덕목이라고 할 수 있는 존중, 책임, 정의, 배려의 입장을 강화하는 기초를 마련하려는 노력이 필요하다 (박찬석, 2013: 23). 그것은 우리가 추구할 바람직한 통일시민상은 도덕철학에 기초한 통일철학의 논거를 통해 이끌어지기 때문이다. 통일 시민은 한반도 통일의 특수성과 세계 평화와 지속가능발전의 보편성 지향이라는 미시 담론과 거시 담론을 동시에 고려하여 도덕의 보편성과 특수성을 조화롭게 숙고해야 한다.

둘째, 확증편향의 극복이다. 확증편향은 광범위하고 강하며 많은 영역에서 나타나는데 문제는 우리가 접하는 대상이나 사안에 대해 우리가 충분한 증거 처리를 했는가의 여부와 관계없이 편향될 수 있다는 점이다. 인지편향에 주목해야 하는 이유는 인지는 인간의 감정에 결정적인 역할을 하기 때문이다. 북한의 경우, 대표적인 폐쇄국가이므로 접근할 수 있는 정보는 한정되고 이에 따라 북한에 대한 편향은 더욱 쉽게 형성된다. 학생들에게 미디어는 북한에 대한 편향을 구성하게 하는 주요 원천이다(박형빈, 2018: 260-262).

셋째, 비판적 사고 교육이다. 통일과 관련해 가치의 획일적 수용, 합의와 담론의 부재, 공존과 공생의 가치 결여와 같은 무비판적, 일률적 통일교육은 주입식 교육으로 치달을 위험이 있다. 뿐만 아니라 학생들의 통일 시선, 참여 동기, 통일 공감대, 통일의식 등을 이끌기 어렵다. 숙의, 담론, 사회통합 부재의 체제 통일은 통일 이후 남북주민 간의 심리적 분열에 의한 사회 갈등과 혼란을 초래할 수밖에 없다. 도덕과 통일교육은 학생들의 비판적 사고 활동에 관심을 기울일 필요가 있다.

다음으로 필요한 것은 '돌봄'이다. 도덕과 통일교육은 통일의 당사자 상호 간에 대한 고려, 미래세대에 대한 배려 등을 필요로 한다. 최근 통일교육의 평화교육과의 연결 논의(박형빈, 2020a; 이인정, 2019; 오기성, 2018; 황인표, 2009; 추병완, 2003)는 통일교육이 평화·통일교육으로 전향하고 있음을 보여준다. 통일교육에서 학생들은 북한 관련 지식의 획득을 넘어 경청, 공감, 배려, 돌봄, 설득과 소통 등 남과 북의 공존, 평화적 갈등 해결 역량을 키울 것이 요구된다. 통일교육은 이질화된 남북주민을 상호 존중하고 배려하는 공존의식 배양의 터전이 되어야 한다. 이 점에서 통일교육은 평화교육의 문제의식과 맞닿는다.

그러므로 도덕과 통일교육은 통일철학과 통일심리학을 염두에 두고 비판적 사고, 도덕적 성찰, 소통, 배려, 공감 등을 강화할 수 있는 방향에서 실행됨으로써 바른 인식 및 가치의 내면화, 상호 존중과 배려를 함양하는 것으로 구성될 수 있다. 이는 곧 도덕과 통일교육이 '옳음'과 '돌봄' 양자를 추구함으로써 정의윤리와 배려윤리에 대한 균형과 조화를 이루도록 도울 것이다.

Ⅲ. 도덕철학을 통한 통일교육의 성격 규정

1. R. S. Peters의 도덕철학:
교육 목적과 교육받은 사람의 의미

1) 피터스 교육의 목적과 교육받은 사람

도덕철학의 본질에 대한 개념과 관련하여 윤리학에서 대표적인 세 가지 구별되는 분야는 기술윤리학, 규범윤리학 그리고 메타윤리학이다. 기술윤리학은 시대와 문화에 걸친 도덕적 기준과 관행에 대해 단순히 경험적으로 탐구하기에 설명적인 것으로서 규범적인 힘은 없다고 비판 받기도 한다. 이것은 인간이 어떻게 행동해야 하는지 결정하려는 철학적 시도와는 직접적인 관련이 없다. 반면, 규범윤리학은 인간의 행동, 의지, 행동 및 사람에 대한 도덕적 평가와 관련된다. 메타윤리학은 다양한 도덕적 개념의 인지적 상태와 의미론적 내용에 대한 개념적 분석의 한 형태이다(M. L. Johnson, 1996: 46). 교육철학자는 교육과 관련이 있는 개념을 분석하는 데 관심을 가지면서 교육 자체에 대한 설명이 필요하다는 사실을 인식했는데 피터스(Richard S. Peters)는 그 대표자이다. 그의 이론은 도덕철학, 메타윤리학 그리고 도덕심리학과도 연관된다.

피터스는『교육의 개념』(The Concept of Motivation, 1958) 서두에서 교육의 개념을 탐구함에 있어 이정표가 거의 없는 영역에 진입했다고 지적했다. 피터스에 주목하는 이유는 그가 교육이라는 단어가 규범적 의미를 갖는다고 주장하면서 세 가지 기준을 제시했다는 점이다. 그는 이러한 기준을 충족하지 않는 모든 과정은 교육이라 부를 수 없으며, 교육받은 사람을 양성할 수 없다고 보았는데 그 기준은 다음과 같다. 첫째, 교육은 그것에 헌신한 사람들에게 가치 있는 것을 전하는 것을 의미한다. 둘째, 교육은 지식과 이해 그리고 일종의 인지적 관점을 포함해야 한다. 셋째, 교육은 최소한 학습자의 의지와 자발성을 존중하는 전달이다. 이는 편의상 네 가지 기준으로 확장되기도 하는데, (a) 가치 또는 규범적 기준, (b) 지식 및 이해 기준, (c) 인지적 기준, (d) 전달 기준이다(G. E. Elechi, 2014: 140-141).

피터스에게 교육은 가치 있는 것의 전달이고, 교육받은 사람은 자신의 행동에 나타난 삶의 형태를 가진 사람으로 헌신적이며 판단과 정서가 바람직하다고 생각되는 이들이다. 여기서 주목할 점은, 바람직하다고 생각할 수 있는 것은 가치 있는 것으로 생각되는 것에 대한 헌신이라는 점이다. 그는 교육이 단순히 분절된 사실, 지식 및 기술을 습득하는 것이 아니라고 보았다. 습득한 것은 단순히 지식적인 것이 아니라 개인이 사물을 인식하고 행동하는 방식을 변화시킬 수 있어야 한다(G. E. Elechi, 2014: 140-142). 교육은 좋은 삶을 위한 최고의 도구라는 점에서 교육, 교육받은 사람에 대한 기준을 제시한 피터스의 견해는 도덕교육, 통일교육, 도덕교육을 받은 사람, 통일교육을 받은 사람의 모습이 어떠해야 하는가에 대한 의미 있는 시사점을 제공한다. 예를 들면, 교육으로서 통일교육은 가치와 무관할 수 없으며 통일교육을 받은 사람은 일종의 바람직한 통일관점과 태도를 획득해야 한다. 이는 도덕교육도 동일하다.

한편, 피터스는 '도덕교육의 역설(paradox of moral education)'로서 습관을 통해 합리적 도덕성을 발전시켜야 함을 강조하며 습관화된 이성과 자율성의 가능성을 주장했다(G. Haydon, 2009: 173). 습관화된 이성은 비판적 이유로의 성공적인 양육을 통해 개인 내에서 발전한다고 보았다. 그는 합리적 도덕성뿐만 아니라 덕과 보살핌에 관해서도 역설하며 교육에 열정, 미덕, 이성을 모두 포함하였다(K. Kristjánsson, 2006: 101). 피터스에 있어 교육은 도덕교육이라 할 수 있으며 교육과 훈련은 구분된다(J. T. Ozoliņš, 2013: 153). 교육의 내재적 가치에 대한 그의 주장은 교육 그리고 도덕과 통일교육에서도 잊지 말아야 할 가치가 무엇인지 사려하게 한다.

2) 이성과 열정 그리고 통일교육 받은 사람

합리적 열정이라는 용어에서 볼 수 있듯이 피터스는 이성의 삶이 열정의 삶과 모순되지 않는다고 제안했다. 그는 정서가 갖는 인지적 측면을 인식함과 동시에 교육에서 자신과 타인의 정서에 관심을 기울였다. 피터스도 지적했듯이, 인간의 개인적인 선택은 전적으로 열정에 기초한다(L. M. Berman, 1986: 44). 도덕 발달에서 선택은 중요한 인자이며 개인에게 선택의 동기를 부여하는 것은 일종의 열정과 같은 정서, 감정이다.

피터스에게 있어 교육받은 사람은 지속적으로 삶의 질을 변화시키고 향상하고자 노력한다(S. E. Cuypers, 2012: 4-5). 그는, 교육은 지식과 이해 그리고 어떤 종류의 인지적 '관점'을 포함해야 한다고 선언하며, 교육받은 사람의 설명에 (a) 지식과 (b) 가치를 모두 활용했다. 교육받은 사람은 자신이 무언가에 대한 이유를 설명할 수 있는 직관 이상의 지식을 소유한다(J. MacAllister, 2013: 913-914). 여기서 지식은 도구적 이상의 가치 있는 것으로서의 지식이며 일종의 고차적 사고 즉 메타 인지를 포괄한다. 피터스의 합리적 열정과 교육받은 사람의 견해를 토대로 통일교육에서 추구해야 할 교육 관점은 다음과 같다.

첫째, 이성과 정서의 조화이다. 합리적 열정과 지적인 미덕을 갖출 것이 기대된다. 교실 활동에서 학생들로 하여금 선, 옳음, 사랑 등의 본질을 탐구하고 이들의 가치를 발견하도록 하기 위한 노력을 통해 학생들은 선에 대한 존경, 도덕법칙에 대한 존중과 같은 합리적 열정을 개발할 수 있다. 열정이 가미된 이성, 이성적 열정은 도덕적 행동을 위한 동기로서 힘을 갖는다. 통일교육 현장에서 이상적인 통일 시민이 되기 위해 학생들이 체득해야 할 것은 올바른 통일 가치관, 도덕적 옳음, 정의, 선에 대한 바른 관점과 인식뿐만 아니라 이것에 대한 타당한 지지 감정인 도덕적 열정, 통일 열정을 확보하도록 하는 것이다.

둘째, 가치 지향의 삶의 태도와 관점이다. 통일교육은 일종의 가치 교육이다. 가치가 배제된 통일교육은 교육이라 부를 수 없다. 우리가 추구해야 할 가치는 인간 및 인권 존중, 인류 번영, 자유민주의 통일 한반도, 개인의 자유, 민주, 정의, 평등 등이다. 이것은 단편적인 지식이 아닌 하나의 가치 체계로서 학생들에게 교육되어야 할 통일관, 통일의식이다. 통일교육을 받은 학생들은 올바른 통일관과 가치 있는 것으로의 헌신이라는 노력을 할 것이 요구된다. 이 점에서 통일교육은 필연적으로 도덕과의 가치 지향 교육을 요청한다.

한편 도덕교육을 하나의 교과로서의 학문적 체계성을 갖추게 한 대표적인 학자인 윌슨(John Wilson)은 4범주 16요소의 도덕적 사고하기, 도덕성 요소를 통해 도덕교육의 이론적, 방법론적 구조화를 확립하였다. 따라서 그의 도덕교육 이론은 통일교육의 체계성을 확보하는 데 내용과 형식 차원에서 기초가 된다.

2. J. Wilson의 도덕성 요소와 도덕적 사고하기

1) 윌슨의 도덕성 요소와 도덕적 사고하기

윌슨은 도덕적 문제에 대한 숙고의 절차에서 요구되는 규칙인 도덕성 요소 즉 도덕적 사고하기의 절차를 제안했다. 이는 도덕판단이 지닌 보편성, 처방성 즉 규정성, 우선성을 바탕으로 하여 도덕판단을 하고 이를 실제로 적용하여 행동하는 것으로 구성된다. 그는 [그림 1]과 같이 도덕성 요소 및 도덕적 사고하기 절차를 4범주 16요소로 분석적으로 제시했다(박형빈, 2008: 71-94 재인용).

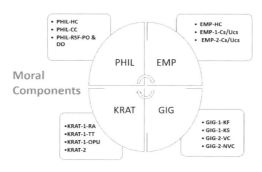

[그림 1] 윌슨의 도덕성 요소

제1 범주인 PHIL은 다른 사람들의 욕망과 욕구에 대한 비중을 자기 자신의 것과 동등하게 생각하는 태도이다. PHIL-HC는 사람의 개념을 아는 것으로 이성과 욕구를 지니며 언어를 사용하는 어떤 존재가 바로 나와 같은 인간임을 아는 것이다. PHIL-CC는 사람의 개념을 도덕원리로 주장하는 것을 의미한다. 서로 간에 이해관계가 관련된 문제가 발생하였을 경우, 다른 사람의 이익 고려를 나의 이익과 동등한 선상에서 고려함이다. 그리고 자신이 행해야 할 자신에 대한 명령으로 인식함이다. PHIL-RSF-PO & DO는 사람 지향적인 차원 그리고 의무 지향적인 차원에서 사람의 개념을 도덕원리로 지지하는 정서 감정을 가짐이다. 제2 범주인 EMP는 정서와 감정의 개념이 무엇인지 이해하고 나와 다른 사람이 지닌 의식적이거나 무의식적 정서와 감정을 인식하는 능력이다. EMP-HC는 정서의 개념 자체를 아는 것이다. EMP-1-Cs & Ucs는 나의 의식적 그리고 무의식적 정서 감정을 인지함이다. 반면, EMP-2-Cs & Ucs는 다른 사람의 의식적 그리고 무의식적 정서 감정을 알아차리는 것이다. 윌슨은 EMP의 표제 아래서 정서적 자각, 민감성, 통찰력, 감정 이입 등의 영역에 관심을 쏟는다고 보았다. 제3 범주인 GIG는 '사실적 지식'과 '방법적 지식'으로 나뉜다. 여기서 사실적 지식인 GIG-1은 무엇을 아는가(knowing that)이다. 한편, 무엇을 하는 방법을 아는 것에 해당하는 방법적 지식인 GIG-2는 무엇을 할 줄 아는 것(knowing how)이다. 이는 무엇을 하는 방법을 아는 기술, 솜씨, 재주 등을 의미한다. GIG-1-KF는 엄연한 사실에 관해 아는 것이고 GIG-1-KS는 엄연한 사실의 정보 원천에 관해 아는 것이다. GIG-2-VC & NVC는 방법적 지식에 해당하는 것으로 언어적이고 비언어적인 사회적 기술을 습득함이다. 이는 주로 다른 사람과의 의사소통과 관계된다. 제4 범주인 KRAT는 도덕적으로 철저하게 사고하고 판단대로 행동하는 것이다. 이것은 한편으로 도덕적 추론의 과정과 그에 대한 행위를 의미한다. KRAT-1-RA는 어떤 문제 사태에서 그것이 도덕적 문제인가를 '타당하게 인식'하는 것이다. KRAT-1-TT는 도덕적 문제에 대해 '철저하게 사고'함을 말한다. 철저하게 사고한다는 것은 앞에서 제시한 도덕성 요소 즉, PHIL, EMP, GIG를 통해 사고함이다. KRAT-1-OPU는 사고의 과정에서 한 걸음 더 나아가 도덕적 문제를 정당하게 결정하는 것이다. 도덕적 판단은 다른 사람의 이익 고려를 '우선적'으로 하여 '규정적'이고 '보편가능'한 것이어야 한다. 이러한 숙고의 과정을 통해 얻은 도덕판단을 모든 역경을 이겨내고 실제로 행동하는 것이 KRAT-2이다(박형빈, 2008: 71-94).

도덕적 주체로서 학생 스스로 도덕적인 문제를 민감하게 도덕적 문제로 인식하고 이를 이해하고 판단하며 이러한 판단을 실천할 수 있는 도덕적 자율성을 길러주어야 한다는 윌슨의 생각은 도덕과 교육의 목표이자 도덕과 통일교육에서도 지향해야 할 바이다. 통일교육에서 학생들에게 통일과 관련된 지식이나 가치, 규범 혹은 권위에의 복종, 편견이나 사적 감정에 의한 판단과 행동을 주입하게 된다면 이는 교육이라 부르기 어렵다. 또한 통일교육은 남북한 주민을 고려할 것을 필요로 하기에 북한 주민, 탈북학생의 입장과 정서를 인식하고 인지하며 그들의 필요에 응할 마음 자세를 가지게 하는 것이 필요하다.

2) 인간에 대한 연민과 통일교육

윌슨의 도덕적 사고하기는 '타인의 이익을 나의 이익과 동등하게 고려'함을 핵심으로 삼고 있다는 점에서 인간에 대한 연민과 사랑을 전제한다. 도덕적 사고하기는 타인존중 및 타인 이익 고려의 태도와 감정을 갖고, 자신과 타인의 정서 감정을 통찰하며, 실제 그러한 행동을 하는 것까지 포함한다. 이를 체계적으로 분석하고 구조화한 4범주 16요소의 도덕성 요소는 인지와 정서 그리고 행동을 모두 포괄할 뿐만 아니라 개인의 사고와 심적 작용에 대한 깊은 통찰을 보여준다. 통일교육 차원에서 윌슨의 도덕성 요소에 관심을 기울이는 것은 통일교육이 단지 북한의 정치, 경제, 체제에 대한 내용이나 남북분단의 역사적 배경을 이해하게 하는 방식의 지식 전달이 전부가 아니기 때문이다. 통일교육은 남한 원주민, 탈북청소년 등 그 교육의 대상이 되는 학생들의 인지, 태도, 정서, 행동 등의 총체적 변화를 위해 학생들로 하여금 올바른 통일관 형성, 바람직한 통일 국가상 확립, 남북주민에 대한 배려와 존중, 연대감에 기초한 책임과 성실 등의 함양을 도모하는 교육 활동이다. 결과적으로 통일교육은 학생들을 통일 시민으로 성장하도록 돕는 것이어야 한다.

따라서 통일교육을 통해 통일 시민을 육성하기 위해 윌슨의 도덕성 요소와 모릿센(P. Mouritsen)과 예거(A. Jaeger)의 좋은 시민에 대한 제안에 기초하여 다음과 같이 이상적인 통일시민상을 구상할 수 있다. <표 1>은 모릿센과 예거가 제시한 좋은 시민의 요소인 가치, 덕, 정체성, 지식의 영역(P. Mouritsen & A. Jaeger, 2018: 12)을 기본 틀로, 윌슨의 도덕성 요소를 결합하고 역량 영역을 추가하여 구안한 바람직한 통일 시민성 요소이다. [그림 2]는 윌슨의 도덕성 요소를 바탕으로 구성한 통일교육 요소이다.

<표 1> 바람직한 통일 시민의 요소

통일 시민	가치	덕	정체성	지식	역량
공화주의적 통일 시민 (세계시민, 민주시민, 공동체 시민)	자유, 평등, 정의, 박애, 등	공감, 연대, 환대, 관용, 배려, 공명정대, 공동체 의식, 책임, 성실, 등	자아정체성, 통일 시민 정체성, 민족 정체성, 세계시민 정체성	민족역사, 세계역사, 정치체제, 대한민국 헌법, 복지국가 제도, 인권, 자유민주주의, 대의민주주의 등	평화적 갈등 해결, 합리적 의사 소통, 비판적 사고, 반성적 사고, 등
도덕성 요소	PHIL	PHIL, EMP	PHIL, EMP, GIG	GIG	GIG, KRAT

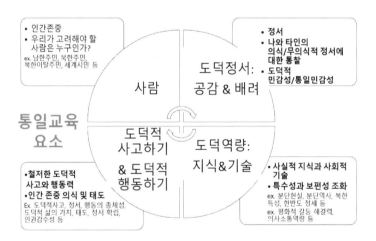

[그림 2] Wilson의 도덕성 요소에 기초한 통일교육 요소

Ⅳ. 도덕심리학을 통한 통일교육 방법론 모색

1. 도덕심리학과 뇌신경과학

1) 뇌신경과학에서의 도덕성 이해와 도덕심리학

지난 수십 년 간 진화생물학, 도덕심리학, 신경윤리학의 발전 및 발견을 기반으로 사회과학 및 관련 분야에서 도덕적 추론과 도덕적 직관의 과정 등 도덕성에 관한 과학적 연구가 기하급수적으로 증가했다. 오늘날의 도덕과학은 과거의 도덕심리학보다 훨씬 더 다원적이고 다양하다. 특히, 인간의 도덕성에 대한 진화 발전적 설명은 두 분야의 깊은 통합을 가능하게 한다(T. Krettenauer, 2020: 1). 이러한 점에서 도덕과학은 도덕교육의 새로운 학문 분야에서 없어서는 안 될 부분이다. 도덕성의 이성과 정서에 대한 뇌신경과학적 해명은 19세기와 20세기 과학자와 의사들의 기이한 사고, 유전적 이상, 쇠약 발작 환자들의 뇌 기능 검사에서 추론되었다. 병변이 환자의 도덕적 능력을 방해했을 때 연구자들은 영향을 받은 뇌 영역이 해당 능력을 촉진한다고 유추했다. 우리의 뇌에 대한 이해와 모니터링 그리고 윤리적, 도덕적 의사 결정의 생물학적 기반에 대한 깊은 이해가 시도되고 있다(S. Songhorian, 2019: 1-2). 신경과학적 데이터가 어떻게 도덕적 선택 의지와 도덕적 의사 결정에 대한 이론에 영향을 미칠 수 있는지에 대한 실질적인 관심이 신경윤리학이라는 신생 학문을 통해 도전되고 있다.

도덕심리학은 도덕적, 윤리적 맥락에서 인간의 사고와 행동에 대한 연구로 정의된다. 감정이 도덕의 이면에 있는 힘이라고 믿는 일부 도덕 심리학자들은 도덕성의 합리적 본질에 의문을 제기한다(D.

Steinberg, 2020: 45-61). 하이트(J. Haidt)와 같은 도덕 심리학자들은 본질적으로 정서적으로 주도되는 조합이 무엇인지 설명하기 위해 우리가 합리적인 정당화를 만든다고 주장했다. 도덕심리학은 사람들이 어떤 도덕적 판단을 내리고 어떤 종류의 윤리적/도덕적 판단과 행동을 수행해야 하는지에 대한 규범 이론의 작업과 함께 어떻게 도덕적 판단을 내리는지에 대한 경험적 연구를 병합하는 학제간 분야이다. 그린(J. Greene)과 같은 도덕 심리학자들은 인지신경과학이 도덕 이론화에 갖는 중요성을 강조했다. 그는 경험적 'is-es'에서 도덕적 '의무'를 도출 할 수는 없지만, 사람들이 도덕적 판단을 내리는 방식에 대한 연구는 윤리이론이 수행되는 방식에 중요한 영향을 미친다고 보았다. 그는 사람들이 실제로 생각하거나 행동하는 방법에 관한 사실은 사람들이 생각하거나 행동해야 하는 방법에 대한 사실을 암시하지 않으며, 적어도 직접적인 방법은 아니지만, 도덕 이론에는 도덕심리학이 필요하다고 보았다(C. V. Griffiths, 2019: 1).

도덕판단에 대한 신경과학의 연구는 병변 연구에서 정신병과 같은 장애에 이르기까지 뇌 이상에 초점을 맞춘 방법을 설명한다. 초기 연구(1990-2000)는 편도체와 복측 전두엽 피질에 집중하여 감정을 도덕판단에 필수적인 것으로 강조하는 이론으로 이어졌다. 그 이후 연구(2000-2010)는 새로운 방법, 특히 뇌 영상, 뇌 자극 및 신경 전달 물질 조작을 포함한다. 도덕 신경과학은 배외측 전전두피질(dlPFC) 및 측두두정엽 연접부(TPJ), 후측 상측두구(pSTS)와 같은 복잡한 계산 및 추론과 관련된 뇌 영역을 강조했다. 이론가들은 이 가운데 직감과 의식적 숙고가 도덕인지에 어떻게 영향을 미치는지 설명하는 과정 모델을 연구했다. 게이지(Gage) 사례는 이러한 논의에 대표적이다. 그는 안와전두피질(OFC)과 복내측 전전두피질(vmPFC)에 심각한 손상을 입은 것으로 파악되었는데 사고 이전과는 다른 인격적 특징을 사고 이후 보였다. 정신병으로 간주되는 개인과 달리 vmPFC에 병변이 있는 성인은 냉담하거나 반사회적이거나 무자비한 것이 아니라, 그 순간에 해야 할 일에 대한 결정을 안내하는 데 도움이 되는 직감이 부족함을 드러냈다. 다마지오(Damasio)는 이러한 의사 결정의 결함을 행동 방식에 대한 일상적인 결정을 안내하는 신체 마커의 근본적인 손상에 기인한다고 설명했다. 그는 이처럼 관련 직감이 없는 환자는 알지만 느낄 수는 없다고 해석했다(J. May, C. I. Workman, J. Haas, & H. Han, 2020: 2-3).

신경과학만으로는 우리의 도덕적 자아를 향상하는 방법을 보여줄 수 없다. 그러나 이러한 발견은 특정 사회적 맥락에 적용될 때 도덕심리학 및 도덕교육에 대한 유용한 방향을 제시한다. 도덕심리학의 엄격한 증거와 신중한 도덕 철학적 분석이 결합한 신경과학적 증거는 도덕적 지식의 범위와 건강한 도덕 발달을 촉진하는 방법을 밝히는 데 도움을 준다. 성숙한 도덕판단의 작동과 그 발전을 이해하면 도덕적 지식의 습득을 개선하고 도덕적 진보를 가속할 수 있는 방법을 밝힐 수 있다. 미래에 어린 시절부터 청소년기까지의 두뇌 발달이 도덕적 인지와 어떻게 관련되는지에 대한 더 많은 연구가 포함될 것으로 기대한다.

2) 도덕심리학의 발전과 통일교육

무어(G. E. Moore)의 자연주의 오류(the naturalistic fallacy)에 대한 지적으로 20세기 대부분은 도덕철학의 무대가 되었다. 이후 60년 동안 주요 주인공은 직관주의자와 정서주의자였으며, 양자 모두 경험과학이 도덕철학 및 일반적인 도덕적 신념과 무관하다고 확신했다. 다양한 도덕 이론이 등장하고 응용윤리가 대중화되었던 1970년대와 1980대에도 생물학과 심리학의 발전에 많은 관심을 기울인 도덕 철학자는 거의 없었다. 그러나 도덕 철학자들은 심리학, 뇌과학 및 생물학의 발전을 계속 무시할 수 없게 되었다(S. Songhorian, 2019: 6). 무어와 그의 추종자들이 주장했듯이, 우리는 경험적 연구의 심리학이나 생물학의 서술적 전제에서 곧바로 도덕적 결론이나 도덕규범의 결론으로 넘어갈 수 없고 그래서도 안 된다. 이것은 인식론적 오류이다. 그런데도, 심리학은 여전히 간접적인 방식으로 도덕철학에 영향을 미칠 수 있다.

경험적 학문으로서 도덕심리학은 윤리적 분쟁을 해결하는 데 결정적인 역할을 하지 않기 때문에 도덕심리학이 규범적 의미를 지니지 않는다는 점이 지적된다. 그러나 도덕심리학은 네 가지 중요한 역할인, (a) 결정 상황, (b) 도덕 개념의 기원과 정당성, (c) 효율적인 선택에 대한 이해 향상, (d) 도덕적 틀의 일부를 변경하고 개선하는 방법 제안을 수행한다. 예를 들면, 그린은 실험에서 얻은 fMRI 및 반응 시간 데이터를 기반으로 도덕판단의 이중과정 모형(the dual process model theory)을 제시했다. 그린의 주장에 대한 도덕 철학적 수용은 도덕심리학의 규범적 의미가 무시된다는 점에서 대체로 회의적이었다. 규범 윤리학자들은 주로 우리가 도덕성에 대해 믿어야 하는 것에 관심이 있기 때문이다(M. Klenk, 2020: 36-42).

철학자들은 도덕철학이 도덕심리학에 많은 관심을 기울이지 않는다고 생각한다. 그들은 도덕심리학이 도덕 이론과 대부분 무관하다고 생각하거나, 합리적 자기 성찰만으로 도덕심리학의 경험적 연구에 의존하지 않고도 적절한 심리적 가정을 생성할 수 있다고 여긴다. 이런 종류의 도덕적 순수주의자들은, 도덕철학이 우리가 어떻게 추론하고 행동해야 하는지 그리고 도덕성의 기본 원칙을 정당화하는지에만 관심이 있다고 본다. 이러한 입장의 도덕 철학자들은, 도덕심리학이 인간이 실제로 어떻게 동기를 부여 받고 사물을 이해하며 도덕적 추론을 하게 되는가에 대한 사실을 설명하는 단순한 경험적 학문이라 주장하며 도덕심리학과 뚜렷한 대조를 보였다(M. L. Johnson, 1996: 45). 그런데도, 도덕철학과 도덕심리학의 이러한 이분법적 시각이 올바른 것인가의 질문에 답할 필요가 있다. 비록 우리의 도덕 개념에 대한 지식과 특정 도덕 규칙, 예를 들면 나치즘이 부도덕한 이유를 알려주는 규칙 사이에는 직접적인 연역적 연결이 없으며, 도덕심리학이 우리의 도덕적 삶에 대한 완전한 처방 세트를 제공하지 않지만, 도덕심리학은 도덕을 만드는 데 무엇이 관여하는지 알려준다. 그렇게 함으로써 인간 이해의 본질과 한계를 아는 데서 오는 특정한 지혜, 즉 우리가 도덕적으로 통찰력 있고 예민한 삶을 살 수 있도록 도와주는 지혜를 우리 안에 배양하도록 돕는다(M. L. Johnson, 1996: 46).

도덕심리학은 다음의 주제를 포함한다. (a) 개인 정체성: 인간이 자기 정체성의 진화하는 감각을 발달시키는 형성 과정에서 인지적,

감정적, 사회적 차원은 무엇인가? (b) 인간의 목적과 동기부여: 목표가 발달하는 동기부여의 구조는 무엇인가? (c) 도덕 발달: 우리가 성숙한 도덕 추론이라고 여기는 것을 발달시키면서 일반적으로 통과해가는 단계가 있는가? 이러한 단계는 보편적인 것인가, 아니면 인종, 성별, 문화적 차이에 따라 달라지는가? (d) 개념화: 인간 개념의 의미적 구조는 무엇인가? (e) 추론: 도덕적 숙고의 본질이 무엇인가? 그것은 연역적인가, 귀납적인가, (f) 정동: 감정이란 무엇인가? 정서는 개념화, 반성, 추론과 분리될 수 있는가, 동기부여와 어떤 관계가 있는가? 경험의 감정적 차원에 인지적 구조와 추론적 구조가 있는가? (M. L. Johnson, 1996: 50-51).

그러므로 도덕심리학은 도덕적 추론의 기초가 되는 개념 체계에 대한 경험적 탐구를 포함하는 인간 도덕 이해의 심리학으로 광범위하게 이해되어야 한다. 도덕적 이해의 심리학은 기본 도덕 개념의 기원, 본질 및 구조와 그러한 개념으로 추론하는 방식에 대한 심오한 통찰을 제공할 수 있다는 점에서 중요하다. 이것이 도덕과 통일교육에서 도덕철학과 함께 도덕심리학에 관심을 두어야 하는 이유이다. 이러한 측면에서 도덕심리학을 기반으로 통합적 윤리교육모형(IEE)을 제안한 나바에츠(Darcia Narvaez)의 견해에 주목할 필요가 있다.

2. D. Narvaez의 윤리전문가 모형과 통일교육

1) 나바에츠의 삼층윤리(TET)와 윤리전문가 모형

인지 및 신경과학은 최근 몇 년 동안 인간 심리학의 본질을 밝히는 데 큰 진전을 이루었다. 뇌신경과학과 관련한 교육 이론 가운데 나바에츠의 이론 고찰이 요구된다. 신경생물학적 과정에 뿌리를 둔 보다 포괄적인 도덕 발달 이론인 나바에츠의 삼층윤리 이론은 도덕교육 그리고 통일교육의 방법론 차원에 주는 시사가 크다. 도덕적 인격을 구축하고 도덕적으로 숙련된 통일 시민을 양성하기 위해 나바에츠의 윤리 전문성 개발을 위한 단계별 모델을 살펴볼 필요가 있다.

뇌신경과학의 관점에서 인간의 선택과 판단을 상기할 때, 인간은 '숙고'와 '직관'이라는 두 가지 유형의 마음 과정을 갖는다. 숙고 시스템은 정보를 연속적이고 의식적으로 처리하는 반면, 직관 시스템은 여러 무의식적인 병렬 처리 시스템으로 구성되어 있다. 직관 시스템은 몰입된 경험을 통해 적절한 감성과 습관적 반응을 발전시키고 전통적인 인성교육에서 가치가 있는 습관을 구성한다. 반면, 의식적인 숙고 시스템은 합리적 도덕교육과 같은 가치 있는 정교한 도덕적 추론을 배양한다. 학습과 도덕적인 사람이 되는 것에 있어서도 겉보기에 반대되는 이러한 두 가지 접근방식이 존재하며, 나바에츠의 '윤리 전문성 개발 모형'은 직관과 추론의 발달을 통합한다. 그녀에게 있어 윤리적 전문가는 세상을 다르게 인식하고 문제를 해결하기 위한 접근방식에서 보다 복잡한 적응시스템으로 기능한다. 그러나 초보자는 상황에서 사용할 수 있는 조치에 대한 행동 유도성을 놓치기 쉽다.

나바에츠는 도덕적 미덕이나 덕월함을 일종의 적응적 전문지식으로 취급해야 한다고 주장했다. 덕이 있는 사람은 상황에 적절하게 적용되는 숙련된 기술로서의 도덕적 모범을 소유한다. 윤리적 전문가는 그들의 정신을 도덕적 목표에 집중하고 단계적으로 실행 계획을 설계하는 방법을 안다. 또한 그들은 다른 사람들의 복지를 위해 앞으로 나아갈 수 있고 용기 있게 개입할 수 있다. 요컨대, 그들은 더 많은 내용 지식과 더 많은 프로세스 지식, 더 많은 도덕적 지혜와 더 많은 실용적인 안목을 가지고 있다. 도덕을 포함한 거의 모든 영역의 초보자로서 아이들은 초보자에서 전문가로의 교육을 통해 가장 잘 교육받을 수 있다. 그들의 연습은 상황에 맞는 상황 기반 경험을 통해 집중되고 광범위하게 코칭 받는다(D. Narvaez & T. Bock, 2014: 140-143).

한편, 도덕적 행동의 지각과 방향에 영향을 미치는 매우 다른 사고방식이 존재하는데 이를 나바에츠는 삼층윤리이론(TRIUNE-ETHICS THEORY)으로 설명했다. 삼층윤리이론은 심리학, 진화 및 신경과학에서 파생되었다. 대뇌 피질에 초점을 맞춘 대부분의 도덕적 심리 작업과 달리 TET는 각 영역에서의 자기 조절 및 동기 부여 구조를 설명한다. 첫째, 무의식적인 감정 시스템에 의해 추진되는 동기부여 방향이 강조된다. 둘째, 도덕적 기능의 개인차를 설명하는 데 도움이 된다. 개인의 성격 형성과 뇌 배선에 영향을 미치고 차례로 정보 처리에 영향을 주는 초기 감정 경험을 다룬다. 셋째, TET는 최적의 인간을 위한 초기 조건을 제시한다. TET에 따르면, 인간은 사회 포유류의 성숙 요구에 부응하도록 설계되었고, 특징은 다음과 같다. 돌보는 이와 아이의 모든 관행은 장기적으로 아동 건강과 복지에 영향을 미칠 뿐만 아니라 도덕 발달에도 영향을 준다. 이 세 가지 기본 유인은 '안전윤리(safety(self-protection) ethics)', '참여윤리(engagement(relational attunement) ethics)', '상

상윤리(imagination(abstraction) ethics)'로 식별되는 뇌 상태를 나타
낸다. 안전윤리의 경우, 주로 생존을 중심으로 진행되고 맥락에서
번성하는 시스템, 모든 동물과 공유되고 태어날 때부터 존재하는
본능에 기초한다(D. Narvaez & T. Bock, 2014: 144-145).

나바에츠는 인격교육이 심리적으로 유효한 연구에 기초해야 한
다고 강력하게 주장했다. 이를 위해 인격을 높은 수준의 전문지식
으로 배양할 수 있는 구성요소의 기술 집합으로 보는 통합윤리교육
(IEE)이라 부르는 인격개발 교육 모델을 제안했다. 그녀는 아이들
이 각 윤리적 콘텐츠 영역에서 초보자에서 전문가로 연속적으로 이
동한다고 믿는다. 진정한 윤리 전문성은 프로세스, 지식 및 기술을
사용하는 동시에 유능한 상호 작용을 필요로 한다. 도덕적 성격에
대한 이러한 전문적인 접근방식은 아동이 집중 연습 기회와 함께
기술을 이해하고 개발할 수 있는 체계적인 학교 환경을 필요로 함
을 나타낸다.

2) 나바에츠의 윤리 감수성 교육과 통일교육

레스트(J. Rest)는 윤리적 행동이 나오기 위해 존재해야만 하는
윤리적 행동의 심리적 과정이 최소 네 가지가 있다고 주장했다. 이
네 가지 과정은 (a) 윤리 감수성, (b) 윤리적 판단, (c) 윤리적 동기
부여, (d) 윤리적 행위이다. 나바에츠는 이를 발전시켜 각각의 스킬
을 제안했는데, 이 중 다음은 윤리 감수성 스킬로 7개의 영역으로
구성된다 즉, ES-1: 정서적 표현 이해하기, ES-2. 다른 사람의 판
점 수용하기, ES-3: 다른 사람들과 연결되기, ES-4: 다양성에 대응
하기, ES-5: 사회적 편견 통제하기, ES-6: 상황 해석하기, ES-7: 제

대로 의사소통하기이다. 각각의 윤리 감수성 스킬들은 덕목들과 일치되는데 관련된 덕목은 이타심, 시민의식, 정중함, 헌신, 동정심, 협동, 용기, 공손, 의무, 공정, 믿음, 삼감, 선견지명, 용서, 우정, 관대함, 자애, 노력, 유익함, 정직, 명예, 희망참, 포용, 정의, 친절, 합법, 충성, 순종, 의무, 인내, 애국심, 끈기, 개인적 책임, 예의 바름, 존경, 경의, 자제력, 자기희생, 사회적 책임, 관용, 신뢰, 비이기성이다(D. Narvaez & L. G. Endicott, 2009: 38-50).

윤리 감수성 하위 스킬은 세부 스킬들로 구성되는데 이는 다음과 같다. ES-1: 정서적 표현 이해하기는 정서의 확인과 표현하기, 정서를 미세조정하기, 공격성 관리하기로, ES-2: 다른 사람의 관점 수용하기는 대안적 관점 수용, 문화적 관점 수용, 공정성의 관점 수용으로, ES-3: 다른 사람들과 연결되기는 다른 사람들과 관계 형성하기, 관심 보이기, 친구 되기로, ES-4: 다양성에 대응하기는 집단적, 개인적 차이 활용하기, 다양성 인지하기, 다문화화 되기로, ES-5: 사회적 편견 통제하기는 편견 진단하기, 편견 극복하기, 관용 키우기로, ES-6: 상황 해석하기는 어떤 일이 벌어지고 있는지 알아내기, 도덕성 인지하기, 창의적으로 대응하기로, ES-7: 제대로 의사소통하기는 경청하기와 말하기, 비언어적으로 그리고 대체 의사소통으로 소통하기, 의사소통 모니터링하기로 구성된다. 이러한 스킬들은 예를 들면, 언제 그리고 어떻게 정서를 적절히 표현하고 공격성을 제어할지를 배우는 것과 같이 다른 사람들과 어울려 지내는 데 있어 중요한 세부 내용을 배우게 된다(D. Narvaez & L. G. Endicott, 2009: 40-55). <표 2>는 윤리 감수성과 윤리판단을 포함한 윤리 전문성 영역 및 하위 스킬 요소이다(L. Nucci & D. Narváez (Eds.),

2014: 143-145).

<표 2> 윤리 전문성 영역 및 스킬

윤리 감수성	윤리판단
정서적 표현의 이해	윤리적 문제의 이해
타인의 관점 수용	규칙의 사용과 판단 기준 확인하기
타인과의 연결	비판적으로 추론하기
다양성에 대응하기	윤리적으로 추론하기
사회적 편견통제	결과에 대해 이해하기
상황 해석	과정과 결과에 대해 성찰하기
제대로 의사소통하기	대처하기와 복원하기
윤리초점	**윤리 행위**
타인에 대한 존중	갈등과 문제 해결하기
양심 키우기	정중히 주장하기
타인 돕기	리더로서 솔선수범하기
공동체의 구성원 되기	결정 수행을 위한 계획하기
삶에 있어 의미 찾기	용기 북돋우기
전통과 제도를 소중히 여기기	인내심을 갖고 계속하기
윤리적 정체성과 진실성 성장시키기	열심히 하기

[그림 3]은 삼층윤리 모형이다(L. Nucci & D. Narváez (Eds.), 2014: 143-145). 도덕과 통일교육에서 학생들은 안전윤리, 벙커 윤리에서 벗어나 도덕적 상상을 통해 내가 아닌 타자를 수용하고 배려하는 역량을 갖출 필요가 있다. 나의 이기심을 극복하고 우리 공동체의, 민족 공동체의 과업을 달성하기 위한 고민과 노력은 나와 타자의 연결에 대한 통찰과 관점 수용 등을 통해 얻어질 수 있다.

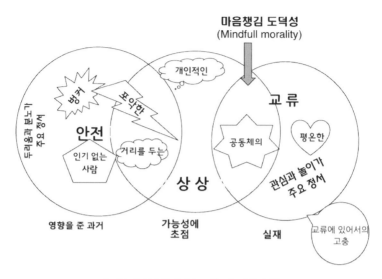

마음챙김 도덕성
(Mindfull morality)

개인적인

안전

인기 없는 사람

거리를 두는

포악한

분개

두려움과 주요 정서

교류

공동체의

평온한

상상

관심과 놀이가 주요 정서

교류에 있어서의 고충

영향을 준 과거 가능성에 초점 실재

[그림 3] 삼층윤리이론 모형 및 하위 유형

V. 도덕철학과 도덕심리학에 기초한 대화형 통일교육

1. 교육에서 대화와 대화형 통일교육의 필요성

1) 관계 형성의 키워드로서 대화

인간은 어떠한 방식으로든 다양한 삶의 맥락에서 상호 작용하는 사람들과 함께 대화를 매개로 의사소통하며 살고 있다. 사람들은 이야기를 나누는 가운데 서로와 연결되고 또한 연결됨을 느낀다. 도덕교육 연구들은 도덕적 감각을 형성하고 전달하는 데 있어 서사, 이야기, 내러티브, 스토리텔링, 대화의 사용이 도덕 발달에 영향을 준다고 본다. 타판(M. Tappan)과 브라운(L. Brown)은 내러티브가 도덕교육의 중심이며 개인이 도덕적 선택, 행동 및 감정의 저자임을 인정하는 것이 도덕적 정서발달에 중요하다고 강조했다. 아이들의 스토리텔링은 청중이 반응하고 이야기가 실제 자신의 경험을 나타낼 때 그들로 하여금 저자가 되게 만든다(M. Tappan & L. M. Brown, 1989: 182). 그것은 언어가 도덕적 경험을 매개하고 형성하기에 가능하다. 언어와 담화 형식은 심리적 기능에 필수적이라는 것을 암시한다. 언어는 인간의 사고, 느낌, 행동에 필요한 도구를 제공하기 때문이다. 언어가 정신의 기능을 매개한다는 것에 대한 이해는 내러티브가 도덕적 경험과 도덕적 기능을 표현하는 방식을 이해하기 위한 전제 조건이다(M. B. Tappan, 1991: 243). 이러한 이유로 언어를 매개로 한 성인과 아동과의 대화, 교사와 학생 간의 대화는 아동과 학생의 도덕 발달을 포함한 내적 성장에 지대한 영향을 준다.

소크라테스, 부버(M. Buber), 프레이리(P. Freire), 오우크쇼트(M. Oakeshott)는 교육에서 대화를 중요하게 고찰하였다. 이들은 교육을 실행함에 있어 대화를 적용한 대표적 인물들이다. 소크라테스는 교육적 대화를 최초 사용한 것으로 인정되며, 부버는 대화 가운데서 교사와 학생의 동등한 인간관계인 나와 너의 관계를 제안했다. 프레이리는 대화를 통해 교사와 학생이 동등한 인간관계를 맺고 현실을 개혁하는 힘을 배양하게 된다고 인식했으며, 오우크쇼트는 교육이 인간을 대화의 기술과 파트너십으로 입문시키는 일이라고 보있다. 대화는 인간 활동의 여러 목소리가 사신의 어법을 가시면서도 다른 목소리와 소통하는 관계적 의미를 가진다. 교육을 대화로의 입문으로 보는 오우크쇼트의 관점은 교육받은 인간을 위한 조건들을 숙고하게 한다. 교육현장에서 교사와 학생 간의 대화는 교사와 학생의 수직적인 관계를 수평적인 관계로 전환시킨다는 점에서도 의미가 있다. 따라서 도덕적 경험에 대한 서술적 접근으로 도덕적 갈등에 대한 대화형 통일교육 방식을 생각할 수 있다. 교사는 학생들과의 대화를 통해 학생 삶의 영역으로 통일의 문제를 이끌고 갈 수 있다.

2) 대화와 디지털 스토리텔링을 통한 소통 통일교육

대화는 교육을 활동 전략으로서 유서 깊은 역사를 가지며 그 기원은 소크라테스의 문답법을 들 수 있다. 소크라테스식 문답법은 비판적 사고 함양에 널리 활용되는 교수 전략으로 학생들의 사려 깊은 질문을 유도하기 위해 사용되기도 한 것으로 직접적인 답을 제공하는 대신 생각에 자극을 주는 질문으로 주제를 계속 탐구하여 학생들의 사고를 증진한다.(박형빈, 2019: 132-135). 반성적 사고의 촉진, 깨달음, 성찰과 숙고 등의 면에서 접근할 때 소크라테스식의 대화는 통일교육에 있어 분명 의미 있고 실용적인 교수 방법이다.

한편, 많은 현대 사회이론은 도덕적 자아와 선택 의지에 대한 인간의 이해에서 문화 및 내러티브가 수행하는 핵심 역할을 강조했다. 스토리텔링은 경험을 전달하고 아이디어를 탐색하는 강력한 방법이다. 이야기를 사용하여 교사는 학생들에게 새로운 삶의 경험을 소개하는 발견의 여정을 안내할 수 있다. 디지털 기술은 이미 우리 삶의 일부가 되었으며, 새로운 세대는 과거 세대와 다른 방식으로 정보를 찾고 소통한다. 미디어 매체를 통한 커뮤니케이션이 가장 일반적으로 이루어지는 현시대의 SNS, 유튜브, 영화 등을 활용한 내러티브가 가능하다. 디지털 스토리텔링의 본질적인 측면은 다른 사람들에게 영향을 주고 그들의 삶에 변화를 줄 수 있는 모범적인 개인의 이미지를 투영하는 힘이다. 인간은 자신과 타인을 친숙한 맥락 안에서 포용과 자기 결정의 모델로 내세움으로써 깊은 영향을 받는다.

통일교육은 학생들의 자발적 동기, 성찰, 숙고가 교육 활동에서 중요한 요소로 작용하기에 학생들에게 지식의 내용을 인지하게 하는 데에만 목적을 두어서는 안 된다. 소크라테스는 기본적으로 대화 형식을 빌려 사람들이 스스로 생각하고 올바른 것을 찾도록 했다. 통일교육은 대화형 방식을 기본으로 학생들이 사고하고 성찰하도록 돕기 위해 소크라테스식 대화와 소셜미디어를 매개한 디지털 스토리텔링을 활용할 수 있다.

2. 뉴노멀 시대를 고려한 통일교육 방향과 실제 방안

1) 통일교육에 대한 오해와 새로운 세대와 시대를 위한 준비

통일교육은 남북 상황에 민감하게 반응하며 시기마다 교육의 방향과 접근방식이 변화해 왔다. 통일교육은 분단 이후 반공교육, 안보교육, 승공 통일교육, 통일안보교육, 통일교육, 평화·통일교육 등으로 호칭과 목적이 바뀌면서 교육의 기본 방향에서도 상당한 변화를 겪어왔다. 최근 평화적 관점의 통일교육은 비폭력적 문제 해결 능력의 배양으로 폭력적 방법을 사용하지 않고 갈등을 해결할 수 있는 생활 속 평화역량 강화를 포함한다(박형빈, 2020b: 100). 이러한 면에서 그동안 우리나라 통일교육 담론에서 발견되는 통일교육에 대한 오해를 되짚어볼 필요가 있다. 이는 대체로 다음과 같은 질의로 요약된다.

(1) 통일교육은 북한의 경제, 정치, 체제 등 북한 이해 교육으로 대표되어야 하는가?
(2) 통일교육에서 통일 자체에 대한 선택의 문제가 부각되어야 하는가?
(3) 통일교육은 보편 도덕, 혹은 특수 도덕의 단편 시각에서 접근되어야 하는가?
(4) 통일교육은 정치학적 이론과 논의에 중점을 두고 이루어져야 하는가?
(5) 통일교육에서 인간에 대한 이해는 중요하지 않은가?
(6) 통일교육에서 타인의 정서 감정을 인식하고 고려하는 것은 별개의 문제인가?
(7) 통일교육에서 민족 정체성에 대한 강조는 배제되어야 하는가?
(8) 통일교육은 지식과 인식 위주의 교육인가? 정서와 감정은 중요한 요소가 아닌가?
(9) 통일교육에서 민족의 당위적 과제로 통일이 전제 되어서는 안 되는가?
(10) 통일교육에서 사회통합은 정치, 경제, 교육 등 체제 통합을 주로 의미하는가?

그러나 우리는 대한민국 국민으로서의 정체성과 함께 글로벌 시민성을 갖추어야 하듯 통일 한반도에서 우리는 통일국가 시민성과 더불어 세계 시민성을 확립할 것이 요구된다. 그러므로 위의 질문들은 다음과 같은 질문으로 패러다임의 전환이 요청된다.

(1) 통일교육은 북한에 대한 총체적 차원의 이해로서 가치문제에 관심을 기울여야 하는가?
(2) 통일교육은 분단에 대한 인식을 기반으로 성공적 통일 성취를 위한 구체적 방안을 모색하는 장이 되어야 하는가?
(3) 통일교육은 도덕의 특수성과 보편성을 동시에 고려하여 접근해야 하는가?
(4) 통일교육은 도덕 교육학적 이론과 논의에 기반을 두고 이루어져야 하는가?
(5) 통일교육에서 인간에 대한 이해는 중요한가?
(6) 통일교육에서 타인의 정서 감정을 인식하고 이해하는 것은 필수 요소인가?
(7) 통일교육에서 포용적 민족 정체성이 강조되어야 하는 이유는 무엇인가?
(8) 통일교육은 지식과 인식, 정서와 감정, 태도와 행동 변화를 모두 지향해야 하는가?
(9) 통일교육에서 통일은 민족의 당위적 과제인가?
(10) 통일교육에서 사회통합은 사람의 통합 문제에 주안점을 두어야 하는가?

이러한 질문은 새로운 세대와 시대를 위한 그리고 통일 시민을 위한 통일교육에서 수용적으로 심사숙고해야 할 질문들이다.

2) 도덕철학 및 도덕심리학에 근거한 대화형 활동으로서 통일교육 방안

도덕철학 및 도덕심리학을 기반으로 대화형 통일교육은 다음과 같이 대략적인 구조를 제안할 수 있다. 통일교육은 도덕교육학을 모 학문으로 삼아 융·복합의 성격을 띠며, 도덕철학과 도덕심리학을 통해 통일철학 및 통일교육 방법론을 모색한다. 도덕철학으로는 피터스의 교육 개념, 윌슨의 타인의 이익 고려 그리고 도덕심리학에서는 나바에츠의 윤리 전문성 모델을 참작할 수 있다. 통일교육은 가치를 추구하는 교육으로서의 본연의 역할을 할 수 있어야 하며, 사람에 대한 존중과 고려가 기본 바탕이 되어야 한다. 어떠한 통일국가를 형성할 것인가에 대한 통일철학에 대한 천착이 필요하다. 또한 꾸준한 습관 형성의 교육 노력도 요청된다. 교육 대상별 정서, 감정의 통찰도 간과되어서는 안 된다.

통일교육의 목적은 성공적인 통일 한반도를 위한 성공적 통일 성취이며 이를 위해 통일 시민을 양성하는 즉, 통일 시민으로서의 자질을 갖추게 하는 것이다. 교육 대상은 다차원의 사회 구성원을 전제로 하며 교육 방법으로서 대화형 교수학습 방법은 중요하게 다루어져야 한다. 교육 목표는 교육받은 통일 시민 육성으로 통일의 가치, 덕, 지식, 역량, 정체성을 추구하며, 교수학습 모형으로는 도덕적 사고하기 모형, 통일철학 수업 모형, 미디어 리터러시 수업 모형, 디지털 스토리텔링 수업 모형 등을 제안할 수 있다. <표 3>은 새로운 세대와 시대를 위한 통일교육의 패러다임 전환의 개요이다.

학문적 측면	학문적 성격	융·복합학문
	모 학문	도덕교육학
	기초학문	도덕철학 및 도덕심리학
교육 목적	성공적인 통일국가 형성: 통일의 성공적 성취	
	통일 시민성 함양 → 통일 시민 육성	
교육 대상	다 차원의 교육 대상 고려 (탈북학생, 남한 원주민, 다문화가정, 코리안 디아스포라 등)	
교육 방법	대화형을 전제로 한 다양한 방식 활용(내러티브, 디지털 스토리텔링 등)	
교육 목표	교육받은 통일 시민	가치	통일가치 내면화
		덕	통일 미덕 고취
		지식	통일지식 인식
		역량	통일역량 함양
		정체성	통일 시민 정체성
교수학습모형(예)	도덕적 사고하기 모형, 통일 전문가 모형, 통일철학 수업 모형, 미디어 리터러시 수업 모형, 디지털 스토리텔링 수업 모형 등	

교사는 통일교육 현장에서 다음과 같은 발문을 학생에게 제공함으로써 학생과 소통하는 대화형 수업을 이끌 수 있다.

(1) 나에게 북한 주민의 입장을 고려할 것이 요구된다면, 이를 고려해야 하는 이유는 무엇인가?
(2) 내가 탈북청소년이라면, 남한 사회의 정착에서 가장 어려운 점은 무엇이며 남한 원주민들에게 바라는 것은 무엇인가?
(3) 나는 내가 태어날 나라를 선택하여 태어났는가? 내가 만약, 인권이 유린되는 어떤 지역 혹은 국가에서 태어났다면, 그 속에서 야기되는 모든 고통은 전적으로 내가 감내해야만 하는 나만의 문제인가?
(4) 나의 고통이 아닌 타인의 고통에 내가 관심을 기울여야 하는 이유는 무엇인가?
(5) 나의 할아버지가 휴전선 이북에 살고 계신다면, 내가 할아버지를 만나고 싶을 때 만나야 하는 이유는 무엇인가?
(6) 내가 대한민국 국민으로서 가져야 할 소명은 무엇인가? 내가 통일 한반도를 준비하는 통일 시민으로서 지녀야 할 가치, 태도, 정서, 역량, 정체성은 무엇인가? 이것이 왜 필요한가?
(7) 내가 남한 주민과 동일하게 북한 주민도 한 인간으로서 마땅히 존중받아야 할 존재라고 생각하는 이유는 무엇인가?
(8) 내가 우리 사회에 정착한 탈북학생들의 입장에 대해서도 고려해야 하는 이유는 무엇인가?

VI. 결론

역사적 관점에서 볼 때, 통일에 대한 문제는 100-200년의 고민의 문제가 아닌 기존 우리 민족이 이뤄낸 수백 년 이상의 관점으로 보아야 한다. 많은 이들은 현시대를 분단의 시기, 통일과 멀어지는 시기로 해석하고 위기감을 느낄 수도 있다. 그러나 후대 통일 한반도의 역사가들은 이 시기를 통일에 대한 의지를 갖고 통일을 이뤄간 시기로, 분단의 시점이 아닌 통일로 가는 길목으로 이해할 것이다. 이를 위해서는 통일 한반도를 전제한, 보다 도전적, 적극적, 건설적인 통일 논의가 필요하다.

통일철학이 확고한 통일교육은 통일 자체에 집중하면서 이후 통일 한반도의 미래상뿐만 아니라 통일교육을 받은 학생들이 교육 이후 어떠한 상태를 갖추어야 하는가에 대해 집중하게 한다. 우리가 분단, 우리 민족, 한반도 통일, 이산가족의 용어를 폐기하고자 한다면, 우리는 더 이상 통일의 당위성을 이야기하지 않아도 될지 모른다. 그러나 한반도 통일을 상정하고 불과 한 세대 전 세대의 이산의 고통을 외면하지 않으려 한다면, 통일교육 현장에서 이루어지는 통일 담론은 통일을 할 것인가, 말 것인가의 원론적 질문에 머물러서는 안 될 것이다.

통일 당위성에 대한 의문보다는 학생들이 어떠한 통일 한반도를 추구해야 할 것인가, 통일의 과정과 통일 이후 야기될 수 있는 남북한 주민 간의 갈등을 어떻게 극복해야 할 것인가, 통일 시민으로서 갖추어야 할 역량과 자질은 무엇인가 등에 대한 발전적 담론이 형성되어야 한다. 한반도에서 통일 한반도 성취의 지연은 통일에 대한 성찰과 상대를 포용하는 시간을 획득하는 기회가 되는 반면,

통일을 선택의 문제에 집중하여 학생들에게 제시할 경우 자칫 피상적 논쟁에 그치게 될 수 있다. 그러므로 통일교육 현장에서 우리에게 필요한 것은 통일을 어떻게 '성공적으로 이룰 것인가'와 관련된 발전된 다양한 관점의 논의들을 여는 장을 구현하는 것이다.

　이러한 점을 염두에 둘 때, 통일교육의 기반으로서 도덕철학에 대한 고찰은 우리가 지향하는 통일 국가상, 통일관 등 통일철학을 돈독히 하고, 도덕심리학에 대한 탐구는 깊이 있는 인간 이해를 가능하게 함으로써 통일교육 대상을 파악하여 적절한 통일교육 방법을 모색하도록 도울 것이다. 성공적인 통일 한반도의 미래상, 지향 방향에 대한 도덕 철학적 성찰뿐만 아니라 통일교육의 대상이 되는 남한 원주민 학생, 탈북학생, 다문화 남한 주민, 코리안 디아스포라 등에 대한 도덕 심리학적 고려는 통일의 성공적 성취를 위해 우리가 구체적으로 무엇을 해야 하고, 할 수 있는가에 대한 지점을 제공한다. 통일교육 담론에 대한 이러한 근본적인 패러다임의 전환이 있을 때, 통일교육 논의는 통일에 대한 새로운 사명감과 소명감을 제공하는 기준을 만드는 토대가 될 것이다.

　결과적으로 도덕과 통일교육은 도덕철학 및 도덕심리학과 같은 학문적 기반 위에 새로운 세대의 목소리에 귀 기울이는 교육으로 나아가야 한다. 학생들은 통일교육을 통해 바람직한 통일인식, 소명감을 재확립할 기회를 제공받아야 한다. 분단 이후 70여 년이 흐른 지금 우리에게 절실하게 요구되는 것은, 통일 담론을 초기화하여 통일의 당위성을 논하는 기초 작업에 매몰되기보다 당위를 전제로 한 구체적인 노력이다. 이를 통해 거대 담론의 통일교육이 평화로운 일상을 위한 미시 담론의 통일교육으로 변모할 필요가 있지 않은지 고민할 필요가 있다.

제8장

D. Narvaez의 윤리적 감수성(Ethical Sensitivity)에 기초한 통일 감수성 교육 방안

Ⅰ. 서론

통일부와 교육부의 「2020년 학교 통일교육 실태조사」 결과 '통일이 불필요하다'라고 응답한 비율이 24.2%로 2019년 19.4%, 2018년 13.7%와 비교해 증가 추세를 보였다. 교사들의 경우, 통일교육 활성화를 위해 중점을 두어야 할 부분으로 86.7%가 '사회적 공감대 조성'을 그리고 82.6%가 '교수학습 자료 개발'을 선택했다. 또한 '교사의 전문성 향상'은 70.7%, '교육과정 및 교과서 개정'이 67.9%, '관련 법·제도 정비'가 67.5%의 응답 순위를 보여주었다. 설문조사의 이러한 결과는 국가적 차원에서의 통일교육 활성화를 위한 노력과 더불어 학교 자원에서의 내실 있는 통일교육 방안 강구가 중요함을 보여준다. 통일이 국가 경쟁력 강화와 국력에 영향을 주는 주요 요인이라는 점에서 통일교육을 위한 보다 실질적인 교육 지원이 필요하다.

한편, 현장 교사들은 학교 통일교육이 통일문제를 당위적, 거대 담론 중심 논지로 접근하고 있는 현실에 대해 비판적인 시각을 나타냈다는 점도 주목할 필요가 있다. 교사들은 교육과정이 통일 상대인 북한에 대한 고려 없이 남한 중심 논의로 흐르고 있다는 의견도 제시했다. 교과교육과정 운영 면에서 통일교육이 교사의 역량에 의존하는 경향이 크기에 학교별, 교사별 편차가 존재하고 교과교육과정에서 차지하는 비중이 적어 내용과 시수가 부족할 뿐만 아니라 수업에 활용 가능한 학습 자료가 부족한 현실도 지적되었다(김병연·조정아, 2020: 69). 현장 교사들의 이러한 의견을 고려할 때, 비록 통일부와 교육부가 2013년부터 통일교육 주간을 공동으로 지정 및 운영하고 국립통일교육원을 중심으로 초·중·고 통일교육 인프라, 교사의 교육 활동, 학생들의 체험 활동 지원 등의 정책을 시행하고 있으나 학교 현장에서 활용 가능한 다양한 통일교육 프로그램에 대한 현장의 요구가 여전히 충족되지 못하고 있는 실정임을 알 수 있다.

학생들의 통일 불필요에 대한 응답 증가와 교사들의 교수학습 자료 개발 필요성에 대한 이와 같은 요구를 참고할 때, 통일교육 논의에서 통일에 대한 학생들의 관심, 흥미, 참여 유도 방안뿐만 아니라 교사들에게 적합하고 유용한 교수·학습 자료 제공이 필요하다. 더욱이 우리나라 통일교육의 기조는 독립변수가 아닌 정부 정책과 남북 관계에 의해 영향을 받는 종속변수의 특징을 갖기에 통일교육의 일관성과 체계성 확보가 미진한 점도 교육 차원에서 유념할 부분이다. 그러므로 현장에 적합하고 실용적인 통일교육 자료 및 프로그램 개발로 교사들에게 현장 밀착성과 가치가 높은 수업 자료를 제공하여 학생들의 통일 관심과 의지를 높이는 한편, 올바른 통일관 및 통일 미래상을 갖게 하고 궁극적으로 사회통합, 사람의 통합을 추구해야 한다.

이러한 교육 현실을 고려하여 학생들의 통일에 대한 정서적 차원을 중심으로 현장 적절성이 높은 통일교육 방안을 제안하고자 한다. 특히 윤리적 감수성에 대한 구체적인 논의와 방안을 제시한 도덕 교육학자인 나바에츠((D. Narvaez)에 주목하여 그녀의 이론에서 차용 가능한 유효한 감수성 교육 방법들을 도출해 내고자 한다. 정서는 태도와 행동뿐만 아니라 인식에도 큰 영향을 끼치는 핵심 요인이기에 학생들의 통일에 대한 관심, 염원, 의지, 인식을 북돋기 위해서는 정서적 접근을 배제할 수 없다. 따라서 본 연구의 주제는 첫째, 정서, 도덕적 정서, 윤리적 감수성 등의 개념을 고찰하여 통일교육과 통일 정서의 관계 그리고 통일 감수성의 개념을 파악하고, 둘째, 윤리적 감수성이 통일 감수성 교육에 주는 의의 및 시사점을 확인하고, 셋째, 나바에츠의 윤리적 감수성 개발 방법을 살펴보며, 넷째, 윤리적 감수성 교육 방법에 기초한 통일 감수성 교육 방안을 모색하고자 한다. 궁극적으로 나바에츠의 윤리적 감수성에 기반을 둔 통일 감수성 특히, 관점 수용을 지향한 통일 감수성 교육 방안을 탐구하고자 한다.

II. 도덕적 민감성과 윤리적 감수성

1. 정서와 윤리적 감수성

1) 정서(emotion)의 개념과 교육적 중요성

정서는 OECD 교육 미래역량에서도 중요하게 부각되는 요소이다. 개인과 사회에 대한 지식, 기술 및 역량의 중요성은 OECD 국가의 정책 입안자들 사이에서 널리 받아들여졌다. OECD DeSeCo (Defining and Selecting Key Competencies project)는 필수 기술, 가치 및 태도 목록을 대체하도록 설계된 5개 핵심 역량 프레임워크를 개발하도록 이끌었다. 이후 OECD 교육 2030(OECD Education 2030: The Future of Education and Skills)은 DeSeCo 사업이 역량 개념에 방점을 두었던 것에서 나아가 학교 교육의 실행에 관심을 기울인다. 교육 및 기술의 미래 2030은 학생들이 미래 사회에서 번창하고 발전하는 데 필요한 지식, 기술, 태도 및 가치를 결정하도록 돕는 것을 목표로 한다. OECD 교육 2030은 기술로서 인지 및 메타인지 능력, 사회 및 정서적 능력, 실천 및 신체적 능력과 역량이 제시되었다(OECD Education 2030, www.oecd.org/education/2030/). OECD 교육 2030에서도 알 수 있듯이 사회적, 정서적 능력 및 역량은 최근 미래 교육에서 중요하게 부각되는 요소이다.

정서(emotion)를 교육에서 활용하기 위해서는 먼저 정서가 무엇인지 이해해야 한다. 정서와 그 아래 존재하는 식욕이나 성욕 같은 보다 생물학적, 원시적 충동은 생존 기제의 연장으로 진화해 온 행동 프로그램이다. 정서는 인간의 생존을 위해 진화한 것으로 알려져 있는데 인간은 공포나 혐오와 같은 기본 정서를 갖고 있으며 이러한 기본 정서는 절벽의 끝에서 물러서게 하고 상한 음식을 먹지 않게 해준다. 인간은 사랑과 같은 사회적 정서도 가지고 있는데 정서적 느낌은 사회성과 도덕성을 형성한다(M. H. Immordino-Yang, 황매향 역, 2019: 15).

그러나 인간의 정서, 감정만큼 복잡하고 불가사의하며 상충하는 이론과 해석의 대상이 되는 것도 없다. 철학적, 심리학적 역사에서 정서의 정의는 한정된 합의만을 갖고 있다. 부분적으로 이것은 정서의 구성요소에 대한 다른 압박 때문이기도 한데 아리스토텔레스는 소크라테스 이전 및 후기 그리스의 육체와 신체에 대한 관념에서 출발하여 인지적 요소를 정서적 경험에 추가했다. 데카르트와 더불어 기본 정서와 다른 정서 개념에 대한 진지한 구분 시도가 시작되었지만 합의는 이루어지지 않았다. 많은 정서 이론은 생리적 신호에 대한 자기인식과 감정 처리 사이의 밀접한 관계를 가정했다. 1880년대 제임스(William James)는 정서의 경험을 정서적 자극이나 상상이 있을 때 나타나는 신체 반응에 대한 인식으로 정의했으며 생리학자 랑게(Carl Lange)도 비슷한 이론을 제안했다. 이후 제임스-랑게(James-Lange) 정서 이론은 지속적인 논쟁의 대상으로 정서 이론에 큰 영향을 미쳤다(B. M. Herbert, O. Pollatos, & R. Schandry, 2007: 214). 제임스 접근법과 그에 대한 구성주의적 시각은 정서 이론에서 지배적인 주제로 20세기까지 지속되었다(G. Mandler, 2003: 157). 프로이트와 보울비(Edward John Mostyn Bowlby)가 제시한 초기 정서 이론은 분석 수준에서 개인으로부터 시작되었다. 각 개인의 삶의 경험은 그의 정서적 성향과 감수성에 기여하는 것으로 간주되었다. 그 둘 다 유아기 경험과 정서적 삶

사이의 연관성을 강조했으며 개인 정서적 삶의 게슈탈트(gestalt)라고 불릴 수 있는 것을 설명하는 데 관심을 두었다(P. Kuppens, J. Stouten, & B. Mesquita, 2009: 1249-1250). 제임스-랑게 정서 이론의 현대 계승자인 다마지오(Antonio Damasio)와 동료들은 이러한 관점을 직접 통합하여 체세포 표식 가설(somatic marker hypothesis)로 정서를 표현했다. 이 모델에 따르면, 외부 또는 내부 이벤트에 의해 유도된 자동 생성된 신체 각성 반응이 뇌로 피드백되어 동기 행동을 안내하고 정서적 처리와 사회적 인지 및 의사 결정에 영향을 준다(B. M. Herbert, O. Pollatos, & R. Schandry, 2007: 214).

정서는 오랜 기간 이처럼 철학, 심리학, 생리학, 뇌신경과학과 같은 다양한 학문 분야에서 논의되었다. 심리학에서 정서는 학습과 관련된 추진 및 강화 메커니즘, 방어 과정, 중독 및 애착을 설명한다. 사회심리학에서 정서에 대한 연구는 중심적인 위치를 차지한다. 인류학, 사회학 및 임상 연구는 정서와 관련해 표현 행동과 대인관계 연구에 초점을 두었으며, 생리학 연구자들은 자율 신경 및 중추 신경 기능 연구에 집중했다(H. Leventhal, 1980: 139). 생리학적인 면에서 보면 정서는 여러 수준의 신경 및 화학적 통합을 포함하는 복잡한 행동 현상으로 신경 및 호르몬 메커니즘과 관련된다. 인간은 정서를 경험할 때 무언가를 느낀다. 듀이는 의도적이거나 인지적 내용이 포함된 행동 양식으로 정서를 이해하며 객관적으로 표현된 아이디어나 목적의 주관적인 평가를 반영한다고 보았다(J. Dewey, 1895: 13). 설(John Searle)은 정서 경험이 신경생물학적 과정과 정서 이론에 의해 구체화된다고 주장했다.

정서 연구자들은 정서를 분리하고 이것의 기질 발생과 표현을 연구했는데 정서에 대한 이해는 관점에 따라 정서 이론, 생리학 이론, 인지주의 이론, 복합이론 등 다양한 측면에서 이해되었다. 정서 이론은 개인의 내적 느낌이나 감정을 중시하는 반면, 생리학 이론에서는 인간의 생리적인 변화에 주목한다. 한편, 인지주의 이론에서는 인간의 인지, 사고, 판단을 중요시하며 복합이론에서는 정서를 인지, 욕구, 감정적 요소를 모두 지닌 하나의 복합체로서 이해했다(박형빈, 2009: 286-287). 톰킨스(Tomkins)와 그의 학문적 후계자인 에크먼(Ekman), 이자드(Izard)를 참고하면, 정서 심리학의 대부분은 기본 정서 이론이라고 부를 수 있는 연구 프로그램에 의해 안내되었다. 기본 정서 이론의 중심 아이디어는 인간 본성이 질적으로 구별되는 몇 가지의 정서를 포함하고 있으며, 각각은 뚜렷하고 단단하게 조직되고 반복되는 형태의 명시적 구성요소를 생성한다는 것이다. 연구자들은 정서를 정서(emotions), 감정(affects), 감수성(sentiments), 기분(moods) 등으로 세분하려고 시도했지만 개념적 합의는 이루어지지 않았다. 정서는 흔히 기쁨, 분노, 두려움, 질투 등으로 나뉘지만, 감정과 무감정 사이의 경계가 어디인지 분명하지 않다. 정서는 다른 심리적 실체들, 특히 이성적 사고의 메커니즘과 질적으로 다른 실체로 여겨지기도 했다(J. A. Russell, 2009: 1260, 1262). 이러한 논의들을 종합할 때, 정서는 어떤 감정들과 결합하여 특정 방식으로 인간이 생각하고 행동하게 되는 경향을 가리킨다.

2) 도덕적 추론과 도덕적 정서

전통적으로 도덕적 판단은 콜버그에서와 같이 인지 과정과 추론을 점진적으로 발전시키는 산물로 간주되었다. 그러나 근래의 연구는 의식적인 추론과정이 인간의 도덕적 나침반의 일부만을 차지한다는 증거를 제공했다. 성인과 어린이 모두를 대상으로 한 연구에 따르면, 그린(Joshua Greene)과 하이트(Jonathan Haidt)의 견해와 같이 도덕적 직관 뒤에 숨어있는 메커니즘은 때때로 그러한 직관을 경험하는 개인에게 인식되지 않는다. 행동 연구는 생후 첫해에 유아가 기본적인 형태의 사회적, 잠재적 도덕적 평가에 참여한다는 증거를 제공하기도 했다. 실례로, 생후 6개월 미만의 영아는 다른 에이전트의 행동을 방해하기보다는 도움을 준 에이전트와 우선으로 상호작용했다. 이타적인 도움과 같은 친사회적 행동도 어린 시절에 나타났는데 생후 12개월이 되면 영아는 고통의 피해자를 위로하기 시작하고 3세 아동은 타인에게 피해를 입히거나 유발하려는 사람들을 선택적으로 돕지 않기 때문에 타인에게 선택적으로 친사회적이었다. 친사회적 행동은 사회적 이해의 발달과 함께 어린 시절에 나타났는데 생후 2년 차에 아이들의 공감 반응이 증가했다. 기능적 자기공명영상(fMRI), 시선 추적, 도덕적 시나리오 행동 평가를 결합하여 도덕적 인지발달에서 연령에 따른 정서와 공감 역할이 탐구되었다(J. Decety, K. J. Michalska, & K. D. Kinzler, 2012: 209-212).

최근 몇 년간 정서, 특히 정서와 인지 사이의 상호 작용에 대한 연구의 확장은 심리학자들뿐만 아니라 철학자들과 사회과학자들에게도 정서의 중요성을 강조하는 데 도움을 주었다. 전통적인 정서 이론으로 정서에 대한 가장 영향력 있는 과학적 설명은 다른 정신적 사건과 마찬가지로 정서의 경험이 뇌나 신체의 물리적 과정에 수반되거나 실체화되어 물리적 세계의 사건으로 설명될 수 있다는 가정이다. 정서에 대한 정체성 접근법은 정서의 경험을 신체 상태로 재정의하거나 기본 정서 모델에서와 같이 뇌 회로, 신경 화학적 시스템의 프로그램 또는 행동 계획의 활동으로 재정의한다. 정서에 대한 기능주의적 접근은 즉각적인 인과관계로 정서를 정의한다. 생물학적 자연주의는 마음에 대한 전통적인 유물론적 견해에 반대하는 철학적 틀이며 정서 경험에 대한 과학적 연구를 위한 새로운 논제를 제공했다. 공포, 혐오, 분노, 슬픔, 두려움, 자부심, 죄책감, 경외감, 기쁨 등과 같이 심리적으로 구별되는 정서가 존재한다(L. F. Barrett, B. Mesquita, K. N. Ochsner, & J. J. Gross, 2007: 373-400).

인지 및 신경 생물학의 최근 연구는 감정, 정서와 도덕적 판단 사이의 중요한 관계를 나타낸다. 여러 연구자들은 정서가 우리의 직관적인 도덕적 판단의 원천이라고 주장했다. 정서는 도덕적으로 관련된 행동을 유도하는 데 주된 역할을 한다(B. Huebner, S. Dwyer, & M. Hauser, 2009: 1-6). 정서가 도덕적 판단의 원천인지 아니면 후속 조치인지 여부는 여전히 논란의 여지가 있다. 정서가 도덕적 판단의 선행 요소로 작용할 수 있으며 개인에게 부정적인 감정은 불편함을 가져옴으로써 도덕적 경고를 한다고 보는 관점이 있는 반면, 다른 관점에서는 정서적 반응이 없는 경우에도 도덕적 판단이 존재할 수 있다고 본다. 또 다른 관점에서는 성숙한 도덕적 추론은 의도, 신념 및 행동 결과에 대한 정보를 표현하고 통합하는 인지 과정 및 정서에 모두 의존한다고 본다. 예를 들면, 완전히 발달한 도덕적 인지는 타인에 대한 공감적 민감성과 관심을 장려하는 정서에 의존한다. 그러나 이러한 다양한 논의들은 모두 도덕판단, 도덕 행동에서 정서 역할의 중요성을 내포하고 있다.

2. 도덕성과 윤리적 감수성

1) 뇌신경과학에서의 도덕적 정서

최근 도덕적 정서에 대한 뇌신경과학적 접근은 보다 깊이 있게 도덕적 정서에 대해 해명을 시도한다. 죄책감, 수치심, 당혹감은 개인과 사회를 위한 중요한 규제 기능을 가진 전형적인 도덕적 정서이다. fMRI 데이터에 따르면 부정적인 도덕적 정서의 경험은 전두엽 피질, 후측 대뇌 피질을 포함하여 전대상피질(ACC) 및 전측 뇌섬엽에 걸친 활동을 나타냈다. 도덕적 정서는 우리가 옳고 그름을 구별하고 도덕적 범법과 승리에 대응하여 적응적으로 행동하는 데 도움이 되는 강력한 동기부여 힘이다. 죄책감, 수치심, 부끄러움은 전형적인 도덕적 정서이다. 도덕적 사건 이후, 이러한 도덕적 정서는 행동에 대한 즉각적인 피드백을 제공하는 동시에 일반적으로 사회적 유대를 유지하는 기능을 하는 방식으로 처벌 또는 강화를 통해 학습을 촉진한다(M. M. Fourie et al., 2014: 203-204).

정서는 도덕판단에서 배제할 수 없는 인자로 뇌신경과학적 측면에서 이해가 활발하다. 사회신경과학에서는 도덕적 정서의 뚜렷한 두뇌 활성화 패턴을 발견했는데 예를 들면, 친사회적 정서인 죄책감, 당혹감, 연민은 전방 내측 전전두엽(PFC) 및 후두엽 피질 및 후상 측두엽(STS)을 활성화하였으며 비판적인 정서인 혐오감과 분노는 편도체, 해마 및 방추형 영역의 활성화와 관련이 있었다. 규칙

기반 또는 정의의 도덕적 문제와 사회적 상황 또는 돌봄의 도덕적 문제에 대한 민감도의 신경 처리 관련 연구에서 정의 문제에 대한 민감성은 왼쪽 두정 내 고랑의 더 큰 활성화와 관련이 있는 반면, 돌봄의 문제에 대한 민감성은 복측 후방 대상 피질, 복측 전두엽 피질, 시상에서의 더 큰 활성화와 관련이 있음을 보였다(D. Robertson et al, 2007: 755). 흔히 죄책감, 분노, 분개, 부끄러움, 후회, 감사, 교만, 당황, 시기, 연민, 경멸, 경외, 질투 등은 도덕적 정서로서 이해된다. 우리는 자신을 다른 사람의 불행의 원인으로 인식할 때 죄책감을 경험하며, 누군가가 우연히 다치는 것을 목격할 때 연민을 느낀다. 영화의 주인공이 행동하는 모습을 보거나 소설을 읽을 때 마치 실제로 그런 행동을 하는 것처럼 자동으로 관련된 정서가 불러일으켜 진다(J. Moll et al., 2007: 337-338).

윤리적 의사 결정에 대한 이와 같은 경험적, 이론적 고찰은 주로 도덕판단 과정에 초점을 맞추고 있다. 그러나 판단의 전제 조건은 도덕의 주요 구성요소인 도덕적 민감성 즉, 도덕적 문제를 감지하고 평가하는 능력을 포함한다. 도덕성, 도덕적 판단, 도덕적 행동에 도덕적 민감성과 같은 정서적 부분은 매우 긴요하다. 도덕적 문제에 대한 민감성 즉, 감수성은 자기의식, 정체성 및 사회적 관점에서 갖는 역할을 안내하며 동시에 이러한 다차원적인 요소들과 밀접하게 연관되고 상호영향을 주고받는다.

2) 도덕선과 도덕적 정서

사회인지 이론에 따르면 도덕성은 인간관계의 고유한 기능인 인간복지, 정의 및 권리에 대한 개념을 의미한다. 대조적으로, 사회적 관습은 서로 다른 사회적 맥락에서 적절한 행동에 관한 권위, 전통 또는 관습에 기반을 둔 공유된 규범과 기대이다. 도덕성의 4구성 모델은 4가지 심리적 과정을 제시했다. 도덕적 민감성(윤리적 민감성), 도덕적 판단, 도덕적 동기 그리고 도덕적 성격이다. 복잡한 상황에서 도덕적 문제를 인식하는 능력으로 정의되는 첫 번째 구성요소는 도덕적 민감성이다. 여기에는 타인의 반응과 감정 해석, 공감과 역할 수행능력, 행동이 자신과 타인의 복지에 어떻게 영향을 미칠 수 있는지에 대한 이해, 타인의 행동을 추론하고 반응에 적절하게 반응하는 등의 차원이 포함된다. 기본적인 도덕적 민감성은 공감, 동정 또는 죄책감과 같은 도덕적 감정을 불러일으킨다. 정상적인 도덕적 기능에서 그러한 뜨거운 정서적 내용은 도덕적 행동의 구성과 관련이 있으며 아동 또는 청소년의 도덕성을 안내한다(R. Thornberg & T. Jungert, 2013: 475-477).

인간에게 있어 정서 및 감정은 사건, 대상, 행동에 가치를 부여함으로써 도덕적 경험에서 중추적 역할을 한다. 도덕적 결정, 판단이 하나의 이론적 접근을 넘어서는 복잡한 현상임을 상기할 때, 도덕적 판단에서 정서의 역할은 지대하다. 도덕적 정서 연구에 대한 중심적인 발달 접근법은 도덕적 정서의 속성에 초점을 맞추는 것이었다. 도덕적 정서의 속성은 행동 유형에 따라 부정적일 수도 있고 긍정적일 수도 있다. 예를 들면, 도덕적 범법에 대한 죄책감, 친사회적 행동에 대한 자부심 등이다. 도덕적 정서의 속성에 대한 과거 연구는 죄책감과 같이 대부분 부정적으로 부과된 도덕적 정서에 초점을 맞추었다. 또한 연구자들은 도덕적 정서가 강력한 인지적 요소를 가지고 있다고 보았다. 가령, 아이들은 도덕적 행동의 맥락에서 자신과 타인의 관점을 고려할 필요가 있기 때문이다. 이러한 속성은 어린이들이 도덕적 사건의 결과를 예상하고 그에 따라 도덕적 행동을 조정하는 데 도움이 된다. 도덕적 정서는 도덕적 행동 경향의 발달에 중요한 것으로 간주되었다(T. Malti & T. Krettenauer, 2013: 397-398).

하이트는 도덕적 정서를 사회 전체 또는 다른 사람의 이익이나 복지와 관련이 있는 것으로 정의했다. 자의식적인 도덕적 정서는 자신의 도덕적 정서에 대한 성찰과 일련의 기준과 가치에 대한 자신의 평가에서 비롯된다. 자기 성찰에 따라 이러한 정서는 즉각적인 처벌 또는 행동 강화를 제공한다. 죄책감, 수치심, 부끄러움의 자의식적인 정서는 모두 도덕성에 영향을 미치는 것으로 나타났으며, 특히 죄책감과 수치심은 종종 이 과정의 기본으로 간주된다. 수치심이 도덕적 상황과 비도덕적 상황 모두에서 발생하는 반면, 죄책감은 특히 도덕적 상황에 반응하는 경향이 있다고 주장되기도 한다. 이 때문에 죄책감은 수치심보다는 도덕적 정서에 더 가깝다고 인식되고 있다. 또한, 도덕적 행동에 동기를 부여하는 죄책감의 도덕적 기능은 경험적 연구의 지원을 받았지만 수치심의 도덕적 기능에 대한 증거는 발견되지 않았다. 죄책감은 어떤 사람이 어떤 기준이나 목표를 달성하지 못하고 실패를 자아로 돌릴 때 경험한다(M. E. Johnston, 2009: 8-9). 정서, 감정, 민감성은 이처럼 도덕적 판단, 사고, 동기, 행동 등의 영역에서 주요한 인자로 자리 잡고 있다.

Ⅲ. 통일교육과 통일 감수성

1. 교육에서 정서적 감수성

1) 감수성 교육 영역

정서에 관한 신경생물학의 최근 연구가 밝히고 있듯이, 현실 세계에서 인지는 삶을 통제하는 것을 목적으로 정서라는 장치에 의해 작동한다. 다마지오와 그의 연구진은 지능에 대한 새로운 관점을 이끌었는데 정서와 관련된 신체 반응에서 정서와 감정은 사고와 의사 결정을 이끄는 데 핵심적이라는 것이다(M. H. Immordino-Yang, 황매향 역, 2019: 25, 41). 왜 어떤 사람들은 심각한 스트레스 요인으로 인해 불안, 우울증 및 기타 정서적 문제로 어려움을 겪고 다른 사람들은 그렇지 않은가. 그것은 정서 반응의 감수성 정도가 개인마다 다르기 때문이다. 정서 영역에서 감수성(sensitivity)은 다양한 심리학 이론과 연구 분야의 핵심 개념으로 정신 물리학과 지각에 관한 많은 연구는 개인마다 지각 수준이 다르다는 것을 보여주었다. 예를 들면, 어떤 사람들은 가벼운 전기 자극에 노출되었을 때 통증을 느끼는 반면, 다른 사람들은 강한 전기 충격에 노출 되어도 통증을 느끼지 않는다. 다른 심리 영역에서와 같이 감수성, 대인관계 반응에서도 개인차가 발견되었다. 다양한 감정을 불러일으키는 사건에 의해 얼마나 쉽게 그리고 얼마나 강하게 영향을 받을 수 있는지에 있어 개인차가 존재한다. 지난 수십 년 동안 사회 심리학자들은 개인이 신체적 자극, 좌절, 모호성, 보상 및 처벌에 대한 관용과 감수성에 차이가 있을 수 있다고 제안했다. 마찬가지로 도덕적 규범 위반 및 불의에 대해서도 감수성 차이가 존재했다(M. Schmitt, M.

Gollwitzer, J. Maes, & D. Arbach, 2005: 3).

일반적으로 감수성은 인지적 능력에 기반을 두고 발현되는 정서적 측면의 태도, 성향 등을 일컫는다. 감수성은 자기가 속한 집단의 사회적 규범에 대한 감수성, 자신과 타자 간의 행동, 인식과 감정 차이를 적절하게 인지 및 반응하는 개인 간 감수성, 정서적 자극이나 반응에 대한 수용 감수성 등으로 구분할 수 있다. 이 가운데 개인 간 감수성이 뛰어난 사람은 다른 이와의 상호 작용에 민감하게 반응하며 타인과의 관계에서 자신이 부족한 점을 인지하고 부정적인 평가를 최소화하는 방향으로 행동하고자 한다(F. J. Bernieri, 2001: 3-5). 감수성을 이해하는 시각은 인지적, 정서적, 행동적 역량을 모두 포함하는 능력으로 보는 관점이 일반적이다. 원만한 사회생활을 위해서는 다른 사람의 감정이나 태도를 비언어적 정보를 통해 정확히 해독하는 능력인 정서적 감수성이 요구된다. 연구자들은 감수성에 대한 연구로 정서적 감수성, 다문화 감수성, 인권 감수성, 젠더 감수성, 성인지 감수성, 생명 감수성 등 다차원의 영역을 다루었다. 이들의 개념은 통일 감수성을 규정하는 데 도움이 되기에 몇 가지를 살펴보면 다음과 같다.

첫째, 정서 감수성은 감정과 관련된 비언어적 단서인 얼굴 또는 신체로 전달되는 신호를 정확하게 평가하는 능력이다. 사회적 민감성은 감정, 성격 및 사회적 역할을 포함한 더 많은 글로벌 사회적 정보와 관련이 있다(D. R. Carney & J. A. Harrigan, 2003: 194). 정서 감수성은 정서 지능 또는 감정 지능이라 불리는 능력과 밀접하다. 감성 지능 또는 정서 지능(emotion intelligence)은 일반적 지능의 누락된 고리 역할을 했다. 예를 들면, 평균 IQ를 가진 사람들이 때로 가장 높은 IQ를 가진 사람들을 능가하는 현상은 많은 사람들이 항상 성공의 유일한 원천이라고 생각했던 IQ에 의구심을 갖게 했다. 수십 년간의 연구에서 다른 차별화되는 중요한 요소로 감성 지능이 주목되었다. 감성 지능, 정서 지능은 인간이 행동을 관리하고 사회적 복잡성을 탐색하고 결정을 내리는 데 영향을 준다. 정서 지능은 개인 역량과 사회적 역량을 지원하는 핵심 기술로 여겨진다(T. Bradberry, 2018: 1-2).

둘째, 다문화감수성(intercultural sensitivity or multicultural sensitivity)은 여러 학자들에 의해 점점 더 다양해지는 사회에서 아이들이 강력한 사회적 능력을 개발하도록 돕는 중요한 부분으로 지적되었다(B. S. Kim, J. L. G. Green, & E. F. Klein, 2006: 223-234). 연구자들은 다양한 전통과 종교적 관습을 가진 사람들이 모여 있는 사회나 나라에서 특히 다문화적 감성이 필요하다고 주장했다. 다문화적 감성을 갖는 것은 그것이 다양한 사람들의 공존에 기여할 수 있기 때문에 긴요하다(Cha & Ham, 2014; S. T. P. Ruales, O. Agirdag, & W. Van Petegem, 2020: 177). 일부 연구에서 다문화 감수성이라는 용어는 다문화 능력, 다문화 전문성, 다문화 효과성, 문화적 반응성, 문화적 인식과 교차적으로 사용되며 문화적 감수성과 유사하게 정의된다. 문화적 감수성은 행동을 지시하는 태도로 묘사되거나 인식, 지식 및 기술의 구성요소로 식별된다. 문화적 감수성은 태도, 관행 및 지식을 통해 측정할 수 있는 인식, 능력 및 대응성으로 구성된 것으로 명시된다. 다문화 감수성은 문화적 차이 때문에 그에 대한 개인의 인식과 이러한 차이를 존중하고 적절하게 대응할 수 있는 능력이다(S. T. P. Ruales, O.

Agirdag, & W. Van Petegem, 2020: 179-180).

정서 감수성과 마찬가지로 다문화 역량을 구성하는 요소로 인식되어 온 다문화 감수성은 생득적으로 타고나는 능력이기보다 교육을 통해 육성할 능력으로 여겨졌다(J. Bennett & M. J. Bennett, 1993: 185-206). 베넷(Bennett)은 다문화 감수성을 거부단계로부터 통합 단계로까지 변화해 가는 인지, 정서, 행동 측면의 통합된 능력으로 보았다. 그는 서로 다른 문화적 배경을 지닌 타인과 상호작용할 때 개인은 다른 문화를 바라보는 특정 세계관에서 야기된 장애를 단계적으로 극복하고 문화 차이를 수용하는 공감 능력을 계발한다고 보았다. 그는 문화적 차이에 대한 경험이 정교하면 정교할수록 다문화 역량이 발달한다고 가정했다. 그가 제안한 발달모델(Developmental Model of Intercultural Sensitivity: DMIS)은 다문화 감수성의 발달 6단계이며(J. M. Bennett & M. J. Bennett, 2004: 147-165) 각 단계의 발전은 [그림 1]과 같다. 문화 감수성 발달은 학습자의 주관적인 경험에 대한 관심을 요구한다.

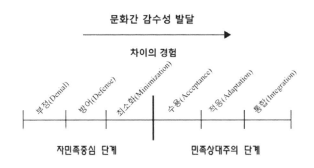

[그림 1] 다문화 감수성 발달모델

출처: J. M. Bennett & M. J. Bennett, 2004: 153.

셋째, 인권 감수성(Human Rights Sensitivity)은 인권문제가 발생한 상황에서 인권과 관련된 문제임을 지각 및 해석하고 실행 가능한 행동의 영향을 예측하고 상황에 대한 책임이 자신에게 있음을 인식하는 심리적 과정이다. 인권 감수성은 인권의식과 혼용되어 사용되기도 하는데 인권의식은 인권과 관련된 지식이나 인권 침해를 구분하는 능력으로 보다 포괄적 개념인 반면, 인권 감수성은 보다 구체적인 개념으로 상황지각, 결과지각, 책임지각의 3요인으로 구성된다(국가인권위원회, 2002). 이것은 인권의 중요성이 강조됨에 따라 인권교육에서 활발히 연구가 이루어지고 있다.

넷째, 젠더 감수성(gender sensitivity)에서 성은 생물학적 차이를 의미하는 성(sex)이 아닌 성별(gender)을 말하며 이는 사회나 문화가 남성적 또는 여성적이라고 정의하는 특성을 나타낸다. 20세기 페미니즘 세계에서 여성의 열등한 지위를 이해하는 데 있어 가장 심오하고 지속적인 공헌 중 하나는 젠더 개념의 이론화였다(L. Bowker, 2001: 590). 감수성은 외부 세계의 자극들을 느끼고 받아들이는 인간의 성질로서 감수성의 수준은 사회 현상을 인식하는 과정에서 그 기초가 되는 태도와 가치에 영향을 준다. 따라서 젠더 감수성은 생물학적인 성(sex) 차이가 차별적인 사회적인 성(gender) 차이로 이어지게 된 문제점을 인식하는 것에서 출발한다. 좁은 의미에서는 일상에서의 성 역할에 대한 불평등하고 차별적인 요소를 민감하게 받아들이는 것이고, 넓은 의미에서는 성 역할 고정 관념과 편견을 자각하여 당연하게 여겨온 사회질서와 구조에 대한 비판의식을 갖고 성 평등 사회를 실현하려는 실행 의지, 실천력을 포함하는 가치판단 체계라고 할 수 있다(김경령·서은희, 2020: 67-68).

국내 연구자들은 젠더 감수성을 성 인지력, 성 인지성, 성인지 감수성 등으로 번역해 사용하고 있다.

다섯째, 환경 감수성(environmental sensitivity) 및 생태 감수성(ecological sensitivity)이다. 생태 감수성은 사회적 환경에서 공변량을 감지하는 능력을 의미한다. 더 높은 생태 감수성은 더 많은 유효한 공변량을 회상하는 것으로 구성되었다. 예를 들면, 연구에서 더 높은 생태 감수성은 사회적 상호 작용에 대한 조율, 더 나은 심리적 적응을 보고했다(J. D. Carter & J. A. Hall, 2008: 439). 환경 감수성의 경우에도 개인마다 환경 감수성의 정도가 크게 다른 경향이 있으며 일부는 일반적으로 다른 사람보다 더 민감하였다. 이는 환경 감수성과 그 다양성이 기존의 많은 심리적 개념의 다양한 측면을 반영, 포착 및 설명하는 중요한 고차원 성격이라는 것을 시사한다.

광범위한 관점에서 환경 감수성과 관련된 문제를 논의할 때 고려되는 두 가지는 먼저, 감수성과 반응의 구별이다. 감수성은 외부 영향 즉, 입력의 인식 및 내부 처리 측면을 의미하는 반면, 반응은 결과적인 행동 결과 즉, 출력을 의미한다. 환경 감수성의 차이가 반응도의 차이를 나타내는 데 큰 원인이 되지만 감수성(민감도)은 반응성과 동일하지 않다. 예를 들면, 감수성이 높은 아동은 새롭고 익숙하지 않은 사회 환경에서 더 내성적이고 수줍은 행동을 보이는 경향이 있을 수 있다. 다음으로, 환경 감수성에 대한 두 가지 이상의 뚜렷한 관점이다. 첫 번째는 발달 과정 즉, 과거 경험에 대한 반응으로 시간에 따른 변화를 설명하고, 두 번째는 즉각적인 반응 즉, 현재 경험에 대한 반응을 설명한다. 발달적 관점은 발달 또는 표현형 가소성, 특정 환경의 조건에 시간이 지남에 따라 표현형을 적응시키는 유기체의 능력을 나타낸다. 예를 들면, 유아기에 더 반응적인 기질을 가진 아동은 조기 보육 환경이 덜 지원하는지 또는 더 지원하는지에 따라 지속적으로 다소 공격적인 아동으로 발전한다. 중요한 것은 발달 가소성이 환경적으로 프로그램 될 가능성이 가장 높은 초기 발달 기간으로 제한되며, 환경 변화에 대한 추가 적응은 불가능하지는 않지만 가능성이 적다(M. Pluess, 2015: 138-140).

2) 도덕적 민감성과 윤리적 감수성

현대 도덕 발달 이론에서 사용되는 주요 모델 중 하나는 1980년대 레스트(James Rest)가 도덕 이론을 검토하면서 공식화한 4요소 모델(Four Component Model)이다. 인지발달 접근법뿐만 아니라 사회 학습, 행동주의, 사회 심리 및 정신분석 이론을 포함하고 있기에 다면적이며 하나의 이론적 접근으로 설명할 수 없다. 이 모델의 주요 강점은 이전에 별개의 이론적 접근방식을 통합하고 이들 간의 상호연결을 인정한 것이다. 이 모델은 이질적인 이론을 검토하기 위한 틀로 사용되었을 뿐만 아니라 도덕적 행동을 결정하기 위한 이론으로도 사용되었다. 구성요소는 4가지 기능을 가지고 있는데 개인은 한 기능에서 높은 수준의 능력을 보이지만 다른 기능에서는 능력이 떨어질 수 있다. 이러한 방식으로 레스트는 도덕심리학은 단일 변수 또는 과정으로 표현될 수 없다고 주장했다. 그는 구성요소를 4가지 주요 심리적 과정의 약자로 설명했는데, 이는 도덕적 행동이 생성되기 위해 반드시 발생해야 하는 도덕적 민감(구성요소 1), 도덕적 판단(구성요소 2), 도덕적 동기부여(구성요소 3) 및 도덕적 성격(구성요소 4)이다. 이 중 도덕적 민감성(감수성)은 도덕성의 두드러진 측면을 식별하는 능력이다(S. Jagger, 2011: 2-3).

도덕적 민감성을 레스트는 자신의 행동이 타인에게 어떤 영향을 미치는지에 대한 인식과 윤리적 상황에서의 다양한 반응으로 정의했다. 도덕적 민감성은 도덕적 결정을 내리고 도덕적 행동을 취하는 데 관련된 4가지 요소 중 첫 번째 요소이다. 일부 학자들은 구성요소 1에서 4로의 선형적인 진행이 아직 입증되지 않았지만 도덕적 민감성이 도덕적 판단의 필수적 선두라고 주장했다. 조단(J. Jordan)은 도덕적 민감성 구성의 3가지 정의 즉, 인식 및 정서적 반응, 인식, 인식 및 중요성 부여 그리고 이것에 기반을 둔 측정 도구를 검토했다. 첫째, 인식과 정서적 반응이다. 레스트는 정서와 도덕적 인지는 분리할 수 없다고 믿었는데 그는 정서가 전혀 없는 도덕적 인지는 없다고 생각한다고 했다. 호프만(Hoffman)의 공감을 확인하면서 레스트는 도덕적 민감성을 도덕적 문제에 대한 인식과 이러한 문제를 어떻게 반응하고 처리하는지의 조합으로 정의했다. 도덕적 민감성은 연구자들에 의해 다른 사람의 반응과 감정 해석, 공감 및 역할 수행능력, 자신의 행동이 어떻게 영향을 미칠 수 있는지 이해, 자신과 타인 모두에 대한 기대, 다른 사람의 행동에서 추론하고 그들의 반응에 적절하게 대응하는 등의 차원이 포함된다. 둘째, 인식이다. 일부 연구자들은 정서적 요소를 제거하고 오로지 상황에 내재한 도덕적 문제를 인식하는 능력으로만 도덕적 민감성을 정의하거나 어떤 경우에는 도덕적 문제에 기인하는 인식의 성노로 생각한다. 셋째, 중요성에 대한 인정과 설명이다. 일부 연구자들은 도덕적 문제에 대한 인식과 이러한 문제에 대한 중요성을 결합한다. 도덕적 문제는 복잡한 의사 결정 상황에서 관심과 우선순위를 두고 경쟁한다. 중요성에 대한 정의를 도덕적 민감성 정의에 통합하는 연구자들은 도덕적 문제를 중요하게 여기지 않는 한 이러한 문제가 의사 결정 과정에서 걸러질 가능성이 있다고 주장했다(J. Jordan, 2007: 324, 326, 331, 337).

　도덕적 영역에서 도덕적 정서는 도덕적 행동의 척도와 관련이 있는 것으로 나타났으며 공감과 같은 감정 반응은 긍정적인 도덕적 정서로 발현된다. 예를 들면, 아동의 친 사회적 행동은 괴로워하는 또래에 대한 반응으로 보고된 감정과 긍정적으로 연관되었다. 연구에 의하면, 도덕적 정서를 부여하는 데 더 능숙한 아이들은 기회가 주어졌을 때 덜 숙련된 아이들보다 속일 가능성이 적었다(M. E. Johnston, 2009: 5-6). 이때 도덕적 정서와 밀접한 것이 윤리적 감수성이다. 윤리적 의사 결정 프레임워크에 대한 대부분의 논의는 윤리적 감수성이 윤리적 의사 결정 과정의 시작점이며 윤리적 추론 단계 이전에 온다고 주장한다.

　윤리적 감수성이란 윤리적 상황 내에서 윤리적 차원을 인식함을 말한다. 이 점에서 도덕적 민감성을 윤리적 감수성과 연계하여 다룰 수 있다. 상황의 윤리적 차원을 인식하는 동안 상대적으로 상황에 중요성을 거의 할당하지 않을 수 있는데, 이는 윤리적으로 둔감하다고 말할 수 있다. 상황의 윤리적 측면이 인식되지 않는 한, 어떤 윤리적 문제도 해결되기 어렵다. 즉 초기 인식 없이는 윤리적 문제가 존재하지 않기 때문에 윤리적 감수성은 윤리적 의사 결정의 중요한 요소로 인식된다(A. Naudé & J. Bornman, 2016: 30). 그러므로 도덕적 정서, 도덕적 민감성, 윤리적 감수성은 상호 밀접하며 도덕적 행동에 대한 유용한 지표로 작용할 수 있고 경험, 환경 그리고 교육에 의해 형성된다. 따라서 윤리적 감수성 교육에 대한 고찰은 우리로 하여금 통일 감수성 교육을 위한 이정표를 찾도록 도울 것이다.

2. 통일 정서로서 통일 감수성

1) 통일교육에서 통일 정서

통일교육의 논의들은 과거 정치학적, 철학적 접근에 주로 천착하였던 반면, 최근에는 통일교육의 방향 전환 논의와 함께 통일 정서에 대한 관심이 높아지고 있다. 통일 정서는 통일에 대한 태도 및 관심, 남한 주민과 북한 주민 그리고 북한이탈주민에 대한 심리적 이해를 포함한다. 통일교육 내용의 한 영역인 북한 이해는 통일인식 및 지식과 같은 인지 차원에서의 접근과 북한이탈주민의 심정 이해와 같은 정서 차원에서의 접근이 동시에 가능하다(박형빈, 2020: 117). 통일에 대한 세대 간 차이도 통일교육에서 통일 정서를 간과할 수 없게 하는 부분이다. 특히 6.25 전쟁 경험은 전쟁을 직접 겪은 세대와 그렇지 않은 세대 간에 통일에 대한 뚜렷한 감정적 차이를 만든다. 전쟁, 분단, 이산을 직접 경험한 세대에게 통일 당위성에 대한 감정적 거부감은 거의 존재하지 않는다. 그들에게 통일은 한민족으로서 마땅히 추구할 민족적 당위의 과제이다. 그러니 전후 세대인 현 아동 및 청소년들에게 있어 혈육으로서의 북한은 멀고, 분단은 단지 현실이며 자연스러운 모습이다(박형빈, 2017: 185).

세대별 통일의식의 차이와 세대 간 갈등의 문제는 인식 측면과 정서 감정 양 측면에서 접근 가능하다. 이 가운데 정서적 차원에서 생각할 때, 통일교육에 있어 정서는 남북이 진정한 화합과 평화를 위해 풀어나가야 할 실질적인 갈등 문제의 해결뿐 아니라, 정서적 측면에 기반을 둔, 화해 및 화합이 통일교육의 중요한 시대적 과제(김희정·김선, 2018: 233)일 수 있다는 점에서 관심을 기울일 필요가 있다. '한반도 통일은 단순히 민족 간 통합이라는 차원을 넘어 구조화된 이데올로기 갈등을 어떻게 극복하며 지속 가능한 평화를 구축할 것인가'라는 보편적 평화의 주제이기도 하다. 이런 점에서 평화구축은 평화를 저해하는 갈등의 실질적 내용을 해결하는 노력과 함께 다른 한편으로 갈등의 기저에 깔린 트라우마와 정서, 감정의 문제를 해소하는 과정으로 진행된다(김병로, 2014: 7). 통일의 기초가 되는 사회통합은 사람의 통합을 전제할 때만이 성공적으로 이루어질 수 있다. 따라서 통일교육에서 사회 구성원 간 갈등의 저변에 깔린 감정 및 정서에 대한 관심은 막중하다.

　교육의 대상이 되는 학생들을 염두에 둘 때, Z세대가 경험한 북한은 그 이전 세대와는 다르기에 이들의 통일의식 변화를 위해서는 감정과 정서적 접근을 포함하는 통일교육의 질적 전환이 필요하다. 통일교육의 신 패러다임으로 정치적 관점에서 통일교육을 바라보는 시각을 탈피하고 교육적 관점에서 통일교육의 방향성과 내용 및 방법의 재정립, 거대 담론 중심의 통일교육에서 학습자 개개인이 일상 속에서 통일의 의미를 묻고 탐색하는 기회를 제공, 성찰 또는 통찰의 정신적 활동을 중심에 둔 학습자 성찰적 사고 지원에 초점을 둔 교육 방법을 고안(조정아, 2018: 21)할 필요가 있다. 감정과 정서를 고려한 통일교육은 남북주민의 심리적 거리와 문화적 이질성을 좁히는 데도 유용하게 작용할 뿐만 아니라 우리 사회에 존재하는 다양한 갈등 요인을 해소할 수 있는 실질적인 단초를 제공할 수 있다는 점에서 중요하다. 이 점에서 통일교육의 목표, 내용을 위해서는 철학적 기반 즉, 통일철학이 그리고 학생들 개개인의 정서와 감정을 참조하고 적절한 교육 방법을 탐색함에는 심리학적 기반 즉, 통일심리학이 요구된다. 특히 통일교육의 심리학적 차원이라 할 수 있는 정의적 차원에서의 통일교육을 위해서는 공감, 감수성 등과 같은 통일 정서에 대한 고찰이 필요하다. 그러나 동시에 통일에 대한 정서적 접근이 자칫 감정에의 호소나 무비판적 설득과 같은 비합리적이고 교조적인 방식으로 진행될 수 있음도 유념해야 할 것이다. 통일에 대한 객관적인 정보에 바탕을 둔 합리적 검토, 판단 그리고 성찰은 통일 정서 논의에서도 결코 간과되어서는 안 된다.

정서에 대한 다양한 이론과 관점을 참고할 때, 정서는 인지, 사고, 감정, 행동과 관련되며 주관적이고 신경생물학적인 경험으로 신체의 물리적 과정에 수반되는 현상이라고 정의할 수 있다. 외부 또는 내부 이벤트에 의해 유도된 자동 생성된 신체 반응인 정서는 행동의 동기가 되고 사회적 인지 및 의사 결정에 영향을 준다. 그렇다면, 통일 정서는 어떻게 이해할 수 있는가. 통일 정서는 통일과 연관된 주제들에 대한 포괄적 감정 및 정서로서 인지, 사고, 감정을 포함하고 행동의 동기가 되는 현상이라고 개념화할 수 있다. 통일 정서는 한반도 통일, 통일 미래상, 사회통합, 통일의식과 연계되며 북한 주민 및 북한이탈주민에 대한 정서, 남한 내 다양한 세대의 정서 그리고 교육 대상이 되는 학생들의 정서 등을 포함한다. 한 인간의 사고와 행동이 정서와 별개로 존재하지 않는다는 점에서 그리고 개인의 정서는 인지적 능력의 발현과 건강한 성장에 주요 요인이 된다는 점에서도 정서는 교육에 있어 매우 중요하다. 통일교육의 영역에서도 학생들의 인식, 태도, 행동의 총체적 변화를 도모하기 위해 정서가 배제되어서는 안 된다. 통일 정서는 통일인식만큼이나 통일교육의 관심 영역이 될 필요가 있다. 따라서 통일 정서로서 통일 감수성이란 무엇인가에 대해 깊은 논의가 요청된다.

2) 통일 감수성의 개념

통일교육에서 주시할 방향으로 정의적 측면에서 연구자들이 관심을 두는 것 중 하나는 통일 감수성이다. 통일 감수성은 통일을 이루기 위해 남북주민 간의 내적, 심리적 측면에 관심을 기울인다. 국내에서 연구자에 따라 통일 감수성은 통일교육에서 다소 다른 시각에서 정의되었다. 첫째, 통일 감수성을 평화와 통일과 관련된 지식과 정보 등 다양한 외부자극에 대해 개인이 갖게 되는 전인격적인 감정 반응으로 정의하는 접근(이인정, 2019: 1), 둘째, 다문화 수용성과 다문화 감수성 개념과 연계하여 남북한 문화 간 감수성 함양을 통일교육에서 강조하는 접근(박성춘, 2018: 41), 셋째, 통일교육에서 주목해야 할 중요한 방향으로 정서적 측면의 평화·통일 감수성 교육을 강조하는 접근(김선자·주우철, 2019: 187). 넷째, 평화 감수성에 기반을 둔 다문화 교육 관점에서의 접근(오덕열, 2019: 75) 등을 들 수 있다.

그런데 통일 감수성의 보다 포괄적이고 구체적인 정의를 위해서는 앞서 살펴본 정서 감수성, 다문화 감수성, 인권 감수성, 젠더 감수성(성인지 감수성), 환경 감수성 등에서의 감수성 개념 정의를 재확인할 필요가 있다. 각 주제마다 제시하는 중심 소재 및 대상은 상이하지만 각 주제에 있어 감수성이 지니는 의미를 종합 및 통괄하여 다음과 같이 정리할 수 있다. 첫째, 통일 감수성은 정서 지능, 감성 지능과 연계된다. 둘째, 인식, 태도, 가치, 실천 의지, 실행력을 포괄한다. 셋째, 통일 감수성은 사안에 대해 민감함을 소유한다. 넷째, 개인마다 다르며 교육, 환경 등에 의해 변화 가능하다. 다섯째, 감수성의 수준은 교육을 통해 더 높은 차원으로 발달한다. 등이다.

도덕적 추론이 연령에 따라 점진적으로 변화하고 개체 발생 과정에 걸쳐 역동적이며 정서 과정과 인지 과정 사이에 복잡한 통합을 포함한다(J. Decety, K. J. Michalska, & K. D. Kinzler, 2012: 209)는 점을 고려할 때, 통일 감수성 또한 통일인지 및 통일인식과 별개로 존재하지 않음을 상기할 필요가 있다. 또한 통일 감수성은 통일을 에워싼 다양한 사회 구성원의 심리 차원도 배제하지 않는다. 통일 감수성은 실체적 존재와 비실체 모두에 대한 감수성이다. 따라서 우리는 통일 감수성이 통일이라는 주제와 연관된 개념에 대해 갖는 민감성, 인지, 태도, 가치, 실천 의지, 행위, 실천 등을 포괄하는 동시에 통일 시민으로서 갖는 정서와 감정, 정서 인지 능력 등과 연계된 개념이라고 개괄적으로 정의할 수 있다. 나아가 이는 교육에 의해 발전 및 개발되는 능력, 역량으로 간주된다. 그렇다면 통일 감수성을 교육하는 방법은 무엇인가. 우리는 이의 해답을 나바에츠(Darcia Narvacz)의 윤리적 감수성에 대한 담구를 통해 읽을 수 있다.

Ⅳ. 나바에츠의 윤리적 감수성과 통일 감수성 교육

1. 윤리적 감수성과 통일 감수성

1) 도덕적 민감성과 윤리적 감수성

도덕적 민감성 영역을 더욱 발전시킨 나바에츠는 윤리적 행동에 전문성 모델을 사용하여 윤리발달 교육 이론을 설립했다. 그녀는 윤리적으로 행동하는 것과 관련한 4가지 주요 심리작용을 다룬 4권의 저서 즉, 『윤리적 감수성』, 『윤리적 판단』, 『윤리적 동기부여』, 그리고 『윤리적 행위』를 저술했다. 이 가운데 '윤리적 감수성'은 문제에 대한 주목과 관련 깊다. 그녀는 윤리적 감수성의 7가지 하위 스킬을 제시했다. (a) ES-1은 정서적 표현 이해하기로 정서를 읽고 표현하기이다. (b) ES-2는 다른 사람의 관점 수용하기이다. (c) ES-3은 다른 사람들과 연결되기로 다른 사람과 연결하여 돌보기이다. (d) ES-4는 다양성에 대응하기로 대인관계 및 집단 차이에 대처하기이다. (e) ES-5는 사회적 편견 통제하기로 사회적 편견 방지이다. (f) ES-6은 상황 해석하기이다. (g) ES-7은 제대로 의사소통하기로 이는 '행동과 선택의 결과 식별'이 수정된 것이다. 윤리적 감수성은 시민의식, 정중함, 헌신, 동정심, 공손, 믿음, 관용, 비이기성 등의 덕목과도 연결된다(D. Narvaez & L. G. Endicott, 2009: 3, 12-13, 29).

나바에츠는 도덕적 기초를 세우도록 돕는 교육을 위해 프레임워크를 제안했다. 이 틀은 학생들의 도덕적 성격을 발전시키기 위한 4가지 기본 윤리적 기술(윤리적 감수성, 윤리적 판단, 윤리적 동기부여 및 윤리적 행동)을 포함한다. 모든 기술이 필수적이지만, 윤리적 문제를 인식하고 상황에 대한 대안적 조치를 시각화하는 데 민감성이 먼저 요청되기에 학교 맥락에서 가장 중요한 것은 윤리적 민감성이라고 할 수 있다. 프레임워크 안에서 윤리적 감수성은 학교에서 도덕적 행동을 수행하기 위한 열린 문이라 볼 수 있다(K. Gholami, E. Kuusisto, & K. Tirri, 2015: 887).

전문적인 도덕·윤리 교사의 핵심 목표는 학생들이 미래 직업의 가치에 대한 헌신을 개발하는 궁극적인 목표와 함께 삶의 맥락에서 도덕적 추론을 개선하도록 돕는 것이다. 윤리적 감수성은 도덕적 판단, 도덕적 행동 등 도덕적 삶의 영역에 핵심 요소이기에 도덕 발달에 중요한 영향을 미친다. 나바에츠는 윤리적 감수성을 윤리적인 맥락, 사안 등에 대한 민감함뿐만 아니라 정서적 표현 이해, 다른 사람의 관점 수용, 다른 사람과 연계하기, 다양성에 대응, 사회적 편견 통제, 상황 해석, 의사소통 능력이나 스킬로 보았다.

윤리적 감수성 교육에서 가장 지배적인 감정 표현으로 언급되는 것은 헌신, 배려, 협력 및 존중이다. 이러한 정서 표현은 특히 감정을 읽고 표현할 때 윤리적 감수성 기술을 반영한다. 윤리적 감수성은 도덕적 민감성과 밀접하다. 도덕적 민감성은 우리의 행동이 다른 사람들에게 어떤 영향을 미치는지에 대한 인식이며 다른 가능한 행동과 각 행동이 관련된 당사자(자신을 포함하여)에 어떻게 영향을 미칠 수 있는지 인식하는 것을 포함한다. 도덕적 민감성은 가능한 시나리오(종종 제한된 단서 및 부분적인 정보)를 상상적으로 구성하고 실제 세계에서 발생하는 일련의 사건의 원인을 알고 공감 및 역할 수행 기술을 갖는 것을 포함한다. 도덕적 문제가 상황에 관련되어 있음을 인식하려면 도덕적 민감성이 필요하며 상황에 도덕적으로 대응하려면 윤리적 행동으로 이어지는 방식으로 사건을 인식하고 해석할 수 있어야 한다. 도덕적 민감성은 맥락적 단서에 민감해야 하며 그 상황에 대응하여 다양한 대안 행동을 시각화할 수 있어야 하기에 도덕적으로 예민한 사람은 여러 기술 및 대인 민감성의 구성요소가 요구된다. 여기에는 타인의 관점을 취하고 타인과의 관계에 대한 공감을 기르고 일어날 수 있는 일과 영향을 받을 수 있는 사람을 상상하여 상황을 해석하는 것이 포함된다. 이러한 점에서 감수성은 다른 사람들과 잘 어울리는 능력으로 광범위하게 정의되기도 하며 지능 유형으로서 사회 지능과 친밀한 관련이 있는 것으로 이해되었다(E. Hanhimäki & K. Tirri, 2009: 107-109). 이러한 도덕적 민감성의 특징은 윤리적 감수성을 규명하는 데 좋은 재료가 되는데 이를 통해 통일 감수성의 세부적인 스킬과 능력을 가늠할 수 있다.

2) 윤리적 감수성과 통일 감수성

나바에츠는 윤리적 감수성이 7가지 하위 요소(ES-1: 정서적 표현 이해하기, ES-2: 다른 사람의 관점 수용하기, ES-3: 다른 사람들과 연결되기, ES-4: 다양성에 대응하기, ES-5: 사회적 편견 통제하기, ES-6: 상황 해석하기, ES-7: 제대로 의사소통하기)로 구성되어 있으며 다음 표와 같이 동정심, 친절, 인내, 예의 바름, 존경, 자제력, 관용 등의 덕목들과도 연계된다고 제안했다(D. Narvaez & L. G. Endicott, 2009: 19-29).

<표 1> 윤리적 감수성 스킬들과 덕목의 연계

하위스킬 \ 덕목	ES-1 정서적 표현	ES-2 관점 수용	ES-3 사람들과의 관계 형성	ES-4 다양성	ES-5 사회적 편견통제	ES-6 상황 해석	ES-7 제대로 된 의사소통
이타심		*	*			*	
시민의식		*			*	*	*
정중함			*				*
헌신			*				
동정심	*	*	*				
협동			*	*	*		*
용기							
공손			*	*	*		*
의무							
공정		*			*		
믿음			*				
삼감	*	*			*		
선견지명		*				*	
용서					*		
우정			*	*			*
관대함		*	*				
자애	*		*	*		*	*
노력							
유익함		*	*			*	
정직	*		*				*
명예							
희망참						*	
포용		*	*	*	*	*	*
정의		*			*		
친절	*		*				*
합법							
충성			*	*			
순종							
의무							
인내	*					*	*

덕목＼하위스킬	ES-1 정서적 표현	ES-2 관점 수용	ES-3 사람들과의 관계 형성	ES-4 다양성	ES-5 사회적 편견통제	ES-6 상황 해석	ES-7 제대로 된 의사소통
애국심					*		
끈기							
개인적 책임		*				*	
예의 바름	*		*				*
존경	*		*		*		*
경의			*				
자제력	*						*
자기희생							
사회적 책임		*		*	*	*	
관용	*	*		*	*		
신뢰			*				
비이기성		*					

출처: D. Narvaez & L. G. Endicott, 2009: 29.1

나바에츠에 있어 윤리적 감수성은 누가 관련되어 있는지, 취한 행동은 무엇인지, 그리고 뒤따를 수 있는 결과나 가능한 반응은 무엇인지를 알아내는 데 있어 상황에 대한 공감적 해석이다. 이 구성 요소는 도덕적 동기화와 도덕적 판단력에 의해 영향 받는다. 그녀는 윤리적 감수성의 7과정이 다음과 같은 하위 항목을 포함한다고 제안했다. ES-1인 정서적 표현 이해하기는 정서의 확인과 표현하기, 정서를 미세조정하기, 공격성 관리하기이다. ES-2: 다른 사람의 관점 수용하기는 대안적 관점 수용, 문화적 관점 수용, 공정성의 관점 수용이다. ES-3: 다른 사람들과 연결되기는 다른 사람들과 관계 형성하기, 관심 보이기, 친구 되기이다. ES-4: 다양성에 대응하기는 그룹적, 개인적 차이 속에서 일하기, 다양성 인지하기, 다문화 되기이다. ES-5: 사회적 편견 통제하기는 편견 진단하기, 편견 극복하기, 관용 키우기이다. ES-6: 상황 해석하기, 어떤 일이 벌어지고 있는지 알아내기, 도덕적 인지하기, 창의적으로 대응하기이다. ES-7: 제대로 의사소통하기는 경청하기와 말하기, 비언어적으로 그리고 대체 의사소통으로 소통하기, 의사소통 모니터링이다. 이 스킬의 개요는 다음과 같다(D. Narvaez & L. G. Endicott, 2009: 36-40).

첫째, 정서 읽기와 표현하기는 다른 사람뿐만 아니라 자신의 욕구와 감정의 확인을 포함한다. 즉 개인 내 그리고 개인 간의 스킬을 함축한다. 언제 그리고 어떻게 정서를 적절히 표현하고 공격성을 제어할지를 배우는 것은 다른 사람들과 어울려 지내는 데 있어 중요하다.

둘째, 다른 사람의 관점 수용하기에서 관점을 가진다는 것은 상황 혹은 사건들에 대한 다양한 관점을 탐색하는 것과 관련되며, 폭넓은 연습과 경험을 요구한다. 다른 관점을 가진다는 것은 공감과 아량을 키우며, 타인에게 유익한 사람이 되고자 하는 동기를 부여한다.

셋째, 다른 사람들과 관계 형성하기는 타인뿐만 아니라 자신의 관심에 대한 의식의 확장을 포함한다. 그것은 또한 세계적으로나 지역적으로 다른 사람들이나 그룹들과 관련된다는 의식을 발달시키는 것도 포함한다. 다른 사람들과 연결된다는 의식을 느끼는 사람은 타인에 대한 보살핌과 관심을 반영한 결정을 내리고 행위를 취할 가능성이 더 많아진다.

넷째, 다양성에 대응하기는 차이가 있는 사람 산 그리고 그룹과 일하는 것은 얼마나 문화적 그룹들 간에 차이가 나고, 그 차이가 충돌과 오해로 이어질 수 있다는 것을 이해하는 것과 관련이 있다.

공유된 가치, 행위 그리고 기대에 대한 어떤 시스템으로서 가장 넓은 의미로서의 문화를 이해하는 것은 중요하다. 학생들은 하나의 문화적 규율 사용에서 다른 문화적 규율을 사용하도록 바뀌는 능력을 포함하는 다문화적 삶을 위한 기술을 개발해야만 한다.

다섯째, 사회적 편견 통제하기는 편견에 대한 이해, 확인 그리고 적극적인 반박을 포함한다. 선입견의 정반대의 것과 관용을 발전시킨다는 것을 또한 의미한다. 사회적 편견 제어를 시도하기 전에 편견의 본성과 어떻게 편견이 발생하는지에 대해 되돌아보는 것은 중요하다. 편견이란 사람의 본성 중 하나이다. 왜냐하면 우리 모두 익숙한 것이나 익숙한 사고방식을 선천적으로 더 선호하기 때문이다. 행위와 말하기에 관한 우리 개인의 습관을 재고하는 데에는 의식적인 노력을 필요로 한다.

여섯째, 상황 해석하기는 한 상황에 대한 다수의 해석과 그 상황을 다루기 위한 다수의 대안들을 생성하는 데 사용되는 창의적인 스킬의 개발을 포함한다. 이는 사회 간 해석에 있어서의 일반적으로 누락되는 함정에 반박하는 스킬을 가지고 있음을 뜻한다. 이는 어떤 종류든 문제 해결에 있어 중요한 단계이다. 사람들은 다른 방식의 처신을 생각하지 않고 자동으로 반응하기에 흔히 같은 실수를 반복한다.

일곱째, 제대로 의사소통하기는 좋은 의사소통을 의미한다. 이는 경청하기, 말하기, 쓰기 그리고 비언어적 의사소통에 대한 스킬을 포함한다. 만남에 있어 요구되는 특별한 의사소통 스킬들은 의사소통에 대한 사회적 맥락 즉, 일대일, 소그룹, 대그룹, 동갑내기, 어른, 낯선 이, 어린아이 등과 각양각색의 문화적 맥락에 따라 다양해질 수 있다(D. Narvaez & L. G. Endicott, 2009: 30-40).

나바에츠의 이와 같은 윤리적 감수성 교육 제안들은 감수성 함양을 위한 교육 요소를 확인하도록 할 뿐만 아니라 통일 감수성 교육을 위한 이론적 기틀이 된다. 이 때문에 그녀의 교육 내용을 통일 감수성 교육에 차용하고자 한다. 그 이유는 첫째, 통일 감수성 교육을 위한 이론적 기초가 아직 마련되어 있지 않기 때문이다. 둘째, 통일 감수성은 정서 및 가치의 문제를 배제할 수 없기에 윤리/도덕 교육에서 감수성 교육을 기반으로 할 필요가 있다. 셋째, 나바에츠는 윤리적 감수성 교육을 위한 이론적 측면과 실제적 측면 모두에 있어 유용한 아이디어를 제공했다. 넷째, 통일교육이 도덕/윤리교육의 토대 위에 이루어져야 한다는 점에서 통일 감수성 교육은 윤리적 감수성 교육과 별개로 다루어져서는 안 된다. 다섯째, 통일 감수성은 도덕적 민감성, 윤리적 감수성과 무관한 주제가 아니다. 여섯째, 통일교육은 남북한의 통일이라는 핵심 주제에 근거하기에 남한과 북한, 남한 내 북한이탈주민 등을 포함하여 우리 사회의 다문화 구성원에 대한 반 편견, 배려, 다문화적 감수성, 인권 등을 필히 포함해야 한다. 이러한 배려, 다문화 존중 등의 요소가 나바에츠의 윤리적 감수성 프로그램에 잘 드러나 있다. 따라서 나바에츠의 윤리적 감수성의 개념, 하위 요소 등을 기반으로 통일 감수성을 위한 교육 방안의 기틀 구성이 가능하다.

2. 통일 감수성 교육 방안

1) 교육 개요

통일 감수성이 앞서 논의한 바와 같이 통일이라는 주제와 관련된 개념에 대해 갖는 민감성, 인지, 태도, 가치, 실천 의지 그리고 통일 시민 상호 간의 관점 수용, 연결, 심적 이해 등과 연관된 개념으로 정의할 수 있다는 점에서 윤리적 감수성은 통일 감수성을 보다 다차원의 개념으로 정의하도록 돕는다. 통일 감수성은 광범위하게 정의될 수 있는데 예를 들면, 통일에 대한 민감성으로 통일에 대해 관심을 두고, 통일 전/후 시기 상황을 파악하고, 통일 시민으로서 타인에게 공감하고, 상황을 명확하게 해석하는 것 등이라 할 수 있다. 즉, 통일 감수성은 통일, 북한, 한반도, 북한이탈주민 등에 대한 민감함과 한반도 상황 해석, 타인과의 의사소통, 북한이탈주민에 대한 편견 배제 등을 망라한다. 통일 감수성은 도덕성의 인지적, 정의적, 행동적 차원의 3가지 구성요소를 기반으로 하는데 여기서 정의적 차원은 태도와 정서로서 규정하고, 행동적 차원은 기술 및 능력으로 이해할 수 있다. 이를 보다 구조적으로 세분화하면 다음과 같다. 통일 감수성은 <표 2>와 같이 인식, 태도, 정서 및 감정, 기술, 행동을 포섭한다.

<표 2> 통일 감수성의 구성요소, 내용, 특징

구성요소	내용(예시)
인식	■ 자신의 행동이 다른 사람들에게 어떤 영향을 미치는지에 대한 인식 ■ 다른 가능한 행동과 각 행동이 관련된 당사자에 어떻게 영향을 미칠 수 있는지 인식 ■ 가능한 시나리오 상상 및 구성, 실제 세계에서 발생하는 일련의 사건의 원인 인식

구성요소	내용(예시)
인식	▪ 자신의 행동이 다른 사람들에게 어떤 영향을 미치는지에 대한 인식 ▪ 다른 가능한 행동과 각 행동이 관련된 당사자에 어떻게 영향을 미칠 수 있는지 인식 ▪ 가능한 시나리오 상상 및 구성, 실제 세계에서 발생하는 일련의 사건의 원인 인식
태도	▪ 타인의 관점을 취하고 타인과의 관계에 대해 공감
감정 및 정서	▪ 상황적 단서에 민감함 ▪ 공감 및 역할 수행 기술 소유
기술 및 능력	▪ 그 상황에 대응하여 다양한 대안 행동을 시각화할 수 있음 ▪ 일어날 수 있는 일과 영향을 받을 수 있는 사람을 상상하여 상황을 해석 ▪ 다른 사람들과 잘 어울리는 능력
<특징>	(a) 인식과 감정적 반응의 조합 (b) 통일 이슈 및 통일 시민에 대한 관심과 중요성 인식 (c) 요구되는 인지, 태도, 정서, 자세, 스킬 및 행동 능력

또한 통일 감수성 스킬의 발달을 위해서는 [그림 2]를 참조하여 <표 3>과 같이 해당 스킬, 역량, 능력이 어떤 모습인지 이해하고 몇 가지 차원으로 분석할 필요가 있다. 이를 기반으로 통일 감수성 교육을 위한 방안들을 추출하면 다음과 같다.

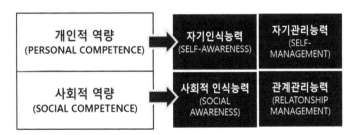

[그림 2] 개인적 및 사회적 인식과 역량의 교차 구조
출처: T. Bradberry & J. Greaves, 2009: 23.

<표 3> 통일 감수성 구성 틀(예시)

주제/내용/소재	근접 감수성	구성요소	내용
□ 통일과 관련한 내용, 주제, 소재 예) 통일, 통일 한반도, 통일 시민, 통일 미래상, 평화, 북한, 북한이탈주민, 북한 주민, 인권, 통일철학, 통일관 등	■ 문화 감수성 ■ 윤리적 감수성 ■ 인권 감수성	인식	■ 자기 및 사회적 인식 능력 ■ 자신의 행동이 다른 사람들에게 어떤 영향을 미치는지에 대한 인식 ■ 다른 가능한 행동과 각 행동이 관련된 당사자에게 어떠한 영향을 미칠 수 있는지 인식 ■ 가능한 시나리오를 상상적으로 구성하고 실제 세계에서 발생하는 일련의 사건의 원인 인식
		태도	■ 타인의 관점 수용과 타인과의 관계에 대한 공감
		감정 및 정서	■ 상황적 단서에 민감함 ■ 공감 및 역할 수행 기술
		기술 및 능력	■ 자기 관리 능력 및 관계관리 능력 ■ 상황에 대응하여 다양한 대안 행동 시각화 능력 ■ 일어날 수 있는 일과 영향을 받을 수 있는 사람을 상상하여 상황을 해석하는 것 ■ 다른 사람들과 잘 어울리는 능력

2) 통일 감수성 교육 모델

통일 감수성 교육 모델 구안을 위해 나바에츠의 윤리적 감수성 교육 내용 가운데 다른 사람의 '관점 수용하기(다른 사람들처럼 보기)'를 중심으로 살펴보고자 한다. 관점 수용은 통일교육 현장에서 사회적 갈등을 평화롭게 해결하는 데 기반이 될 수 있을 뿐만 아니라 통일의 과정에서 남북한 주민 간의 갈등을 최소화하는 데 일조할 수 있다는 점에서도 의미 있다.

나바에츠는 관점 수용을 상황이나 사건에 대한 다양한 관점을 탐구하는 것을 포함하며 폭넓은 연습과 경험을 요구하는 스킬 및 능력으로 보았다. 학생들은 자신의 문화적 그룹, 자신의 문화적 그룹 밖 사람들, 그리고 불우한 사람들 중 누군가의 관점을 수용하는 연습을 할 필요가 있다. 다른 사람의 관점을 수용하는 것은 공감과 관용을 키우며 다른 사람들에게 유익하게 변화하도록 동기부여를 한다. 관점 수용 능력과 습관은 의사소통과 문제 해결 스킬을 개발하는 데 중요하며 친사회적 행동과 관련된다. 그녀는 관점 수용의 하위 스킬로 대안적 관점 수용, 문화적 관점 수용, 공정성의 관점 수용을 제안했다. 이 중 대안적 관점 수용을 자세히 검토하면 다음과 같다.

대안적 관점 수용은 다른 사람의 관점을 수용하기이다. 본 스킬 개발을 위한 아이디어들로 제시된 단계는 4단계이다. '1단계: 사례와 기회에 대한 몰입'으로 큰 그림에 주의 기울이기, 기본적 패턴인지 배우기이다. 이를 위해, 교사는 학생들이 동일한 일에 서로 다른 관점을 가질 수 있음을 확인하게 할 수 있다. 특정한 경험에 대한 사람들 반응의 유사점과 차이점이 무엇인지에 대한 차트를 학생들이 만들어 보게 할 수 있다. 예를 들면, 맛에 대한 테스트, 영화, 한 벌의 옷, 음식, 활동 등이다. 또한 개인적인 어려움에 대한 이야기를 활용할 수 있다. 어려움에 처한 다른 젊은이들 예를 들면, 갑자기 집과 부모님을 잃게 된 또래의 아이들의 이야기를 학생들이 배우게 할 수 있으며 이러한 이야기는 영화, 잡지, 인터넷 뉴스, 역사 등 다양한 곳에서 구할 수 있다. '2단계: 사실과 스킬에의 주목'으로 상세하고 원형적인 지식에 주목하기, 지식 쌓기이다. 다양한 관점으로 의사소통하거나 다른 사람들 인터뷰하기를 활용할 수 있다. '3단계: 절차 연습하기'로 목표 설정하기, 문제 해결하는 난계 계획하기, 스킬 연습하기이다. 현재 사건에서의 관점들을 활용할 수 있다. 예를 들면, 학생들이 이해할 수 있고, 교실에서 왜 이러한 갈등이 존재하는지에 대해 토의할 수 있는 몇 가지 갈등 사안들을 골라 활용할 수 있다. 갈등은 전형적으로 서로 다른 두 관점이 존재할 때 생긴다는 것을 깨닫게 해주는 갈등 사례를 고르도록 할 수 있다. '4단계: 지식과 절차 통합시키기'로 계획 실행하기, 문제 해결하기이다. 역사 스토리텔링 하기를 활용할 수 있으며 학생들이 역사적 혹은 현재의 사건을 택하게 하고, 사람들이 영향 받은 관점으로부터 사건이 어떻게 밝혀지게 되는지에 대한 이야기를 구성해 볼 수 있다. 또한 공동체 이야기 표현하기로 학생들이 공동체 구성원과 인터뷰하도록 하고 그 구성원들의 인생사에 대해 글쓰기나 다른 공연 매체를 통해 예술적으로 표현하게 할 수 있다(D. Narvaez & L. G. Endicott, 2009: 60-70).

이처럼 윤리적 감수성 가운데 관점 수용 스킬 향상을 위한 구체적 교육 방안은 통일 감수성 교육에서도 매우 의미 있는 동시에 효과적으로 변용할 수 있다. 통일교육에서 관점 수용은 내가 아닌 타자의 관점을 객관적으로 이해, 인식할 뿐만 아니라 이에 대한 공감을 바탕으로 타자 및 타 그룹을 수용할 수 있는 발판을 제공한다는 점에서도 가치가 있다. 통일은 기본적으로 통일의 대상을 갖는 영역이다. 거시적으로는 남한 주민과 북한 주민의 통일, 미시적으로는 남한 내 다양한 갈등 집단 간의 통일이라는 점에서 상대에 대한 객관적이며 포용적인 관점 수용은 통일의 기틀을 다지고 성공적 통일국가를 성취하기 위한 필수 요소이다. 따라서 다음과 같은 통일 감수성 함양을 위한 교육 모델의 예시를 제안할 수 있다.

첫째, 통일 감수성에서 관점 수용이 갖는 의미이다. 다양한 관점을 고려하는 것은 더 나은 해결책을 찾게 해준다. 이는 통일 환경에서 통일에 대한 다양한 시각 및 관점에 대한 폭넓은 접근이 가능하게 함으로써 통일에 대한 관심, 필요성, 의의에 대해 관심을 고양할 뿐만 아니라 북한 주민, 북한이탈주민, 남한 내 사회 구성원의 다양한 견해를 보다 포용적인 관점에서 생각하도록 돕는다.

둘째, 관점 수용을 통일 감수성 구성 틀에의 배치이다. 관점 수용을 통일 감수성 구성 틀에 배치하여 다른 통일 감수성 스킬, 능력, 역량과 더불어 관점 수용이 갖는 위치를 확인할 수 있다.

셋째, 관점 수용을 위한 구체적인 교육 모듈 구성이다. 나바에츠가 제시하는 관점 수용을 위한 수업 방안들 가운데 통일교육에서 유의미한 활동 및 주제들을 선정하여 이를 활용할 수 있다. 예를 들면, 학생들이 학급 친구들이나 가족들을 대상으로 여론조사를 할 수 있는 설문조사나 인터뷰를 구성하게 할 수 있다. 주제는 통일, 통일 한반도, 북한 주민 등의 통일 관련 주제를 선정하여 이에 대한 의견을 포함한다. 학생들은 득표 총계와 그 결과의 요약을 준비하면서 왜 똑같은 질문에 친구들의 반응이 다를 수 있게 되는지에 대한 이유를 나열해 보게 할 수 있다. 설문조사에서 알게 된 일부 우려들을 해결하기 위한 행동 계획을 세워보게 할 수도 있다. 이 행동 계획은 해당 이슈에 대한 몇 가지 시각을 포함하면 더욱 바람직하다.

넷째, 통일 감수성 교육에서 관점 수용을 위해 사용할 수 있는 학생 활동들로는 대안적 관점 수용하기, 예술이나 글쓰기 이용하기, 예술이나 문학작품 만들어 보기, 역할극 등이다. 이 중 예술이나 문학작품 만들어 보기에서는 학생들이 다른 사람의 입장을 묘사하도록 지도할 수 있다. 예를 들면, 6.25 전쟁 이야기라는 역사적 사실에 기반을 둔 짧은 글을 작성하게 하면서 6.25 전쟁 세대의 위치에서 글을 써보도록 지도할 수 있다. Z세대의 특성을 반영하여 유튜브와 같은 동영상 콘텐츠를 제작하게 할 수도 있다. 또한 역할극에서는 학생들이 통일 딜레마를 주제로 통일 이후 남한 주민의 입장, 북한 주민의 입장, 북한이탈주민의 입장 등을 통해 다른 사람의 관점을 역할극으로 구성하도록 도울 수 있다. 이를 통일 감수성 구성틀에 적용한 예는 다음과 같다.

<표 4> '관점 수용'을 돕는 '통일 감수성'교육 구성 틀(예시)

핵심 주제	구성 요소	내용	지도 요소	활동 예시
관점 수용	인식	■ 자기인식능력 및 사회적 인식 능력 ■ 자신의 행동이 다른 사람들에게 어떤 영향을 미치는지에 대한 인식 ■ 행동이 관련된 당사자에 어떻게 영향을 미칠 수 있는지 인식 ■ 시나리오를 상상하고 실제 세계에서 발생하는 일련의 사건의 원인 인식 등	□ 내가 아닌 타자의 관점 인식 □ 내가 아닌 타자의 정서·감정 인지	예) 통일 주제 관련한 여론조사를 할 수 있는 설문조사 또는 인터뷰, 대안적 관점 수용하기, 예술이나 글쓰기 이용하기, 예술이나 문학작품 만들어 보기, 역할극, 콘텐츠 제작 등
	태도	■ 타인의 관점을 취하고 타인과의 관계에 대한 공감	□ 내가 아닌 타자에 대한 공감 및 연민	
	감정 및 정서	■ 상황적 단서에 민감함 ■ 공감 및 역할 수행 기술을 갖는 것 등	□ 나와 관련 없는 일이나 통일과 관련된 일에 대한 민감함과 이에 맞는 역할 수행	
	기술 및 능력	■ 자기 관리 능력 및 관계관리 능력	□ 자기 관리	

핵심 주제	구성 요소	내용	지도 요소	활동 예시
	기술 및 능력	■ 상황에 대응하여 다양한 대안 행동을 시각화 ■ 일어날 수 있는 일과 영향을 받을 수 있는 사람을 상상하여 상황을 해석 ■ 다른 사람들과 잘 어울리는 능력 등	▫ 타인과의 바람직한 관계성 형성 ▫ 타인과의 소통 능력 ▫ 도덕적 상상력	

V. 결론

통일교육은 자유민주주의에 대한 신념과 민족 공동체 의식 및 건전한 안보관을 바탕으로 한 우리 사회의 통합적 모색이며 동시에 통일 미래를 바라보게 하는 교육이라 할 수 있다(박찬석, 2017: 265). 그것은 분단 후 70여 년의 세월 속에 이질화된 남한과 북한의 사회, 문화, 체제, 가치 등 남북한 주민들의 삶의 차이를 생각할 때 더욱 그러하다. 남한 내의 갈등 또한 통일의 장애물로 작용하는데 우리 사회에 정착한 북한이탈주민들은 보이지 않는 편견을 호소하기도 하며 이는 남한 사회의 통합을 저해할 수 있다. 이러한 이유로 편향 극복은 남북의 사회통합 기반 조성을 위해 필히 해소되어야 할 과제이다. 진정한 통일을 위해 요구되는 사회통합의 핵심 요소는 사람의 통합이기에 학교 현장에서 학생들이 가정, 사회, 미디어 환경에서 형성한 북한이탈주민에 대한 편향을 극복하게 할 필요가 있다(박형빈, 2018: 253). 이는 통일 후 동서독 주민 간의 문화적, 생활 방식의 차이 등에서 비롯된 부정적 선입견, 차별 인식,

사회적 기회로부터의 배제 인식 등이 동독 주민의 이등 국민 정체성이 강화되는 원인으로 작용하였다(강구섭, 2020: 5)는 점을 상기할 때도 알 수 있다. 남남갈등 및 남북 갈등 극복은 통일 한반도를 위한 시발점이 됨과 동시에 안정적이고 평화로운 통일 한반도를 형성하는 초석이다. 이 때문에 차별 배제, 반 편견 태도, 문화적 수용력, 공감 등의 정서적 차원이 통일교육 현장에서 교육 요소로 요구된다.

특히 통일교육에서 학생들의 통일에 대한 관심, 열망, 지지를 북돋기 위해서는 학생들의 정서적 차원에 주목해야 한다. 통일교육에서는 가치의 문제뿐만 아니라 정서에도 관심을 기울일 것이 요청되는데 이는 통일 감수성 차원으로 접근될 수 있다. 본 연구에서는 통일 감수성의 개념이 통일 관련 주제에 대해 갖는 민감성, 인지, 태도, 가치, 실천 의지 그리고 통일 시민 상호 간의 관점 수용, 연결, 심적 이해 등과 연관된 포괄적 개념으로 정의될 수 있음을 확인하였다. 또한 나바에츠의 윤리 전문성 모델이 제안하는 윤리적 감수성 및 이의 개발 방법이 통일 감수성 교육에 적절히 활용될 수 있음을 검토했다. 나바에츠의 윤리적 감수성 교육 모델은 통일 감수성 교육의 좋은 이론적 기반이 될 수 있다.

통일 감수성은 문화 감수성, 인권 감수성, 젠더 감수성, 환경 감수성 등의 근접 및 유사 영역의 개념과 도덕적 민감성, 윤리적 감수성과 같은 핵심 영역의 개념 이해를 바탕으로 정의될 수 있다. 통일 감수성은 인식, 태도, 감정 및 정서, 기술 및 능력의 구성요소 아래 내용 요소로서 통일 연관 개념에 대한 민감성, 통일 환경 인식, 타인의 반응과 감정 해석, 공감과 역할 수행능력, 행동이 자신과 타인의 복지에 주는 영향 이해, 타인의 행동을 추론하고 반응에 적절하게 대응, 타인의 관점을 취하고 타인에 공감, 타인과 원만한 관계 형성 등을 포괄한다. 따라서 통일 감수성 교육을 통해 통일교육에 보다 체계적이고 과학적으로 접근할 수 있다. 통일교육의 정서적 접근으로 통일 감수성 교육이 보다 적극적이고 효율적으로 이루어질 때 학생들의 통일에 대한 민감성은 더욱 고양될 수 있을 것이다.

◇ **제9장** ◇

워드 클라우드 활용 도덕과 교육과정 목표 분석: 도덕적 이성과 정서의 통합 교육과정

I. 서론

교육부는 2021년 4월 미래형 교육과정 추진 계획(안)을 발표했다. 2022 개정 교육과정은 미래역량 강화와 고교학점제에 초점이 맞춰져 있다. 인공지능(AI)과 디지털 소양 민주시민 교육 등 기초소양 교육 강화를 제시한 교육부는 4차 산업혁명과 인구 감소, 감염병 대응 등 삶의 양식을 둘러싼 변화, 가치관의 변동을 반영해 미래를 이끌어갈 혁신적 포용 인재를 키울 것을 목표로 삼았다(교육부, 2021). 교과교육에서 교육과정은 각 교과의 지향과 교육 목적이 어떻게 실제로 구현되는가를 명시적으로 보여주는 형식적 차원의 접근이다. 도덕과는 그동안 형식교육에서 인성교육, 민주시민 교육뿐만 아니라, 인권교육, 평화·통일교육, 다문화 교육, 환경·지속발전 교육, 청렴 교육 등 범교과 학습의 중핵 교과 역할을 해왔다.

우리나라 교육과정은 교육 계획을 비교적 구체적으로 제시하고 있기에 교육과정에 대한 분석은 각 교과의 성격, 목표, 구성 내용, 평가 방향 등을 가늠하는 데 유용한 지침이 된다. 도덕과 교육과정 구성은 2015 개정 도덕과 교육과정을 기준으로 교과의 성격, 목표, 내용 체계, 성취기준, 교수·학습 및 평가의 방향을 중심으로 제시되었다. 도덕과는 2차 교육과정에서는 반공·도덕으로 3차 교육과정부터는 도덕과의 명칭으로, 2015 개정 교육과정에 이르기까지 교과로서 도덕교육을 실시해 왔다. 도덕교육은 사회 존속을 염두에 두고 차세대의 도덕적 사회화 기능과 개인의 인격 형성 및 도덕성 발달을 추구한다. 이 때문에 학생들에게 기존의 사회규범을 가르치는 것과 도덕성 요소인 도덕적 사고와 판단, 도덕적 정서, 도덕적 자율성, 도덕적 실천력 등을 기르게 하는 것은 도덕과 교육의 핵심 목표이다. 근래 도덕과 교육의 궁극적 목적 및 목표는 학생들의 도덕성 발달, 도덕적 성장에 초점을 맞추었다. 도덕성 개발 측면에서 교육과정 역사적으로 한동안 도덕철학, 윤리학의 기반 아래 도덕적 딜레마 논의를 통해 도덕적 추론의 발달을 강조하는 콜버그의 정의 윤리와 관계성 및 도덕적 정서에 관심을 기울인 길리건 및 나딩스의 배려윤리가 도덕과 교육의 주된 이론으로 영향을 끼쳤다. 최근 도덕철학, 윤리학뿐만 아니라 도덕심리학과 같은 경험 연구 기반의 학문적 논의가 도덕과 교육 전반에 기여하고 있다. 뇌 영상 연구의 비약적 발달은 도덕교육이 신경윤리학, 신경철학과 같은 뇌신경과학 연구와 융·복합 논의를 가능하게 했다. 이는 도덕성, 도덕판단에 대한 접근에 통합적 시각을 더욱 강조하게 했으며 이성과 정서, 추론과 직관, 도덕적 감정, 도덕적 상상, 도덕적 정체성 등의 도덕심리학 연구대상들의 심리적 메커니즘을 깊이 탐구하게 했다.

도덕과 교육과정에서도 도덕성에 대한 최근의 이러한 다 학제 간 종합적 탐색이 비판적 검증을 거쳐 내실 있게 반영될 필요가 있다. 이 때문에 이후 도덕과 교육과정에 이를 반영하기 위해서는 기존의 도덕과 교육과정의 목표를 분석하고 보완점을 파악할 필요가 있다. 이러한 작업을 통해 얻은 결과는 개선안을 위한 기본 자료가 될 것이다. 도덕과 교육과정에서 교육목표는 학습 내용, 지향 방향, 학습을 통해 도달해야 할 목적을 분명하게 드러낸다는 점에서 중요하다. 그동안 교육과정의 교육목표에서 도덕과의 추구 목적은 행위 동사를 중심으로 기술되었다. 국내 도덕과 교육과정 분석 관련 자료 가운데 2016년 이후 연구들은 교육과정 분석(신호재·이수진, 2019; 장승희, 2016), 통일교육, 평화교육, 민주시민 교육 등의 도덕과 하위 교육 영역에 대한 교육과정 분석(오기성, 2020; 박형빈, 2020b), 교육과정 재구성 및 개선 방안(김현수, 2018; 조석환·이언주, 2017; 정창우·김하연, 2020; 이인태·장의선, 2021) 등의 연구가 이루어졌다. 교육과정 분석 연구에서 근래 빅데이터 분석 연계 방법(박세훈·장인실, 2018)도 활용되었다.

교육과정 발전 방안 모색을 위해 기존의 도덕과 교육과정 목표를 분석하고 도덕적 이성과 도덕적 정서의 반영 상황을 파악하여 도덕과 교육과정 교육목표 개선 방안을 제공하려 한다. 이를 위해 도덕과 2차 교육과정부터 2015 개정 교육과정의 초등학교, 중학교, 고등학교 급의 목표를 대상으로 분석하고자 한다. 따라서 1) 도덕교육에서 도덕성에 대한 통합적 접근의 중요성을 확인하고, 2) 도덕과 교육과정 목표에 반영되어 있는 이성적 차원과 정서적 차원의 강조를 워드 클라우드(Word cloud)를 활용해 분석하며, 3) 도덕과라는 형식교육에서 도덕성을 종합적으로 다루기 위해 보완할 교육 목표 수정안을 2015 개정 도덕과 교육과정에 기초하여 제안하려 한다.

II. 이론적 배경

1. 도덕교육의 통합적 접근

1) 도덕성과 도덕교육

도덕교육의 목표는 학생들의 도덕성 발달이다. 도덕성을 규정하는 관점에 따라 도덕교육의 목표, 내용, 평가, 방법 등이 결정된다. 도덕성에 대한 이해는 공통적인 부분도 있으나 학자마다 다소 상이하며 규범적, 보편적, 우선적인 특성을 갖는 것으로 이해되기도 한다. 때로 이것은 어떤 종류의 사회적 개념을 구현하는 것으로 여겨진다. 또는 합리적이거나 매우 권위 있는 것으로 간주되기도 한다(W. K. Frankena, 1966: 688-689). 다윈은 도덕성의 기초가 동정심(sympathy)이라고 주장했는데, 이는 인간이 아닌 동물들에게도 나타나는 사회적 본능이다. 그는 동정심이 집단 선택에 의해 도덕으로 발전했다고 주장했다(P. DeScioli & R. Kurzban, 2009: 281). 도덕성이 인간 사회생활에서 반복되는 협력의 문제에 대한 생물학적, 문화적 해결책의 집합으로 구성된다는 주장도 있다. 협력으로서의 도덕성은 친척이나 그룹을 돕고, 답례하고, 용감하고, 존중하는 것을 포함한 구체적인 형태의 행동들로 식별된다. 협동의 도덕은 세계의 모든 지역, 대다수의 문화에서 관찰된다(O. S. Curry, D.

A. Mullins, & H. Whitehouse, 2019: 47).

도덕성의 기술적(記述的) 정의는 어떤 집단이나 개인이 제시하고 수용하는 가장 중요한 행동 강령이며, 에티켓은 때때로 도덕의 한 부분에 포함된다. 도덕성을 기술적 의미로 이해할 때, 도덕성은 사회마다 매우 광범위하게 다를 수 있다. 어떤 사회는 순수함과 신성함에 더 큰 관심을 쏟는다. 도덕성의 이러한 기술적 사용은 흄의 관점에 영향을 받은 하이트(Jonathan Haidt)와 같은 심리학자들의 연구로 인해 더욱 부각되었다. 그들은 도덕성을 (1) 위해, (2) 순수, (3) 충성 등과 같은 도덕적 모듈로 제안했다. 이들은 사회마다 구성원들이 서로 다른 도덕성 기반을 중요하게 여긴다고 주장했다. 어떤 이들은 종교, 다른 이들은 전통, 또 다른 이들은 인간의 이성에서 도덕성의 정당성을 찾는다. 하만(Gilbert Harman), 프린츠(Jesse J. Prinz), 벨레만(J. David Velleman) 등과 같은 윤리적 상대주의자 또는 도덕 상대주의자들은 보편적인 규범적 도덕성의 존재를 부인하고 사회나 개인의 실제 도덕성이 유일한 도덕성이라고 보았다. 도덕 상대주의(moral relativism) 입장은 도덕적 불일치가 있다는 경험적 논제를 인정하며 도덕판단의 진실이나 정당화가 절대적이지 않다고 본다. 이는 어떤 개인이나 집단의 도덕적 기준이 상대적이라는 메타윤리적 논제와 연관된다. 도덕성의 개념, 구성요소, 특성 등에 대한 담론은 이처럼 윤리학, 도덕철학, 철학, 교육학, 도덕심리학, 도덕교육학의 주요 관심사이다.

도덕교육 연구에서 도덕성의 개념 정의와 발달 단계를 제시하며 큰 파급 효과를 불러온 대표적 이론은 콜버그의 정의 윤리와 길리건, 나딩스의 배려윤리인데 국내의 도덕과 교육계도 예외는 아니다.

정의 추론과 배려윤리는 1980년대부터 1990년대까지 도덕심리학에 많은 영향을 주었다. 배려 이론가들은 정의와 인지적 정교함의 발달적 특성을 도외시하기보다 이를 돌봄 기반 도덕적 반응의 철학적, 심리적 측면과 통합하려고 시도했다. 정의 윤리와 배려윤리는 상호보완으로 작용하여 도덕 발달 및 도덕성에 대한 총체적 시각의 형성이 가능하게 했다. 이들의 논의는 도덕성의 이성적 측면과 정서적 측면에 대한 포괄적 접근의 토대를 제공했다. 2000년대 이후 그린(Joshua Greene)과 그의 동료들은 도덕성의 구성요소라 할 수 있는 도덕판단에 대한 사고의 전환을 가져온 일련의 실험들을 통해 일부 유형의 도덕판단이 주로 정서 과정에 기인함을 밝혔다(M. Klenk, 2020: 40). 그린의 모델은 이성과 감정이 모두 도덕판단에서 중요한 역할을 함을 뒷받침했으며, 하이트는 사회적 직관주의 모델을 통해 도덕판단이 직관에 의해 이루어짐을 제안했다. 직관은 즉각적이며 부분적으로 감정적 반응에 의해 주도되고 추론보다 합리화에 의해 주로 뒷받침된다(B. Gürçay, & J. Baron, 2017: 50).

도덕성은 이처럼 인지발달이나 정서발달과 같은 발달 관점에서의 접근과 인지, 정의, 행동 측면과 같은 구성 관점에서의 접근, 덕윤리와 같이 덕목, 품성과 같이 인격 특성 접근, 도덕 모듈 등 여러 시각에서 이해된다(박형빈, 2018: 414-416). 우리나라 도덕 교육학계에서도 2000년대를 전후하여 신경철학, 신경윤리학, 신경생물학, 뇌신경과학 등 다양한 학문 분야와의 통섭적 시각에서의 담론이 왕성히 진개되고 있다.

2) 도덕성 요소

도덕성의 여러 측면 가운데 특히, 연구자들이 관심을 기울인 것은 도덕적 추론, 도덕판단 능력이다. 연구자들은 최근 인지발달에 더하여 정의적 측면, 도덕성에 대한 통합적 접근과 같이 도덕적 정체성, 도덕적 품성, 도덕적 정서 그리고 직관, 상황 및 맥락의 고려 등의 총체적, 융·복합적 시각에서 도덕적 이성과 도덕적 정서에 대한 관심을 발전시켜가고 있다.

도덕성에 대한 규범적, 기술적 이해를 포함한 다양한 견해를 통해 도출되는 도덕성의 특성은 이것이 이성적, 정서적 측면을 포괄하며 추론과 직관의 복합적인 것임을 잘 드러낸다. <표 1>은 그동안 국내 도덕 교육학계에서 빈번하게 다루어진 학자들을 중심으로 한 도덕성 이해이다. 예를 들면, 윌슨(John Wilson)은 도덕성을 인간에 대한 사랑, 관심, 동등한 이익 고려, 공감, 배려 등을 포함하는 포괄적, 종합적인 것으로 설명했다. 하이트는 추론에서 벗어나 감정, 직관, 사회적 요인으로 관심을 옮긴 도덕심리학의 새로운 종합을 말했다. 이 새로운 종합은 세 가지 원칙 아래 조직되어 있다. (1) 직관이 우선한다. (2) 도덕적 사고는 사회적 행위를 위한 것이다. (3) 도덕성은 사람들을 눈멀게도 하고 뭉치게도 한다(J. Haidt, 2008: 65-67). 그는 도덕 심리의 작용에 기술적으로 접근했다. 흄은 도덕 감정론에서 도덕판단을 위해서는 공감이 필수적으로 선행해야 한다고 보았는데, 현대 심리학자들은 도덕성을 동정, 공감, 감정 이입, 연민과 연결하며 추론과 직관, 이성과 정서의 통합을 도모한다.

<표 1> 도덕성의 요소

학자	분야	도덕성의 주요 특징
플라톤	도덕철학/윤리학	훌륭함(arete), 혼, 선, 정신건강, 아름다움, 좋은 상태, 건강, 번영(flourishing)
아리스토텔레스	도덕철학/윤리학	중용, 번영, 덕, 습관
칸트	도덕철학/윤리학	선의지, 이성, 자율성, 도덕법칙, 보편성, 경향성 극복
스미스 (A. Smith)	도덕철학/윤리학 경제학	도덕 감정, 공감, 동감, 타인의 입장, 도덕판단 기준으로서 감정
헤어 (R. M. Hare)	도덕철학 메타윤리학	도덕적 사고, 보편적 처방주의(규정주의), 도덕 언어
피터스 (R. S. Peters)	도덕철학/윤리학	도덕적 습관의 형성에 의한 도덕적 이성의 계발, 내용과 형식, 이성과 습관, 통합적 도덕성, 도덕교육의 역설, 합리적 도덕성
롤스 (J. Rawls)	정치철학	공정으로서 정의, 정의감, 선의 관념(conception of the good)
매킨타이어 (A. MacIntyre)	도덕철학 정치철학	덕 윤리, 내러티브
윌슨 (J. Wilson)	도덕철학/윤리학	영혼의 상태, 정신건강, 4범주 16요소(PHIL, EMP, GIG, KRAT), 합리성, 도덕적 사고, 통합적 도덕성
누스바움 (M. Nussbaum)	윤리학, 법철학, 정치철학	도덕 감정, 연민(compassion), 사랑, 정치적 감정, 문학을 통한 도덕판단 교육
뒤르켐 (E. Durkheim)	도덕철학/윤리학	규율 정신, 사회 집단에 대한 애착, 자율성, 도덕성, 발달, 도덕성 3요소, 도덕적 인격
반두라 (A. Bandura)	심리학	모방학습, 사회 기대 합치 도덕적 행동, 욕망 억제, 자기 통제, 사회학습이론, 사회인지 이론, 도덕적 자기 제재
레비나스 (E. Levinas)	철학	타자윤리, 도덕적 감수성, 도덕성의 정의적 영역, 환대
콜버그 (L. Kohlberg)	도덕심리학	정의윤리, 도덕적 추론, 도덕발달단계, 3수준 6단계
길리건 (C. Gilligan)	도덕심리학	도덕성의 두 가지 도덕 지향(정의 윤리, 배려윤리), 돌봄(배려), 책임
나딩스 (N. Noddings)	아동 교육학	배려 도덕성, 책임, 상호 의존성, 관계성
호프만 (M. Hoffman)	사회심리학	공감, 감정 이입, 도덕 발달
아들러	개인심리학	사회적 관심(social interest), 정신건강

(A. Adler)		
마슬로우 (A. H. Maslow)	인본주의 심리학	자아실현(self actualization), 성숙, 정신건강, 선, 완전함, 존재가치
셀리그만 (M. Seligman)	긍정심리학	긍정심리, 인격강점, 번영
리코나 (T. Lickona)	발달심리학 도덕교육학	통합적 인격교육, 도덕성 구성요소, 도덕 인지(도덕적 인식, 도덕적 가치 지식, 관점채택, 도덕 추론, 의사 결정, 자기인식), 도덕 감정(양심, 자기 존중, 공감, 선을 사랑, 자기 절제, 겸손), 도덕 행동(실천역량, 의지, 습관)
블라시 (A. Blasi)	도덕심리학	도덕적 정체성, 도덕적 자아 모델
레스트 (J. Res)	도덕심리학	도덕적 민감성, 도덕적 판단, 도덕적 동기, 도덕적 행동/도덕적 품성
그린 (J. Greene)	실험심리학 신경과학, 철학	도덕판단 이중과정 모델(Dual Process Model), 도덕적 직관, 이기심 억제 이타심 발현, 집단의 도덕, 감정
하이트 (J. Haidt)	사회심리학 문화인류학	도덕성 기반이론(moral foundations theory), 사회적 직관, 도덕적 기술, 도덕 매트릭스, 도덕 모듈
나바에츠 (D. Narvaez)	도덕심리학 도덕교육학	4 구성요소, 도덕 전문가 모형, 삼층윤리이론(TET), 통합적 윤리교육모형(IEE), 자연화된 윤리

출처: 박형빈, 2016: 28 참조.

이를 종합하면, 도덕성의 구성요소는 이성, 정서, 행동적 차원으로 설명되며 각 차원은 상호 유기적으로 연결된다. 세부 구성요소들은 도덕판단, 도덕적 추론, 도덕적 상상, 도덕적 정서, 도덕적 민감성, 공감, 연민, 의지, 도덕적 습관, 도덕적 정체성, 자기 절제, 도덕적 품성 등이다. 도덕판단, 도덕적 추론, 도덕적 인식 등은 도덕적 사고, 도덕적 이성으로 그리고 죄책감, 연민, 공감, 동정, 양심, 배려, 감정 이입 등은 도덕적 정서와 관련된다. 그러나 이들은 상호 밀접히 연관되며 상호작용한다. 도덕적 정서가 도덕적 행동, 실천을 위한 동기로서 작용한다는 점을 고려할 때, 도덕성은 크게 이성적 차원과 정서적 차원으로 구분할 수 있다.

2. 도덕교육과 교육과정

1) 도덕과 교육에서 이성과 정서

이성과 정서의 관계성에 대한 사유는 이성이 제대로 발현되기 위해서는 정서가 억압되어야 한다는 플라톤의 입장을 한 극단으로, 도덕에 있어 정서가 중요하며 이성은 정서의 시녀에 지나지 않는다는 흄의 관점을 다른 극단으로 하는 수평선상에서 다양한 스펙트럼으로 존재한다. 정서 성장은 이성의 발달만큼이나 도덕 형성에서 중요한 부분이다. 도덕 생활에서 인지와 감정의 상호 작용을 정당화하는 도덕교육 이론으로 아리스토텔레스의 덕 윤리는 도덕교육에서 이성과 감정에 대한 최상의 전망을 제시했다(D. Carr, 2005: 137). 도덕심리학에서 감정의 역할은 오랫동안 철학적 논쟁의 초점이었다. 신경학적, 행동학적 데이터는 감정이 도덕판단을 위해 필요하다는 즉, 감정이 도덕적 사고와 도덕적 동기에 역할을 한다는 주장을 지지한다(B. Huebner, S. Dwyer, & M. Hauser, 2009: 1). 도덕심리학의 많은 연구는 도덕판단 동안 감정과 이성의 상호 작용에 중점을 두었고, 이 둘을 판단에 영향을 미치기 위해 반대 작용하는 힘으로 특징지었다(C. Helion & D. A. Pizarro, 2015: 110-11). 결과적으로, 추론은 정서에 의존하고 정서는 추론 또는 인지에 의지한다(W. Sinnott-Armstrong, 2011: 288).

국내 도덕과 교육연구에서도 이성적 차원의 도덕적 사고뿐만 아니라 도덕적 정서와 같은 정서교육의 중요성을 제시한 연구(노영란, 2014; 정창우, 2013; 이인재, 2010; 박형빈, 2009)가 꾸준히 이루어졌으며, 2000년대 이후 지속적으로 도덕교육에서 이성과 정서의 통합적 접근에 대한 연구(박형빈, 2020c; 이정렬, 2014; 윤영돈

・김남준, 2008; 정탁준, 2005), 도덕적 직관과 도덕교육(양해성, 2019; 이정렬, 2017; 박장호, 2013), 사회정서학습의 도덕과 교육 적용 연구(이인재, 2020; 정창우, 2013) 등이 제시되고 있다. 따라서 이성과 정서의 통합적 교육 담론이 그동안 도덕과 교육과정의 목표에 어느 정도 반영되어 왔는지 분석할 필요가 있다.

2) 도덕과 교육과정 변천과 구성요소

도덕과는 2차 교육과정부터 반공・도덕의 명칭으로 등장하였는데 일종의 범교과로서 모든 교과에서 다루어졌다. 3차 교육과정부터 반공・도덕이 없어지고 도덕이라는 도덕과 고유의 명칭이 확립되어 하나의 교과로 독립하였다(박형빈, 2020b: 102). 2차 교육과정부터 2015 개정 교육과정에 이르기까지 도덕과 교육과정의 변천과 각 학급별 교과 명칭, 교육과정 구성요소는 <표 2>와 같다.

<표 2> 각 차수별 도덕과 교육과정 구성요소

차수	학교급	교과명	구성요소
2차	국민학교	반공 도덕	목표, 학년 목표(저・중・고)/ 지도내용(예절 생활, 개인 생활, 사회생활, 국가 생활)/ 시간 활용의 태도/ 지도상의 유의점
	중학교	반공 도덕생활	목표, 학년 목표(1・2・3)/ 지도내용(예절 생활, 개인 생활, 사회생활, 국가 생활)/ 시간 활용의 태도/ 지도상의 유의점
	고등학교	국민윤리	지도 목표/ 지도내용/ 지도상의 유의점
3차	국민학교	도덕	목표(일반목표, 학년 목표(저・중・고)/내용(저・중・고)/ 지도상의 유의점
	중학교	도덕	목표(일반목표, 학년 목표(1・2・3)/내용(1・2・3)/ 지도상의 유의점
	고등학교	국민윤리	지도 목표/ 지도내용/ 지도상의 유의점
4차	국민학교	도덕	교과 목표/ 학년 목표 및 내용(목표, 내용)/ 지도 및 평가상의 유의점

4차	중학교	도덕	교과 목표/ 학년 목표와 내용(목표, 내용)/ 지도 및 평가상의 유의점(지도, 평가)
	고등학교	국민윤리	교과 목표/ 내용/ 지도 및 평가상의 유의점
5차	국민학교	도덕	교과 목표/ 학년 목표 및 내용(목표, 내용)/ 지도 및 평가상의 유의점(지도, 평가)
	중학교	도덕	교과 목표/ 학년 목표 및 내용(1 · 2 · 3)/ 지도 및 평가상의 유의점/ 단원 구성상의 유의점
	고등학교	국민윤리	교과 목표/ 내용/ 지도 및 평가상의 유의점(지도, 평가)
6차	국민학교	도덕	성격/목표/내용(내용 체계, 학년별 내용)/방법/평가
	중학교	도덕	성격/목표/내용(내용 체계, 학년별 내용)/방법/평가
	고등학교	윤리	성격/목표/내용(내용 체계, 내용)/ 방법/ 평가
7차	초등학교	도덕	성격/목표/내용(내용 체계, 학년별 내용)/교수 · 학습 방법/평가
	중학교	도덕	성격/목표/내용(내용 체계, 학년별 내용)/교수 · 학습 방법/평가
	고등학교	도덕	성격/목표/내용(내용 체계, 학년별 내용)/교수 · 학습 방법/평가
2007	초등학교	도덕	성격/목표/내용(내용 체계, 학년별 내용)/교수 · 학습 방법/평가
	중학교	도덕	성격/목표(교과 목표, 학교 급별 목표)/내용(내용 체계, 학교 급별 내용)/교수 · 학습 방법/평가
	고등학교	도덕	성격/목표(교과 목표, 학교 급별 목표)/내용(내용 체계, 학년별 내용)/교수 · 학습 방법/평가
2009	초등학교	도덕	목표(성격, 목표)/내용의 영역과 기준(내용 체계, 학년군(학교급)별 성취기준, 영역 성취기준, 학습 내용별 성취기준)/교수 · 학습 방법/평가
	중학교	도덕	목표(성격, 목표)/ 내용의 영역과 기준(내용 체계, 학년군(학교급)별 성취기준, 영역 성취기준, 학습 내용별 성취기준)/ 교수 · 학습 방법/ 평가
	고등학교	도덕과	(생활과 윤리, 윤리와 사상) 성격/목표/내용(내용 체계, 영역별 내용)/교수 · 학습 방법/평가
2015	초등학교	도덕	성격/목표/내용 체계 및 성취기준(내용 체계, 성취기준)/교수 · 학습 및 평가의 방향(교수 · 학습 방향, 평가 방향)
	중학교	도덕과	성격/목표/내용 체계 및 성취기준(내용 체계, 성취기준)/교수 · 학습 및 평가의 방향(교수 · 학습 방향, 평가 방향)

2015	고등학교	도덕과	(생활과 윤리, 윤리와 사상, 고전과 윤리) 성격/목표/내용 체계 및 성취기준(내용 체계, 성취기준)/교수 ・학습 및 평가의 방향(교수・학습 방향, 평가 방향)

교육과정의 구성요소 가운데 2차 교육과정부터 2015 개정 교육과정에 이르기까지 공통된 요소로 대표적인 것은 목표와 내용이다. 이 중 목표는 교과교육으로서 도덕과가 추구하는 교육 목적을 명시적으로 드러낸다는 점에서 교과의 성격과 특성을 가장 잘 나타내는 구성요소이다. 도덕과 교육과정의 역사적 변천 속에서 제안된 교육목표는 도덕교육을 통해 학생들로 하여금 무엇을 이루게 하고자 하는지와 가장 밀접히 연관된다. 이 점에서 그간 도덕 교육학계에서 논의된 도덕성 발달을 위한 통합적 접근 즉, 이성적 차원과 정서적 차원에 대한 종합적 시각의 도덕교육 실제 반영 여부는 도덕과 교육목표를 검토함으로써 확인할 수 있다.

III. 분석 내용 및 방법

1. 도덕과 교육과정 분석

1) 도덕교육과 도덕과 목표

우리나라 교과 교육의 핵심 내용은 교과를 통해 무엇을, 어떻게 가르쳐야 하는지를 규정하고 있는 교육과정에 있다. '무엇'과 '어떻게'는 전통적으로 교과 교육학자들의 주요 연구 주제이며 교육과정을 구성하는 양대 축이다. '무엇'은 교육과정에서 목표와 내용으로, '어떻게'는 교수・학습 방법으로 구체화된다. 무엇에 해당하는 목표와 내용 가운데서도 가장 중심이 되는 요소는 교육목표이다. 성공적인 교육목표 설정은 성공적인 교육 내용, 교수·학습 방법, 평가를 담보한다(이근님, 2012: 800). 2015 개정 도덕과 교육과정 문서 체제와 구조에서도 [그림 1]과 같이 목표는 핵심 축으로 자리 잡고 있다.

도덕과 교육과정의 도덕과 목표는 아동 및 청소년들의 도덕성 발달에 대한 심리학과 내용 체계의 계열성을 확보하는 데 그 목적을 둔다. 도덕과의 목표는 통합적 도덕교육의 관점을 배제하기 않으면서 동시에 전통적인 인격교육, 공동체주의, 자유주의(정창우, 2004: 113, 127) 등의 도덕교육 전통에 보다 강조점을 두었다. 도덕과 교육과정에서 목표 항목은 2차 교육과정 시기부터 2015 개정 교육과정까지 제시되었다. 도덕과 교육과정에서 역사적으로 제시된 도덕과 목표를 확인하는 것은 도덕교육에서 궁극적으로 추구하는 목적을 가늠하는 제1 기준이다.

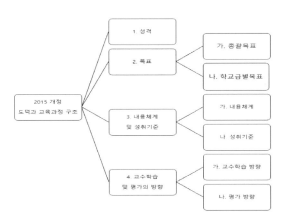

[그림 1] 2015 개정 도덕과 교육과정 구조 체제

2) 차수별 도덕과 교육과정의 교육목표

본 연구에서 분석 대상은 2차부터 2015 개정 도덕과 교육과정의 목표이다. 초등학교의 바른 생활과 도덕, 중학교의 도덕 그리고 고등학교의 도덕 및 생활과 윤리를 중심으로 정리하면 <표 3>과 같다. 도덕교육의 목표 분석 틀을 구성하고 도덕성에 대한 통합적 접근을 검사하기 위해 핵심 단어와 동사를 추출했다.

<표 3> 차수별 도덕과 교육과정 목표

차수	학교급	명칭	교육목표	핵심 단어/동사
2차	국민학교	반공 도덕/반공 도덕생활	1. 기본 행동 양식, 예절, 행동 습관화한다. 2. 양심 행동, 반성 습관, 훌륭한 품격을 기른다. 3. 사회 일원, 민주적 사회생활, 사회생활을 명랑 화목, 친절한 일원으로 이바지한다. 4. 공산주의의 그릇됨과 민주주의 우월함을 깨닫고, 애국애족하는 마음과 태도 기른다.	예절, 습관, 품격, 습관화한다. 기른다. 이바지한다.
	중학교	반공 도덕생활	1. 사회 예의범절, 품위 있게 사회생활에 적용한다. 2. 양심 인행, 고매한 품격을 기른다. 3. 사회 성원, 인간관계, 민주적 도의 실천, 사회생활을 영위한다. 4. 국가 민족 사상과 사당, 민주주의 신념, 민주 국가 발전과 세계 평화 기여한다.	예의범절, 품격, 양심, 적응한다. 기른다. 영위한다. 기여한다.
	고등학교	국민윤리	지도 목표. 1. (가) 흔바른 자기 성찰, 사회와 국가 발전에 기여하는 태도를 기른다. (나) 윤리 규범의 중요함 인식, 윤리 의식, 올바른 인생관 형성의 기반을 닦게 한다. (다) 윤리 사상, 현대 민주 사회에 알맞은 윤리관을 갖게 한다. (라) 국민윤리 이해, 민족중흥의 시점에서 새로운 국민 윤리의 방향을 깨닫게 한다. (마) 공산주의의 기만성과 침략성 폭로에 의하여, 승공 민주의 신념을 굳게 하고, 국토 통일에 이바지한다.	윤리 규범, 윤리 사상, 기른다. 닦는다. 갖는다. 깨닫는다. 이바지한다.
3차	초등학교	도덕과	저학년 목표. 1) 나와 다른 사람, 또는 생활 주변에서 지켜야 할 예절을 입고, 이에 알맞게 인행으로 실천하는 습관을 기른다. 2) 명랑 활발한 생활 가운데 신악을 가릴 줄 알고 이에 따라 인행 할 수 있게 한다. 3) 부모와 스승의 가르침에 기꺼이 따르고, 형제 친구들과 사이좋게 지내며 서로 돕는 마음을 가지게 한다. 4) 우리 국가와 민족의 자랑을 알고, 나라를 사랑하는 마음을 지니게 한다. 5) 북한 공산 집단의 그릇됨을 알고, 나라를 지켜 주는 분들에 대하여 감사하는 마음을 가지게 한다.	예절, 돕는 마음, 민족, 나라, 국가, 기른다. 가지게 한다. 지니게 한다.
	중학교	도덕	일반 목표. 가. 예들의 의의를 깨닫고, 일상생활에 알맞은 예절을 실천할 수 있도록 한다. 나. 성실한 태도를 가지고 개성의 신장을 위하여 꾸준히, 노력하며, 신념과 긍지를 시니고 생활해 나가는 태도를 기른다. 다. 가정과 사회의 입원으로서의 자기를 깨닫고 올바른 인간관계를 통하여 민주적 도의와 질서를 시키고 책임과 의무를	예절, 태도, 신념, 국가, 민족, 실천하게 한다. 기른다. 이바지하게 한다. 가지게 한다.

차수	학교급	명칭	교육목표	핵심 단어/동사
			다하여 원만하고 건전한 가정 및 사회생활을 할 수 있게 한다. 라. 국가와 민족에 대한 자긍과 사랑을 간직하고, 민족 문화를 계승 발전시키며, 나아가 세계 평화에 이바지 할 수 있게 한다. 마. 공산주의의 모순과 허구성을 올바르게 인식하고, 민주주의의 우월함을 깨달아 승공수의 집단 분쟁의 원리를 굳게 하고 평화적 통일을 이룩하려는 국민으로서의 사명감을 가지게 한다.	
	고등학교	국민윤리	우리 민족의 문화와 전통과 국가적 현실에 대한 이해를 바탕으로 국가 사회 발전과 조국 통일에 기여할 수 있는 건전한 가치관을 가지게 한다. 1) 인생에 있어서 청소년기의 의미를 바르게 이해하고, 자아실현을 위한 가치관을 형성하게 한다. 2) 우리 민족의 사상과 윤리적 전통을 이해하여, 민족 공동체의 융성에 기여할 수 있는 윤리관 형성의 기초를 닦는다. 3) 인류와 민족의 물질적 유산과 그 가치를 이해하여, 민족 융성의 발전에 기여할 수 있는 기본적인 자질을 지니게 한다. 4) 현대 사회의 윤리적 문제들을 이해하고, 변화하는 사회에 대처하는 능력과 태도를 지니게 한다. 5) 국가 존립의 발전의 정신적 기반을 이해하고, 우리의 여건에 알맞은 민주주의의 발전이 곧 국가 신장에 기여하는 태도를 가지게 한다. 6) 공산주의의 도전을 극복할 수 있는 사상적 역량을 길러 민주적 평화 통일의 신념을 굳게 한다.	민족, 이해, 조국 통일, 윤리관, 형성한다. 지니게 한다. 가지게 한다. 굳게 한다.
	국민학교	도덕	교과 목표 일상생활에 필요한 기본적인 여러가지 도덕적 규범을 이해하게 하고, 이를 준수하는 습관을 가지게 하며, 도덕적 생활을 자율적으로 영위할 수 있는 능력과 태도를 기른다. 1) 개인으로서 생활을 하는 데 필요한 기본적인 규범을 이해하고, 이를 준수함으로써 자기의 발전을 위하여 노력하게 한다. 2) 원만한 사회생활을 영위하는 데 필요한 기본적인 규범을 이해하고, 이를 준수함으로써 자기의 발전을 위하여 노력하게 한다. 3) 국민으로서의 긍지와 예의심을 가지고 나라와 겨레의 발전에 협력하며, 국제 이해를 위하여 노력하게 한다. 4) 북한 공산당의 그릇됨과 허구성을 깨달아서, 민주주의의 우월성을 이해하여 평화 통일의 신념을 가지게 한다.	예절, 도덕규범, 기른다. 노력하게 한다. 가지게 한다.
4차	중학교	도덕	교과 목표 일상 생활에 필요한 도덕의 원리를 스스로 깨달아 실천하며, 국가 발전과 조국 통일에 이바지할 수 있는 능력과 태도를 기른다. 1) 사회의 한 성원으로서 자신의 발전과 행복한 생활의 의의를 깨달아, 도덕적 판단 기준을 자율적으로 확립하고 이를 실천하게 한다. 2) 사회에서 원만한 인간관계를 형성하고, 복지 사회 건설에 적극적으로 참여하는 민주적 생활 태도를 가지게 한다. 3) 공동의 의식에 바탕을 둔 주체적인 한국인으로서 그 자취 민족 문화를 발전을 위하여 노력하며, 나아가 인류 공영에 이바지하는 태도를 가지게 한다. 4) 민주주의의 우월성을 인식하고, 북한 공산 집단의 도전에 대응할 수 있는 능력을 길러, 조국의 민주적 평화 통일에 이바지하게 한다.	조국, 통일, 도덕적 판단 기준, 한국인, 태도, 기른다. 실천하게 한다. 가지게 한다. 이바지하게 한다.
	고등학교	국민윤리	교과 목표 우리 민족의 문화적 전통과 국가적 현실에 대한 이해를 바탕으로 국가 사회 발전과 조국 통일에 기여할 수 있는 건전한 가치관을 가지게 한다. 1) 인생에 있어서 청소년기의 의미를 바르게 이해하고, 자아실현을 위한 가치관을 형성하게 한다. 2) 우리 민족의 사상과 윤리적 전통을 이해하여, 민족 공동체의 융성에 기여할 수 있는 윤리관 형성의 기초를 닦는다. 3) 인류와 민족의 정신적 유산과 그 가치를 이해하여, 민족 융성의 발전에 기여할 수 있는 기본적인 자질을 지니게 한다. 4) 현대 사회의 윤리적 문제들을 이해하고, 변화하는 사회에 대처하는 능력과 태도를 지니게 한다. 5) 국가 존립의 발전의 정신적 기반을 이해하고, 우리의 여건	전통, 민족, 자아실현, 가치관, 기기, 통일신념, 가지게 한다. 형성하게 된다. 기초를 닦는다. 지니게 한다. 굳게 한다.

차수	학교급	명칭	교육목표	핵심 단어/동사
			예 달망은 민주주의의 발전과 복지 국가 건설에 기여하는 태도를 가지게 한다. 6) 공산주의 도전을 극복할 수 있는 사상적 역량을 길러 민주적 평화 통일의 신념을 굳게 한다.	
5차	초등학교	도덕	일상생활에 필요한 기본적인 예절과 도덕규범의 의미를 이해하고, 이를 실천하는 데서 자율적인 도덕 생활을 영위할 수 있는 능력과 태도를 기른다. 1) 자신의 발전에 필요한 규범의 의미를 이해하고, 이를 실천함으로써 자율적인 인격 형성의 바탕을 기르게 한다. 2) 가족과 친척 및 이웃과 더불어 생활하는 데 필요한 규범의 의미를 이해하고, 이를 실천함으로써 바람직한 인간 관계를 형성할 수 있는 기초를 다지게 한다. 3) 민주 시민으로서 생활하는 데 필요한 규범의 의미를 이해하고, 이를 실천함으로써 바람직한 민주시민의 태도를 가지게 한다. 4) 국가와 개인과의 관계를 이해하여, 국민으로서의 긍지와 애국심을 가지고 나라와 겨레의 발전에 참여하며, 인류 공영에 이바지하려는 태도를 가지게 한다. 5) 국토 분단의 원인과 북한 공산 집단의 실상을 바로 이해하고, 대한민국의 정통성 및 우월성을 알며, 민주적 평화 통일을 위한 신념과 태도를 다지게 한다.	예절, 도덕규범, 기른다. 기르게 한다. 가지게 한다.
	중학교	도덕	인간의 삶에서 발생되는 도덕적 문제를 바람직하고 합리적으로 판단하는 능력을 기르며, 도덕적 원리의 의미를 이해하고 이를 실천하여 자율적인 인격을 형성하게 하고, 나아가 국가 발전과 조국 통일에 이바지하게 한다. 1) 자신의 발전과 행복한 생활의 의미를 깨닫고, 도덕적 판단 기준을 자율적으로 확립하고, 인격의 완성을 위해 노력하게 한다. 2) 가족과 친척 및 이웃 간의 생활에서 요구되는 도덕적 원리를 이해하고 실천함으로써 바람직한 인간 관계를 형성할 수 있게 한다. 3) 시민 사회의 특성을 인식하고, 시민 사회에서 발생되는 도덕적 문제들을 합리적으로 해결할 수 있는 능력을 길러, 바람직한 민주 시민으로서의 생활을 영위할 수 있게 한다. 4) 나라와 나의 관계를 바로 알며, 진정한 국가관을 확립하고 국가와 민족문화의 발전을 위해 노력하려는 의지, 나아가 세계 생활과 인류 공영에 이바지하게 한다. 5) 국토 분단의 비극을 인식하고, 대한민국의 정통성과 우월성을 깨닫고, 조국의 민주적 평화 통일을 위해 노력하게 하며, 북한 공산 집단의 실상과 공산주의 이념의 허구성을 비판하고, 자유 민주주의 체제를 수호, 발전시키려는 의지를 가지게 한다.	판단 능력, 인격, 도덕판단, 민주시민, 이바지하게 한다. 노력하게 한다. 영위할 수 있게 한다. 가지게 한다.
	고등학교	국민윤리	자유 민주주의 국가의 국민으로서 우리나라의 전통 및 사회선 국가적 현실에 대한 이해와 미래에 대한 예견을 바탕으로 자신의 발전과 인격의 완성을 위해 노력하며, 시민 고등 생활의 향상 및 조국의 발전과 통일에 기여할 수 있는 윤리관을 형성하게 한다. 1) 인생에 있어서 청소년기의 의미를 바르게 이해함으로써 건전한 가치관을 형성하게 하고, 이를 토대로 자아실현을 위해 노력하게 한다. 2) 우리나라 ·· 인간의 윤리적 전통을 이해함으로써 민족 공동체의 발전과 인류의 번영에 이바지할 수 있는 윤리관 형성의 바탕을 마련한다. 3) 현대 사회의 제반 윤리적 문제들을 이해함으로써 건전한 사회생활을 영위할 수 있는 의지와 태도를 가지게 한다. 4) 국가 존립의 발전이 정신적 기반을 이해함으로써 인류 복지 국가의 건설과 국가 선익 향상을 위해 노력하려는 태도를 가지게 한다. 5) 현대 여러 이데올로기의 본질과 그 성격을 올바르게 이해함으로써, 자유 민주주의의 이상에 대한 올바른 신념을 가지게 한다. 6) 조국 통일의 당위성과 제반 문제를 이해하고 북한 공산 체제의 실상을 파악함으로써 민주 평화 통일의 실현을 위한 신념을 가지게 한다.	자유민주주의, 인격 완성, 형성하게 한다. 노력하게 한다. 가지게 한다.
6차	국민학교	바른 생활	일상생활에 필요한 기본적인 예절과 도덕규범을 습관화하여, 건전한 도덕성의 기초를 형성하게 한다. 가. 기본적인 생활 습관과 예절 및 도덕규범의 의미와 중요성을 알게 한다. 나. 일상생활을 통해, 기본적인 예절과 도덕규범을 실천하여 습관화하게 한다.	예절, 도덕규범, 형성하게 한다. 알게 한다. 습관화하게 한다.

차수	학교급	명칭	교육목표	핵심 단어/동사
		도덕	일상생활에 필요한 도덕규범의 의미와 중요성을 이해시키고, 이를 실천하게 하여 사율적인 도덕 생활을 영위할 수 있게 한다. 가. 일상생활에 필요한 기본적인 예절과 도덕규범의 의미와 중요성을 이해하게 한다. 나. 도덕적인 문제 해결에 필요한 사고력과 가치 판단 능력을 신장시킨다. 다. 바람직하고 합리적인 생활 태도로 사율적인 도덕 생활을 영위할 수 있게 한다.	도덕규범, 예절, 이해하게 한다. 신장시킨다. 영위할 수 있게 한다.
	중학교	도덕	한국인으로서 가치 있는 삶을 살아가는데 필요한 도덕 규범과 예절을 파악하게 하고, 일상생활 속에서 부딪히는 도덕적 문제를 비판하고 합리적으로 해결할 수 있는 판단 능력을 기르게 하며, 삶의 이상과 원리를 체계화하여 신봉하는 수 있는 도덕적 심성을 형성하게 한다. 가. 인간의 삶에서 도덕이 필요함을 알고, 도덕적 판단력과 가치 신행 능력을 키우며, 인격 도야에 힘써 바람직한 삶을 영위할 수 있게 한다. 나. 가정 이웃 학교생활에서 요구되는 도덕규범과 예절을 이해하고, 이러한 생활 속에서 등장하는 문제 사태들을 서로 비교함으로써, 바르게 살아갈 수 있는 생활 태도와 실천 의지를 가지게 한다. 다. 전통 도덕과 시민 윤리의 특성을 인식하고, 현대 사회에서 발생하는 도덕 문제를 합리적으로 바람직하게 해결할 수 있는 능력을 길러, 민주 시민으로서 떳떳하게 살아갈 수 있게 한다. 라. 국가, 민족, 문화를 사랑하고, 국토와 민족 분단의 현실 및 남북한의 통일 과제를 올바로 인식하여, 통일을 이룩하는 데 필요한 공동체 의식과 통일 국가의 시민 의지를 가지게 한다.	규범, 예절, 판단 능력, 형성하게 한다. 영위할 수 있게 한다. 가지게 한다.
	고등학교	윤리	한국인으로 올바른 삶을 살아가는 데 필요한 윤리적 체계의 이념과 시각을 길러주고, 그 사상적 근거인 윤리 사상의 흐름을 이해하게 하여, 민족 공동체의 번영과 통일에 기여할 수 있는 윤리관을 형성하게 한다. 가. 청소년기의 의지를 자각하고 삶의 방향을 바르게 정립하고, 자아실현과 인격 완성을 위해 노력하게 한다. 나. 현대 사회의 생활 윤리를 이해하고, 윤리 문제들을 합리적으로 해결하려는 의지와 능력 을 길러, 건전한 사회생활을 영위할 수 있는 태도를 지니게 한다. 다. 우리의 전통과 민주주의 이상에 대한 올바른 신념을 확립하여, 민주복지 국가의 건설 에 이바지하려 수 있는 국민 의지를 지니게 한다. 라. 동 · 서양과 한국 윤리 사상의 흐름 속에서 현대 윤리의 뿌리를 탐색하게 하여, 민주 시민으로서 지녀야 할 윤리와 이념 체계의 사상적 근거를 확립할 수 있게 한다. 합리적으로 해결하려는 의지와 능력 을 길러, 건전한 사회생활을 영위할 수 있는 태도를 지니게 한다. 다. 우리의 전통과 민주주의 이상에 대한 올바른 신념을 확립하여, 민주복지 국가의 건설 에 이바지하려 수 있는 국민 의지를 지니게 한다. 라. 동 서양과 한국 윤리 사상의 흐름 속에서 현대 윤리의 뿌리를 탐색하게 하여, 민주 시민으로서 지녀야 할 윤리와 이념 체계의 사상적 근거를 확립할 수 있게 한다. 마. 통일 국가를 실현하기 위한 조건과 통일 이후의 바람직한 한국인상을 이해하고, 통일 과 업의 달성과 이룩 향상에 이바지하려는 남은 의지를 기르게 한다.	윤리체계, 이해, 자아실현, 인격 완성, 형성하게 한다. 지니게 한다. 기르게 한다.

차수	학교급	명칭	교육목표	핵심 단어/동사
7차	초등학교	바른 생활	일상생활에 필요한 기본 생활 습관과 예절 및 규범을 알고 습관화하며, 건전한 인성을 지닌 민주 시민의 자질을 형성한다. 가. 기본 생활 습관과 예절 및 규범의 중요성을 알고, 이를 실천할 수 있는 능력과 태도를 기른다. 나. 기본 생활 습관과 예절 및 규범의 실천을 통해 건전한 인성과 민주 시민의 자질을 함양한다.	기본 습관, 예절, 규범, 민주시민 자질, 형성한다. 가진다. 함양한다.
		도덕	한국인으로서 바람직한 삶을 살아가는 데 필요한 기본 생활 습관과 예절 및 도덕규범을 익히고, 일상생활 속에서 부닥치는 도덕적 문제를 바람직하고 합리적으로 해결할 수 있는 판단 능력을 기르며, 올바른 시민 의식과 국가·민족의식, 그리고 세계 평화와 인류 공영 의식을 함양하고, 삶의 이상과 원리를 체계화하여 실천할 수 있는 도덕적 성향을 기른다. 가. 인간이 도덕적으로 살아야 하는 이유를 이해하고, 삶의 다양성에 따른 가치 갈등 문제를 해결할 수 있는 가치 판단 능력의 신장과 함께 인간 존중의 삶의 자세를 지닌다. 나. 가정·이웃·학교생활에서 요구되는 도덕규범과 예절을 이해하고, 이러한 생활에서 나타나는 도덕적 문제 사례들에 대한 합리적 해결 방안을 모색하는 가치 판단 능력을 신장하여, 바르게 살아갈 수 있는 생활 태도와 실천 의지를 지닌다. 다. 전통 도덕과 시민 윤리를 중심으로 하는 오늘날 민주 사회의 도덕을 이해하고 실천하며, 현대 사회에서 발생하는 도덕 문제를 합리적이고도 바람직하게 해결할 수 있는 능력의 신장을 통하여 원만한 사회생활을 영위하려는 태도와 실천 의지를 지닌다. 라. 국가, 민족, 민족 문화를 아끼고 사랑하는 애국 애족의 자세를 지니고, 국토와 민족분단의 현실 및 남북한의 통일 정책과 통일 과제를 파악하여 통일을 이룩하는 데 필요하며, 통일 이후에 기대되는 바람직한 한국인 및 세계 시민으로서의 능력과 태도를 지닌다.	습관, 예절, 도덕규범, 기른다. 지닌다.
	중학교	도덕	한국인으로서 바람직한 삶을 살아가는 데 필요한 기본 생활 습관과 예절 및 도덕규범을 익히고, 일상생활 속에서 부닥치는 도덕적 문제를 바람직하고 합리적으로 해결할 수 있는 판단 능력을 기르며, 올바른 시민 의식과 국가·민족의식, 그리고 세계 평화와 인류 공영 의식을 함양하고, 삶의 이상과 원리를 체계화하여 실천할 수 있는 도덕적 성향을 기른다. 가. 인간이 도덕적으로 살아야 하는 이유를 이해하고, 삶의 다양성에 따른 가치 갈등문제를 해결할 수 있는 가치 판단 능력의 신장과 함께 인간 존중의 삶의 자세를 지닌다. 나. 가정·이웃·학교생활에서 요구되는 도덕규범과 예절을 이해하고, 이러한 생활에서 나타나는 도덕적 문제 사례들에 대한 합리적 해결 방안을 모색하는 가치 판단 능력을 신장하여, 바르게 살아갈 수 있는 생활 태도와 실천 의지를 지닌다. 다. 전통 도덕과 시민 윤리를 중심으로 하는 오늘날 민주 사회의 도덕을 이해하고 실천하며, 현대 사회에서 발생하는 도덕 문제를 합리적이고도 바람직하게 해결할 수 있는 능력을 신장하여 원만한 사회생활을 영위하려는 태도와 실천 의지를 지닌다. 라. 국가, 민족, 민족 문화를 아끼고 사랑하는 애국 애족의 자세를 지니고, 국토와 민족의식과 현실 및 남북한의 통일 정책과 통일 과제를 파악하여 통일을 이룩하는 데 필요하며, 통일 이후에 기대되는 바람직한 한국인 및 세계 시민으로서의 능력과 태도를 지닌다.	습관, 예절, 도덕규범, 기른다. 지닌다.

차수	학교급	명칭	교육목표	핵심 단어/동사
	고등학교	윤리와 사상	윤리 및 사상의 중요성과 그 내용에 대한 올바른 이해를 바탕으로, 한국인으로서 올바른 삶을 살아가는 데 필요한 주체적이고 종합적인 윤리관과 사회 사상적 틀을 확립한다. 가. 인간의 삶에 있어서 윤리 및 사회 사상이 지니고 있는 의미를 올바르게 이해하고, 윤리 및 사회사상 문제들을 탐구하는 태도를 지닌다. 나. 동서양 및 한국 윤리의 흐름과 특성을 체계적으로 파악하고, 한국인으로서 지녀야 할 바람직한 윤리적 인식 체계를 확립한다. 다. 현대 사회 사상의 전개 과정을 체계적으로 탐구하여, 한국인으로서 지녀야 할 바람직한 이념적 지식의 틀을 확립한다. 라. 한국 사회의 윤리 및 사회사상의 현실을 올바르게 파악하여, 민주적 도덕 공동체의 구현 및 민족 통일에 이바지하려는 태도를 기르며, 한국인으로서의 긍지와 주체성을 지닌다.	윤리관, 지닌다.
		시민윤리	민주 시민으로서 지녀야 할 시민 사회에서의 윤리적 규범들을 올바르게 이해하고, 이를 일상생활 속에서 자율적으로 실천할 수 있는 능력과 태도를 지닌다. 가. 시민 사회의 특징과 윤리적 과제를 올바르게 이해하고, 민주 시민으로서의 바람직한 능력과 태도를 지닌다. 나. 현대 사회의 윤리적 문제들을 올바르게 이해하고, 이를 합리적으로 해결하려는 능력과 태도를 지닌다. 다. 현대 사회 생활 속에서 경제생활의 중요성을 인식하고 삶의 설계와 올바른 직업 선택의 능력과 태도를 지니며, 참다운 직업 생활을 위한 바른 태도를 지닌다. 라. 국가 발전과 통일 국가 형성을 위하여 시민으로서 지녀야 할 국가관, 안보관 및 민족공동체 의식의 중요성을 올바르게 인식하여 실천하며, 지구 공동체의 윤리적 상황에 대한 인식을 바탕으로 세계 시민으로서의 올바른 자세를 지닌다.	이해, 국가관, 안보관, 민족 공동체 의식, 이해한다.
2007 개정	초등학교	바른 생활	개인 생활과 사회생활을 하는 데 필요한 기본적인 생활 습관, 예절, 규범을 알고 꾸준히 실천하여 민주 시민의 자질을 형성한다. 가. 일상생활에서 필요한 기본적인 생활 습관, 예절, 규범의 의미와 중요성을 이해하고 초보적인 가치판단 능력을 기른다. 나. 일상생활에서 기본적인 생활 습관, 예절, 규범을 실천하려는 태도를 가진다. 다. 일상생활에서 기본적인 생활 습관, 예절, 규범을 꾸준히 실천한다.	습관, 예절, 규범, 이해, 가치판단, 기른다. 가진다. 실천한다.
		도덕	[초등학교 급별 목표] (1) 초등학교 단계에서는 일상생활에 필요한 도덕규범과 기본 생활 예절을 습득하고 기본적인 도덕적 판단력과 실천 능력을 함양하여, 공동체 속에서 다른 사람과 더불어 조화롭게 살아갈 수 있는 도덕적 능력과 태도를 지닌다.	예절, 도덕적 판단력, 지닌다.
	중학교	도덕	(2) 중학교 단계에서는 도덕적 가치·규범에 대한 이해를 심화하고, 현대 사회의 여러 가지 도덕 문제에 대한 올바른 가치 판단 능력과 실천 의지를 함양하며, 합리적이고 바람직한 삶을 영위할 수 있는 도덕적 능력과 태도를 지닌다.	가치판단 능력, 실천 의지, 지닌다.

차수	학교급	명칭	교육목표	핵심 단어/동사
	고등학교		나. 학교 급별 목표 3) 고등학교 단계에서는 윤리학의 기초를 학습하고, 이를 토대로 개인의 도덕적 삶과 공동체의 도덕적 문제에 대해 주체적으로 성찰할 수 있는 반성적 사고력을 함양하여 자율적인 도덕적 판단력과 실천 능력을 지닌다.	반성적 사고력, 자율적 도덕판단 능력, 실천 능력, 지닌다.
		현대생활과 윤리	목표 현대 생활에서 발생하는 제반 윤리 문제를 다양한 윤리의 관점에 비추어 올바르게 이해하며, 이러한 윤리적 문제를 바람직하고 합리적으로 해결할 수 있는 능력과 태도를 지닌다. 가. 현대 생활에서 발생하는 제반 윤리적 문제들을 다양한 윤리적 관점을 토대로 바람직하고 합리적으로 해결할 수 있는 능력과 태도를 지닌다. 나. 현대 생활에서 발생하는 생명 성과 관련된 다양한 윤리 문제들을 이해하고, 이러한 문제를 바람직하고 윤리적으로 해결할 수 있는 능력과 태도를 지닌다. 다. 과학 기술의 발달과 정보화에 따라 발생하는 과학 윤리, 생태 윤리, 정보 윤리 등의 문제를 바르게 인식하고, 이러한 문제들을 바람직하고 합리적으로 해결할 수 있는 능력과 태도를 지닌다. 라. 현대 직업 생활에서의 다양한 윤리적 문제들을 바탕으로 하고 합리적으로 해결하는 능력과 태도를 지닌다. 마. 문화 예술 생활 및 종교 생활과 관련된 윤리적 문제를 바람직하고 합리적으로 해결할 수 있는 능력과 태도를 지닌다. 바. 민족 분단으로 인한 갈등과 대립, 세대차로 인해 발생하는 문제, 우리의 삶에서 평화를 실천하기 위한 윤리적 문제들을 바람직하고 합리적으로 해결할 수 있는 능력과 태도를 지닌다.	문제 해결, 지닌다. 인식한다.
		윤리와 사상	2 목표 한국과 동·서양의 주요 윤리 사상 및 사회사상의 특징과 내용에 대한 올바른 이해를 바탕으로, 오늘의 삶을 살아가는데 필요한 바람직한 윤리관과 사회의 도덕 판단 및 실천능력을 지닌다. 가. 인간의 삶에서 윤리 사상과 사회사상이 갖는 중요성과 특징을 이해하고, 이론 바탕으로 바람직한 삶을 추구할 수 있는 윤리관 형성과 윤리의 탐구 능력을 지닌다. 나. 한국을 비롯한 동양의 윤리 사상을 성찰하고 재음미하며, 한국 전통 윤리에 대한 깊은 이해와 윤리적 사유의 틀을 형성한다. 다. 서양의 다양한 윤리 사상을 성찰하여 보편 윤리에 대한 이해와 폭넓은 윤리적 사유의 틀을 형성한다. 라. 사회사상을 바르게 이해하고, 오늘날 우리의 삶에 큰 영향을 미치는 다양한 사회사상을 비판적으로 성찰하여, 바람직한 이념적 시각의 틀을 형성한다.	윤리관, 판단 및 실천 능력, 지닌다. 형성한다.
2009 개정	초등학교	도덕	(1) 초등학교 단계에서는 유아교육 단계에서 형성된 기초 인성을 바탕으로 일상생활에 필요한 도덕적 가치·덕목과 기본 생활 예절을 알고 기본적인 도덕적 판단력과 실천 의지를 함양하여 공동체 속에서 다른 사람과 공감, 소통하며 조화롭게 살아갈 수 있는 도덕적 생활 능력과 습관을 기본다.	인성, 예절, 덕목, 습관, 기른다. 안다.

차수	학교급	명칭	교육목표	핵심 단어/동사
	중학교	도덕	(2) 중학교 단계에서는 도덕적 가치·덕목에 대한 이해를 심화하고 현대 사회의 여러 가지 도덕 문제에 대한 탐색과 활동과정을 통해 학생들이 도덕적 탐구와 성찰을 함으로써 의사소통 및 갈등해결 능력을 제고하고 도덕의 민감성과 도덕적 판단력, 그리고 실천 의지를 함양하여 합리적이고 바람직한 삶을 영위할 수 있는 도덕적 능력과 태도를 지닌다.	함양한다. 지닌다.
고등학교		생활과 윤리	과목 목표 현대 생활의 제 영역에서 발생하는 다양한 윤리 문제들을 주도적으로 탐구하고 성찰함으로써 인간과 세계를 윤리적인 관점에 비추어 올바르게 이해하고, 도덕적 판단력 및 의사결정 능력을 함양하며, 공동체 안에서 도덕적 삶을 실천할 수 있는 인성을 기른다.	이해한다. 함양한다. 기른다.
		윤리와 사상	과목 목표 동서양 및 한국의 윤리 사상과 사회사상이 오늘을 살아가는 우리에게 주는 소중한 지혜를 체득하여 현대 사회 생활의 여러 영역에서 발생하는 다양한 윤리적 문제들을 깊이 성찰하고, 이를 도덕적으로 해결할 수 있는 능력과 태도를 지닌다.	성찰한다. 지닌다.
2015 개정	초등학교	바른 생활	일상생활에 필요한 기본 생활 습관과 학습 습관을 길러 공동체의 구성원으로서 기본 소양과 인성을 갖춘 바른 사람으로 성장한다. 가. 가정, 학교, 사회에서 생활하는 데 필요한 기본 생활 습관과 학습에 필요한 기본 학습 습관을 기른다. 나. 바른 생활을 실천하는 과정에서 가치와 태도를 내면화하고, 다양한 실천 기능을 익힌다. 다. 더불어 사는 데 필요한 공동체 의식을 함양하고, 자기 관리 능력과 의사소통 능력을 기른다.	성장한다. 기른다. 익힌다.
		도덕	가. 총괄 목표 도덕과는 기본적으로 성실, 배려, 정의, 책임 등 21세기 한국인으로서 갖추고 있어야 하는 인성의 기본 요소들을 핵심 가치로 설정하여 내면화하는 것을 일차적 목표로 삼는다. 이를 토대로 자신의 삶의 의미를 자율적으로 찾아갈 수 있는 도덕적 탐구 및 윤리적 성찰, 실천 과정으로 이어지는 도덕함의 능력을 길러 도덕적인 인간과 정의로운 시민으로 살아갈 수 있도록 돕는 것을 목표로 한다. 나. 학교 급별 목표 • 초등학교 단계에서는 '바른 생활' 과에서 형성된 인성을 바탕으로 자신, 타인, 사회·공동체, 자연·초월과의 관계에서 자신의 생활을 반성하고 다양한 도덕적 문제를 탐구하며, 더불어 살아가는 데 필요한 기본적인 가치·덕목과 규범을 이해하고 도덕적 기능과 실천 능력을 함양한다.	목표로 한다. 삼는다. 함양한다.
	중학교	도덕	나. 학교 급별 목표 중학교 단계에서는 초등학교 도덕과에서 형성된 가치·덕목 및 규범에 대한 이해와 도덕적 기능 및 실천 능력을 심화하여 현대 사회의 다양한 도덕 문제에 대한 탐구와 성찰을 이어가기에 대한 성찰을 바탕으로 도덕적 정체성을 구성하며, 배려적인 인간관계와 공정하고 정의로운 공동체 형성을 위해 도덕적 기능과 태도를 기르기 위해 자율적으로 참여하고 실천하는 덕성과 역량을 기른다.	탐구, 성찰, 배려, 기르다.

차수	학교급	명칭	교육목표	핵심 단어/동사
	고등학교	생활과 윤리	다. '생활과 윤리'의 목표 고등학교 '생활과 윤리'에서는 현대 생활의 제 영역에서 발생하는 다양한 윤리 문제들을 주도적으로 탐구하고 성찰함으로써 인간과 사회를 윤리적인 관점에서 올바르게 이해하고, 윤리적 민감성 및 판단 능력을 함양하며 윤리적 동기를 내면화하여 공동체 안에서 윤리적 삶을 실천할 수 있는 미덕과 역량을 기르는 것을 목표로 한다.	성찰, 이해, 윤리적 민감성, 판단 능력, 이해한다. 목표로 한다.
		윤리와 사상	다. 윤리와 사상의 목표 윤리와 사상에서는 한국 및 동·서양의 윤리사상과 사회사상의 학습을 통해 윤리적 앎을 심화하고 현대 사회에서 발생하는 다양한 윤리적 문제들을 비판적으로 사고하고 도덕적으로 탐구하며 윤리적으로 성찰함으로써, 자신의 삶과 사회에 대한 올바른 윤리관을 정립하고 심화하는 능력을 기른다.	비판적 사고, 성찰, 윤리관, 정립한다. 기른다.
		고전과 윤리	다. 고전과 윤리의 목표 고등학교 고전과 윤리에서는 생활 세계에서 발생하는 문제들을 동·서양의 고전들과 직접 마주하게 함으로써 삶의 의미 또는 더 나은 삶에 대해 도덕적으로 탐구하고 성찰하는 기회를 갖는다. 이 과정을 통해 도덕적 지견과 판단력, 그리고 도덕적 상상력을 함양하고, 도덕적 앎을 행동으로 옮길 수 있는 실천 동기와 능력을 기른다.	탐구, 성찰, 도덕적 판단력, 도덕적 상상, 실천 동기, 갖는다. 함양한다. 기른다.

2. 교과 목표 워드 클라우드 분석

1) 워드 클라우드(word cloud) 분석을 통한 시각화

학교급별 목표는 학생들의 발달 상황을 고려하여 교과 목표를 학교급별로 보다 구체화하고 차별화한 것이며, 도덕과 교육의 특성을 나타내고 활성을 유도하기 위해 설정된 것이다. 빅데이터 또는 데이터마이닝의 수집대상에서 나타난 주요 단어들을 시각화하는 워드 클라우드(word cloud)를 이용하여 학교급별 목표를 출현 빈도가 높은 키워드들을 중심으로 분석한 결과는 <표 4>와 같다. 그림에서 단어가 크고 굵을수록 해당 단어의 출현 빈도가 높다는 것을 의미한다. 특징단어와 동사를 중심으로 해석한 이성 및 정서(정의/배려) 차원에서의 강조 기술 현황은 다음과 같다.

<표 4> 도덕과 교육과정 교육목표 워드 클라우드 분석

차수	학교급	워드 클라우드	특징단어	이성/정서 차원
2차	국민학교		행동, 습관화, 반성, 애국	이성적 차원 강조 기술
	중학교		국가, 사회, 민족, 사회생활, 인간관계	이성적 차원 강조 기술
	고등학교		윤리, 올바른, 규범, 태도, 통일, 깨닫게	이성적 차원 강조 기술
3차	국민학교		마음, 생활, 습관, 예절, 알고	이성적 차원 강조 기술
	중학교		신념, 민족, 태도, 예절, 깨닫고	이성적 차원 강조 기술
	고등학교		이해하고, 민족, 국가, 평화, 태도, 윤리적	이성적 차원 강조

차수	학교급	워드 클라우드	특징단어	이성/정서 차원
				기술
4차	국민학교		규범, 도덕적, 습관, 일상생활, 이해, 습관	이성적 차원 강조 기술
	중학교		깨달아, 태도, 도덕적, 판단, 민주적,	이성적 차원 강조 기술
	고등학교		이해하고, 민족의, 국가, 윤리적	이성적 차원 강조 기술
5차	국민학교		이해하고, 의미, 태도, 규범, 대한민국, 국가, 실천	이성적 차원 강조 기술
	중학교		합리적, 인식, 도덕적, 시민	이성적 차원 강조

차수	학교급	워드 클라우드	특징단어	이성/정서 차원
				기술
	고등학교		자유, 조국, 이해, 민주, 국가, 통일	이성적 차원 강조 기술
6차	초등학교 바른 생활		도덕규범, 예절, 습관화, 실천	이성적 차원 강조 기술
	도덕		이해, 의미, 규범, 자율, 도덕 생활	이성적 차원 강조 기술
	중학교 도덕		통일, 예절, 공동체, 판단, 도더규범, 외지	이성적 차원 강조 기술
	고등학교 윤		윤리, 사상, 통일, 이념,	이성적 차

차수	학교급	워드 클라우드	특징단어	이성/정서 차원
	리		공동체, 인격, 합리적	원 강조 기술
	초등학교 바른 생활		생활 습관, 알고, 예절, 규범, 습관화, 실천	이성적 차원 강조 기술
	초등학교 도덕		판단, 문제 해결, 도덕적, 태도, 가치, 통일, 시민, 민족, 세계	이성적 차원 강조 기술
7차	중학교		도덕적, 해결, 바람직한, 습관, 민족의식, 통일, 실천	이성적 차원 강조 기술
	고등학교 윤리와 사상		한국인, 윤리, 바람직한, 사회사상, 윤리관, 한국, 태도	이성적 차원 강조 기술
	고등학교 시민윤리		올바르게, 시민, 윤리적, 태도,	이성적 차원 강조

차수	학교급	워드 클라우드	특징단어	이성/정서 차원
			이해하고, 사회, 자율적	기술
2007	초등학교 바른 생활		<초중고 교과 목표> 	이성적 차원 강조 기술
	초등학교 도덕		도덕적, 판단력, 태도, 습득, 도덕규범	이성적 차원 강조 기술
	중학교 도덕		도덕적, 바람직한, 사회, 가치, 규범, 판단, 실천, 이해	이성적 차원 강조 기술
	고등학교		도덕적, 판단, 자율적, 성찰, 공동체, 실천, 주체적	이성적 차원 강조 기술

차수	학교급	워드 클라우드	특징단어	이성/정서 차원
	고등학교 현대생활과 윤리		윤리적, 합리적, 바람직, 윤리, 윤리 문제 해결	이성적 차원 강조 기술
	고등학교 윤리와 사상		윤리, 사회사상, 이해, 바람직한, 사유	이성적 차원 강조 기술
2009	초등학교 도덕		판단력, 도덕적, 생활예절, 공감, 공동체, 습관, 소통	이성적 차원 강조 기술, 정서적 용어 등장
	중학교 도덕		의사소통, 도덕적, 판단력, 민감성, 의지, 성찰	민감성 제시 (정서적 용어 등장)

차수	학교급	워드 클라우드	특징단어	이성/정서 차원
	고등학교 생활과 윤리		성찰, 도덕적, 이해, 윤리판단, 올바르게, 의사 결정	이성적 차원 강조 기술
	고등학교 윤리와 사상		사회, 한국, 윤리적, 성찰, 현대사회, 사상	이성적 차원 강조 기술
	초등학교 바른 생활	총괄 목표(초중고)		이성적 차원 강조 기술
2015	초등학교 도덕		도덕적, 더불어, 관계, 공동체, 이해, 실천, 탐구, 반성	이성적 차원 강조 기술
	중학교/도덕		도덕적, 실천, 공동체, 이해, 덕목, 성찰, 규범	이성적 차원 강조 기술, 정서적 용어 등장(배려)
	고등학교 생활과 윤리		윤리적, 동기, 탐구, 실천, 윤리적 민감성, 덕성, 성찰	윤리적 민감성 제시

차수	학교급	워드 클라우드	특징단어	이성/정서 차원
				(정서적 용어)
	고등학교 윤리와 사상		사회, 한국, 윤리적, 성찰, 비판적, 윤리 사상, 도덕적 사고	이성적 차원 강조 기술
	고등학교 고전과 윤리		도덕적, 성찰, 상상력, 판단력, 실천	이성적 차원 강조 기술

　워드 클라우드 분석에서 교육과정 목표 중 구체적인 지칭이 없거나 계속 반복되는 다음과 같은 단어들은 제외하였다. 예를 들면, 기른다, 가지게, 지니게, 닦는다, 굳게 한다, 확립한다, 지닌다, 신장하다, 형성하다/한다, 제고하다, 함양하다, 키우다, 살아가다, 기초를 다진다 등과 같은 동사와 있는, 길러, 이바지, 기여, 나아가, 필요한, 기본적인, 건전한, 이를, 위해, 자기 발전, 노력, 바탕, 제반, 기초 형성, 영위, 바탕으로와 같은 단어들이다.

<표 5> 분석 제외 단어 워드 클라우드 시각화

동사	키우다 함양하다 제고하다
단어	위해 있는 등 기본적인 내 필요한 기여 형성

분석결과 특징단어들은 <표 6>과 같다. 전체적으로 이성/정서 차원에서 명시적으로 이성이 강조되었으며 정서, 배려, 민감성 등의 정서 용어는 2009년 이후 등장했다. 핵심 단어 가운데 명사형은 교육 내용 요소와도 긴밀하다.

<표 6> 교육목표의 핵심 단어와 특징

핵심 단어		특징
■ 동사형	행동, 습관화, 반성, 깨닫게, 알고, 이해하고	□ 초등학교에서는 습관화, 예절, 도덕규범, 실천 등이 보다 강조됨. □ '느끼다, 감정을 갖다'와 같은 정서 용어는 거의 사용되지 않음. □ 전반적으로 이해, 판단, 성찰, 숙고, 반성, 실천에 비해 공감, 윤리적 민감성 등은 2000년대 이후 강조되기 시작함. □ 포괄적 서술형식으로 제시됨. 예) 인격을 형성하다. 마음과 태도를 기른다.
■ 명시형	애국, 국가, 조국, 사회, 민족, 민족의식, 한국인, 대한민국, 사회생활, 인간관계, 시민, 공동체, 윤리, 규범, 태도, 통일, 마음, 생활, 습관, 예절, 신념, 평화, 실천, 도덕, 일상생활, 판단, 민주, 의미, 인식, 합리, 자유, 이해, 자율, 판단, 도덕규범, 의지, 인격, 세계, 사회사상, 윤리관, 자율, 성찰, 주체, 의사결정, 현대사회, 사상, 관계, 반성, 덕성, 동기, 탐구, 상상력, 판단력, 공감,	

핵심 단어		특징
	의사소통, 민감성, 더불어	
■ 형용사형	올바른, 바람직한	

2) 워드 클라우드 분석결과: 한계 및 보완점

워드 클라우드 분석결과 2차부터 2015 개정 교육과정까지 학교 급별로 다음과 같은 특성을 발견할 수 있다. 첫째, 과거에는 이념 교육에 보다 역점을 두었으나 최근에는 도덕성 발달, 인격 함양, 바람직한 인성 발달과 같은 도덕교육 본연의 목적을 추구하는 경향으로 변모했다. 둘째, 초등학교에서는 습관화, 중학교에서는 도덕적 추론 및 의사 결정, 고등학교에서는 사상사적 접근에 보다 중점을 두었다. 셋째, 2015 개정 이전까지의 목표 진술 서술어는 주로 '이해하다, 알다, 성찰하다'와 같은 인지적 측면이 부각되었으며 2009 개정에서 공감, 2015 개정에서 윤리적 민감성과 같은 정의적 차원의 용어가 명시되었다. 그러나 인지적 어휘에 비해 정의적 용어 제시 비율은 현저히 낮은 수준이다. 넷째, 이성과 정서 측면에서 보면, 전체적으로 이성적 측면이 그리고 정의 윤리와 배려윤리 차원에서는 정의 윤리가 보다 두드러졌다. 서술어로는 '알다, 깨닫다, 판단한다, 이해하다'와 같은 인지적 차원의 동사형이 분명하게 보다 빈번히 사용되었다.

워드 클라우드 분석을 통해 단순히 빈도수의 표현이나 시각화를 드러내기보다 상관관계나 유사도 등을 검토하는 것이 더욱 정밀한 분석이 될 수 있음에도 불구하고 이것은 시각화를 통해 키워드, 개념 등을 직관적으로 파악할 수 있게 한다는 장점을 갖는다. 따라서 분석결과를 고려하여 교육과정의 목표 제시를 위한 보완점 도출에 다음과 같은 질문을 제안할 수 있다. 첫째, 초등학교급에서 강조된 예절, 도덕규범, 실천 등의 습관화는 중학교 및 고등학교급에서도 그 연계성이 강조될 필요가 있는가. 습관 정착은 일회적이거나 단기간에 안착되는 것이 아니므로 도덕적 습관 형성은 초등학교급뿐만 아니라 중·고등학교급에서도 동일하게 명기할 필요가 있는가. 습관이 잘 형성되고 있는지 또는 잘 이루어졌는지 확인하며 지속적으로 습관화가 안착될 수 있게 해야 하는 이유는 무엇인가. 둘째, 도덕성의 이성적 차원과 정의적 차원이 통합적, 종합적으로 내실 있게 다루어지고 추구되도록 이들을 교육목표 설정에서 균형 있게 명시할 필요가 있는가. 셋째, 도덕성의 이성적 차원이 지닌 다층적 요소들인 반성, 성찰, 숙고, 비판, 상상 등을 세부 언어로 제시하여 왔듯이 정서적 차원의 다면적 요소들인 공감, 배려, 감정, 동정, 연민, 연대감, 수용, 조절, 통제 등의 구체적인 요소들로 세분화하여 기술해야 하는가. 넷째, 정서 용어인 공감하다, 연민을 느끼다, 배려하다, 감정을 갖다 등을 실제 학생들이 삶의 맥락에서 실천할 수 있게 하기 위해서는 어떠한 방식으로 도달 목표를 제시해야 하는가. 다섯째, 교육목표를 보다 구체적이고 총체적으로 기술하기 위한 대목표와 세부목표 구분과 같은 수준화 전략이 요구되는가. 대목표에서는 포괄적 서술형식을, 세부목표에서는 구체적 서술형식을 취하는 것이 적합한가. 여섯째, 학생들의 도덕성의 인지적 차원뿐만 아니라 정의적 차원의 고양을 위한 도덕적 정서교육은 교육목표에서 어떻게 기록될 수 있는가. 사회정서학습, 윤리 감수성, 도덕적 정서교육 등의 이론에 기초한 정의 윤리와 배려윤리의 통합적 교육은 목표 반영에서 어떻게 적용될 수 있는가.

IV. 도덕과 교육과정에서 목표 개선 방안

1. 도덕적 이성과 정서의 통합 반영 방안

1) 도덕교육에서 정서와 정서교육

도덕교육이 최종적으로 마음의 총체적 변화를 추구한다는 점은 도덕교육에서 도덕적 지식의 전달, 도덕적 사고의 발달뿐만 아니라 도덕적인 성향 즉, 도덕적 정서도 아울러 함양할 것을 요구한다. 공감, 감사, 죄책감, 수치심, 자긍심 등과 같은 도덕적 정서는 주로 감정의 부분으로 이해되어 왔으며 이에 대한 접근이 어떻게 다루어야 하는가에 대해 많은 논란과 어려움이 있다. 그러나 지행합일이라는 도덕교육의 실효를 거두기 위해서는 도덕적 행동의 동기가 될 수 있는 도덕적 정서에 대한 교육은 필히 요청된다. 정서에 대한 다양한 이론들을 절충하면, 정서는 인식, 욕구, 감정, 신체적 감각, 동요 등의 총체적 차원으로 설명된다. 이 중 도덕교육에서 다루어야 할 도덕적 정서에 대한 접근은 이성과 정서를 상호 유기적인 관계로 이해하는 관점에서 형성되어야 한다. 또한 타인에 대한 동정심, 연민, 공감, 통찰, 도덕적 상상, 배려 등을 통해 타인을 자신의 삶 속으로 끌어들여 그들에게 도덕적 태도 및 행동을 실천하게 하는 원동력으로 작용하도록 도와야 한다(박형빈, 2009: 283-284).

인지 및 신경생물학 분야의 연구는 감정과 도덕판단 사이의 중요한 관계를 증명했다. 이 증거에 기초하여, 몇몇 연구자들은 감정이 우리의 직관적인 도덕판단의 원천이라고 주장했다. 그러나 또 다른 연구자들은 감정과 도덕 사이의 상관 데이터가 풍부함에도 불구하고, 신경학적, 행동적, 발달적 및 진화론적 증거가 감정이 도덕적 판단을 내리는 데 필요하다는 것을 입증하기에는 불충분하다고 반론했다. 그들은 도덕판단의 근원이 인간의 인과적 심리에 있다고 내세웠으며 감정은 종종 이러한 판단에 따르고 도덕적으로 적절한 행동을 하도록 동기를 부여하는 주요 역할을 한다고 강조했다(B. Huebner, S. Dwyer, & M. Hauser, 2009: 1). 그런데 이러한 정반대의 견해로 보이는 주장들은 도덕판단에서 인지와 정서, 이성과 감정이 상호 밀접히 연관되어 있을 뿐만 아니라 서로 확실한 영향력을 행사하고 있다는 공통된 입장을 보인다.

정서적 장애 특히, 보살핌에 기초한 위반은 도덕판단에 혼란을 초래하며 이는 사이코패스가 보여주는 도덕판단 장애에서 극명히 나타난다(R. J. R. Blair, 2017: 38, 45). 이는 도덕적 정서가 정신건강, 개인의 건전한 도덕성, 도덕적 인격 형성과 긴밀하며 도덕적 딜레마에서 도덕판단에 지대한 영향을 미친다는 사실을 증명한다. 이러한 까닭에 도덕 심리학자, 도덕 교육학자뿐만 아니라 정신의학자들은 도덕적 정서에 관심을 쏟는다. 도덕과 교육과정에서 도덕적 정서와 같은 정서적 차원의 접근을 보다 명료하게 나타내기 위해서는 이러한 정서, 도덕적 정서에 대한 논의들에 귀 기울일 필요가 있다. 따라서 도덕적 정서교육을 위해 최근 논의되는 다양한 정서교육 방법들을 살펴볼 수 있는데 예를 들면, 국내외에서 연구 및 교육 노력이 왕성하게 전개되고 있는 사회정서학습과 나바에츠의 통합적 윤리교육 모형에서의 윤리 감수성 교육 등을 들 수 있다.

2) 정서교육 방법: 사회정서학습, 윤리 감수성 교육

사회정서학습(Social & Emotional Learning, 이하 SEL)은 오늘

날 미국을 포함한 많은 나라에서 응용하고 있으며 그 효과성이 검증되고 있다. 지난 20여 년 동안 SEL에 대한 관심이 폭발적으로 증가했으며 긍정적인 학교 분위기와 문화를 촉진하고 학생의 대인 관계 및 인지 능력을 향상하는 접근방식으로 많은 연구자들에 의해 연구되고 강조되었다(R. P. Weissberg, J. A. Durlak, C. E. Domitrovich, & T. P. Gullotta(Eds.), 2015: 3). 연구에 따르면 SEL은 학교에서 가르치고 육성될 수 있는데 긍정적인 결과를 촉진하는 것 외에도 사회정서 역량의 향상은 약물 남용, 공격성, 따돌림, 파괴적 행동과 같은 위험 요인에 대한 노출의 영향에 대한 완충 역할도 했다(V. A. Coelho & V. Sousa, 2018: 1978).

연구자들은 학교를 아이들의 사회적, 정서적 발달을 위한 중요한 맥락으로 생각한다. 어린이와 청소년은 교실 및 학교 환경에서 부정적인 감정 관리, 침착하고 집중하기, 지시 따르기, 또래 및 성인과의 관계 탐색과 같은 기술이 필요하다. 이를 구축하고 지원하기 위한 SEL 프로그램이 널리 채택되었다(S. M. Jones & S. M. Bouffard, 2012: 1). SEL이 목표로 하는 사회정서 역량은 학습, 인간관계 형성, 일상적인 문제 해결, 복잡한 발달적 요구에의 적응 등과 같은 삶의 과제들을 성공적으로 이끌어 갈 수 있도록 하는 인간의 사회정서적 측면을 이해 및 관리하고 표현하는 능력이다(이인재, 2020: 170-171). SEL의 5가지 영역은 자기인식, 자기 관리, 사회적 인식, 대인관계기술, 책임 있는 의사 결정이다(R. P. Weissberg, J. A. Durlak, C. E. Domitrovich, & T. P. Gullotta(Eds.), 2015: 3-19). 도덕교육과 SEL은 공통으로 최근 뇌과학의 연구결과를 바탕으로 정서의 중요성에 주목하고 있으며, 두 접근법 모두 정서, 인지, 행동의 조화, 생태학적 또는 환경적, 발달론적 상황 맥락의 역할을 교육의 핵심에 둔다. 도덕교육을 통해 SEL에서 목표로 설정하고 있는 핵심 역량과 하위 기술들을 효과적으로 증진할 수 있으며 SEL을 통해 도덕교육에서 달성하려는 도덕적 능력과 성향을 기를 수도 있다 (정창우, 2013: 161-162)는 점에서 도덕과 교육과정에서도 SEL에 관심을 기울일 필요가 있다.

한편, 도덕적 의사 결정에 대한 경험적, 이론적 고찰은 도덕판단의 과정에 초점을 맞추었는데 판단의 전제 조건은 도덕적 민감성, 도덕적 문제를 감지하고 평가하는 능력이다(D. Robertson, J. Snarey, O. Ousley et al., 2007: 755). 도덕적 민감성은 레스트의 4가지 요소로 구성된 도덕적 수행 과정의 첫 번째 구성요소로 도덕적 갈등을 인식하는 능력이다. 도덕적 민감성은 문제에 대한 응답으로 취한 조치가 다른 개인에게 어떤 영향을 미칠 수 있는지에 대한 인식을 포함하여 도덕적 문제 또는 상황의 감지 및 해석을 나타내기에 도덕적 정서와 관련이 깊다. 도덕적 민감성(moral sensitivity)을 나바에츠의 윤리적 감수성(ethical sensitivity)으로 상정할 수 있는데 이는 공감, 동정, 도덕적 인식, 감정 등을 포함한다.

나바에츠는 레스트의 도덕성 4 구성요소를 바탕으로 사회적 상호 작용이 강조된 도덕 전문성 향상을 위한 실제적이고 구체적인 교육 모형을 제시했다(D. Narvaez & D. Lapsley, 2014; D. Narvaez, 2018: 451-461). 이 중 그녀가 제안한 윤리 감수성의 7가지 하위 스킬은 (1) ES-1: 정서적 표현 이해하기, (2) ES-2: 다른 사람의 관점 수용하기, (3) ES-3: 다른 사람들과 연결되기, (4) ES-4: 다양성에 대응하기, (5) ES-5: 사회적 편견 통제하기, (6) ES-6: 상황 해석하기, (7) ES-7: 제대로 의사소통하기로 이는 행동과 선택의 결과 식별이 수정된 것이다. 윤리 감수성은 시민의식, 정중함, 헌신, 동정심, 공손, 믿음, 관용, 비이기성 등의 덕목과도 연결된다(D. Narvaez & L. G. Endicott, 2009: 3, 12-13, 29; 박형빈, 2021: 53 재인용).

2. 목표에서 이성 및 정서의 통합 개선안(예)

1) 도덕과 교육과정에서 사회정서학습과 윤리 감수성

국내 도덕 교육학계에서 논의되고 있는 도덕성의 정의적 측면에 대한 관심은 도덕과 교육과정에 구조화, 설계, 개발에 보다 적극적으로 반영될 필요가 있다. 이는 정의 윤리와 배려윤리, 이성과 정서, 추론과 직관 등에 대한 통합을 통해 가능한데 도덕철학과 도덕심리학을 포괄적, 종합적이며 상보적인 안목에서 다루는 것이다. 이는 도덕과가 학생들의 도덕적 자율성과 책임성을 길러주고자 하는 실천적 성격을 지닌 교과인 동시에 급격한 사회 변화에서 제기되는 문제에 대한 도덕적 실천역량을 갖추게 할 것이 요구되기 때문이다(박형빈, 2020a: 198). SEL과 윤리 감수성 교육은 도덕과 교육과정에서 정서를 다룰 때 유용하다.

먼저, SEL은 다양한 프로그램이 제시되었는데 학생들의 사회적, 정서적, 학업 발달에 긍정적인 영향을 미치기 위해 학교와 교실에서의 사회적 상호 작용의 질을 향상하도록 하는 설계를 기본으로 한다. 이는 자신과 타인의 감정을 인식하고 조절, 다른 사람과 조화롭게 살아가는 기술 정서를 이해하고 관리, 긍정적 목표를 설정하고 달성, 타인에 공감하고 배려, 긍정적이고 건설적인 인간관계를 형성하고 유지, 책임 있는 의사 결정을 내리는 데 필요한 지식과 태도 그리고 기술을 습득하고 효과적 활용 등을 들 수 있다. 다음으로, 윤리 감수성은 나바에츠의 통합적 윤리교육의 4 구성요소 중 하나로 SEL의 요소들과 교차하는데 도덕적 인식, 공감적 반응, 타인의 관점 수용 등을 포함한다. 그녀는 7가지 스킬의 하위 요소를 <표 7>과 같이 제시했다.

<표 7> 윤리 감수성 7가지 스킬

스킬	내용
ES-1: 정서적 표현 이해하기 정서의 확인과 표현하기, 정서를 미세조정하기, 공격성 관리하기	다른 사람뿐만 아니라 자신의 욕구와 감정 확인
ES-2: 다른 사람의 관점 수용하기 대안적 관점 수용, 문화적 관점 수용 공정성의 관점 수용	상황 혹은 사건들에 대한 다양한 관점을 탐색, 공감과 아량을 키우며 타인에게 유익한 사람이 되고자 하는 동기를 부여
ES-3: 다른 사람들과 연결되기 다른 사람들과 관계 형성하기, 관심 보이기, 친구 되기	타인뿐 아니라 자기관심(self-concern)의 의식 확장 포함, 세계적으로나 지역적으로나 다른 사람들/집단들과 연결된다는 의식을 발달시키는 것 포함
ES-4: 다양성에 대응하기 집단적, 개인적 차이 활용하기, 다양성 인지하기, 다문화화 되기	문화적 집단들이 어떻게 다르고 그 차이점이 어떻게 충돌과 오해로 이어질 수 있는가에 대한 이해
ES-5: 사회적 편견 통제하기 편견 진단하기, 편견 극복하기, 관용 키우기	편견에 대한 이해, 확인, 적극적인 반박 포함
ES-6: 상황 해석하기 어떤 일이 벌어지고 있는지 알아내기, 도덕성 인지히기, 창의적으로 대응하기	상황에 대한 다수의 해석과 그 상황을 다루기 위한 다수의 대안들을 생성하는 데 사용되는 창의적인 스킬 개발 포함
ES-7: 제대로 의사소통하기 경청하기와 말하기, 비언어적, 대체 의사소통으로 소통하기, 의사소통 모니터링하기	경청하기, 말하기, 쓰기, 비언어적 의사소통에 대한 스킬을 포함

출처: D. Narvaez, 2009: 27-29, 37-40

결과적으로 이들을 종합하면, 도덕적 정서는 윤리관, 가치판단,

도덕적 사고, 반성, 탐구, 성찰, 도덕적 판단력, 도덕적 상상, 실천 동기, 마음, 관심 등을 포괄하며 감정 관리, 관계 형성 기술, 사회 정서적 측면 이해 및 관리 능력, 책임 있는 의사 결정, 바람직한 정서 표현, 타인의 관점 수용, 타인과 연결, 타인 돌보기, 사회적 편견 통제, 올바른 의사소통 등으로 식별할 수 있다.

2) 도덕적 이성과 도덕적 정서의 종합 반영 실제

초등학교, 중학교, 고등학교 학교급별로 2015 개정 도덕과 교육과정의 교육목표를 수정한 개선안은 다음과 같다.

<표 8> 2015 개정 도덕과 교육과정 교육목표 수정안(예시)

급	명칭	교육목표	특징
초등학교	바른생활	□ 대목표: 바람직한 생활 습관을 형성하고 공동체의 구성원으로서 다른 사람과 건전한 관계를 형성하며 바른 인성을 함양한다. □ 세부목표: 1) 가정, 학교, 사회에서 바람직한 생활 습관을 형성한다. 2) 바르게 알고, 바르게 느끼며, 바르게 행동하는 데 필요한 가치 및 덕목, 태도, 정서와 감정 역량을 익힌다. 3) 더불어 사는 데 필요한 공동체 의식, 자기 관리 능력, 소통과 공감 능력을 함양한다.	이성/정서의 통합, 균형 접근
	도덕	□ 대목표: 정의, 배려, 책임, 연민, 절제 등의 도덕적 인성의 습관화를 기본으로 도덕적 탐구, 성찰, 반성, 정서를 통한 도덕적 실천 및 생활 능력을 길러 도덕적인 인간과 정의로운 시민의 자질을 함양한다. □ 세부목표: 1) 정의, 배려, 책임, 연민, 절제 등의 기본 가치 및 정서의 습관화를 통해 도덕적 인성을 고양한다. 2) 도덕적 탐구, 도덕적 성찰 및 반성, 도덕적 정서를 배양하여 도덕적 생활 능력을 기른다. 3) 공동체의 구성원인 관계적 존재로서의 자신에 대한 인식을 바탕으로 자신, 가정, 학교, 사회, 지구공동체 구성원으로서 지녀야 할 바람직한 인식, 가치, 태도, 정서, 실천 능력을 기른다. 4) 건전한 인식 및 가치, 공감과 아량을 지닌 도덕적인 인간과 정의로운 시민의 자질을 함양한다.	

급	명칭	교육목표	특징
중학교	도덕	□ 대목표: 중학교 단계에서는 초등학교 도덕과에서 습관화해 온 인식, 태도, 정서, 실천력을 심화하여 다양한 도덕 문제에 대한 성찰을 바탕으로 도덕적 정체성을 구성하고 배려적 인간관계와 정의로운 공동체 구성원으로서의 바람직한 관계 형성 역량을 함양한다. □ 세부목표: 1) 초등학교 도덕과에서 형성해 온 가치·덕목 및 규범에 대한 인식, 태도, 정서, 실천력을 심화한다. 2) 삶의 다양한 도덕 문제에 대한 숙고, 성찰, 반성, 도덕적 정서를 바탕으로 도덕적 정체성을 구성한다. 3) 사회 구성원, 국가 성원, 세계시민으로서 공감과 연민의 배려적 관계를 형성한다. 4) 정의로운 공동체 구성원으로서 인간 및 자연과 바람직한 관계를 형성하는 덕성과 정서 능력 및 실천역량을 고양한다.	
고등학교	생활과 윤리	□ 대목표: 현대생활에서 발생하는 윤리 문제들을 주체적으로 탐구, 성찰함으로써 윤리적 관점 형성, 윤리적 판단 능력, 윤리 감수성, 공감과 배려의 능력을 길러 공동체 구성으로서 윤리적 삶을 내면화 및 실천하는 덕성 및 정서 역량을 함양한다. □ 세부목표: 1) 현대생활의 제 영역에서 발생하는 다양한 윤리 문제들을 주체적으로 탐구, 성찰, 숙고, 반성한다. 2) 윤리적 관점 형성, 윤리적 판단 능력, 윤리 감수성, 공감과 배려의 능력을 습관화한다. 3) 사회공동체 및 지구공동체의 구성으로서 윤리적 삶의 태도로서 연민과 돌봄의 삶을 내면화 및 실천하는 덕성, 정서 역량을 함양한다.	

V. 결론

우리나라에서 도덕과 교육은 형식교육으로서 50여 년의 역사적 전통 속에서 사회 구성원과 개인적 존재로서의 한 인간의 인격 형성, 도덕성 발달, 유덕한 시민 양성에 기여해 왔다. 도덕과는 그동안 시대적, 국가적 수준의 요구, 시민사회와 학부모 요구, 교육 전눈가와 도덕교육 전문가 그리고 도덕과 교육 전문가의 요구, 학문적 요구 등을 종합적으로 고려하여 내실 있는 도덕과 교육을 위해 발전해 왔다. 그러나 도덕과가 도덕성의 인지적, 정의적, 행동적 측면 즉, 도덕적 이성과 도덕적 정서의 통합적 발달을 도모함에도 불구하고 최근까지 도덕과 교육과정의 교육목표에서 도덕적 정서는 도덕적 이성에 비해 덜 명료화, 세분화되어 다루어졌다. 도덕적 정서는 포괄적 개념으로서 공감과 배려라는 단어를 넘어 보다 총체적이고 구체적인 용어로 다채롭게 명기될 필요가 있다.

2차 교육과정부터 2015 개정 도덕과 교육과정의 교육목표를 분석한 결과는 다음과 같다. 첫째, 초등학교에서는 습관화, 예절, 도덕규범, 실천 등이 보다 강조되었다. 둘째, '느끼다, 감정을 갖다'와 같은 정서적 용어는 거의 사용되지 않았다. 셋째, 전체적으로 이해, 판단, 성찰, 숙고, 반성, 실천과 같은 용어 사용에 비해 공감, 윤리적 민감성, 배려 등의 용어는 사용 빈도가 낮았다. 넷째, 교육목표 기술은 주로 포괄적 서술형식으로 제시되었는데 예를 들면, 인격을 형성하다, 마음과 태도를 기르다 등이다. 그러므로 이러한 분석과 최근 국외의 도덕교육 관련 연구 성과, 국내의 도덕 교육학계의 학문적 발전, 학생들의 도덕성 발달을 총체적으로 도모해야 한다는 점 등을 고려할 때, 도덕과 교육과정에서 교육목표는 이성과 정서 측면을 보다 종합적, 통합적, 체계적, 구체적으로 언급하여 기술할 필요가 있다.

따라서 도덕적인 상상, 성찰, 가치판단 등의 개념과 더불어 정서, 감정이 보다 명백하게 드러나는 구체화한 단어들을 도덕과 교육과정의 수정된 교육목표에서 활용할 수 있다. 예를 들면, 윤리 감수성, 도덕적 민감성, 정서, 연민, 동정, 공감, 돌봄, 감정 관리, 침착, 사회정서, 사회적 인식, 정서 인지, 정서 표현, 관점 수용, 타인과 연결됨을 느끼기, 타인과 연결하여 돌보기 등이다. 이러한 용어들이 삶의 맥락 안에서 다루어지도록 구성할 수 있다. 본 연구를 바탕으로 도덕적 이성과 정서를 구조적으로 총괄하는 체계적이고 명시적이며 치밀한 교육과정 후속 연구가 지속적이고 의욕적으로 이루어지길 바란다.

제Ⅴ부

윤리상담과 도덕교육

개별 맞춤형 도덕교육의
가능성 탐색

◇ 제10장 ◇

탈북학생 윤리상담을 위한
교사 연수 프로그램(TTP) 개발과 적용

I. 서 론

학교에서 교사에 의해 이루어지는 도덕과 통일교육은 통일에 대한 당위성을 강조하거나 통일 미래상에 대한 추상적인 낙관을 제시하는 데 그치지 않고 통일 이후 남북의 진정한 사회통합을 위한 기반이 되어야 한다. 통일교육이 남한 학생, 다문화 학생, 탈북학생 등 다양한 사회문화 환경 배경을 갖는 학생들을 대상으로 이루어진다는 점을 상기할 때, 각 학생 그룹별 특성과 개별 특성을 고려한 교육전략이 필요하다. 통일교육이 남북의 통일준비기, 통일진행기, 통일 형성기의 통일 전 단계에서 진정한 사회통합, 사람의 통합을 추구한다는 점에서 교사는 교육 대상인 다양한 학생군에 대한 이해와 이들에게 적합한 교육 방법을 모색할 필요가 있다. 탈북학생의 경우, 교사에게 요구되는 것은 상호문화 관점에서 북한 주민과 탈북학생을 깊이 이해하려는 자세와 교육 역량이다. 교사들이 통일을 정치적, 이념적 문제로 한정하여 인식하는 것을 지양하면서 통일교육의 방향과 내용에 대한 지속적이고 건설적인 논의를 발전시킬 수 있도록 교사 역량 지원 정책 마련이 필요하다. 학교 현장에서 교사가 탈북청소년들을 탈북자라는 편견으로 규정하지 않고 그들의 선행 경험을 충분히 배려하고 학습자로서의 다양성과 특성을 간과하지 않도록 돕는 것이 중요하다. 따라서 통일교육 담론에서 통일교육의 주체인 교사들에 대한 실질적인 교육 연수 프로그램 마련이 절실하다.

특히 우리 사회의 일원으로 자리 잡은 탈북청소년들의 수는 날로 증가하고 있음에도 불구하고 이들은 여전히 우리 가운데 그들로 존재하며, 다문화가정 자녀와는 다른 특징을 지닌 채 남한 사회 적응 및 정착에 고전을 겪기도 한다. 이 점에서 탈북학생이 남한 사회 구성원으로서 안착하며 엄연한 대한민국 국민으로서 잘 성장하고 성숙하도록 도울 필요가 있다. 탈북학생의 교육적 필요를 지원하기 위한 과제로 교사를 위한 멘토링, 상담, 코칭 등 탈북학생 개별 및 집단 지도를 위한 교사 연수 프로그램 구안이 요청된다. 본 연구에서는 이러한 문제의식을 기반으로 다음과 같은 연구 문제를 설정하였다. 첫째, 탈북청소년의 심리적 특성은 무엇인가. 둘째, 탈북청소년의 특징을 고려한 교육에서 윤리상담이 차지하는 의미는 무엇인가. 셋째, 탈북청소년 윤리상담을 위해 교사에게 요구되는 교육 역량은 무엇인가. 넷째, 탈북청소년 지도를 위한 윤리상담 교사 연수 프로그램의 필요성, 방향, 개요는 어떻게 제시될 수 있는가. 다섯째, 탈북학생 윤리상담 지도를 위한 교사 직무연수 적용 결과가 주는 시사점은 무엇인가이다.

II. 탈북청소년의 심리적 특성과 교육지원 방안

1. 탈북청소년 인구학적 통계와 심리적 도덕적 특징

통일부 2020년 12월 말 기준 남한 입국 북한이탈주민은 33,752명이며 여성은 72%를 차지했다. 탈북청소년교육지원센터 2019년 기준 남한 초중고에 재학 중인 탈북청소년은 2,531명이다. '2020 탈북청소년 실태조사'에서 남한 거주 탈북청소년 중 여성이 차지하는 비율은 50.7%이고 70.7%의 거주지가 수도권이며 초등연령이 13.2%, 중등연령이 28.3%, 고등연령이 58.5%였다(남북하나재단, 2021). 한국교육개발원 탈북교육지원센터 자료에 의하면, 탈북청소년 가운데 2019년 기준 북한출생은 38.8%, 중국 등 제3국 출생은 61.2%였다. 2011년 기준 북한출생이 63.8%, 중국 등 제3국 출생이 36.2%를 점유했던 것과 비교해 볼 때, 남한 정착 탈북청소년의 중국 등 제3국 출생은 지속적으로 증가하는 추세이다. 이러한 자료들을 근거로 인구통계학적 차원에서 남한에 정착한 학령기 탈북청소년의 상당수는 어머니와 입국을 하였고, 많은 수가 수도권에 거주하고 있으며, 중국 등 제3국 출생이 북한출생보다 증가하는 추세임을 알 수 있다. 사회심리학적 차원에서 탈북청소년은 자유로운 삶을 이유로 남한 생활에 대체로 만족하고 있는 반면, 북한에 있는 가족과의 분리 고통과 남한 사회의 차별과 편견으로 어려움을 겪고 있는데 이는 통일교육 현장에서 탈북청소년 지도에 유념할 부분이다.

북한이탈주민 남한 입국 인원이 한 해 천명을 넘어선 2000년 대 초반 이후부터 2021년까지 이들에 대한 연구 또한 꾸준히 증가했다. 이 가운데 탈북청소년의 특성에 대한 연구들로는, 탈북청소년의 감정성과 문화 심리 연구(정향진, 2005), 집단주의-개인주의 성향 연구(이정우, 2006), 경계경험과 정체성 연구(조정아, 2014), 민주적 가치에 대한 인식 연구(김신희·이우영, 2014), 탈북 트라우마 연구(나지영, 2014), 지구 시민의식 연구(조영하·정주영, 2015), 정신건강 연구(김희경·신현균, 2015; 김유리, 2021), 도덕적, 시민적 특성 연구(박형빈, 2019c), 정의적 특성 연구(권민진·이지혜·허난, 2019) 등이다.

연구자들이 제시하는 탈북청소년들의 특성은 다음과 같다. 첫째, 감정성에 있어 탈북청소년들은 때로 직설적으로 자신의 감정과 의사를 표현하기도 한다(정향진, 2005: 81). 둘째, 탈북청소년은 수직적 및 수평적 집단주의 성향이 남한 청소년보다 높다(이정우, 2006: 159). 셋째, 탈북청소년들은 남한 청소년들에 비하여 신뢰 수준에서 높은 인식을 나타냈다(조영하·정주영, 2015: 5). 넷째, 탈북청소년들은 남한 사회에서 경계성, 정체성의 문제를 경험한다(조정아, 2014: 101). 다섯째, 탈북청소년은 남한 청소년에 비해 외상 후 스트레스, 우울증, 불안 등 정신증 수준이 높다(김희경·신현균, 2015: 347). 여섯째, 탈북청소년은 탈북 트라우마를 겪는 경우가 있다(나지영, 2014: 97). 일곱째, 탈북청소년은 민주적 가치 인식 및 자유권 지지도가 대체로 높다(김신희·이우영, 2014: 268). 여덟째, 탈북청소년의 남한 학생들보다 자신감, 학습의욕 등 학습에 대한 정의적 특성이 비교적 낮았다. 학습의 어려움으로 언어적인 요인이 작용하는 것으로 나타났다(권민진·이지혜·허난, 2019: 455). 아홉째, 탈북청소년들은 남한 학생들에 비해 강한 민족 정체성, 집단의식, 이중적인 국가 정체성을 갖고 있다(박형빈, 2019c:

108-109).

이 가운데 탈북청소년들의 정체성의 문제는 개인 정체성, 국가 정체성, 민족 정체성, 세계 시민성 등과 같이 개인 차원에서 집단 차원까지 확장되기에 한 인간의 인성, 인격 형성에 매우 중요하다. 또한 정체성 문제는 우리 사회 정착과 적응에 대한 탈북청소년의 적응 및 부적응 문제, 남한 사회에서 경계 인식, 사회 구성원 사이의 차이 수용과도 연관되기에 눈여겨볼 필요가 있다.

따라서 탈북청소년의 인구통계학적 특성 및 출생 지역 변화 그리고 이들의 도덕적, 심리적, 사회적 특성을 염두에 두고 사람의 통일, 사회통합을 위한 통일교육 노정에서 교사가 탈북청소년들을 어떻게 교육할 것인가에 대해 다양한 대안을 확인하고 적절한 조치를 강구할 필요가 있다(박형빈, 2019c: 91). 가치, 심리, 문화 측면과 같은 탈북청소년들의 내면에 대한 관심이 촉구된다.

2. 탈북청소년 교육 현황과 지원

북한이탈주민은 경제적, 정치적 이유 등으로 탈북 후 제3국에서 난민, 이주민, 불법체류자 등으로 생활하다 한국에 정착한 경우가 많다. 이들은 대한민국에 이주하였으나 남한 원주민과 언어와 문화가 같은 한민족, 동포라는 이중적인 특성이 있다. '북한이탈주민의 보호 및 정착 지원에 관한 법률[법률 제16223호]'은 북한이탈주민을 군사분계선 이북지역(북한)에 주소, 직계 가족, 배우자, 직장 등을 두고 있는 사람으로서 북한을 벗어난 후 외국 국적을 취득하지 아니한 사람으로 규정하고, 탈북청소년을 제3국에서 출생한 북한이탈주민의 자녀로서 부 또는 모와 함께 정착지원시설에 입소한 사람을 포함하여 정의하며, 이들에 대해 지원과 보호를 법률로 규정하고 있다. 탈북학생은 6세부터 24세에 해당하는 북한이탈주민인 탈북청소년 중에서 초·중·고등학교 학령기 학생들을 말하는데(한국교육개발원, 2017: 10), 출생지에 따라 북한출생, 제3국 출생, 남한출생으로 구분된다. 탈북학생의 학습권을 보장하고 남북한 교육 차이 및 탈북과정의 학업결손에 따른 학습 부진을 해소하기 위하여 서울시교육청을 비롯해 경기, 부산, 인천 등 각 지역 교육청은 '탈북학생 교육지원 조례'를 규정하여 교육 지원을 하고 있다. 그러나 탈북청소년교육지원센터 자료에 의하면, 탈북청소년 가운데 2019년 4월 기준 남한학교 재학생은 기타 학교를 포함하여 2,761명이며, 이 가운데 학업 중단율은 3%를 차지하는 반면, 한국교육개발원(KEDI) 교육통계서비스의 2018년 초·중등교육기관의 학업 중단율은 0.9%였다. 이는 탈북학생의 학업 중단율이 일반 학생의 3배에 달함을 보여줄 수도 있는데, 탈북청소년의 탈북과 남한 입국 지연에 따른 교육 공백, 중국 등 제3국 출생 탈북학생의 언어와 문화적 격차에 의한 교육 차이, 무연고 탈북청소년의 가족 교육 지원 부재 등이 원인이라 할 수 있다.

점차 증가하고 있는 탈북청소년들은 초기의 정착과정에서 중층적인 어려움과 혼란에 직면한다. 다양한 심리적 외상에 노출된 경험이 있는 탈북학생들의 남한 사회 및 학교 적응을 돕기 위한 사회적 지지, 정서적 지지를 활용한 개입은 탈북학생 개개인의 요구에 맞게 체계적으로 이루어질 것이 요청된다. 탈북학생의 어려움을 개선하기 위한 사회적 차원에서의 공동의 수고는 교육현장에서 실제 탈북학생을 지도해야 하는 교사들의 노력과 함께 이루어질 때 극대화된다. 교사는 탈북학생들의 남한 사회의 성공적 정착과 남한 사회 구성원으로의 성장을 효과적으로 도울 수 있다. 탈북학생들의 남한 정착을 지원하는 정부의 노력과 더불어 탈북학생들의 재사회화에 초점을 두기 위해 이들을 지도할 교사들의 연수 프로그램을 개발하여 탈북청소년의 심리적 적응을 지원하고 도덕적, 시민적 성장을 성취하도록 보조할 필요가 있다.

III. 탈북학생 지도와 윤리상담 프로그램

1. 윤리상담과 탈북학생

연구자들은 탈북청소년의 심리 정서 안정을 위해 이들에 대한 심리학 관점의 연구에 꾸준히 관심을 기울이고 있다. 특히 탈북청소년을 대상으로 한 상담 프로그램 연구들이(최명선·최태산·강지희, 2006; 조영아, 2009; 서미·조영아·양대희·문소희·이은별·김혜영, 2016; 서미·양대희·김혜영, 2017; 박형빈, 2019b) 지속적으로 증가하고 있다. 예를 들면, 탈북청소년의 학교 및 사회 적응과 사회통합을 위한 상담 활동을 제안한 연구들로 탈북청소년 대상 상담(금명자·김동민·권해수·이소영·이희우, 2003), 탈북청소년을 위한 또래 상담 프로그램(서미·양대희·김혜영, 2017), 탈북청소년 가족 상담(김현아·정성란, 2008) 등을 들 수 있다

연구자들이 탈북청소년 상담에 주목하는 이유는 탈북학생마다 북한에서의 교육 경험, 탈북과정에서의 교육 공백 기간 및 유형, 개

인 특성, 가정환경 등에 따라 학습 수준이나 적응 양상이 각양각색이기 때문이다. 이는 모든 탈북학생에게 적용되는 일관된 특성이 없다는 것을 의미하는 동시에 탈북학생 한 명 한 명을 위한 맞춤형 교육지원이 필요함을 나타낸다. 탈북학생 지도 교사의 역할은 학생의 필요를 중심으로 한국 사회의 현재와 미래의 변화를 바탕으로 학생의 나아갈 방향 제시, 탈북학생과 학부모에 대한 일반적 이해 등이다. 이 점에서 탈북학생 지도에서 가장 중요한 것은 개별 탈북학생들의 성장 환경, 가정 배경, 지적·정서적 특성 등을 구체적으로 인식하여 그들에게 요구되는 것을 찾고, 그에 대해 직·간접적으로 지원하려는 교사의 의지와 노력이다.

탈북학생들은 남한 사회 정착 및 적응 과정에서 쉽게 자기 자신을 드러내지 않는 경우가 많다. 이 때문에 이들의 삶에 대한 전체적이고 깊이 있는 이해는 이들과 교사와의 오랜 만남과 시간을 통해 형성된 강한 라포의 관계 속에서만 가능하다. 탈북청소년 대상 상담은 탈북청소년의 정서 안정, 탈북학생 특성 및 요구를 반영한 맞춤형 교육 지향과 같은 심리적 측면에 매우 중요한 역할을 한다. 그러나 한 인간의 인격 형성, 정체성 형성에는 정서·심리 차원뿐만 아니라 인지 차원, 태도, 가치관 형성도 아울러 필요하다. 일반적인 상담은 이러한 영역에 직접 관여하기 어렵다는 한계가 있다. 이 때문에 상담 활동 가운데서 최근 도덕교육, 윤리교육 차원에서 접근되고 있는 윤리상담에 주목할 필요가 있다.

윤리상담의 대두는 전문상담의 한계에 대한 대안과 소극적 윤리교육에서 적극적 윤리교육으로 전환하는 방안으로 나온 것이다(장승희, 2017: 101). 윤리상담은 윤리학과 도덕·윤리교육 접근법에 근거한 상담으로(박장호, 2014: 1), 윤리 교과의 수업과 연계하여 상담교사가 내담자 학생들의 다양한 도덕적 가치문제를 자율적으로 해결하여 바람직한 가치관을 형성하도록 돕는 과정이라 개념화할 수 있다(정탁준, 2014: 39). 윤리상담은 철학 상담과 임상 심리치료, 정신의학과 정신치료들에서의 일부 혹은 전부를 수용한다. 또한 윤리학, 도덕교육, 도덕철학을 토대로 도덕교육학에서 추구하는 내용을 기반으로 구성된다. 학생들은 교사와 윤리상담을 통해 도덕적 삶에 참여하고 도덕적 정체성을 형성하며 정신건강과 마음치유를 획득할 수 있다(박형빈, 2017: 33).

이러한 점에서 윤리상담은 탈북학생 지도에 유의미한 상담 유형이다. 그것은 교육 현장에서 탈북학생 개인의 올바른 인격과 정체성을 형성하도록 돕는 것이 중요하며, 탈북학생들은 윤리상담을 매개로 대한민국 국민으로서 지녀야 할 올바른 가치관 확립뿐만 아니라 탈북과정과 남한 사회 정착 및 적응 과정에서 경험한 심리적 상처에 대한 심적 치유의 기회를 동시에 얻을 수 있기 때문이다.

탈북학생들을 위한 윤리상담이 중요한 역할을 하는 이유는 다음과 같다. 첫째, 탈북학생들의 성장을 위한 지원이 보다 적극적으로 진행될 필요가 있다. 둘째, 탈북학생들이 개인 정체성, 국가 정체성을 형성하고 유지하면서 한국 사회의 일원이 될 수 있도록 하는 사회통합 노력이 필요하다. 셋째, 탈북학생들의 과거 교육 경험에서 누락되었던 민주시민 교육에 대한 고려가 요청된다. 넷째, 탈북학생들에게 이미 내재해 있는 집단주의, 사회주의 사상 및 가치관뿐만 아니라 가치관의 부재 및 혼란, 탈북경험에 의한 스트레스 등의 문제를 인식할 필요가 있다. 다섯째, 대한민국 국민으로서 자유민주시민의 가치를 탈북학생들이 습득할 수 있는 기회가 제공되어야 한다(박형빈, 2019b: 65). 이러한 이유로 문화이주민으로서 탈북학생이 필요로 하는 상담은 심리적 안정 활동에서 발전된 형태인 윤리컨설팅 즉 윤리상담이다. 이들은 도덕성, 사회성, 연대의식, 문화적 가치, 인간관계에서의 감성 등이 통합된 전일적 품성을 북돋는 개별 교육으로서의 윤리상담 활동을 필요로 한다.

2. 탈북학생 윤리상담 프로그램과 교사의 역할

탈북청소년은 청소년기에 지리적, 문화적, 언어적으로 낯선 환경에 적응해야 한다는 점에서 이주 배경 청소년의 상황 및 경험과 유사하다. 그런데도 탈북청소년들의 남한학교 적응은 다문화가정 청소년과는 구별된 특성을 보일 수밖에 없다. 그것은 대부분의 탈북청소년들은 남한 학생에 대해 같은 민족이라는 의식이 강한 반면, 다문화가정 청소년들은 남한 학생에 대해 다른 민족이라는 의식을 갖는 경향이 많기 때문이다. 또한 탈북학생들은 탈북으로 인해 가족의 해체와 재구성, 감정 및 삶의 목표 변화 과정을 겪으며 새로운 삶의 전환을 경험한다. 탈북은 개인이 처한 상황과 맥락에 따라 그 의미가 상이하지만, 무엇보다도 사랑하는 사람들과의 이별을 일으키고 새로운 가족의 재구성을 형성한다는 점에서 이들의 삶에 큰 전환을 야기하는 요소로 작동한다. 전환은 의미 있는 타인과의 관계를 통해 촉발되는데 탈북학생들에게 특히 선생님과의 긍정적이고 의미 있는 만남이 중요하다(김지혜 외 2019: iv). 탈북학생을 위한 개별 교육 활동, 개별 상담, 교사의 역할이 주목된다.

탈북청소년들의 남한 사회 정착과 적응 그리고 통일 이후 남북주민의 화합을 위해서는 이들의 특성을 이해하고 포용하는 동시에 남한 사회의 가치문화를 습득하고 내재화할 수 있는 기회 제공을 통해 민주시민의 자질을 함양하게 할 필요가 있다. 보편 가치와 더불어 남한의 특수 가치 형성을 위한 역량 및 능력을 길러주는 교육이 요청된다. 또한 탈북학생들 개개인은 성장 배경, 탈북경험, 교육 경험 등이 각기 다르기 때문에 그들을 대상으로 한 교육 지원 활동에서 하나의 정형화된 방식을 적용하기 어렵다. 이러한 이유로, 탈북학생 개개인의 특성과 상황을 고려한 교육 지원 활동으로 상담, 멘토링은 대표적인 맞춤형 지원 활동이다. 특히 단순 심리 상담 활동이 아닌 도덕, 윤리, 가치를 담보한 상담 활동으로서 윤리상담의 의미가 크다.

탈북청소년을 대상으로 하는 윤리상담은 궁극적으로 남한 사회의 가치문화를 확인하고 획득하게 하여 그들로 하여금 도덕적인 민주시민으로서의 삶을 영위할 수 있는 역량을 길러줄 수 있다. 탈북청소년의 민주시민 교육을 위한 윤리상담 프로그램은 자유민주의 기본 가치와 보이텔스바흐 협약의 기본 이념, 로저스의 카운슬러 역할 등을 기반으로 그 모듈을 구성할 수 있다(박형빈, 2019b: 80-100). 로저스는 문제보다 내담자에 대해 도움을 주는 관계에 중심을 둔다(J. Groot & M. E. C. Van Hoek, 2017: 106-113).

예시로 제안할 수 있는 탈북청소년 대상 윤리상담 프로그램의 3차원과 5회기는 다음과 같다. 먼저 3차원은 1) 인지적 측면: 가치판 형성 활동, 2) 정의적 측면: 내면을 치유하는 역할극 또는 교육연극 활용, 3) 행동적 측면: 자유 인터뷰, 협동적 의사소통과 협업 수행이다. 윤리상담 프로그램 회기별 진행 모듈로 1회기의 사전준비 단계, 2회기의 도덕 딜레마 나누기 단계, 3회기의 도덕 역할극 활용 단계, 4회기의 사회이슈 & 개인 이슈 그리고 5회기의 협업 프로젝트 수행 단계를 들 수 있다(박형빈, 2019b: 80-100). 탈북학생을 대상으로 한 윤리상담의 성공적 수행 여부는 교사의 역할이 절대적이다. 그러므로 윤리상담에서 교사의 역할로, 첫째, 촉진자로서의 역할, 둘째, 전문가로서의 역할, 셋째, 공감자로서의 역할, 넷째, 대화 상대로서의 역할, 다섯째, 논쟁자로서의 역할을 들 수 있다(박형빈, 2019b: 91-93). 궁극적으로 교사는 윤리상담을 통해 탈북학생의 마음치유자, 도덕적 인격 형성 촉진자가 될 수 있다.

Ⅳ. 탈북학생 윤리상담 지도를 위한 교사 연수 프로그램 필요성과 실제

1. 교사 연수 프로그램 필요성과 교사 인식

북한출생 탈북학생들의 경우 북한에서의 생활과 교육 경험은 남한에서의 안정적인 사회 정착과 성장에 걸림돌로 작용하는 부분이 상당하다. 예를 들면, 폐쇄적이고 집단주의적인 사회생활의 경험은 자유민주주의 대한민국에서 적응을 필요로 한다. 이는 중국 등 제3국가 출생 탈북학생에게도 공통으로 적용된다. 이들의 경우 북한출생보다 극심한 언어 차이와 문화 차이를 경험할 수밖에 없고 교육 공백기가 존재할 경우 두 유형 모두 학교생활 적응은 더욱 어려워질 수밖에 없다. 출생지가 남한이라는 특성을 갖는 유형의 경우, 이들은 교육지원 등에서 탈북학생으로 분류되나 실제로 남한학생과 언어 및 문화 적응 면에서 앞의 두 유형보다 나은 위치에 있다고 할 수 있다. 다만, 부모 중 한 명이 북한이탈주민이기에 부모의 교육 지원 면에서 남한 학생에 비해 열악한 교육 환경에 놓일 수 있다. 탈북학생들이 남한 사회에서 성공적으로 정착 및 성장하기 위한 요소로서 교육은 중요한 기초이기에 탈북학생들의 남한 사회에서의 교육 이탈을 최대한 방지하는 노력이 필요하다.

그러나 현실적으로 탈북학생들에 대한 학업적 지원이 해마다 확대됨에도 불구하고, 탈북학생들이 남한학교에서 경험하는 학습의 어려움은 여전히 존재하며 탈북학생들의 남한 사회 및 학교 적응을 돕기 위한 개입 방안이 필요하다(노은희·오인수, 2017: 113). 이는 교사의 탈북학생에 대한 개별 윤리상담을 통해 가능하다. 교사의 윤리상담 활동에서 주목할 점은 교사의 윤리상담 역량과 탈북학생에 대한 인식과 기대이다. 낙인효과, 피그말리온 효과(Pygmalion effect)에서와 같이 교사가 무의식적으로 탈북학생에 대해 가진 태도, 인지편향은 그대로 잠재적 교육과정에 의해 탈북학생들이 자신을 보는 시각으로 전이될 가능성이 높다. 따라서 탈북학생에 대한 교사의 판단 수정과 탈북학생의 잠재적 가능성에 관심을 기울이려는 교사의 의도적인 인식 개선 노력이 필수이다. 이때 강조될 수 있는 개념은 그릿과 성장 마인드셋이다.

그릿은 타고나고 고정된 것이 아닌 성장시킬 수 있는 능력이다. 학생들이 지속한 동기를 내재화함으로써 인내심과 성장 마인드셋을 발달시킬 수 있도록 도울 수 있다. 성장 마인드셋은 그릿과 마찬가지로 가르칠 수 있는 특성으로 학생들의 노력과 지속성을 장려함으로써 촉진할 수 있다(박형빈, 2019a: 123-127). 탈북학생 윤리상담에서 교사는 이들과 관련하여 그릿과 성장 마인드셋에 유념하여 교육할 필요가 있다. 교사의 탈북학생의 변화와 성장에 대한 신뢰는 곧 탈북학생이 자신을 바라보는 시각에도 긍정적으로 작동하여 성공적인 윤리상담이 가능하도록 도울 것이다.

학생들의 그릿과 성장 마인드셋을 함양하는 유용한 방법의 하나는 적절한 발문을 활용하는 것이다. 유의할 점은 도덕적 인격 특질이 성장 가능하다는 사실을 가르쳐야 하지만, 동시에 도덕적 성장 마인드셋을 향상하기 위한 소크라테스식 발문은 결코 덕목을 주입하거나 결론을 먼저 제시하고자 해서는 안 된다는 점이다. 학생들은 각각의 발문에 대해 스스로 생각하고 선택하며 자율적으로 반응할 수 있어야 한다. 그릿과 성장 마인드셋을 향상하는 방법은 의식적인 반복, 습관화 노력이 중요하기에 윤리상담 과정에서 교사는 탈북학생과 대화 형성에 이를 지속적으로 활용할 수 있다. 교사의 탈북학생 윤리상담 지도 역량 강화를 위한 교사 연수 프로그램을 통해 교사들의 탈북학생 실제 지도 능력을 향상할 수 있다.

2. 탈북청소년 윤리상담 지도를 위한 교사 연수 프로그램 개요

탈북학생이 대한민국 국민으로 올바른 민주시민성을 갖추도록 교사는 학교 현장에서 탈북학생 민주시민 교육을 위한 윤리상담을 <표 1>을 기반으로 진행할 수 있다. 이를 지도할 수 있는 탈북학생 지도를 위한 윤리상담 교사 연수 프로그램을 <표 2>와 같이 구안할 수 있다. 기존과 같이 교사 연수 프로그램에서 다문화 학생 교육 연수 안에 탈북학생 교육을 포함할 수 있다. 그러나 탈북학생들은 일반 다문화 학생들과 분명한 차이를 지닌다. 예를 들면, 다문화학생들과 달리 탈북학생들은 국경을 넘는 과정에서 생사가 위협받는 경험을 하는 경우가 많고 남한 주민에 대해 한민족 의식을 갖고 있다.

따라서 탈북학생 지도를 위한 특화된 교사 연수 프로그램이 필요하다. 특히 탈북학생 윤리상담 교사 연수 프로그램 내에 북한 문화에 대한 이해, 기본적 상담 및 심리 이론, 트라우마 이해와 치료, 학부모 상담 방안, 지역사회 네트워크 활용 방법, 개별 탈북학생의 요구분석, 대한민국의 헌법적 가치 등이 고려될 수 있다. 윤리상담 연수는 4회차 15시간으로 구성하여 이론과 실제, 강의와 체험형을 포함한다.

<표 1> 민주시민 교육을 위한 탈북학생 윤리상담 프로그램 모듈(예)

추구 목적	1. 윤리적 기준 확보(보편성과 특수성) 2. 심리적 지지 3. 가치문화 이해 4. 건강한 자아정체성 및 국가 정체성 형성 5. 더불어 사는 능력/ 참여 능력	
인간상	도덕적 자유민주시민 교육	
핵심이론	윤리학, 도덕철학, 도덕심리학, 상담 및 심리치료	
교사 태도	진실성, 완전한 수용, 공감적 이해	
차원	인지	가치관
	정의	내적 치유, 공감
	행동	의사소통, 협업 수행, 참여
회기	1회기	준비단계
	2회기	도덕 딜레마 활용
	3회기	도덕 역할극 경험
	4회기	자유 인터뷰를 활용한 의견 나누기
	5회기	협업 프로젝트 및 정리

출처: 박형빈, 2019b: 53 재구성.

<표 2> 탈북학생 윤리상담을 위한 교사 연수 프로그램 개요

강좌명	탈북학생 윤리상담을 위한 이론과 체험		
강좌 목표	・실천체험형 통일교육 역량 강화를 위한 학습자 중심 교육체험 ・윤리상담 이해 및 기술 습득 ・탈북학생 이해 및 사회통합 통일교육 역량 강화		
주요 내용	・탈북학생 교육현장 견학 ・실제 활용 가능한 윤리상담 이해와 실습 ・탈북학생 및 지도교사 관찰 및 면담		
기대 효과	・탈북학생에 대한 관심 고조 및 이해도 확산 ・탈북학생에 대한 윤리상담 지도교사의 역량 강화 ・교육과정 재구성을 통한 통일교육 운영의 역량 강화 ・실질적인 통일교육 운영으로 통일교육 활성화		
회차	시간	과목명	강의내용
1	3	탈북학생과 윤리상담	윤리상담 이론과 실제 사례
	2	통일 한국과 탈북청소년	북한과 탈북학생 이해
2	3	윤리상담 실제 1	윤리상담 실습
3	2	사회통합교육과 윤리상담	사회통합 차원의 통일교육과 윤리상담

| 4 | 2 | 윤리상담과 도덕적 기술 | 윤리상담과 도덕적 기술 |
| | 3 | 윤리상담 실제 2 | 탈북학생과 함께 하는 윤리상담 실습 |

1회차는 윤리상담의 이론과 실제 사례, 북한 및 탈북학생에 대한 이해를 객관적인 시각으로 다룬다. 2회차는 윤리상담 실습을 한다. 3회차는 사람의 통합으로서 사회통합의 의미, 통일교육과 윤리상담의 연관성을 다룬다. 4회차는 윤리상담에서 요청되는 도덕적 기술, 윤리상담 실제 접근 방안으로 탈북학생과 동행 윤리상담을 실시한다.

V. 연구방법 및 연구결과

1. 연구 참여자 및 연구절차

1) 연구 참여자

'탈북학생 윤리상담: 현장 중심의 통일교육 역량 기르기' 직무연수는 S 대학교 교육연수원 직무연수 강좌를 개설하여 전국의 초중고교사 또는 강사가 참여할 수 있도록 실시하였다. 이 중 연구대상자는 본 직무연수와 설문에 자발적으로 참여한 8명의 현직 교/강사들이다. 연구대상자 모집은 본 연구의 목적을 밝히고 연구에 자발적 참여를 희망하는 수강자 8명으로 구성하였다. 본 프로그램의 강연자로 탈북학생 지도 경험이 있는 현장 전문가로서 본 프로그램의 목적과 내용을 안내 받은 후 자유롭게 참가 의사를 밝힌 자원자를 포함하였다. 연구대상 및 연구결과 분석은 연구대상자인 수강생 8명의 설문 자료에 한정된 것임을 분명히 하였다.

본 프로그램은 인간 대상 연구이므로 연구 시행에 대해 2020년

7월 초 서울교육대학교 생명윤리위원회(IRB)로부터 연구윤리 심의를 거쳐 승인(승인번호: SNUE IRB-2020-07-002)을 받은 후, 2020년 7월 15일부터 18일까지 4일간, 총 15시간에 걸쳐 S 대학교에서 진행되었다. 자료 수집은 IRB 승인 이후, 직무연수 진행 전과 후에 해당 연구대상자들에게 본 연구에 대해 사전 설명을 거친 후, 설명문을 제공하고 동의서를 득하여 진행하였다. 설문 참여를 희망하는 연구대상자에 한해서만 사전 설문조사와 사후 설문조사의 온라인 사이트를 통해 사전설문 9문항, 사후설문 10문항을 제공하였다.

　연구 동의서 및 설명문에는 직무연수 사전 및 사후 설문조사 진행에 대한 안내, 수집된 정보의 처리 여부, 연구 참여자에 대한 보상 등의 내용이 포함되었다. 개인 식별정보는 수집하지 않았으며 수집한 정보는 교사 경력, 연령 급간, 성별, 탈북학생 지도 연수 참여 경험으로 최소화하였다. 실제 프로그램 진행은 S 대학교에서 총 4일간에 걸쳐 이루어졌는데, 1일 차는 2020년 7월 15일 2시간, 2일 차는 7월 16일 4시간, 3일 차는 7월 17일 4시간, 4일 차는 7월 18일 6시간이다. 연수는 활동형, 토론형을 포함하여 현장체험학습으로 이루어졌으며 마지막 날에 이루어진 탈북청소년교육기관 현장 기관 방문 체험학습이 진행되었다. 연구대상인 직무연수 참여자들은 현직 교사 6명, 강사 2명으로 구성되었다.

2) 연구절차

　본 연구의 절차는 <표 3>과 같이 연구 목적 및 필요성, 연구 문제를 선정하고 선행연구를 고찰하여 탈북청소년 윤리상담을 위한 교사 연수 프로그램의 이론적 배경을 탐구한 후, 프로그램을 구안하고 실시하였으며 진행 과정의 설문조사 자료를 분석하고 해석하여 연구결과를 도출하는 절차로 시행되었다.

<표 3> 연구절차

연구계획	연구계획 수립	2020. 3
⇩		
탐색 및 설정	선행연구 고찰 탈북학생 지도교사 연수 프로그램 개발 프로그램 수정 및 최종안 구성	2020.4 -2020.7
⇩		
연구설계	교사 연수 프로그램 세부 주제 선정 일자별 프로그램 활동 및 강사진 구성 연구 참여자 모집 및 선정	2020.7
⇩		
연구실행	프로그램 진행 사전/ 사후 설문조사	2020.7 -2020.8
⇩		
분석 및 정리	자료 수집 및 자료 분석 결과 해석	2020.8 -2020.9
⇩		
연구정리	결론 및 제언	2020.10

2. 자료 분석과 결과

1) 자료 수집 및 자료 분석

본 연구의 자료 수집을 위해 '탈북학생 윤리상담: 현장 중심의 통일교육 역량 기르기' 직무연수를 진행하고, 사전 및 사후 설문조사를 실시하였다. 직무연수는 현장 교사들의 탈북학생 윤리상담 지도 실행력 강화를 목적으로 통일교육 역량을 강화하고자 현장 중심 체험형 활동을 병행하여 구성하였다. 교사 직무연수 프로그램 구성의 주제는 <표 4>와 같다. 4일 차 탈북학생 이해와 관련하여, 현장 체험과 연계하고 실제 탈북학생 교육기관 및 탈북학생 지도교사와의 연결을 통한 직무연수를 진행하였다.

<표 4> 탈북학생 윤리상담: 현장 중심의 통일교육 역량 기르기

일차	차시	강의주제
1	1	통일교육과 교육과정 재구성의 필요성
	2	사회통합 차원에서 통일교육과 윤리상담
2	3	윤리상담과 도덕적 기술
	4	초등학교 생활지도와 윤리상담
	5	윤리상담의 이론
	6	윤리상담의 실제
3	7	북한과 남한의 차이점 이해
	8	탈북학생의 특성 이해
	9	탈북학생 이해와 윤리상담
	10	종합토론, 질의응답
4	11	탈북학생 이해 1: 탈북학생 배경 및 이해
	12	탈북학생 이해 2: 교사의 역할 및 편입학
	13	탈북학생 이해 3: 탈북학부모의 이해
	14	탈북학생 초기적응 교육지도 사례 1
	15	탈북학생 초기적응 교육지도 사례 2

직무연수 설문참여자는 8명이었으며, 참여 희망자에 한하여 사전 및 사후 설문조사 사이트를 제공하고 설문에 참여하도록 안내하였다. 사전설문 문항 및 사후설문 문항에 대한 참여자의 인구통계학적 특성과 설문 결과는 다음과 같다. 성별은 남성이 3명이고 여성은 5명이었다. 교육 및 강사 경력은 5년 미만이 1명, 5년 이상~10년 미만이 4명, 10년 이상의 경력자는 3명이었다. 근무학교 급은 초등학교 4명, 중학교 1명, 고등학교 2명, 기타 1명이었다. 탈북학생 지도 관련 연수 경험이 있는 교사는 3명이었으며, 경험이 없는 경우는 5명이었다. 사전설문 결과는 다음과 같다. ① 탈북학생에 대한 이해 정도를 묻는 질문 3가지에 대한 답변은 [그림 1]과 같다.

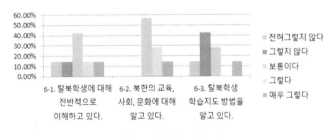

[그림 1] 탈북학생 이해 정도

② 탈북학생에 상담에 대한 역량 인식도 정도를 묻는 질문에 대한 답변은 [그림 2]와 같다.

③ 탈북학생 지도 연수 프로그램의 필요성에 대한 인식 답변은 [그림 3]과 같다.

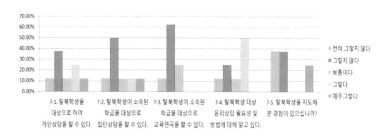

[그림 2] 탈북학생 대상 상담 역량 인식 정도

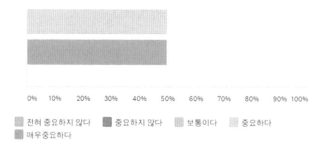

[그림 3] 탈북학생 지도 연수 필요성 인식 정도

사후설문 결과는 다음과 같다.

① 본 연수를 통해 탈북학생 이해도 변화에 대한 답변은 [그림 4]와 같다.

② 본 연수를 통해 탈북학생 지도 역량 변화에 대한 답변은 [그림 5]와 같다.

③ 본 연수에 대한 만족도는 [그림 6]과 같다.

또한 설문참여자들은 이후 탈북학생 지도교사 연수 프로그램을 통해 교육 받고 싶은 내용으로 다음과 같은 사항들을 제안하였다.

첫째, 남북학생들의 차이를 줄이는 방안, 둘째, 탈북학생 지도 및 상담 실례와 구체적인 지도 방법과 실습, 셋째, 탈북학생 및 일반 학생 지도 역량 강화, 윤리상담, 학교 및 사회 부적응 탈북학생 지도 방법이다.

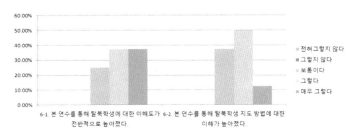

[그림 4] 탈북학생 이해도 변화

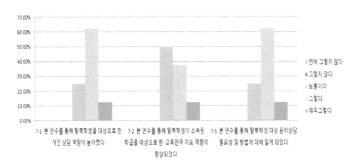

[그림 5] 탈북학생 지도 역량 변화

0%   10%   20%   30%   40%   50%   60%   70%   80%   90% 100%

■ 매우 만족한다   ■ 만족한다   ■ 보통이다   ■ 불만족한다
■ 매우 불만족한다

[그림 6] 탈북학생 윤리상담 지도 연수 만족도

2) 자료 해석 및 연구 결과

먼저 사전 질문과 관련하여 자료 해석은 다음과 같다. 첫째, 탈북학생에 대한 이해 정도를 묻는 질문과 관련하여 교사들은 탈북학생에 대한 전반적인 이해와 관련하여, 북한의 교육·사회·문화 이해에 비해 탈북학생 지도 실제 방법에 대해서는 잘 알지 못하다는 비율이 높았다. 둘째, 탈북학생 대상 상담에 대한 역량 정도를 묻는 질문에 대해, 탈북학생들을 대상으로 개인 상담 혹은 탈북학생이 소속된 학급을 대상으로 하는 집단상담을 하는 것에 대해 역량이 부족하다고 인식하는 응답 비율이 높았다. 셋째, 탈북학생 지도교사 연수 프로그램 필요성에 대해 응답자 모두 매우 중요하거나 중요하다는 반응을 보였다.

다음으로 사후설문 결과에 대한 해석은 다음과 같다. 첫째, 본 연수를 통해 탈북학생 이해도 및 지도 방법에 대한 이해가 전반적으로 높아졌다고 응답하였다. 둘째, 본 연수를 통해 탈북학생 대상상담 역량이 높아졌으며, 탈북학생 대상 윤리상담의 필요성 및 방법을 알게 되었다고 응답하였다. 셋째, 본 연수에 대한 만족도가 높았으며 교사들을 위한 탈북학생 지도교사 연수 프로그램을 통해 탈북학생 지도 및 상담 실례와 구체적인 지도 방법과 실습, 탈북학생 윤리상담 및 지도 방법에 대한 연수 제공이 필요하다는 의견을 밝혔다.

결과적으로 탈북학생 지도를 위한 윤리상담 프로그램 직무연수를 통해 다음과 같은 시사점을 얻을 수 있었다. 첫째, 현장 교사들은 탈북학생 지도를 위한 전문적인 교사 연수를 필요로 한다. 둘째, 탈북학생 이해와 더불어 탈북학생 상담과 같은 보다 구체적인 지도 방법에 대한 연수를 필요로 한다. 셋째, 남한학생과 탈북학생의 차이 때문에 그에 대한 이해, 윤리상담의 실제 방법에 대한 역량 강화를 필요로 한다. 넷째, 탈북학생 지도뿐만 아니라 탈북학생 부모 즉, 학부모로서의 북한이탈주민과의 관계 설정과 관련된 실제적인 역량 강화를 필요로 한다. 마지막으로 탈북학생 지도 역량 강화 직무연수는 구체적으로 현장 교사들의 탈북학생 지도 역량 강화에 도움을 주었다.

VI. 제언

탈북학생들은 탈북과 남한 정착과정에서 정상적인 학교 교육을 받지 못한 교육 공백기로 인해 기초 학력 저하를 나타내거나 탈북 과정에서 경험한 충격적 사건으로 인한 심리적 트라우마로 남한 사회 안착을 어려워하기도 한다. 이는 탈북학생들의 학업과 또래 친구들과의 관계 형성을 어렵게 함으로써 학교생활 적응을 저해하는 요인으로 작용하기도 한다. 탈북학생 지도에 있어 가장 중요하고 핵심적인 역할이 기대되는 남한 주민은 탈북학생을 지도하는 교사이다. 탈북학생의 부적응 문제를 해결하기 위한 정책적인 제도 개선과 아울러 중요한 것은 탈북학생을 담당하는 교사의 역량 고양이다. 그러므로 교사들은 탈북학생 개개인에 초점을 두고 이들이 각기 다른 형태로 가지고 있는 개인적인 트라우마에 대한 문제의식, 이들의 성장 및 변화 가능성에 대한 믿음을 기반으로 탈북학생들이 대한민국의 민주시민으로 떳떳하게 성장할 수 있도록 하는 윤리상담가로서 전문적인 교육 역량 및 기술 보완을 필요로 한다.

기존 심리 상담영역에서 접근된 탈북학생 상담의 한계를 보완하는 차원에서 윤리상담은 유용한 상담 유형으로 활용될 수 있다. 탈북학생 윤리상담 지도를 위한 교사 연수가 필요한 이유는 탈북학생에 대한 깊은 이해를 지닌 전문가 부족, 현실적인 차원의 포괄적이고 통합적인 접근의 어려움, 탈북학생과의 원활한 의사소통 및 친밀한 대인관계 형성 요구, 사회적 지지체계 확보 요청 등이다. 탈북학생 윤리상담 교사 연수에서 탈북학생에 대한 환경적 이해뿐만 아니라 이들의 개인차 이해와 같은 개인 내적 특성에 대한 지식이 추가적으로 요구된다. 이 외에도 탈북학생의 정서적 딜레마 고려, 윤리상담의 구조적 상담 진행 방안이 기대된다.

교사들에 대한 적극적인 윤리상담 연수 기회의 마련은 교사 자신뿐만 아니라 이들이 교육하게 될 탈북학생을 발전시키는 주요 동인으로 작용할 것이다. 따라서 교사들에게 이들이 지도할 탈북학생들의 삶과 경험을 이해하고 지도할 역량 개발의 계기를 제공해야 한다. 교사와 탈북학생의 충분한 라포 형성을 기반으로 한 윤리상담을 통해 남한에 정착한 탈북학생들은 '먼저 온 미래 사회의 통일 주역'으로 성장하는 인생의 전환 계기를 얻게 될 것이다. 또한 윤리상담은 도덕과 교육 현장에서도 동일하게 중요한 의미를 지닌다.

✦ 참고문헌 ✦

1. 언어분석과 윌슨의 도덕성 요소

강재륜(1996), 『윤리와 언어분석』, 서울: 철학과 현실사.

남궁달화(2003), 『사람의 개념에 기초한-도덕성 요소와 도덕교육』, 서울: 학지사.

남궁달화(2007), "J. Wilson의 사람의 개념에 기초한 도덕원리와 도덕교육에 관한 고찰", 『윤리교육 연구』, 13.

장석진(1987), 『오스틴-화행론』, 서울: 서울대학교 출판부.

Wilson, J., 남궁달화 역(2002), 『교사를 위한 도덕교육 입문서』, 서울: 문음사.

Austin, J., 김영진 역(1992), 『말과 행위』, 서울: 서광사.

Hare, R. M.(1952), *The Language of Morals*, Oxford: Oxford University Press.

　　　(1963), *Freedom and Reason*, Oxford: Oxford University Press.

　　　(1979), "Language and Moral Education", In Cochrane, D. B.(Ed.), *The Domain Of Moral Education*, New York: Paulist Press.

　　　(1979), "A Rejoinder", In Cochrane, D. B.(Ed.), *The Domain Of Moral Education*, New York: Paulist Press.

　　　(2004), 김형철·서영성 역, 『도덕사유』, 서울: 서광사.

Wilson, J.(1961), *Reason and morals*, Cambridge at the nuiversity press.

　　　(1970), *Moral Thinking: A Guide for Students*, London: Heinemann Educational Books.

　　　(1972), *Practical Methods of Moral Education*, London: Heinemann Educational Books.

　　　(1973), *The Assessment of Morality*, Windsor: NFER Publishing Company Ltd..

　　　(1987), 'Method, Content and Motivation in Moral Education', Journal of Moral Education, 16(1).

(2004), 남궁달화 역, 『새 도덕교육학 개론』, 청원: 한국교원대학교
출판부.

2. 윌슨의 개념분석과 도덕적 사고하기

Chazan, B.(1985), *Contemporary Approaches to Moral Education*, New York: Teachers College Columbia University.

Coles, R.(1997), *The Moral Intelligence of Children*, New York: Random House.

Damasio, A.(1995), *Descartes' Error: emotion, reason, and the human brain*, London: Penguin Books.

Lipman, M.(2003), *Thinking in Education*, Cambridge University Press.

Mclaughlin, T. H. & Halstead, F. M.(2000), "John Wilson on Moral Education", *Journal of Moral Education*, 29.

Ryle, G.(1949), *The Concept of Mind*, Chicago: The University of Chicago Press.

Straughan, R. & Wilson, J.(1987), *Philosophers on Education*, London: The Macmillan Press.

Wilson, J.(1961), *Reason and Morals*, Cambridge, UK: Cambridge University Press.

(1963), *Thinking with Concepts*, Cambridge, UK: Cambridge University Press.

(1967), *Language & The Pursuit of Truth*, Cambridge, UK: Cambridge University Press.

(1970), *Moral Thinking: a guide for students*, London: Heinemann Educational Farmington Trust.

(1971), *Education in Religion and the Emotion*, London: Heinemann Educational Books.

(1972), *Practical Methods of Moral Education*, London: Heinemann Educational Books.

(1973), *The Assessment of Morality*, Berkshire, UK: NFER Publishing Company Ltd..

(1981), "Motivation and Methodology in Moral Education", *Journal of Moral Education*, 10(2).

(1990), *A New Introduction to Moral Education*, London: Cassell.

Wilson, J. & Cowell, B.(1983), *Dialogues on Moral Education*, Birmingham, AL:

Religious Education.

3. 도덕과 교육과정에서 민주시민 교육을 위한 지속가능발전 교육(ESD)

교육부(2015), 『도덕과 교육과정』, 교육부 고시 제2015-74호 [별책 6].

김남준(2009), "도덕과 교육에서 환경윤리교육: 사회과 (지리과), 과학과, 환경 과와의 비교를 중심으로", 『도덕윤리과 교육연구』, 29.

노희정(2015), "기후변화 문제의 도덕 교육적 함의", 『도덕윤리과 교육연구』, 48.

박형빈(2019), "문화 코호트로서 탈북학생 민주시민 교육을 위한 윤리컨설팅 프로그램 모듈 개발 기초 연구", 『윤리교육연구』, 53.

  (2020), "도덕과 교육과정에서 통일교육과 민주시민 교육 그리고 평화 교육의 관계 설정 및 발전 방안", 『도덕윤리과 교육연구』, 67.

윤현진(1999), "도덕과 교육에서의 환경교육", 『환경교육』, 12(1).

이종흔(2011), "생태 윤리적 가치 형성을 위한 도덕교육", 『윤리교육연구』, 24.

조경근(2007), "중학교 도덕 교과의 환경교육 분석: 문제점과 개선 방향", 『한 국시민윤리학회보』, 20(2).

Aceska, N., & Nikoloski, D.(2017), "The Role of Teachers' Competencies in Education For Sustainable Development", International Balkan and Near Eastern Social Sciences Conference.

Albulescu, I.(2017), "The moral-religious dimension of education the democratic citizenship", In Albulescu, I., Manea, A., & Moraiu, L., Education, Religion, Family in the contemporary society. Saarbrücken: Lambert Academic Publishing.

Adomßent, M. & Hoffmann, T.(2013), The concept of competencies in the context of Education for Sustainable Development (ESD), http://se-ed.co.uk/edu/wp-content/uploads/2010/09/130314-Concept-Pape r-ESD-Competencies.pdf(검색: 2020년 8월 15일).

Bakhati, P.(2015), "Promoting Education for Sustainable Development: Roles of Teacher", Journal of Training and Development, 1.

Brunold, A.(2015), "Civic education for sustainable development and its consequences for German civic education didactics and curricula of higher education", Discourse and Communication for Sustainable Education, 6(1).

Cebrián, G.(2017), "A collaborative action research project towards embedding ESD within the higher education curriculum", International Journal of Sustainability in Higher Education, 18(6).

Cebrián, G., Palau, R., & Mogas, J.(2020), "The Smart Classroom as a Means to the Development of ESD Methodologies", Sustainability, 12(7).

Costanza, R., Daly, L., Fioramonti, L. et al.(2016), "Modeling and measuring sustainable wellbeing in connection with the UN Sustainable Development Goals", Ecological Economics, 130.

Frey, M. & Sabbatino, A.(2018), "The role of the private sector in global sustainable development: The UN 2030 agenda", In Grigore G., Stancu A., & McQueen D.(eds), Corporate Responsibility and Digital Communities. Palgrave Studies in Governance, Leadership and Responsibility (pp. 187-204), Cham: Palgrave Macmillan.

Hesselink, F., Van Kempen, P. P., & Wals, A.(eds.)(2000), ESDebate: International debate on education for sustainable development, Gland, Switzerland & Cambridge, UK: IUCN.

Iliško, D., Oļehnoviča, E., Ostrovska, I., Akmene, V., & Salīte, I.(2017), "Meeting the challenges of ESD competency–based curriculum in a vocational school setting", Discourse and Communication for Sustainable Education, 8(2).

Jickling, B. & Wals, A. E.(2008), "Globalization and environmental education: Looking beyond sustainable development", Journal of curriculum studies, 40(1).

Kopnina, H.(2012), "Education for sustainable development (ESD): the turn away from 'environment' in environmental education?", Environmental Education Research, 18(5).

Kopnina, H. & Meijers, F.(2014), "Education for sustainable development (ESD): Exploring theoretical and practical challenges", International Journal of Sustainability in Higher Education, 15(2).

Ndiaye, A., Khushik, F., Diemer, A., & Pellaud, F.(2019), "Environmental Education to Education for Sustainable Development: Challenges and Issues", International Journal of Humanities and Social Science, 9(1).

Nolet, V.(2013), "Teacher education and ESD in the United States: The vision, challenges, and implementation", In McKeown, R. & Nolet, V.(Eds.), Schooling for sustainable development in Canada and the United States, Dordrecht: Springer.

Nussbaum, M. C.(2006), "Education and democratic citizenship: Capabilities and quality education", Journal of human development, 7(3).

OECD(2008), Environmental outlook to 2030, Paris: OECD.

Ohlmeier, B.(2015), "Civic education for sustainable development", Discourse and Communication for Sustainable Education, 4(1), 5-22.

Osler, A. & Starkey, H.(2006), "Education for democratic citizenship: A review of research, policy and practice 1995–2005", Research papers in education, 21(4), 433-466.

Rauch, F. & Steiner, R.(2013), "Competences for education for sustainable development in teacher education", CEPS journal, 3(1).

Rieckmann, M.(2018), "Learning to transform the world: key competencies in Education for Sustainable Development", In Leicht, A., Heiss, J., & Byun, W. J.(Eds.), Issues and trends in education for sustainable development, Paris: UNESCO.

Sauvé, L.(1996), "Environmental education and sustainable development: A further appraisal", Canadian Journal of Environmental Education, 1.

Sälzer, C. & Roczen, N.(2018), "Assessing Global Competence in PISA 2018: Challenges and Approaches to Capturing a Complex Construct", International journal of development education and global learning, 10(1).

Schuler, S., Fanta, D., Rosenkraenzer, F., & Riess, W.(2018), "Systems thinking within the scope of education for sustainable development (ESD)–a heuristic competence model as a basis for (science) teacher education", Journal of Geography in Higher Education, 42(2).

Tilbury, D.(1995), "Environmental education for sustainability: Defining the new focus of environmental education in the 1990s", Environmental education research, 1(2).

Van den Branden, K.(2012), "Sustainable education: basic principles and strategic recommendations", School Effectiveness and School Improvement, 23(3).

Warwick, P.(2016), "Education for Sustainable Development: a movement towards pedagogies of civic compassion", Forum, 58(3).

Wiek, A., Withycombe, L., & Redman, C. L.(2011), "Key competencies in sustainability: a reference framework for academic program development", Sustainability science, 6(2).

4. Martha Nussbaum의 세계시민주의와 도덕과 통일 시민성 교육

고현범(2016), "누스바움의 혐오 회의론", 『철학탐구』, 43.

김명식(2015), "남북한의 심리적 통일을 위한 심리학적 고찰", *Journal of Digital Convergence*, 13(1).

김선자・주우철(2019), "평화・통일교육과 감수성", 『한국동북아논총』, 24(2).

김연미(2019), "누스바움의 역량접근과 정의", 『법학연구』, 61.

김주삼(2020), "독일 통일과 국내외적 환경요인", 『한국과 국제사회』, 4(6).

김희정・김선(2018), "세대별 통일교육의 정서적 접근방식: 정서조절 방식을 중심으로", 『통일인문학』, 76.

김창근(2013), "다문화주의와 한반도 통일론", 『윤리연구』, 88.

박민수(2016), "감성과 인문교육 그리고 세계시민주의: 마사 누스바움에 관하여", 『해항도시문화교섭학』, 14.

박진환・김순자(2008), "누스바움(Martha C. Nussbaum)의 문학 텍스트를 활용한 도덕판단 교육", 『윤리교육연구』, 16.

박찬석(2020), "통일교육과 세계시민교육의 융합 지향", 『도덕윤리과 교육』, 66.

박형빈(2017), "통일교육의 사회신경과학적 교수 방법-코호트(cohort) 통일 정서전염(emotional contagion) 교육을 중심으로", 『윤리교육연구』, 46.

   (2018), "통일교육의 사회통합 역할 모색을 위한 민족 정체성과 세계시민성 담론: Durkheim의 도덕론을 중심으로", 『도덕윤리과 교육연구』, 60.

   (2020a), "도덕철학 및 도덕심리학 기반 대하형 통일교육의 필요성과 방향-윌슨(J. Wilson)과 나바에츠(D. Narvaez)를 중심으로", 『도덕윤리과 교육연구』, 69.

   (2020b), 『통일교육학: 그 이론과 실제』, 파주: 한국학술정보.

신응철(2013), "누스바움의 민주주의를 위한 시민교육", 『철학논집』, 34.

이민희(2018), "21 세기 통일 한국의 청소년 사회통합에 관한 연구: 통일 독일의 동독 청소년 사회통합을 중심으로", 『청소년문화포럼』, 54.

이선(2018), "연민의 사회적 역할: 누스바움의 연민 분석을 중심으로", 『교육문화연구』, 24(6).

이인정(2019), "평화・통일 감수성 함양 교육의 목표와 내용 체계에 관한 연구", 『도덕윤리과 교육연구』, 62.

장동진 등(2004), 『이상 국가론』, 서울: 연세대학교출판부.

정경환(2014), "제5장 통일교육과 한반도 통일의 상관성에 관한 연구", 『통일전략』, 14(3).

정창우・신종섭(2020), "중등 도덕과 내용으로서의 재외동포: 애국심과 세계시민성의 관계를 중심으로", 『초등도덕 교육, 특별 호』.

채정민・김종남(2008), "사람 중심의 통일교육 모델의 제안: 통일 단계에 따라", 『한국심리학회지: 문화 및 사회문제』, 14(1).

채정민・이종한(2004), "심리학적 관점에서의 남북한 문화 이질성: 북한이탈주민의 심리적 적응을 중심으로", 『한국심리학회지: 문화 및 사회문제』, 10(2).

D'Olimpio, L. & Peterson, A.(2018), The ethics of narrative art: Philosophy in schools, compassion and learning from stories, *Journal of Philosophy in Schools*, 5(1).

Maak, T. & Pless, N. M.(2009), Business leaders as citizens of the world. Advancing humanism on a global scale, *Journal of Business Ethics*, 88(3).

Nussbaum, M. C.(1994), "Patriotism and cosmopolitanism", *Boston Review*, 19(5).

(1995), "Poets as Judges: Judicial Rhetoric and the Literary Imagination", *The University of Chicago Law Review*, 62(4).

(2013), 박용준 역, 『시적 정의 : 문학적 상상력과 공적인 삶』, 서울: 궁리출판.

(1997), "Capabilities and human rights", *Fordham Law Review*, 66.

(2018), 정영목 역, 『인간성 수업: 새로운 전인교육을 위한 고전의 변론』, 파주: 문학동네.

(2002), "Education for citizenship in an era of global connection", *Studies in Philosophy and Education*, 21(4).

(2003), "Compassion & terror", *Daedalus*, 132(1).

(2004), "Liberal education and global community", *Liberal*

Education, 90(1).

        (2006), "Education and democratic citizenship: Capabilities and quality education", *Journal of human development*, 7(3).

        (2015), 조계원 역, 『혐오와 수치심: 인간다움을 파괴하는 감정들』, 서울: 민음사.

        (2015), 한상연 역, 『역량의 창조-인간다운 삶에는 무엇이 필요한가?』, 파주: 돌베개.

        (2016), 우석영 역, 『학교는 시장이 아니다 NOT FOR PROFIT : 공부를 넘어 교육으로, 누스바움 교수가 전하는 교육의 미래』, 서울: 궁리출판.

        (2020), 임현경 역, 『타인에 대한 연민 (혐오의 시대를 우아하게 건너는 방법)』, 서울: 알에이치코리아.

Paterson, R.(2011), "Can we mandate compassion?", *The Hastings Center Report*, 41(2).

Preskill, S.(2014), "Review of Political Emotions: Why Love Matters for Justice by Martha C. Nussbaum (Cambridge, MA: Belknap Press, 2013)", *Journal of Public Deliberation*, 10(1).

Rinne, P.(2020), "Love and Moral Psychology in Global Politics: A Kantian Reworking of Rawls and Nussbaum", *Con-textos Kantianos: International Journal of Philosophy*, 11.

Weber, A. K.(2018), "The pitfalls of "love and kindness": On the challenges to compassion/pity as a political emotion", *Politics and Governance*, 6(4).

Zembylas, M.(2013), "The 'crisis of pity' and the radicalization of solidarity: Toward critical pedagogies of compassion", *Educational Studies*, 49(6).

https://news.seoul.go.kr/gov/archives/514365에서 2021년 2월 17일 인출.

5. 그린(J. Greene)의 이중과정 모형과 하이트(J. Haidt)의 사회적 직관에서의 직관과 정서: 도덕철학과 도덕심리학의 관점에서

박장호(2013), "신경과학의 도덕적 직관 이해와 도덕교육", 『윤리교육연구』, 29.

박형빈(2013), "도덕성에 대한 뇌 신경과학적 접근의 도덕 교육적 함의", 『초등도덕 교육』, 43.

    (2017), "복잡계와 뇌과학으로 바라본 인격 특성과 도덕교육의 패러다임 전환", 『윤리연구』, 112.

양해성(2016), "하이트 (J. Haidt)의 사회적 직관주의 모델의 도덕 교육적 함의", 『도덕윤리과 교육연구』, 53.

이정렬(2017), "도덕적 직관과 도덕교육", 『도덕윤리과 교육연구』, 56.

    (2020), "하이트 (J. Haidt)의 [사회적 직관] 개념의 도덕심리학과 도덕 교육적 적용의 적절성에 대한 연구", 『윤리연구』, 131.

정창우(2011), "도덕심리학 연구의 최근 동향과 도덕 교육적 함의-헤이트(J. Haidt)의 뇌과학 연구를 중심으로", 『초등도덕 교육』, 37.

추병완(2020), "도덕교육에서 직관과 추론의 관계 분석: 하이트와 나바이즈를 중심으로", 『초등도덕 교육』, 68.

Nussbaum, M. C., 한상연 역(2015), 『역량의 창조: 인간다운 삶에는 무엇이 필요한가』, 파주: 돌베개.

Amit, E., Gottlieb, S., & Greene, J. D.(2014), "Visual versus verbal thinking and dual-process moral cognition", In Sherman, J. W., Gawronski, B., & Trope, Y.(Eds.), Dual-process theories of the social mind (pp. 340–354), New York: The Guilford Press.

Andersen, M. L. & Klamm, B. K.(2018), "Haidt's social intuitionist model: What are the implications for accounting ethics education?", Journal of Accounting Education, 44.

Baron, J., Scott, S., Fincher, K., & Metz, S. E.(2015), "Why does the Cognitive Reflection Test (sometimes) predict utilitarian moral judgment (and other things)?", Journal of Applied Research in Memory and Cognition, 4(3).

Dubljević, V.(2017), "Is It Time to Abandon the Strong Interpretation of the Dual-Process Model in Neuroethics?", In Racine, E. & Aspler, J.(Eds.), Debates about neuroethics (pp. 129-140), Cham: Springer.

Evans, J. S. B.(2003), "In two minds: dual-process accounts of reasoning", Trends in cognitive sciences, 7(10).

    (2019), "Reflections on reflection: the nature and function of Type 2 processes in dual-process theories of reasoning", Thinking & Reasoning, 25(4).

Evans, J. S. B. & Stanovich, K. E.(2013), "Dual-process theories of higher cognition: Advancing the debate", *Perspectives on psychological science*, 8(3).

Gawronski, B. & Creighton, L. A.(2013), "Dual process theories", In Carlston, D. E. (Ed.), Oxford library of psychology, The Oxford handbook of social cognition (pp. 282–312), Oxford, England: Oxford University Press.

Graham, J., Haidt, J., Motyl, M., Meindl, P., Iskiwitch, C., & Mooijman, M.(2018), "Moral foundations theory: On the advantages of moral pluralism over moral monism", In Gray, K. & Graham, J.(Eds.), Atlas of moral psychology (pp. 211–222), New York: The Guilford Press.

Graham, J., Haidt, J., & Rimm-Kaufman, S. E.(2008), "Ideology and intuition in moral education", International Journal of Developmental Science, 2(3).

Graham, J., Haidt, J., Koleva, S., Motyl, M., Iyer, R., Wojcik, S. P., & Ditto, P. H.(2013), "Moral foundations theory: The pragmatic validity of moral pluralism", In Devine P. & Plant, A., Advances in experimental social psychology vol. 47 (pp. 55-130), Cambridge, MA: Academic Press.

Greene, J. D.(2007), "Why are VMPFC patients more utilitarian? A dual-process theory of moral judgment explains", Trends in cognitive sciences, 11(8).

(2009), "Dual-process morality and the personal/impersonal distinction: A reply to McGuire, Langdon, Coltheart, and Mackenzie", Journal of Experimental Social Psychology, 45(3).

(2014), "The cognitive neuroscience of moral judgment and decision making", In Gazzaniga, M. S. & Mangun, G. R.(Eds.), The cognitive neurosciences (pp. 1013–1023), Cambridge, MA: MIT Press.

(2016), "Beyond Point-and-Shoot Morality: Why cognitive (neuro)science matters for ethics", In Liao, S. M.(Ed.), Moral Brains: The Neuroscience of Morality (pp. 119-149), Oxford, England: Oxford University Press.

Greene, J. & Haidt, J.(2002), "How (and where) does moral judgment work?", Trends in cognitive sciences, 6(12).

Greene, J. D., Nystrom, L. E., Engell, A. D., Darley, J. M., & Cohen, J. D.(2004), "The neural bases of cognitive conflict and control in moral judgment", Neuron, 44(2).

Greene, J. D., Sommerville, R. B., Nystrom, L. E., Darley, J. M., & Cohen, J. D.(2001), "An fMRI investigation of emotional engagement in moral judgment", Science, 293(5537).

Greene, J. D., Morelli, S. A., Lowenberg, K., Nystrom, L. E., & Cohen, J. D.(2008), "Cognitive load selectively interferes with utilitarian moral judgment", Cognition, 107(3).

Gürçay, B. & Baron, J.(2017), "Challenges for the sequential two-system model of moral judgement", Thinking & Reasoning, 23(1).

Haidt, J.(2001), "The emotional dog and its rational tail: A social intuitionist approach to moral judgment", Psychological Review, 108.

(2007), "The new synthesis in moral psychology", science, 316(5827).

(2008), "Morality", Perspectives on psychological science, 3(1).

(2012), The righteous mind: Why good people are divided by politics and religion, New York: Pantheon Books.

(2013), "Moral psychology for the twenty-first century", Journal of Moral Education, 42(3).

Haidt, J. & Bjorklund, F.(2008), "Social intuitionists answer six questions about morality", In Sinnott-Armstrong, W. (Ed.), Moral psychology vol. 2: The cognitive science of morality (pp. 181–217), Cambridge, MA: MIT Press.

Hindriks, F.(2015), "How does reasoning (fail to) contribute to moral judgment? Dumbfounding and disengagement", Ethical Theory and Moral Practice, 18(2).

Hoey, J., MacKinnon, N. J., & Schröder T.(2021), "Denotative and connotative management of uncertainty: A computational dual-process model", Judgment and Decision Making, 16(2).

Huebner, B., Dwyer, S., & Hauser, M.(2009), "The role of emotion in moral psychology", Trends in cognitive sciences, 13(1).

Johnson, M. L.(1996), "How moral psychology changes moral theory", In May, L., Friedman, M., & Clark, A.(Eds.), Mind and morals: Essays on cognitive science and ethics (pp. 45–68), Cambridg, MA: The MIT Press.

Kasachkoff, T. & Saltzstein, H. D.(2008), "Reasoning and moral decision-making: A critique of the social intuitionist model",

International Journal of Developmental Science, 2(3).

Klenk, M.(2020), "Charting Moral Psychology's Significance for Bioethics: Routes to Bioethical Progress, its Limits, and Lessons from Moral Philosophy", Diametros, 17(64).

Landeweer, E. G., Abma, T. A., & Widdershoven, G. A.(2011), "Moral margins concerning the use of coercion in psychiatry", Nursing Ethics, 18(3).

Lapsley, D. K. & Narvaez, D.(2005), "Moral Psychology at the Crossroads", In Lapsley, D. K. & Power, F. C.(Eds.), Character psychology and character education (pp. 18–35), Notre Dame, IN: University of Notre Dame Press.

Lindauer, M., Mayorga, M., Greene, J. D., Slovic, P., Västfjäll, D., & Singer, P.(2020), "Comparing the effect of rational and emotional appeals on donation behavior", Judgment and Decision making, 15(3).

Miller, G. A.(2003), "The cognitive revolution: a historical perspective", Trends in cognitive sciences, 7(3).

Murphy, P.(2014), "Teaching applied ethics to the righteous mind", Journal of Moral Education, 43(4).

Musschenga, A. W.(2008), "Moral judgement and moral reasoning", In Düwell, M., Rehmann-Sutter, C., & Mieth, D.(Eds), The Contingent Nature of Life. International Library of Ethics, Law, and the New Medicine 39 (pp. 131-146), Dordrecht: Springer.

Ott, J.(2007), "Jonathan Haidt, The Happiness Hypothesis; Putting Ancient Wisdom to the Test of Modern Science", Journal of Happiness Studies, 8(2).

Perry, J.(2016), "Jesus and Hume among the Neuroscientists: Haidt, Greene, and the Unwitting Return of Moral Sense Theory", Journal of the Society of Christian Ethics, 36(1).

Perugini, M., Hagemeyer, B., Wrzus, C., & Back, M. D.(2021), "Dual process models of personality", In Rauthmann J. F.(Ed.), The Handbook of Personality Dynamics and Processes (pp. 551-577), Cambridge, M.A.: Academic Press.

Pizarro, D. A. & Bloom, P.(2003), "The intelligence of the moral intuitions: A comment on Haidt (2001)", Psychological Review, 110(1).

Sauer, H.(2012), "Educated intuitions. Automaticity and rationality in moral judgement", Philosophical Explorations, 15(3).

Schönegger, P.(2020), "The social turn in moral psychology", Philosophical Psychology, 33(2).

Sherblom, S.(2008), "The legacy of the 'care challenge': re-envisioning the outcome of the justice-care debate", Journal of Moral Education, 37(1).

Suhler, C. L. & Churchland, P.(2011), "Can innate, modular "foundations" explain morality? Challenges for Haidt's moral foundations theory", Journal of cognitive neuroscience, 23(9).

Tiberius, V.(2014), Moral psychology: A contemporary introduction, Thames, UK: Routledge.

Waldmann, M. R., Nagel, J., & Wiegmann, A.(2012), "Moral judgment", In Holyoak K. J. & Morrison, R. G.(Eds.), Oxford library of psychology. The Oxford handbook of thinking and reasoning (pp. 364–389), Oxford, UK: Oxford University Press.

Weaver, G. R., Reynolds, S. J., & Brown, M. E.(2014), "Moral intuition: Connecting current knowledge to future organizational research and practice", Journal of Management, 40(1).

Wiebe, D.(2014), "Jonathan Haidt, The Righteous Mind: Why Good People Are Divided by Politics and Religion", Journal of Cognitive Historiography, 1(2),.

Valdesolo, P. & DeSteno, D.(2006), "Manipulations of emotional context shape moral judgment", Psychological Science, 17(6).

Zollo, L.(2021), "The consumers' emotional dog learns to persuade its rational tail: Toward a social intuitionist framework of ethical consumption", Journal of Business Ethics, 168.

6. 사회신경과학과 정신건강 의학 관점에서 본 팬데믹 시대 도덕교육의 의미와 과제

김나연·김동춘·김종훈·최용성(2018), "정신건강을 위한 긍정심리학적 윤리교육", 『윤리연구』, 1(123).

김대군(2017), "분노조절능력 향상을 위한 윤리상담 프로그램", 『윤리교육연구』, 43.

김혜진·윤영돈(2016), "2015 개정 중학교 도덕과의 도덕적 보건 능력 제고를 위한 교수・학습 및 평가 방향", 『윤리교육연구』, 42.

박장호(2014a), "도덕적으로 의미 있는 삶", 『윤리교육연구』, 35.

　　(2014b), "윤리상담-이론적 토대에 대한 검토", 『윤리교육연구』, 34.

박형빈(2016), "의학적 관점에서 본 도덕성의 정신건강 측면과 마음치유로서의 도덕교육", 『윤리교육연구』, 39.

　　(2017), "윤리상담(Ethics Consultation)의 역할과 적용 방안-수용전념치료(ACT) 기법 활용을 중심으로", 『윤리교육연구』, 45.

　　(2020), "도덕철학 및 도덕심리학 기반 대화형 통일교육의 필요성과 방향 - 윌슨(J. Wilson)과 나바에츠(D. Narvaez)를 중심으로", 『도덕윤리과 교육』, 69.

윤병오(2011), "긍정심리학의 '성격 강점과 덕목'의 도덕 교육적 함의", 『도덕윤리과 교육연구』, 33.

윤영돈(2008), "정신건강의 관점에서 본 니체의 미학적 세계관과 주인 도덕의 문제", 『윤리연구』, 69.

이경희(2017), "여성 혐오와 윤리상담", 『윤리교육연구』, 44.

이미식(2017), "무기력의 치유를 위한 윤리상담의 실제에 관한 연구-초등학교 도덕과 수업을 중심으로", 『윤리교육연구』, 43.

정창우(2013), "사회정서학습의 이론 체계와 도덕 교육적 함의", 『도덕윤리과 교육연구』, 38.

　　(2019), "미래 지향적인 도덕과 교육의 설계와 실천", 『한국도덕윤리과 교육학회 학술대회 자료집』.

조상아(2020), "코로나 우울", 『HIRA ISSUE』, 4(15), 원주: 건강보험심사평가원.

추병완(2013), "도덕 교과에서의 행복 교육: 긍정심리학과 긍정교육의 시사점", 『도덕윤리과 교육연구』, 40.

　　(2014), "≪교과 교육학≫: 청소년의 회복 탄력성 (resilience) 증진을 위한 도덕과 지도 방법", 『윤리교육연구』, 34.

Baron-Cohen, S., 김혜리・이승복 역(2004), 『그 남자의 뇌 그 여자의 뇌』, 서울: 바다출판사.

Bauer, J., 이미옥 역(2007), 『인간을 인간이게 하는 원칙』, 서울: 에코리브르.

Blair, J., Marsh, A. A., Finger, F., Blair K. S. & Luo, J.(2006), "Neuro-cognitive systems involved in morality", *Philosophical Explorations*, 9(1).

Blair, R. J. R.(2007), "The amygdala and ventromedial prefrontal cortex in morality and psychopathy", *Trends in cognitive sciences*, 11(9).

Blau, I., Goldberg, S., & Benolol, N.(2019), "Purpose and life satisfaction during adolescence: the role of meaning in life, social support, and problematic digital use", *Journal of Youth Studies*, 22(7).

Cacioppo, J. T. et al.(2007), "Social neuroscience: Progress and implications for mental health", *Perspectives on Psychological Science*, 2(2).

Chiao, J. Y., Li, S. C., Turner, R., Lee-Tauler, S. Y., & Pringle, B. A.(2017), "Cultural neuroscience and global mental health: addressing grand challenges", *Culture and brain*, 5(1).

Harris, J. C.(2003), "Social neuroscience, empathy, brain integration, and neurodevelopmental disorders", *Physiology & behavior*, 79(3).

Holmes, E. A., Craske, M. G., & Graybiel, A. M.(2014), "Psychological treatments: A call for mental-health science", *Nature News*, 511(7509).

Lakey, B. & Orehek, E.(2011), "Relational regulation theory: a new approach to explain the link between perceived social support and mental health", *Psychological review*, 118(3).

Larrivee, D. & Echarte, L.(2018), "Contemplative meditation and neuroscience: Prospects for mental health", *Journal of religion and health*, 57(3).

Lewis, S. E. & Whitley, R.(2012), "A critical examination of "morality" in an age of evidence-based psychiatry", *Culture, Medicine, and Psychiatry*, 36(4).

Lindfors, O., Ojanen, S., Jääskeläinen T., & Knekt, P.(2014), "Social support as a predictor of the outcome of depressive and anxiety disorder in short-term and long-term psychotherapy", *Psychiatry research*, 216(1).

Månsson, K. N., Lueken U., & Frick, A.(2020), "Enriching CBT by Neuroscience: Novel Avenues to Achieve Personalized Treatments", *International Journal of Cognitive Therapy*, https://doi.org/10.1007/s41811-020-00089-0.

Muir, S. D., de Boer, K., Nedeljkovic M., & Meyer, D.(2020), "Barriers and facilitators of videoconferencing psychotherapy implementation in veteran mental health care environments: a systematic review", *BMC health services research*, 20(1).

Murthy, R. S.(2020), "COVID-19 pandemic and emotional health: Social psychiatry perspective", *Indian Journal of Social Psychiatry*, 36(5).

Parkinson, C. & Wheatley, T.(2015), "The repurposed social brain", *Trends in*

Cognitive Sciences, 19(3).

Park, M., Cuijpers, P., Van Straten A., & Reynolds, C. F.(2014), "The effects of psychotherapy for adult depression on social support: A meta-analysis", *Cognitive therapy and research*, 38(6).

Pallanti, S., Grassi, E., Makris, N., Gasic G. P., & Hollander, E(2020). "Neurocovid-19: A clinical neuroscience-based approach to reduce SARS-CoV-2 related mental health sequelae", *Journal of Psychiatric Research*, 130.

Pariante, C. M.(2016), "Neuroscience, mental health and the immune system: overcoming the brain-mind-body trichotomy", *Epidemiology and psychiatric sciences*, 25(2).

Pfefferbaum, B. & North, C. S.(2020), "Mental health and the Covid-19 pandemic", *New England Journal of Medicine*, 383(6).

Pierce, M., Hope, H., Ford, T., Hatch, S., Hotopf, M., John, A., Kontopantelis, E., Webb, R., Wessely, S., McManus, S., & Abel, K. M.(2020), "Mental health before and during the COVID-19 pandemic: a longitudinal probability sample survey of the UK population", *The Lancet Psychiatry*, 7(10).

Romania, V.(2020), "Interactional Anomie? Imaging Social Distance after COVID-19: A Goffmanian Perspective", *Sociologica*, 14(1).

Shonkoff, J. P., Boyce W. T., & McEwen, B. S.(2009), "Neuroscience, molecular biology, and the childhood roots of health disparities: building a new framework for health promotion and disease prevention", *Jama*, 301(21).

Swartz, H. A.(2020), "The Role of Psychotherapy During the COVID-19 Pandemic", *American Journal of Psychotherapy*, 73(2).

Tang, Y. Y., Hölzel B. K., & Posner, M. I.(2015), "The neuroscience of mindfulness meditation", *Nature Reviews Neuroscience*, 16(4).

Tavares, R. M., Mendelsohn, A., Grossman, Y., Williams, C. H., Shapiro, M., Trope Y., & Schiller, D.(2015), "A map for social navigation in the human brain", *Neuron*, 87(1).

Vaillant, G. E.(2012), "Positive mental health: is there a cross-cultural definition?", *World Psychiatry*, 11(2).

Van Bavel, J. J. et al.(2020), "Using social and behavioural science to support COVID-19 pandemic response", *Nature Human Behaviour*, 4.

Visentini, G.(2020), "Lines of approach for a theory of care/cure in psychoanalysis", *L'Évolution Psychiatrique*, 85(1).

Wang, L., Nabi, G., Zhang, T., Wu Y., & Li, D.(2020), "Potential Neurochemical and Neuroendocrine Effects of Social Distancing Amidst the COVID-19 Pandemic", *Frontiers in Endocrinology*, 11:582288, DOI: 10.3389/fendo.2020.582288.

Williamson, V., Greenberg, N., & Murphy, D.(2019), "Moral injury in UK armed forces veterans: a qualitative study", *European journal of psychotraumatology*, 10(1) DOI: 10.1080/20008198.2018.1562842.

Wilson, J.(1968), *Education and the concept of mental health*, London: Routledge & Kegan Paul.

(1972), "Mental health as an aim of education", In Dearden, R. F., Hirst, P. H., & Peters, R. S.(Eds.)(1972), *Education and the development of reason*, London: Routledge & Kegan Paul.

Yoder, K. J. & Decety, J.(2018), "The neuroscience of morality and social decision-making", *Psychology, Crime & Law*, 24(3).

7. J. Wilson과 D. Narvaez에 기초한 대화형 통일교육의 필요성과 방향: 도덕철학 및 도덕심리학을 중심으로

강구섭(2018), "탈북학생의 학교급 이동에 따른 적응 양상 분석: 출신 배경 공개 여부를 중심으로", 『한국청소년연구』, 29(4).

김희정·김선(2018), "세대별 통일교육의 정서적 접근방식: 정서조절 방식을 중심으로", 『통일인문학』, 76.

남궁달화(2003), 『사람의 개념에 기초한-도덕성 요소와 도덕교육』, 서울: 학지사.

박찬석(2013), "도덕과 통일교육 내용의 인성, 창의성 교육 적용", 『도덕윤리과 교육연구』, 41.

박형빈(2008), "언어분석과 윌슨의 도덕성 요소에 관한 연구", 『윤리교육연구』, 15.

(2013), "교과 교육학: 통일교육에서 민족주의와 다문화주의", 『윤리교육연구』, 31.

(2018), "편향 극복과 성찰을 위한 뉴미디어 리터러시 교육프로그램을 활용한 초등 통일 인성교육 방안", 『초등도덕 교육』, 60.

(2019), "도덕교육에서 그릿 (grit)과 성장 마인드셋 (mindset) 기반 발문 활용 전략", 『윤리연구』, 1(126).

(2020a), "도덕과 교육과정에서 통일교육과 민주시민 교육 그리고 평화교육의 관계 설정 및 발전 방안", 『도덕윤리과 교육연구』, 67.

(2020b), "민주시민 교육으로서 탈북청소년 윤리상담 프로그램 개발 및 적용에 관한 질적 연구", 『학습자 중심교과 교육연구』, 20.

서현진(2017), "청소년기 통일교육과 세대 간 통일 인식 차이", 『통일문제연구』, 29(1).

오기성(2018), "통일교육에서 평화 인문학 및 통일인문학의 함의", 『초등도덕교육』, 61.

윤건영(2007), "도덕과 통일교육의 새로운 패러다임 탐색", 『초등도덕 교육』, 23.

윤민재(2017), "한국 사회의 이념적 갈등과 특징: 세대별 통일문제 인식을 중심으로", 『인문사회 21』, 8(5).

이미경(2016), "[기획: 교과서 밖 통일교육, 보고 듣고 즐겨라!] 통일교육 패러다임, 이제는 체험식 교육이다", 『통일 한국』, 389.

이인정(2013), "남북통일과 시민성-세대갈등 통합과 교육적 과제", 『도덕윤리과 교육연구』, 41.

(2019), "평화·통일 감수성 함양 교육의 목표와 내용 체계에 관한 연구", 『도덕윤리과 교육연구』, 62.

조정아(2018), "2030 세대의 통일의식과 통일교육의 새로운 패러다임 모색", 『통일교육 연구』, 15.

추병완(2003), "통일교육에서 평화 교육적 접근의 타당성", 『통일문제연구』, 15(1).

함인희·한정자(2000), "집단별 통일의식 차이에 관한 연구: 청소년·여성·386 세대를 중심으로", 『사회과학연구논총』, 5.

황인표(2009), "평화 지향적 학교 통일교육과 2007 도덕과 교육과정의 분석", 『도덕윤리과 교육연구』, 28.

(2011), "학교 통일 교육의 새로운 패러다임에 대한 일고", 『윤리연구』, 83.

Berman, L. M.(1986), "Perception, Paradox, and Passion: Curriculum for Community", *Beyond the Measured Curriculum*, 25(1).

Cuypers, S. E.(2012), "R. S. Peters' The Justification of Education Revisited", *Ethics and Education*, 7(1).

Elechi, G. E.(2014), "Richards S. Peters' Concept of Education and the Educated Man: Implications for Leadership Recruitment in Nigeria", *Developing Country Studies*, 4(23).

Griffiths, C. V.(2019), Moral Psychology, Dual-Process Theory, and Psychopathology, Doctoral dissertation, Kent State University.

Haydon, G.(2009), "Reason and virtues: The paradox of RS Peters on moral education", *Journal of Philosophy of Education*, 43.

Johnson, M. L.(1996), "How moral psychology changes moral theory", In L. May, M. Friedman, & A. Clark (Eds.), *Mind and morals: Essays on cognitive science and ethics* (pp. 45–68), Cambridge, MA: The MIT Press.

Klenk, M.(2020), "Charting Moral Psychology's Significance for Bioethics: Routes to Bioethical Progress, its Limits, and Lessons from Moral Philosophy", *Diametros*, 17(64).

Krettenauer, T.(2020), "Moral sciences and the role of education", *Journal of Moral Education*, DOI: 10.1080/03057240.2020.1784713.

Kristjánsson, K.(2006), "Habituated reason: Aristotle and the 'paradox of moral education'", *Theory and Research in Education*, 4(1).

Landry, J. P., Saulnier, B. M., Wagner, T. A., & Longenecker, H. E.(2019), "Why is the learner-centered paradigm so profoundly important for information systems education?", *Journal of Information Systems Education*, 19(2).

MacAllister, J.(2013), "The 'physically educated' person: Physical education in the philosophy of Reid, Peters and Aristotle", *Educational Philosophy and Theory*, 45(9).

Malikail, J.(2003), "Moral character: hexis, habitus and'habit'", *An Internet Journal of Philosophy*, 7.

May, J., Workman, C. I., Haas, J., & Han, H.(2020), "The Neuroscience of Moral Judgment: Empirical and Philosophical Developments", *PsyArXiv*, DOI:10.31234/osf.io/89jcx.

McKnight, L. & Morgan, A.(2020), "A broken paradigm? What education needs to learn from evidence-based medicine", *Journal of Education Policy*, 35(5).

Narvaez, D. & Bock, T.(2014), "Developing ethical expertise and moral personalities", In L. Nucci & D. Narvaez (Eds.), *Handbook of Moral and Character Education*(2nd ed.) (pp. 140-158), New York: Routledge.

Narvaez, D., & Endicott, L. G.(2009), *Ethical sensitivity*, Notre Dame: Alliance for Catholic Education Press.

Nucci, L. & Narváez, D.(Eds.)(2014), *Handbook of moral and character education*, New York: Routledge.

Mouritsen, P., & Jaeger, A.(2018), "Designing Civic Education for Diverse Societies: Models, Tradeoffs, and Outcomes", *Migration Policy Institute Europe*.

Ozoliņš, J. T.(2013), "R. S. Peters and J. H. Newman on the aims of education", *Educational Philosophy and Theory*, 45(2).

Ruzaman, N. (2020), "Inquiry-Based Education: Innovation in Participatory Inquiry Paradigm", *International Journal of Emerging Technologies in Learning*, 15(10).

Songhorian, S.(2019), "The Methods of Neuroethics: Is the Neuroscience of Ethics Really a New Challenge to Moral Philosophy?", *Rivista internazionale di Filosofia e Psicologia*, 10(1).

Steinberg, D.(2020), "Moral Psychology", In *The Multidisciplinary Nature of Morality and Applied Ethics* (pp. 45-61), Cham, Switzerland: Springer.

Tappan, M. B. & Brown, L. M.(1989), "Stories told and lessons learned: Toward a narrative approach to moral development and moral education", *Harvard Educational Review*, 59(2).

Tappan, M. B.(1991), "Narrative, language and moral experience", *Journal of Moral Education*, 20(3).

Wilson, J.(1973), *The Assessment of Morality*, Windsor: NFER Publishing Company Ltd..

8. D. Narvaez의 윤리 감수성(Ethical Sensitivity)에 기초한 통일 감수성 교육

강구섭(2020), "독일 통일 후 동독 주민의 이등 국민 정서 고찰", 『통일교육연구』, 17.

김경령·서은희(2020), "젠너 감수성 측정을 위한 구인 탐색 및 척도 개발", 『교육연구논총』, 41(4).

김병로(2014), "한반도 통일과 평화구축의 과제", 『평화학연구』, 15(1).

김병연·조정아(2020), "학교 통일교육 교육과정 운영 실태에 관한 FGI 연구", 『도덕윤리과 교육연구』, 67.

김선자·주우철(2019), "평화·통일교육과 감수성", 『한국동북아논총』, 24(2).

김희정·김선(2018), "세대별 통일교육의 정서적 접근방식: 정서조절 방식을 중심으로", 『통일인문학』, 76.

박성춘(2018), "문화간 감수성의 통일 교육적 함의 연구", 『윤리교육연구』, 48.

박형빈(2009), "도덕교육에서 도덕적 정서교육에 관한 연구", 『윤리연구』, 74.

(2017), "통일교육의 사회신경과학적 교수 방법-코호트(cohort) 통일 정서전염(emotional contagion) 교육을 중심으로", 『윤리교육연구』, 46.

(2018), "편향 극복과 성찰을 위한 뉴미디어 리터러시 교육프로그램을 활용한 초등 통일 인성교육 방안", 『초등도덕 교육』, 60.

(2020), "도덕과 교육과정에서 통일교육과 민주시민 교육 그리고 평화교육의 관계 설정 및 발전 방안", 『도덕윤리과 교육연구』, 67.

박찬석(2017), "2016년 이후 통일교육의 현황과 과제", 『도덕윤리과 교육연구』, 54.

오덕열(2019), "평화 감수성 함양을 위한 평화교육으로서의 통일교육 연구", 『인격교육』, 13(1).

이인정(2019), "평화·통일 감수성 함양 교육의 목표와 내용 체계에 관한 연구", 『도덕윤리과 교육연구』, 62.

조정아(2018), "2030 세대의 통일의식과 통일교육의 새로운 패러다임 모색", 『통일교육 연구』, 15.

Barrett, L. F., Mesquita, B., Ochsner, K. N., & Gross, J. J.(2007), "The experience of emotion", Annual Review of Psychology, 58.

Bernieri, F. J. (2001), "Toward a taxonomy of interpersonal sensitivity", In Hall, J. A., & Bernieri, F. J.(Eds.), *Interpersonal sensitivity: Theory and measurement* (pp. 3-20), Mahwah, NJ: Lawrence Erlbaum Associates.

Bennett, J. & Bennett, M. J.(1993), "Intercultural sensitivity", *Principles of training and development*, 25(21).

Bennett, J. M. & Bennett, M. J.(2004), "Developing intercultural sensitivity: An integrative approach to global and domestic diversity", In Landis, D., Bennett, J., Bennett, M.(eds.), *The handbook of intercultural training* (pp. 147-165). Thousand Oaks, CA: Sage.

Bloise, S. M. & Johnson, M. K.(2007), "Memory for emotional and neutral information: Gender and individual differences in emotional sensitivity",

Memory, 15(2).

Bowker, L.(2001), "Terminology and gender sensitivity: A corpus-based study of the LSP of infertility", *Language in Society*, 30(4).

Bradberry, T. & Greaves, J.(2009), "What emotional intelligence looks like: understanding the four skills", *Emotional Intelligence*, 2.

Cabanac, M. (2002), "What is emotion?", *Behavioural processes*, 60(2).

Carney, D. R. & Harrigan, J. A.(2003), "It takes one to know one: Interpersonal sensitivity is related to accurate assessments of others' interpersonal sensitivity", *Emotion*, 3(2).

Carter, J. D. & Hall, J. A.(2008), "Individual differences in the accuracy of detecting social covariations: Ecological sensitivity", *Journal of research in personality*, 42(2).

Decety, J., Michalska, K. J. & Kinzler, K. D.(2012), "The contribution of emotion and cognition to moral sensitivity: a neurodevelopmental study", *Cerebral cortex*, 22(1).

Dewey, J.(1895), "The theory of emotion", *Psychological review*, 2(1).

Fourie, M. M., Thomas, K. G., Amodio, D. M., Warton, C. M., & Meintjes, E. M.(2014), "Neural correlates of experienced moral emotion: an fMRI investigation of emotion in response to prejudice feedback", *Social neuroscience*, 9(2).

Gholami, K., Kuusisto, E., & Tirri, K.(2015), "Is ethical sensitivity in teaching culturally bound? Comparing Finnish and Iranian teachers' ethical sensitivity", Compare: A Journal of Comparative and International Education, 45(6).

Jagger, S.(2011), "Ethical sensitivity: A foundation for moral judgment", *Journal of Business Ethics Education*, 8(1).

Johnston, M. E.(2009), Moral emotion expectancies and moral behavior in adolescence, M.A. dissertation, Wilfrid Laurier University, Waterloo, Ontario, Canada.

Jordan, J.(2007), "Taking the first step toward a moral action: A review of moral sensitivity measurement across domains", *The Journal of Genetic Psychology*, 168(3).

Kuppens, P., Stouten, J., & Mesquita, B.(2009), "Individual differences in emotion components and dynamics: Introduction to the special issue",

Cognition and Emotion, 23(7).

Hanhimäki, E. & Tirri, K.(2009), "Education for ethically sensitive teaching in critical incidents at school", *Journal of Education for Teaching*, 35(2).

Herbert, B. M., Pollatos, O., & Schandry, R.(2007), "Interoceptive sensitivity and emotion processing: an EEG study", *International Journal of Psychophysiology*, 65(3).

Huebner, B., Dwyer, S., & Hauser, M.(2009), "The role of emotion in moral psychology", *Trends in cognitive sciences*, 13(1).

Kim, B. S., Green, J. L. G., & Klein, E. F.(2006), "Using storybooks to promote multicultural sensitivity in elementary school children", *Journal of Multicultural Counseling and Development*, 34(4).

Leventhal, H.(1980), "Toward a comprehensive theory of emotion", In Berkowitz, L.(ed.), *Advances in experimental social psychology* (Vol. 13, pp. 139-207). Cambridge, M.A.: Academic Press.

Malti, T. & Krettenauer, T.(2013), "The relation of moral emotion attributions to prosocial and antisocial behavior: A meta-analysis", *Child development*, 84(2).

Mandler, G.(2003), "Emotion" In Freedheim D. K.(Ed.), *Handbook of psychology: History of psychology* (pp. 157–175), Hoboken, N.J.: John Wiley & Sons Inc.

Immordino-Yang, M. H.(2019), 황매향 역(2019), 『정서와 학습 그리고 뇌』, 경기: 바수데바.

Moll, J., Oliveira-Souza, R. D., Garrido, G. J., Bramati, I. E., Caparelli-Daquer, E. M., Paiva, M. L., Zahn R., & Grafman, J.(2007), "The self as a moral agent: linking the neural bases of social agency and moral sensitivity", *Social neuroscience*, 2(3-4).

Narvaez, D. & Vaydich, J. L.(2008), "Moral development and behaviour under the spotlight of the neurobiological sciences", *Journal of Moral Education*, 37(3).

Narvaez D. & Endicott L. G.(2009), *Ethical Sensitivity: : Nurturing Character in the Classroom*, Notre Dame, IN: Alliance for Catholic Education Press.

Naudé, A. & Bornman, J.(2016), "A measuring instrument for ethical sensitivity in the therapeutic sciences", *Humanities and Social Sciences*, 4(2-1).

Pluess, M.(2015), "Individual differences in environmental sensitivity", *Child*

Development Perspectives, 9(3).

Potter, A. & Centre for Humanitarian Dialogue. (2008), Gender sensitivity: nicety or necessity in peace-process management?, Switzerland: Centre for Humanitarian Dialogue.

Robertson, D., Snarey, J., Ousley, O., Harenski, K., Bowman, F. D., Gilkey, R., & Kilts, C.(2007), "The neural processing of moral sensitivity to issues of justice and care", Neuropsychologia, 45(4).

Ruales, S. T. P., Agirdag, O., & Van Petegem, W.(2020), "Development and validation of the multicultural sensitivity scale for pre-service teachers", Multicultural Education Review, 12(3).

Russell, J. A.(2009), "Emotion, core affect, and psychological construction", Cognition and emotion, 23(7).

Schmitt, M., Gollwitzer, M., Maes, J., & Arbach, D.(2005), "Justice sensitivity", European Journal of Psychological Assessment, 21(3).

Silverman, L. K.(1994), "The moral sensitivity of gifted children and the evolution of society", Roeper review, 17(2).

Thornberg, R. & Jungert, T.(2013), "Bystander behavior in bullying situations: Basic moral sensitivity, moral disengagement and defender self-efficacy", Journal of adolescence, 36(3).

OECD Education 2030, www.oecd.org/education/2030/에서 2021. 3. 5 인출

9. 워드 클라우드 활용 도덕과 교육과정 목표 분석: 도덕적 이성과 정서의 통합 교육과정

교육부(2021), 『국민과 함께하는 미래형 교육과정 추진 계획(안)』, 세종: 교육부(교육과정정책과).

김현수(2018), "이해중심 교육과정 이론에 근거한 도덕과 교육과정의 재구성 방법", 『도덕윤리과 교육연구』, 60.

노영란(2014), "신경과학적 도덕심리학과 덕 윤리: 도덕판단에서 정서의 역할과 성격을 중심으로", 『범한철학』, 75.

박세훈·장인실(2018), "의미 연결망 분석을 통한 도덕과와 사회과의 다문화교육 개념 특성 비교 연구", 『초등교육연구』, 31(1).

박장호(2013), "신경과학의 도덕적 직관 이해와 도덕교육", 『윤리교육연구』, 29.

박형빈(2009), "도덕교육에서 도덕적 정서교육에 관한 연구", 『윤리연구』, 74.

　　　　(2016), "의학적 관점에서 본 도덕성의 정신건강 측면과 마음치유로서의 도덕교육", 『윤리교육연구』, 39.

　　　　(2018), "통합형 도덕성 진단 도구 개발을 위한 기초 연구 I", 『윤리교육연구』, 50.

　　　　(2020a), "초등 도덕과 교육과정에서 민주시민 교육을 위한 지속가능발전 교육 (ESD)의 과제", 『초등도덕 교육』, 69.

　　　　(2020b), "도덕과 교육과정에서 통일교육과 민주시민 교육 그리고 평화교육의 관계 설정 및 발전 방안", 『도덕윤리과 교육연구』, 67.

　　　　(2020c), "도덕철학 및 도덕심리학 기반 대화형 통일교육의 필요성과 방향-월슨(J. Wilson)과 나바에츠 (D. Narvaez)를 중심으로", 『도덕윤리과 교육연구』, 69.

　　　　(2021), "나바에츠(D. Narvaez)의 윤리 감수성(Ethical Sensitivity)에 기초한 통일 감수성 교육 방안", 『통일교육 연구』, 18(1).

신호재・이수진(2019), "2015 개정 도덕과 교육과정 내용 체계 분석", 『도덕윤리과 교육연구』, 65.

오기성(2020), "2015 도덕과 교육과정 통일교육 내용의 계열성 개선 연구", 『통일문제연구』, 32(2).

윤영돈・김남준(2008), "존재-당위의 소통문제로서 도덕철학과 도덕심리학의 관계 정립", 『도덕윤리과 교육연구』, 27.

양해성(2019), "사회적 직관주의 이론의 비판적 해석 및 통합적 윤리교육 모델에의 적용 가능성 연구", 『도덕윤리과 교육연구』, 62.

이근님(2012), "고등학교 프랑스어과 교육목표의 변천 연구-교육과정 분석을 중심으로", 『어학연구』, 48(3).

이인재(2010), "정서, 무엇을 어떻게 가르칠 것인가?: 초등도덕 교육을 중심으로", 『윤리연구』, 76.

　　　　(2020), "사회정서학습과 도덕교육", 『윤리교육연구』, 55.

이인태・장의선(2021), "역량 중심 접근의 정보윤리교육을 위한 도덕과 교육과정 개선 방안: 디지털 미디어 리터러시를 중심으로", 『윤리연구』, 132.

이정렬(2014), "암묵적 지식의 도덕 교육적 함의", 『도덕윤리과 교육연구』, 42.

　　　　(2017), "도덕적 직관과 도덕교육", 『도덕윤리과 교육연구』, 56.

장승희(2016), "초등학교 도덕과 교육과정에 나타난 불교 관련 내용 분석: 어린이 불교교육의 가능성 탐색", 『윤리연구』, 109.

정탁준(2005), "이성과 감정의 상호의존특성에 따른 도덕교육의 교수학습 모형탐색, 『도덕윤리과 교육연구』, 20.

정창우(2004), "초·중등 도덕과 교육의 목표 설정을 위한 도덕 심리학적 기초 연구", 『도덕윤리과 교육연구』, 18.

(2013), "사회정서학습의 이론 체계와 도덕 교육적 함의", 『도덕윤리과 교육연구』, 38.

정창우·김하연(2020), "학문적 요구를 반영한 도덕과 교육의 개선 방향", 『도덕윤리과 교육연구』, 67.

조석환·이언주(2017), "인성교육을 위한 초등 도덕과 교육과정 분석과 향후 개선 방향", 『초등도덕 교육』, 55.

Blair, R. J. R.(2017), "Emotion-based learning systems and the development of morality", *Cognition*, 167.

Carr, D.(2005), "On the contribution of literature and the arts to the educational cultivation of moral virtue, feeling and emotion", *Journal of Moral Education*, 34(2).

Coelho, V. A. & Sousa, V.(2018), "Differential effectiveness of a middle school social and emotional learning program: does setting matter?", *Journal of youth and adolescence*, 47(9).

Curry, O. S., Mullins, D. A., & Whitehouse, H.(2019), "Is it good to cooperate? Testing the theory of morality-as-cooperation in 60 societies", *Current Anthropology*, 60(1).

DeScioli, P. & Kurzban, R.(2009), "Mysteries of morality. Cognition", *Department of Psychology*, 112(2).

Frankena, W. K.(1966), "The concept of morality", *The Journal of Philosophy*, 63(21).

Gürçay, B. & Baron, J.(2017), "Challenges for the sequential two-system model of moral judgement", *Thinking & Reasoning*, 23(1).

Haidt, J.(2008), "Morality", *Association for Psychological Science*, 3(1).

Helion, C. & Pizarro, D. A.(2015), "Beyond dual-processes: the interplay of reason and emotion in moral judgment", In Clausen, J. & Levy, N., *Handbook of neuroethics*, Dordrecht: Springer.

Huebner, B., Dwyer, S., & Hauser, M.(2009), "The role of emotion in moral psychology", *Trends in cognitive sciences*, 13(1).

Jones, S. M. & Bouffard, S. M.(2012), "Social and emotional learning in schools: From programs to strategies and commentaries", *Social policy report*, 26(4).

Klenk, M.(2020), "Charting Moral Psychology's Significance for Bioethics: Routes to Bioethical Progress, its Limits, and Lessons from Moral Philosophy", *Diametros*, 17(64).

Narvaez, D.(2005), "The neo-Kohlbergian tradition and beyond: Schemas, expertise, and character", *Nebraska symposium on motivation*, 51.

Narvaez, D.(2009), *Ethical Sensitivity*, Notre Dame, IN: Alliance for Catholic Education Press.

Robertson, D., Snarey, J., Ousley, O., Harenski, K., Bowman, F. D., Gilkey, R., & Kilts, C.(2007), "The neural processing of moral sensitivity to issues of justice and care", *Neuropsychologia*, 45(4).

Sinnott-Armstrong, W.(2011), "Emotion and reliability in moral psychology", *Emotion Review*, 3(3).

Weissberg, R. P., Durlak, J. A., Domitrovich, C. E., & Gullotta, T. P.(Eds.)(2015), "Social and emotional learning: Past, present, and future", In Durlak, J. A., Domitrovich, C. E., Weissberg, R. P., & Gullotta, T. P.(Eds.), *Handbook of social and emotional learning: Research and practice*, New York: Guilford Press.

10. 탈북학생 윤리상담을 위한 교사 연수 프로그램(TTP) 개발과 적용

권민진・이지혜・허난(2019), "탈북청소년 대안학교 학생들의 수학 학습에서의 정의적 영역에 대한 실태조사", 『수학교육 논문집』, 33(4).

금명자・김동민・권해수・이소영・이희우(2003), 『통일 대비 청소년 상담 프로그램 개발연구 I』, 부산: 한국청소년상담복지개발원.

김대군(2017), "윤리상담에서 이야기 상담의 의의", 『윤리연구』, 1(117).

김신희・이우영(2014), "탈북청소년의 민주적 가치에 대한 인식", 『현대북한연구』, 17(3).

김지수・서경혜(2019), "탈북학생이 남한학교의 학습 과정에서 겪는 주변화 경험에 대한 내러티브 탐구", 『교육연구논총』, 40(3).

김지혜・김정원・김지수・이동엽・조정아・김윤영・김선・조정래・박재홍

・김아람・정은지・주수인・백승민・채소린(2019), 『2주기 탈북청소년 교육 종단 연구(IV)』(RR2019-10), 진천: 한국교육개발원.

김현아・정성란(2008), "가족 상담: 새터민의 가족 상담 모형 개발", 『상담학연구』, 9(3).

김희경・신현균(2015), "탈북청소년과 남한 청소년의 정신건강 문제 비교: 성과 연령을 중심으로", 『한국심리학회지: 여성』, 20(3).

남북하나재단(2021), 『2020 탈북청소년 실태조사』, 서울: 남북하나재단.

나지영(2014), "탈북청소년의 구술 생애담 속 가족의 해체와 탈북 트라우마", 『통일인문학』, 60.

노은희・오인수(2017), "탈북학생의 남한 사회 및 학교 적응 향상을 위한 개입 방안에 대한 연구", 『통일문제연구』, 29(2).

박장호(2014), "윤리상담-이론적 토대에 대한 검토", 『윤리교육연구』, 34.

박형빈(2015), "윤리클리닉으로서 윤리상담에 관한 일 고찰", 『초등도덕교육』, 48.

_____(2017), "윤리상담(Ethics Consultation)의 역할과 적용 방안-수용전념치료(ACT) 기법 활용을 중심으로", 『윤리교육연구』, 45.

_____(2019a), "도덕교육에서 그릿(grit)과 성장 마인드셋(mindset) 기반 발문 활용 전략", 『윤리연구』, 1(126).

_____(2019b), "문화 코호트로서 탈북학생 민주시민 교육을 위한 윤리컨설팅 프로그램 모듈 개발 기초 연구", 『윤리교육연구』, 53.

_____(2019c), "탈북청소년의 도덕적・시민적 역량 함양을 위한 통합형 도덕성 진단 도구 개발 및 적용」, 『도덕윤리과 교육』, 62.

서미・양대희・김혜영(2017), "탈북청소년의 학교 적응을 위한 또래 상담 프로그램 개발", 『청소년 상담연구』, 25(1).

서미・조영아・양대희・문소희・이은별・김혜영(2016), 『다문화 청소년 또래 상담 프로그램 개발-탈북청소년 중심으로』, 부산: 한국청소년상담복지개발원.

이정우(2006), "탈북청소년의 집단주의-개인주의 성향에 관한 비교 연구", 『사회과교육연구』, 13.

장승희(2017), "윤리교육에서 윤리상담의 적용을 위한 방향 탐색-윤리 교사들의 윤리상담 사례를 중심으로", 『윤리교육연구』, 43.

정탁준(2014), "인성교육의 핵심활동으로서 윤리상담에 대한 연구", 『윤리교육연구』, 34.

정향진(2005), "탈북청소년들의 감정성과 남북한의 문화 심리적 차이", 『비교

문화연구』, 11(1).

조영아(2009), "북한이탈주민의 심리 상담에 대한 요구도와 전문적 도움 추구 행동", 『한국심리학회지: 상담 및 심리치료』, 21(1).

조영하 · 정주영(2015), "탈북청소년들의 지구 시민의식 연구", 『한국청소년연구』, 26(4).

조정아(2014), "탈북청소년의 경계경험과 정체성", 『현대북한연구』, 17(1).

조정아 · 홍민 · 이향규 · 이희영 · 조영주(2014), 『탈북청소년의 경계경험과 정체성 재구성』, 서울: 통일연구원.

최명선 · 최태산 · 강지희(2006), "탈북 아동 청소년의 심리적 특성과 상담전략 모색", 『놀이치료연구』, 9(3).

탈북청소년교육지원센터(2019), 『2019년 탈북학생 통계 현황』, 진천: 한국교육개발원

한국교육개발원(2017), 『탈북학생 지도교사용 매뉴얼 '함께 만들어요! 하나 된 세상'(CRM 2017-25)』, 진천: 한국교육개발원.

         (2020a), 『탈북학생 멘토링 매뉴얼(CRM 2020-13)』, 진천: 한국교육개발원.

         (2020b), 『탈북학생 지도교사용 매뉴얼 '함께 만들어요! 하나 된 세상'(CRM 2020-09)』, 진천: 한국교육개발원.

Groot, J. & Van Hoek, M. E. C.(2017), "Contemplative listening in moral issues: Moral counseling redefined in principles and method", *Journal of Pastoral Care & Counseling*, 71(2).

박형빈

서울교육대학교 윤리교육과 교수로 재직 중이다. 도덕교육, 윤리교육, 인성교육, 통일교육, 민주시민교육, 통일인성교육, 평화교육, 신경도덕교육, 도덕심리, 윤리상담, 도덕교육신경과학, 도덕철학, 도덕심리학, 인공지능윤리, 탈북학생 등에 관심을 갖고 연구하고 있다.

대표적인 저서로는 『뇌 신경과학과 도덕교육』(2020세종우수학술도서), 『통일교육학: 그 이론과 실제』, 『학교생활 나라면 어떻게 할까?』, 역서로는 『어린이 도덕교육의 새로운 관점』(공역)(2019세종우수학술도서) 등이 있다. 논문으로는 「뉴럴링크와 인공지능윤리」, 「기계윤리 및 신경윤리학 관점에서 본 인공도덕행위자(AMA) 도덕성 기준과 초등도덕교육의 과제」, 「초등 도덕과 교육과정에서 민주시민교육을 위한 지속가능발전교육(ESD)의 과제」, 「AI 도덕성 신화와 그 실제: 기계의 인간 도덕능력 모델링 가능성과 한계」, 「도덕교육신경과학, 그 가능성과 한계: 과학화와 신화의 갈림길에서」, 「사이코패스(Psychopath)에 대한 신경생물학적 이해와 치유 및 도덕 향상으로서의 초등도덕교육」, 「복잡계와 뇌과학으로 바라본 인격 특성과 도덕교육의 패러다임 전환」, 「언어분석과 윌슨의 도덕성 요소에 관한 연구」 등 다수가 있다.

도덕교육학: 그 이론과 실제

초판인쇄 2021년 12월 10일
초판발행 2021년 12월 10일

지은이 박형빈
펴낸이 채종준
펴낸곳 한국학술정보㈜
주소 경기도 파주시 회동길 230(문발동)
전화 031) 908-3181(대표)
팩스 031) 908-3189
홈페이지 http://ebook.kstudy.com
전자우편 출판사업부 publish@kstudy.com
등록 제일산-115호(2000. 6. 19)

ISBN 979-11-6801-214-1 93370